圖1　二〇一四年，二十國領袖（包括全世界十大經濟體其中六個）齊聚於法國貝努維爾城堡（Château de Bénouville）的台階上。這不是一場經貿會議或政治高峰會，而是第二次世界大戰紀念活動，紀念諾曼第登陸七十週年。（圖片來源：Getty Images）

圖2　一架噴火式戰鬥機、一架蘭開斯特轟炸機和一架颶風式戰鬥機，在威廉王子與凱特．米德頓（Kate Middleton）的婚禮上飛越白金漢宮。這些二戰時期的軍機既是英國的象徵，也成了王室本身的象徵。（圖片來源：Getty Images）

圖3　受害者的藝術。姜德景，《失竊的純真》。姜德景在一九四四年被一名日本憲兵強暴，此後被拘禁於日軍慰安所，直到終戰。她的畫作描繪出一株櫻花樹（日本的象徵）被陰莖狀的紅辣椒覆蓋。樹根下則是被它所吞噬的女性骷髏。（圖片來源：House of Sharing/Museum of Sexual Slavery by the Japanese Military）

圖4　英雄抱得美人歸。愛德華多・科布拉（Eduardo Kobra）描繪一名水兵在紐約市的對日戰爭勝利日擁吻一位護士的壁畫。這幅畫重新創作了阿爾弗雷德・艾森斯塔特一九四五年刊登於《生活》雜誌上的著名攝影作品，它為美國人的二戰帶來了童話式的結局。（圖片來源：Keith Lowe）

圖5　世界重生。聯合國安全理事會會議廳裡懸掛的佩爾・克羅格（Per Krohg）巨幅壁畫，描繪出人們爬出第二次世界大戰的地獄，進入光明的新世界。在主席座位上方，一隻鳳凰從灰燼中飛昇。（圖片來源：Keith Lowe）

圖7　歐盟作為敵人。二〇一六年一月，波蘭新聞雜誌《直接》將歐盟的重要政治人物描繪成希特勒及其將領。頭條寫著「他們要再度監管波蘭」。（圖片來源：Wprost）

圖6　第二次世界大戰經常在民族主義競爭的名義下受到援引。在這張圖中，義大利的《日報》在二〇一二年將梅克爾統治的德國宣告為「第四帝國」。

圖8　「達豪！」希臘民族主義報紙《民主報》宣稱，歐盟在二〇一二年一份備忘錄中簡述的緊縮措施，正在把希臘變成德國集中營。（圖片來源：Rex Features）

圖10　二〇〇七年的這張義大利郵票，呈現出一位另類的戰爭英雄，在戰爭期間擘劃歐盟藍圖的阿爾提艾羅．斯皮內利。

圖9　英國最偉大的戰爭英雄邱吉爾，肖像被裝飾在五英鎊紙鈔的其中一面。這款新鈔在二〇一六年夏季引進之後，立即引起媒體猜測：邱吉爾會如何在那年夏天的英國脫歐公投中投票。（圖片來源：Keith Lowe）

圖12　第二次世界大戰的犧牲與英雄事蹟，是俄國電視與電影的標準題材。費多爾．邦達爾丘克（Fedor Bondarchuk）二〇一三年的電影《史達林格勒》，刷新了俄國票房紀錄。（圖片來源：Columbia Picture）

圖11　一九九〇年代以來，中國對第二次世界大戰的興趣激增。陸川導演在二〇〇九年的賣座巨片《南京！南京》，是刻劃一九三七年大戰爆發之凶殘的許多部電影之一。（圖片來源：China Film Group Corporation）

圖13　殉難與救贖作為博物館經驗。參觀者在以色列猶太大屠殺紀念館看完了博物館裡令人痛苦的展示之後，得到的回報是這片俯瞰耶路撒冷山丘的美景。猶太復國主義與大屠殺由此緊密相連，以色列的地名副其實地成了黑暗盡頭的光明。（圖片來源：Keith Lowe）

圖14　拉丁美洲的殉難者代表。蒙特維多的猶太大屠殺紀念碑，證明了第二次世界大戰的猶太人受害者被全世界普遍視為受害者。不過，事情不像眼前所見那樣簡單。這處紀念碑興建於一九九四年，當時烏拉圭仍在哀悼該國剛結束的軍事獨裁時期暴行。（圖片來源：Mike Peel）

圖15　格但斯克新建的第二次世界大戰博物館落成於二〇一七年，運用建築傳達一種緊張不安的反烏托邦感受。開館後首創的常設展在民族主義政府看來差別太過細緻，而被批評為「不夠波蘭」。（圖片來源：Keith Lowe）

圖16　自一九四五年至今，進入西歐的移民長久以來持續增長。這張在二〇〇五年德國大選期間拍攝的爭議性照片中，兩位穆斯林移民從一張寫著「更有利於我國」的選舉海報旁走過。（圖片來源：Getty Images）

圖17　二〇〇八年以來激進右翼在歐洲與美國的興起，引發了與一九三〇年代之間無止盡的對照。美國的唐納．川普在競選總統期間經常被比擬為希特勒，尤其是因為他將移民和穆斯林妖魔化的手法。《費城每日新聞》在此用了「狂怒者」一詞，作為「元首」的雙關語。（圖片來源：Philadelphia Daily News）

恐懼與自由

透過二十五位人物的故事，了解二次大戰如何改變人類的未來

齊斯・洛韋 著

蔡耀緯 譯

The Fear and the Freedom

How The Second World War Changed Us

Keith Lowe

獻給加布瑞爾和葛蕾絲

目次

第六部 一萬片碎片

作者對於亞洲人名的說明

我在全書內文裡，從頭到尾都努力以書中人物自己使用的姓名來稱呼他們。因此，中國、日本、韓國及越南人名都是姓氏在前、名字在後，一如這些國家的習慣。但在某位人物的姓名已經以西方使用的相反次序（名在前、姓在後）而眾所周知的情況下，我也必須破例一兩次。因此，戰後的南韓領袖李承晚標記為Syngman Rhee，戰時的日本總理大臣東條英機則寫成Hideki Tojo，而他們的姓氏分別是「李」和「東條」。偶爾有位在西方國家長期居住的作者，會以西方次序記錄他或她的名字，因此我在注腳中也名從主人。讀者若有疑問，可參考索引及徵引書目，其中的人名按照姓氏的英文字母排序。而在印尼，單名是很常見的。因此，舉例來說，讀者不應費心查找蘇卡諾總統的姓氏，因為他的全名就是蘇卡諾。

引言

「我這一生從來不曾快樂過。」在我採訪她的時候已經八十多歲的喬治娜・桑（Georgina Sand），如此總結自己的一生。「我從來不曾真正屬於哪個地方。要是我在英格蘭，我仍然會覺得自己是個流亡者。即使到了現在，我還是會被問到我從哪裡來——我得對其中一些人說，我在這裡度過的日子比你們的人生更久。但我在維也納的時候，我再也不覺得自己是奧地利人。我覺得自己是陌生人。歸屬感不存在了。」[1]

外表看來，喬治娜顯得優雅而自信。聰穎又博學的她從不畏懼表達意見。她也很容易發笑，不只是笑世界的荒誕，她也常笑自己，以及家族的怪僻與反常，而她發現這些怪僻與反常令她無限喜愛。

她知道自己有很多事值得感恩。五十多年來，她與兒時的心上人華特（Walter）結髮，先是生下了子女，然後是令她十分自豪的孫兒。她是一位成就卓著的藝術家，自從丈夫去世後，她在英國和奧地利都辦過展覽。她過著多數人都會覺得舒適的生活，住在倫敦南岸（South Bank）一間龐大而氣派的公寓裡，可以俯瞰泰晤士河，看到對岸的聖保羅大教堂（St. Paul Cathedral）。

但在她輕鬆的微笑，在她的成就、優雅，以及一切明顯舒適的生活條件之下，卻是不穩固的基礎：「我有許多不安全感。我一直都有……我的人生是沒完沒了的憂患……比方說，我總是對子女過度焦慮。我總是擔心我會失去他們，或發生別的事情。就算是現在，我還是會夢到我在什麼地方丟失了他們。不安全感一直都在……我兒子說，我們的屋子裡總是有股暗流——一股不安的暗流。」

她對這份不安的來源回答得毫不含糊。她說，這來自她和丈夫在第二次世界大戰期間經歷的事件——她毫不羞怯地將這些事件說成是「創傷」。戰爭巨大且不可挽回地改變了她的人生，戰爭在她身上留下的記憶至今仍糾纏著她。但她覺得有義務說出自己的故事，因為她知道，戰爭不只影響了她的人生，也影響了她的家人和社群。她也意識到，她的故事在更廣大的世界裡會引發迴響。她所經歷的這些事件，在整個歐洲及歐洲以外的地方改變了千百萬人的生命。她的故事以一己棉薄之力，成了我們這時代的象徵。

☆

喬治娜在一九二七年末生於維也納，當時這座城市喪失了帝國中心的地位，正在苦苦追尋著新的身分。當納粹在一九三八年開進維也納，人們歡呼喝采，想像著自己本該擁有的偉大重新降臨。但喬治娜身為猶太人，卻沒有慶祝的理由。沒過幾天，她在學校就被要求坐到教室後排去，她的幾位朋友也告訴她，他們的父母不准他們跟她說話。她親眼見到猶太人的商店櫥窗被塗寫反猶標語，正統派猶太人則在街上被騷擾。有一次，她看見一群人包圍著幾個猶太男人，逼迫他們把人行道上的唾液舔乾淨。「四周的人們都在笑著催逼他們。好可怕。」

喬治娜的家族還有其他理由對納粹來臨感到焦慮：她的父親是堅定的共產黨員，當時已經遭受政府監控。他判斷新環境實在太危險，於是悄悄地消失——他去了布拉格。幾個月後，喬治娜和母親也跟隨他的步伐。她們假裝要到鄉間野餐，收拾了一些隨身物品，乘坐火車到邊界，由一個「長相怪異的男人」將她們偷運進了捷克斯洛伐克。

往後一年，一家人在布拉格同住於祖父的公寓裡，喬治娜也很開心；接著納粹又來了，整個過程重來一遍。她父親再度藏匿起來。為確保她的安全，喬治娜的母親為她報名加入了英國的一項新措施，旨在搶救易受傷害的兒童逃出希特勒掌控——該計畫名為「兒童救援」（kindertransport）。她的祖父去過英國幾次，他說她會和一個富有人家同住在豪華的大房子裡。她母親對她說，她很快也會前來相聚。於是十一歲的喬治娜搭上火車，被送往英國，在陌生人中間生活。即使她當時還不知道，但她和母親卻就此永別。

喬治娜在一九三九年夏季某天抵達倫敦，滿心興奮，彷彿要開始度假，而不是開始新生活。沒過多久，興奮就消磨殆盡。她被送去的第一個監護人家庭，是在桑德赫斯特（Sandhurst）的一個軍人家庭。他們看來冷漠而不苟言笑，尤其是母親。「我想她要的是一個可愛的小女孩，你知道，因為她有兩個兒子了。但我總是在哭，因為我想念我的家人。」

她從那兒又被送去雷丁（Reading），和一對年紀很大的夫婦，一同居住在一個貧窮區域裡的一間潮濕而年久失修的房屋——實際上是個貧民窟。「（當局）就把我拋棄在那兒。名副其實拋棄了我。我想他們一定有給這對夫婦一些生活費，但他們沒有能力照顧我。我非常、非常不快樂。他們有一個孫子，是個惡霸——他是個成年人，也住在這間屋裡。他試圖跟我做令我不舒服的事……我好怕他。」

隨後半年，她的手臂下方長了膿瘡，而且愈來愈害怕被那個孫兒注意到。她最後被父親救了出來，父親不知怎地設法偷渡到了英國，這時前來接她。但她父親也不能照顧她多久，因為英國政府懷疑說德語的人，要把她父親作為潛在的敵國僑民關起來。於是她再次發現自己置身於陌生人中間，這次來到了英格蘭南部海岸。

成為她青少年時代特徵的一連串顛沛流離從此開始。她很快就因為敵軍入侵的威脅而從南部海岸疏散。她在湖區（Lake District）度過一陣子，然後在威爾斯北部就讀寄宿學校，直到一九四三年秋天返回倫敦和父親同住。她不曾在同一個地方停留超過一兩年，而且對英國人產生恐懼感，他們似乎全都不曾真正理解或關心她。

戰爭結束時，喬治娜十七歲。她最大的願望是和母親團聚。她回到布拉格，設法找到了姨媽，但母親卻不見蹤影。姨媽告訴她，家族中有多少人被圍捕，送到特雷辛（Thereisienstadt）集中營。喬治娜的母親被送上了開往奧許維茲（Auschwitz）的火車，幾乎確定喪生在那兒。

這些事件直到今天都困擾著喬治娜：一再被迫遷居、失去母親、戰爭及其餘波的焦慮和不確定，以及隨時存在於背景，卻從未被完全確認的暴力威脅。儘管她從一九四八年起就定居倫敦，她卻無法忘懷十歲到二十歲之間，成為人生特徵的十年持續斷裂。不可否認，這樣的生活無限好過另一種情境，但她要是留在中歐會有什麼遭遇的想法卻無法撫慰她。她不忍回想死在集中營裡的家人和朋友遭遇過什麼，卻又無法逃避不去想他們。即使到了今天，她還是無法讓自己觀看猶太人在戰時被驅逐的影片，因為懼怕在受難者中看見自己的母親。

她也被原先可能擁有的一切所困擾：「我去維也納的時候，還有我以前到德國拜訪姨媽，諸如此類的時候，我看見全家人——健康、美麗的家庭，有著年幼的孩子。我不滑雪，但我們有時會到山上去，你知道，我看他們滑雪，看著孩子們，他們全都說德語，全都精力充沛。而我想著，我本來可能會有更好的生活。我本來會跟我的家人在一起，在一個更安穩的環境成長。而且當然知道我屬於哪裡。我從來不曾真正屬於任何地方。」

☆

我對喬治娜的故事有三重興趣。首先，身為研究第二次世界大戰及其後果的歷史學者，我蒐集故事的積習難改。喬治娜只是我為本書蒐集的二十五個故事之一，每章一個故事。有些是我經由訪談或電子郵件通信親自蒐集的，其他則從檔案文獻或已出版的回憶錄中採集；有些是知名人士的故事，其他人物則只有他們的親戚朋友才知道。反過來說，這些故事又只是我從成千上萬個，又或許千百萬個構成人類社群歷史的個人故事中，篩選出數百個故事的一小部分抽樣。

第二，更重要的是，喬治娜是我太太的親戚，因此也是我家族的一分子。她要告訴我的這些事，讓我理解了家譜的那一部分——他們的恐懼與焦慮、他們的執迷和渴望，其中有些默默地傳遞給了我太太、我本人，還有我們的子女，幾乎有如潛移默化。沒有哪一份個人經驗只屬於他自己——它是聯結家族與社群的網絡的一環，喬治娜的故事也不例外。

最後，也最重要的是，至少在本書脈絡裡，她的故事有些象徵意味。就像喬治娜，其他數十萬

（在大戰中倖存的）歐洲猶太人從自己的家園流離失所，散布於全球各地。今天，從布宜諾斯艾利斯（Buenos Aires）到海參崴（Vladivostok）的每一個大城市裡，都能找到他們和他們的後裔。就像喬治娜，還有千百萬德語人口，總計可能多達一千兩百萬人，也在戰後的混亂中被迫離鄉背井，流亡外地。她的故事不只在歐洲得到迴響，也在中國、韓國和東南亞獲得共鳴，這些區域同樣有數千萬人流離失所；還有北非和中東，戰爭期間各方大軍在當地的往復爭奪，造成了不可挽回的擾亂。同樣的迴響也能在日後衝突的難民故事裡聽見，即使微弱了些，例如韓國、阿爾及利亞、越南和波士尼亞——這些衝突的根源同樣可以回溯到第二次世界大戰。它們被傳遞給了難民的子女和他們所屬的社群，一如喬治娜和親戚朋友分享自己的記憶，如今也被編織進了全世界民族與離散的這套構造之中。

對於像喬治娜這樣的人們所經歷的事件研究得愈多，這些事件的後果看來就愈深刻和愈廣泛。第二次世界大戰不只是另一次危機，它直接影響到的人數多過歷史上任何其他戰亂。超過一億名男女被動員，這個數目輕易讓先前任何一次戰爭的參戰人數相形見絀，包括一九一四至一九一八年的大戰。世界各地的數億公民也被捲入衝突之中——不僅作為喬治娜這樣的難民，也作為工廠工人、糧食或燃料的供應者、慰安與娛樂的提供者，以及俘虜、奴工和攻擊目標。現代史上第一次，喪生的平民人數遠超過軍人，不只是多了數百萬，而是多了數千萬。第二次世界大戰的死亡人數是第一次世界大戰的四倍。在每個死者之後，都有數十人被隨著戰爭而來的巨大經濟及心理動盪所間接影響。[2]

世界在一九四五年掙扎復原之時，整個社會都被轉變了。從戰場瓦礫堆裡產生的全新景象，與過去存在的景象截然不同。城市換了名字，經濟體換了貨幣，人們改變了國籍。數百年來始終由同族人組成的社群，突然湧入了各種不同國籍、種族、膚色的人——像喬治娜這樣找不到歸屬的人。整個民族被解放或受到新的奴役。帝國瓦解了，同等輝煌和殘酷的新帝國取而代之。

為戰爭尋找解藥的普世渴求，催生了前所未見的新思想與新發明浪潮。科學家夢想運用新科技（許多技術發明於戰時）讓世界成為更好、更安全的地方。建築師夢想在舊城市的瓦礫堆上打造新城市，提供更好的住宅、更明亮的公共空間，讓人們更加滿足。政治人物、經濟學家和哲學家想像著平等主義社會，由中央計畫並有效營運，實現所有人的幸福。新政黨和新道德運動到處湧現。其中一些改變奠定於先前的動盪所導致的思想，例如第一次世界大戰或俄國革命，另一些改變則是全新的；但即使舊有的觀念在一九四五年之後，也以其他任何時候都無法想像的速度和急迫性得到採用。這場大戰勢不可擋的性質，獨一無二的恐怖暴力和空前的地理範圍，在在創造出了一種對改變的渴望，比起歷史上其他任何時候都更為普遍。

掛在每個人嘴上的關鍵詞是「自由」。美國的戰時領袖小羅斯福（Franklin D. Roosevelt）提出了四大自由：言論自由、信仰自由、免於匱乏的自由、免於恐懼的自由。他與英國首相邱吉爾（Winston Churchill）會商而擬定的大西洋憲章（Atlantic Charter），也提到了所有人民選擇於其治理下生活之政府形式的自由。共產黨人說起了不受剝削的自由，經濟學家則談論自由貿易和自由市場。而在大戰過後，某些全世界最有影響力的哲學家和心理學家，則論述了作為人類境況根本的更深層自由。

這樣的呼聲傳遍了全世界，就連遠離前線戰鬥的國家也不例外。早在一九四二年，未來的奈及利亞政治家金斯利・歐尊巴・穆巴迪韋（Kingsley Ozumba Mbadiwe）就要求戰爭一旦勝利，自由與正義必須延伸到殖民地世界。他寫道：「非洲不會接受自由之外的任何獎賞。」[3]聯合國某些最熱心的創始會員國是中南美洲國家，它們展望一套「不義與貧困從世界上排除」的國際體系，以及一個「所有民族不分大小」都能「平等合作」的新時代。[4]改變之風到處吹起。

按照美國政治家溫德爾・威爾基（Wendell Willkie）所言，第二次世界大戰時的氣氛遠比第一次世界大戰時更具革命性。他在一九四二年環遊世界後回到華盛頓，受到世界各地男女奮力掙脫帝國主義、收回人權及公民權，並建立「受到獨立與自由振奮的……新社會」的行為所鼓舞。他說，這令人極為興奮，因為每個地方的人民似乎都得到了新的信心，認為「他們有了自由什麼都能做到」。但他也坦承，他發現這樣的氣氛令他感到不小的驚恐。人們似乎無法一致同意一個共同目標。要是在戰爭結束前還無法達成這點，威爾基預測，維繫同盟國陣營的合作精神將隨之瓦解，首先引發戰爭的同樣一些不滿也將捲土重來。[5]

因此，第二次世界大戰不僅種下了新的自由種籽，也種下了新的恐懼種籽。戰爭一結束，人們又開始以不信任的眼光看待先前的盟友。歐洲強權與其殖民地之間、右派與左派之間，以及最重要的，美國與蘇聯之間再次進入緊張狀態。每個地方的人民才剛見證過史無前例的全球大災難，又開始擔憂更大規模的新戰爭即將來臨。喬治娜・桑描述的那股「不安的暗流」，在一九四五年後成了普遍現象。

從這方面來說，喬治娜・桑在戰爭過後一段時間的故事，或許也很有象徵意義。宣告和平之後，她返回布拉格，盼望找回兒時失去的那份歸屬感；但當她找不到歸屬感，她轉而盼望能夠從頭創造。她再次見到了兒時就認識的華特，並與他相愛。她結了婚、交了朋友，準備定居下來。她懷抱年輕人的一切樂觀，想像未來只會是一片光明，即使戰爭的陰影仍頑強籠罩著她的人生。就算得知母親遇害之後，她仍真心相信自己能把戰爭年代的痛苦拋在腦後，因為她想要向前看，想要改造自我。她想要自由。

不幸，捷克當局卻另有打算。一九四八年共產黨奪權之後，她和華特奉命向新政權，進而向蘇聯強權宣誓絕對效忠。既然他們不打算這麼做，他們也就再度被迫流亡。他們的逃亡象徵著第二次世界大戰的另一個後果——新開始的冷戰使得全世界在西方和東方、右派和左派之間兩極對立。套用邱吉爾的說法，一道鐵幕縱貫著歐洲大陸中央落下；革命、政變和內戰在開發中世界的各處爆發。更多難民帶來了更多故事。

☆

本書試圖考察由於第二次世界大戰而在世界上發生的重大轉變——既有破壞性的，也有建設性的。它必然涵蓋重大的地緣政治事件：超級強權崛起、冷戰開始、歐洲殖民主義漫長而緩慢的瓦解，諸如此類。它也涵蓋了戰爭造成的重大社會及經濟後果：物理環境的變遷；生活水準、世界人口及世界貿易的巨大變化；自由市場調控的興衰；原子時代的誕生。不過更重要的是，本書嘗試放眼於這些事件及趨勢之外，思考戰爭在神話上、哲學上與心理上的影響。流血的記憶如何影響了我們與彼此和整個世界的關係？它如何改變了我們對人類能力的看法？它如何影響了我們對暴力與權力的恐懼、對自由與歸屬的渴望，以及對平等、公正、正義的夢想？

為了生動呈現這些問題，我選擇以一個男性或女性的故事作為每章的核心，這些人和喬治娜．桑一樣，都經歷過戰爭期間及其後的事件，並被這些事件深刻影響。每章的個人故事都是一個起點，帶領讀者一瞥故事背後更廣闊的圖景，包括這個人的社群、民族、宗教和整個世界的故事。它不只是文體表現手法而已，它絕對是我所要表述的事物之基礎。我並不假裝一個人的說法有可能總結全世界其他人經歷過的全副體驗；但我們所做的、所記得的每一件事之中，都有著普世共通的元素，尤其在我們向彼此述說的關於自己與過去的內容之中。歷史總是包含了個人與宇宙之間的協商，再沒有比第二次世界大戰歷史更能彰顯這種關係的了。

一九四五年時的普遍理解是，每個個人的行動與信念，以及推而廣之，他們的記憶與過去經驗，都不只與他們自己有關，更與全體人類相關。這是福克斯（S. H. Foulkes）和佛洛姆（Erich Fromm）等精神分析學家，首先開始調查個人與其所屬群體之關係的時代。佛洛姆在一九四二年寫道：「社會過程的基本實體是個人……任何群體都由個人所組成，而且只有個人，因此，運作於一個群體中的心理機制，也就只能是運作於個人之間的機制。」[6]當時的社會學家與哲學家也在探索個人反映於整體，以及整體反映於個人的方式，「在模鑄自己時，我模鑄了人。」沙特（Jean-Paul Sartre）在一九四五年底這麼說，和他一樣信奉存在主義的許多同伴，也都熱切地從自己在戰時見證的事件獲取普遍共通的結論。這些原則適用於今日，一如適用於當年：我們集體接受了喬治娜這樣的人們說出的故事，宛如我們自己的一部分。[7]

當然，我也知道，人們說的故事並不總是反映絕對真實。戰爭倖存者述說的故事不可靠尤為聲名狼藉。事實或者被遺忘，或者被記錯、被粉飾。人們對自己或自身行為的意見有可能產生劇變，變動過的看法可能會被倒填年月，插入成了原有的看法。民族和社會也會採取同樣的行動。第二次世界大戰至今數十年來，我們說給自己聽的神話和十足謊言，對於構成我們的世界與真相同等重要。歷史學家的責任即是參照當時紀錄檢視這些故事，並試圖鑄造出盡可能接近客觀真實的事物。我試著不對我所傳遞敘述的這些人妄作論斷，即使在我個人不同意的情況下。反之，既然這是一部全球史，我將自己的批判保留給了集體情緒勝過了我們，在我們心中嵌入一套與證據完全矛盾的集體記憶這種狀況。因此，個人故事就只是如此——故事。它們正是以這種方式與「故事」結束、歷史開啟之處的集體敘事互動。

我試著從世界各地、從各種不同政治觀點納入個案研究，其中有些與我個人的政治及地理觀點相去甚遠。書中有來自非洲和拉丁美洲的故事，還有來自歐洲、北美洲和亞洲的，因為這些地區都深受戰爭影響。儘管如此，更高比例的故事仍來自世界上直接參與戰鬥的地區，因為戰爭的後果無疑令它們經歷了更大變化。來自美國的故事多過任何其他地方。這並非由於我個人的自由派西方人偏見（或者，至少原因不只如此），而是因為它反映了戰爭所產生的權力平衡：不論喜歡與否，二十世紀被稱為「美國世紀」並非無因。日本也在本書開頭扮演了要角，因為我覺得它在象徵上的重要性，未能被西方的戰爭敘事充分表述。

讀者也會注意到，本書中來自左翼政治觀點的故事多於右翼。再說一次，這是有意為之。在全球史上，一九四五年很可能是左翼的全盛時期——具有社會進步思想，甚至公開共產主義理念的人們，前所未有地支配了政治議程。但我堅決相信，沒有一個人的政治信念能夠完全始終如一，我也收錄了許多人的故事，他們由於自身經驗而在信念上經歷巨變，從右轉左和從左轉右都有。

最後，有件重要的事得說：本書應當至少有些挑戰性。往後各頁裡，讀者會發現許多熟悉的內容，但也可望發現許多不太熟悉的，或許甚至感到格格不入的事物。在今天這個回聲室世界裡，我們之中愈來愈多人只會接受到與我們密切相符的觀點，因此讓我們的觀點偶爾受到挑戰，讓我們自己向挑戰開放是很重要的。從軍人或平民，男人或女人，科學家或藝術家，商人或工會運動者，以及英雄、受害者或罪犯的不同觀點考量，世界的面貌都大不相同。所有這些觀點在往後各頁裡都會呈現出來。但我要請求讀者運用更多局外人（難民）的眼光觀看這本書，若要理解以下內容的脈絡，非得暫時擱置自身的先入之見才行。我自己就為了做到這點而費盡辛苦。歷史學家的偏見有可能和任何其他人一樣強烈，我在往後各頁裡則試圖坦承自己某些先入為主的觀念與信念。有一兩次，例如在戰後歐洲民族主義的章節裡，我做出了困難的抉擇，將我自己的恐懼與渴望放在聚光燈下。我會請求讀者偶爾也這麼做。

歷史學家也是某種流亡者：倘若過去是另一個國度，那就是他或她再也不可能重返的國度，無論他或她多麼熱心努力想要重新創造。我著手寫作本書時就知道，它只能是對一九四五年從灰燼裡崛起那個燦爛新世界的模糊再現，不管怎麼說，它始終太過龐大，難以充分涵蓋於一本書之內。我只能盼望，我找到並黏合起來的這些碎片，將會鼓舞讀者更深入探究，由他們自行填補某些較大的裂縫與疏漏。

但話說回來，從許多方面來說，本書其實也和過去完全無關。它是關於我們的城市何以成為今天的樣貌，我們的社群何以變得如此多元，以及我們的科技何以如此發展。它是關於為何不再有人相信烏托邦，為何我們在侵害人權之際仍自稱捍衛人權，以及為何改革經濟體系的可能性會是如此絕望。它是關於我們追求世界和平的努力何以如此頻繁地被暴力中斷，以及我們無止境的爭執和民事衝突，何以歷經數十年政治活動及外交之後，至今卻仍未能解決。所有這一切議題每天都填滿了我們的報刊，它們的根源也都能回溯到第二次世界大戰。

最重要的是，本書是關於我們一方面渴望與鄰居和盟友結合，另一方面卻又想讓自己維持分離，這兩種欲望之間永無休止的衝突——這個衝突在第二次世界大戰後不久，就以遍及全世界的規模上演，至今仍持續貫穿於我們的個人及社群關係中。我們的本質，還有我們的歷史，讓我們始終處於既不完全在社群之內，也不完全自外於社群的曖昧位置。就像喬治娜·桑，我們全都不能確實地說自己有所歸屬。

第一部

神話與傳說

Myths and Legends

第一章　世界末日

一九四五年八月六日早晨，日文講師小倉豐文正在進入廣島市區的路上，這時他親眼看見了改變歷史的一幕景象。約莫四公里開外的市中心上空，他看到一道炫目的閃光：閃光呈藍白色，好似攝影師使用的鎂光燈，但規模大得彷彿劈開了天空。他驚駭得撲倒在地觀看。閃光過後是由紅色火焰與煙霧構成的巨柱，「宛如火山熔岩在半空中噴發」，衝上雲霄數英里高。

這幕景象既駭人又壯美。「我不知該如何形容。一道窮盡筆墨不足以形容的龐大雲柱出現，暴烈地沸騰並向上翻湧。它巨大到遮蔽了大半個藍天。接著雲柱頂端開始向下流散，彷彿巨大的雷雨雲崩塌，整個雲柱開始向外滲出、向兩旁擴散……形狀不斷變遷，色彩變幻莫測。小規模的爆炸在其中此起彼落。」

未曾見過這種事的他，一度想像自己置身於某個神聖事物之前：可能是摩西在舊約聖經裡看見的火柱，或是佛教的須彌山宇宙顯現。但在宗教與神話意象迅速掠過腦海之際，他意識到那一切意象都與在他眼前展開的驚人景象相去甚遠。「古人夢見的單純概念與幻想，無助於描述雲與光在蒼穹之間搬演的這幕可怖場面。」[1]

片刻過後，小倉受到原子爆炸衝擊，但他將身體緊貼於地面，得以安然度過。他聽得見四面八方「巨大的撕裂、撞擊和崩塌聲，房屋和大樓四分五裂」。他也以為自己聽得見尖叫聲，儘管他後來始終無法確定那些聲音究竟是真的存在，或者只是他想像出來的。

沒過多久，當小倉終於能夠站起身來，他周遭的環境已經完全變了樣。原有的繁華都市，日本的第七大城突然間一掃而空，僅剩瓦礫、房屋骨架和燻黑廢墟。驚駭的他登上附近一座小山察看損害情形，而後啟程前往市中心一探究竟。

眼前所見令他驚異。「廣島不復存在了……我無法相信。我周遭是一大片冒著煙的瓦礫與殘骸汪洋，到處有些混凝土建築聳立著，宛如蒼白的墓碑，其中許多被濃煙籠罩。觸目所及，就只剩這些……遠景與近景毫無差別……不管我走得多遠，廢墟之海都從道路兩旁伸展而來，仍在焚燒和冒煙……我以為會看見慘重的破壞，但我卻目瞪口呆地看見整片地區蕩然無存。」[2]

小倉對廣島的敘述是最先在日本出版的其中一部。它的寫作形式是一系列書信，寫給在原爆中喪生的妻子，試圖理解作者的家鄉何以在一瞬間就從活人的世界轉變為死者的世界。其中充滿了怪誕變形的屍體及遭受恐怖創傷、幾乎不成人形的倖存者所構成的地獄景象。「煉獄」、「佛家地獄」及「所多瑪、蛾摩拉的暴烈結局」也被頻頻提及。最後幾頁甚至提到了戰爭結束一個月後侵襲廣島的颱風，令作者想起了「挪亞時代的洪水」。這意味著小倉所經歷的不只是單一城市的毀滅，更是跡近於末日決戰（Armageddon）的事件，一如他的著作英文書名《末日書簡》所證明。[3]

這樣的天啟式景象普遍見於廣島原爆倖存者之間。小說家大田洋子寫下另一部關於原爆的最早記述，她對於一切事物被汽化的速度找不出其他的合理解釋：「我就是無法理解我們周圍的環境何以在一剎那間發生如此巨變……我以為這有可能是與戰爭無關的事件所致，據說大地會在世界末日時崩塌，我小時候讀過。」她和小倉一樣費盡心力尋求超自然起因，疑惑著整場戰爭是不是由某種巨大幻影引起的一種「宇宙現象」，意欲毀滅全世界。4

其他成千上萬倖存者至少也一度相信自己親眼見到了末日。任何對廣島原爆的目擊證詞詳加研究的學者，都會一而再再而三地遭遇到同樣幾句話：「地獄景象」、「活地獄」、「人間煉獄」、「幽冥世界」、「彷彿太陽從天上墜落」、「我有一種極其孤獨的感受，覺得世上其他人都死了」。

圖1　小倉豐文一家。這是最後一張全家福照片：小倉的妻子在原子彈摧毀廣島兩週後死於輻射病。（圖片來源：Miura Kazuko）

有些倖存者至今仍無法將當天所見與原爆前的世界互相調和，或者說，其實是不能與演變至今的世界互相調和：他們彷彿見證了與我們這個世界全無干係的另類真實裡發生的事。「回顧那一天，」一名倖存者四十年後寫道，「我感覺這不是人類世界，我看見的是另一個世界的地獄。」[5]

☆

這樣的想法呼應了全球各地在第二次世界大戰期間發生的無數其他事件裡，不計其數見證者的體驗。儘管廣島原爆的經驗駭人聽聞，它仍舊只是一場歷時多年、波及全世界的衝突中一起單一事件。正如梵諦岡的報刊《羅馬觀察報》（*L'Osservatore Romano*）在廣島原爆隔天明確表示，原爆有種令人驚恐的熟悉感：它在這場「默示驚奇」（apocalyptic surprises）看似漫無止境的戰爭裡不過是最終章。[6]就連親歷原爆的某些人也不得不承認，它只是「一場早已結束的戰爭之醜惡殘響」。大田洋子在她的回憶錄裡承認，她的體驗只不過是更巨大、更恐怖事物的徵狀：一連串無休無止的「令人窒息、末日般恐怖」當中的一場災禍。[7]

德國平民的遭遇也近似於日本。德國從未遭受原子彈轟炸，但它的城市多年來受到的常規轟炸更甚於日本，造成的禍害毫不遜色。例如，漢堡在一九四三年幾乎從地圖上被抹滅，一場高爆彈與燒夷彈並用的轟炸，當時引發了火風暴席捲全市。轟炸過後數日，小說家漢斯・埃里希・諾薩克（Hans Erich Nossack）將自己返回漢堡的旅途說成「下黃泉」。他記錄這段經驗的著作則言簡意賅地命名為《末日》（*Der Untergang*）。[8]

戰爭結束時，末日意象已是無處不在，尤其是聖經意象：德勒斯登被「聖經記載的巨大火柱」

吞噬；慕尼黑看似「最後審判」的現場；杜塞道夫「連鬼都算不上」。[9]克雷費爾德（Krefeld）市政當局將他們的防空掩體稱為「挪亞方舟」——意味著能在其中避難的少數人，將從一場毀天滅地、勢不可擋的浩劫中獲救。[10]同樣的意象幾乎出現在戰時被摧毀的每一座城市。史達林格勒是「死者之城」。[11]華沙是一座「吸血鬼的城市」，毀壞悽慘到了「彷彿天塌地陷一般」。[12]菲律賓首府馬尼拉的解放「只見砲彈、炸彈和彈片……我們還以為這是世界末日！」[13]

人們使用這種語言，是因為他們找不出別的方式表達自己所經歷的創傷何其重大。就連專業作家也不例外，許多戰時回憶錄的作者都哀嘆日常語言不足以形容這種完全喪失的經驗。他們都知道「地獄」這個字是陳腔濫調，卻找不到替代用詞。[14]

☆

對戰爭做出這種反應的不只個人而已，群體反應也同樣迷惘。一九四四年和一九四五年的報刊，頻頻將戰爭描述成如此無所不包、前所未見的事物，戰前的世界似乎完全被它摧毀了。一個尤其貼切的實例，刊載於一九四五年三月的《紐約時報雜誌》（*New York Times Magazine*）。該刊特派員賽勒斯．蘇爾茲伯格（Cyrus Sulzberger）宣告歐洲成了新的「黑暗大陸」，接著刻劃出一幅「不能指望美國人理解」的空前絕後毀滅圖像。他在報導裡使用的語言，非常近似於原爆後小倉豐文描述廣島的語言。按照蘇爾茲伯格的說法，他所熟知的戰前文明歐洲，在令人震驚的短時間內即已不復存在，代之以一片道德上及物質上全都殘破不堪的怪異新景象，一般人在其中的日常經驗是「戰鬥、內戰、囚禁、饑饉或疾疫」。市集「在廣大區域裡不復存在」。這片大陸上的年輕人，則被灌輸了「聖經哲學家會與敵基督相提並論」的思想。戰爭期間的全面種族清洗過後，「自相殘殺的歐洲人究竟有多少，尚不得而知」。簡而言之，歐洲看似「盧卡．西諾萊利（Luca Signorelli）的《最後審判日》壁畫」，而整個歐洲大陸從中心到邊陲，全都充斥著「《啟示錄》千百年前已然預見的一切恐怖」。[15]

一如小倉對廣島的敘述，蘇爾茲伯格的文章也充滿了聖經及末日的意象──實際上，報導的插圖正是半頁大小的天啟四騎士圖畫。世界各地的其他報刊如法炮製，各大機構和政府也一樣。他們以這種方式回應，是因為他們就像身陷戰爭中最可怕事件的人們那樣，無法表達、甚至無從理解這般規模的事態。

一九四五年後，各式各樣的國內及國際機構，對於戰爭帶來的物質、經濟及人命損失編纂了研究成果，但他們獲得的統計數據在人性層面上卻不著邊際。戰爭的破壞呈現為一連串的簡介：柏林被摧毀了百分之三十三，東京被摧毀百分之六十五，華沙被摧毀百分之九十三；法國損失了超過四分之三的鐵路車輛，希臘損失三分之二的船舶，菲律賓損失至少三分之二的學校，如此這般按照城市、國家逐一開列，彷彿某張惡毒清單上的物品那樣。[16]政府統計學家試圖引發我們的聯想，努力將數字細分成可供處理的部分：我們被告知，轟炸德勒斯登為每一名倖存的居民平均製造出四十二點八立方公尺的瓦礫，用於戰爭的一兆六千億美元，表示地球上每一名男女和兒童都要負擔六百四十美元。但這一切的實際意義，物質及經濟的破壞究竟有多麼全面，卻總是超乎想像。[17]

殺戮的規模亦然，而這方面從未得到適切衡量：某些歷史學者推測的死亡人數約有五千萬人，其他歷史學者則提出六千萬或七千萬人死亡，但他們都不會自認為確切知道。[18]某種意義上，絕對精確的數字其實無關緊要——無論是五千萬、七千萬還是五億人，聽來全都宛如世界末日。人類不會、也不能客觀理解這樣的數目。如同小倉，或是其他親歷二戰創傷的千百萬人當中任何一位，我們訴諸絕對語言，試圖表達不可言傳之事。

正因如此，用以描述戰爭的多數詞語，直到今天都帶有裝模作樣的性質。比方說，「大屠殺」（holocaust）一詞原意為焚燒供品，直到它完全被火焰吞噬；今天多數人對它的理解則不只是隱喻，更是對二戰期間歐洲猶太人遭遇的字面敘述（提及猶太人被「送進焚化爐」、「送進焚屍爐」或化為「灰燼」，只會加強這種印象）。[19]同樣地，由納粹德國宣傳部長約瑟夫・戈培爾（Joseph Goebbels）創造而聞名的「總體戰」一詞，也孕育著不祥之兆：它必然包含著勢不可擋的「總體破壞」、「總體死亡」過程。[20]今天的歷史學者經常運用這些詞彙描寫戰爭：實際上，一位全球暢銷的歷史學者，就將自己探討二戰最後幾個月的著作命名為《末日決戰》（*Armageddon*）。[21]紀錄片導演也是這麼做：比方說，一套內容創新、在全世界播送的法國二戰紀錄片，就以《二戰啟示錄》（*Apocalypse*）為名。[22]引述三位暢銷歷史學者的說法，第二次世界大戰是「人類史上最大的浩劫」、「世界史上的全球劇變」、「史上最大的人造災難」。[23]按照俄羅斯總統普丁（Vladimir Putin）的說法，它是一場「燃燒的風暴，不僅蹂躪歐洲各地，也蹂躪亞非各國」。[24]中國國家主席胡錦濤表示，二戰「給世界帶來巨大災難，給人類文明造成空前浩劫」。[25]這些聲明所傳達的印象並非「末日將至」的傳統訊息，而是恰好相反，世界末日已經發生了。

☆

當然，客觀說來，世界並未終結。地球上有很大一片區域未曾遭受破壞，包括整個北美大陸，以及中美洲和南美洲。撒哈拉沙漠以南的大半個非洲實際上也未被波及，儘管一九四二年達爾文港（Darwin）遭受轟炸震驚了澳洲人，澳洲大陸的其他部分仍幾乎完全未受戰爭破壞。而在戰事最激烈的歐洲和東亞，仍有大片區域始終未被毀壞。德國大多數小鎮和鄉村直到戰爭結束仍是平靜的避風港，即使城市完全淪為廢墟。就連德勒斯登這樣，被戰後的都市計畫專家確信需要「至少七十年」才能重建的城市，也在停戰後區區數年內獲得修補並恢復運作。[26]

人命的損失即使駭人，也並不構成世界末日。儘管納粹誇口要對猶太人問題做出「最後解決」，就連對猶太人死亡率最悲觀的估計也顯示出他們失敗了：至少三分之一的歐洲猶太人能夠活著記住納粹對他們家人犯下的罪行。[27]不帶感情的查看統計數據，則可看出其他種族及國民的命運相稱地較好。德國人在二戰期間約莫每十一人就有一人喪生，日本人每二十五人死亡一人，中國人每三十人死亡一人，法國人每八十人死亡一人，英國人大約每一百六十人死亡一人，美國人則是每三百多人死亡一人。就全球規模而言，第二次世界大戰當然為全世界人口帶來了不小的打擊，但仍只是一次打擊而已：七千萬人死亡相當於全世界戰前人口的百分之三左右——這種想法當然令人噁心，但仍舊算不上末日。[28]

那麼，我們又為何執意用這種方式歸納這場大戰？的確，世界末日這個想法有著區區數據不足以再現的象徵性及情緒性共鳴。同樣真切的是，世界上有些地方即使到了現在，仍無法接受在這些慘痛的年頭裡經歷過的創傷。但末日意象仍繼續如此風行、如此廣為流傳，則意味著還有其他事情正在發生，「戰時所知的生活如此暴烈地終結」這種想法，其實有些「令人欣慰」之處。

對此有兩種解釋。首先，正如以下各章所示，末日神話並非孤立存在：它僅僅是一套神話網絡的一部分，這一整套神話同時容許其他更能給人希望的神話繁衍。尤其是它容許我們相信陳腐的戰前體系已被徹底肅清，留下一塊白板讓我們重建更純淨、更幸福的新世界。再沒有比這種信念更令人欣慰的了：我們創造了自己的宇宙，不受父祖們將我們帶入戰火中的失敗思想所汙染。它容許我們相信自己比父祖更有智慧，不會重蹈覆轍。

但還有一種更陰暗的解釋，細思更令人不快。按照佛洛伊德（Sigmund Freud）的說法，人類的毀滅及自我毀滅驅力，與他的生存及創造驅力同等原始。[29]殲滅所帶來的戰時喜悅（愈徹底就愈滿足），已經留下了大量記載，尤其關於部分納粹領袖所下達的強硬命令。[30]但這種喜悅絕不僅限於被我們想成妖魔的那一方，它同樣也是戰爭英雄所感受到的。洛斯阿拉莫斯（Los Alamos）原子彈計畫主持人羅伯・歐本海默（Robert Oppenheimer）見證第一次原子彈試爆時，對自己如今擁有的力量印象深刻，這使他唸誦起印度教神明毗濕奴在《薄伽梵歌》（*Bhagavad Gita*）之中的話語：「我現在成了死神，世界的毀滅者。」晚年的他無論何時複誦這幾句話，總是極其莊嚴肅穆，但在爆炸當時，據說他高視闊步地唸誦著，宛如好萊塢西部電影《日正當中》（*High Noon*）裡的賈利・古柏（Gary Cooper）。[31]毀滅及其賦予的原初力量意義裡蘊含一種喜悅，有時就連毀滅的受害者都可能受到這種迷醉效果引誘。漢斯・埃里希・諾薩克在描述漢堡轟炸時承認自己想要轟炸機臨空，渴望看到自己的城市被徹底毀滅，即使同時對此感到恐怖。[32]轟炸過後流傳著誇大的說法，倖存者散播謠言指稱全市多達三十萬人死亡（實際死亡人數約有四萬五千人），不只是試圖表達漢堡人經歷了何其巨大的劫難，也是試圖參與這巨大的力量。[33]

倘若我們重讀小倉豐文對於廣島毀滅的記載，我們也能看出類似情緒的蛛絲馬跡。小倉不僅記錄了目睹原子彈力量的震驚，也記載了自己對原子彈的可怕之美、它的巨大，乃至蕈狀雲中「閃耀」之「變幻色彩」的反常著迷。[34]他將其描述為一次神蹟，重要性近乎超凡入聖。在原子閃光的初體驗及接續的爆炸之後，他覺得必須走進市中心，親身體驗方才所見力量的完整規模，簡直像是想要參與其中那樣。他在九個月後宣告自己親眼看見的毀滅是「人類所經歷過最龐大的」，這段話中帶有勉強的滿足感，甚至是自豪感。[35]

我有時不免疑惑，我們對二戰毀滅的恆久著迷，是否至少有一部分源自於我們自身潛意識裡想要參與世界末日的願望？當我們縱情於末日之戰的神話，我們不也體驗到了它的毀滅意義？我懷疑我們像小倉一樣，也對這種感受著迷，即使正在我們對它反感之際；但二十一世紀的我們多數人又不像小倉，並未被直接且個人的損失所束縛。或許這正是我們期望毀滅更巨大、更美麗、更徹底的理由——並非為了它將任何事解釋得更清楚，而是為了它讓我們體驗到神。

我們以神聖用語描述戰爭的需求，如今仍和一九四〇年代一樣強烈，但我們這麼做的理由卻不同了。對於重大不人道事件一度合乎情理的回應，如今成了一種無意識的方法，用於滿足更令人不安的別種欲求，其中有些衝動跟戰爭幾乎毫無關聯。

正如我們在以下各章所見，這種奮力掌握絕對事物的欲求，正是我們關於第二次世界大戰的所有主導神話中反覆出現的主題。而它的後果通常頗為深遠——對於我們看待自己的方式，以及我們與彼此的關係。「世界末日」不只是一次獨立「事件」。它也是一種想法，為其他太多神話提供了完美脈絡，使之深入人心。

第二章 英雄

第二次世界大戰不只是災禍的年代，也是英雄的年代。有一個人知道被稱譽為戰爭英雄是怎樣一回事，他名叫李歐納．克里歐（Leonard Creo），曾是美軍第二三二步兵團的一名步兵，而他的故事恰好足以呈現英雄的美名何其強而有力、同時又何其空洞。

在克里歐看來，第二次世界大戰有許多開端。[1]這位在紐約生長的青少年，清楚意識到了一九三九和一九四〇年突然席捲歐洲的動盪：他曾萬分激動地收聽新聞報導，「彷彿那是場美式足球比賽」。到了一九四一年底，當日本轟炸珍珠港、美國被捲入戰爭中，局勢變得更為切身。三個月後，他以十九歲之齡志願投身陸軍：起先擔任砲兵，隨後被重新培訓為通信兵，而後再次受訓成為四十二步兵師的一名步槍兵。但直到一九四四年，他才終於登上了開往歐洲的運兵船，他的戰爭從此真正開始。

克里歐在那一年年底首先登陸法國。他的單位作為整個師的先頭部隊，被派往德法邊界的前線，加強史特拉斯堡市（Strasbourg）的防務。這座城市尚未獲得確保。大量美軍部隊被抽調到更北方參與其他戰役，使得這段前線僅有稀薄的守軍，克里歐經常發現自己或多或少獨自一人在戰線上巡邏，或獨自守衛萊茵河的一小段。

一九四五年一月某日，德軍從河流對岸發動攻擊。隨後發生的事在他腦海裡一片模糊。他為了避免被殺，從一處據點奔向另一處。他向敵軍發射火箭筒。他不記得自己害怕，只覺得興奮——「我高興得要死！」但他隨後被一顆子彈擊中肋部，德軍一枚砲彈又在他身邊爆炸，破片插滿了他的腿。「我的戰爭就這樣結束了。」

接著是一連串其他的結局。克里歐接受緊急治療之後被送回美國養傷。即使嚴重傷殘，但陸軍並未將他除役，而是留下了他，準備讓他在康復後從事後備工作。他在長島慶祝了歐戰勝利日，但不太熱情，因為他知道戰爭還沒有真正結束：還要打敗日本才行。他更加熱烈地慶祝了投下原子彈，以及對日戰爭勝利，因為這些結局更為毅然決然。但他直到一九四五年十月才正式除役。

圍繞著這許多戰爭結局的氛圍，是徹底的改頭換面。師長得知克里歐在史特拉斯堡的功績，頒授了一枚銅星勳章給他。嘉獎詞提及克里歐「英勇不屈」，以及他「面臨凶殘的機槍及砲火」，仍「隻手」阻止敵軍渡河。這些話足夠讓任何人以自己為榮。[2]

於此同時，幾乎「所有」歸國的大兵都在美國得到英雄式的接待。他們對國家的貢獻獲得《軍人權利法案》（*G. I. Bill*）正式認可，法案賦予他們諸多優待，包括低利貸款、免費接受高等教育，以及失業時每週二十美元、為期一年的保障收入。克里歐最終運用了這些供給，在大學學習藝術——這在戰前根本不可想像。大學畢業後，他也運用豐厚的傷殘津貼自給，得以逐步確立藝術家的名聲——藝術家成了他的終生志業。像克里歐這樣的人，在戰後的發展當然是一片光明。

這種對待退伍軍人正式及非正式的尊重態度，終其一生都伴隨著他。克里歐經常被稱作英雄——有時是通稱，但有時專指他的戰時紀錄和勳章。這個稱號一度令他心滿意足，但後來卻令他愈來愈尷尬。當他回想起史特拉斯堡的那天，他意識到嘉獎詞裡的某些具體細節並不準確，再說，他的所作所為或許也並不特殊。「任何一個普通人在那種局面下就是會這麼做。你沒有逃走的話，就會那樣做。」不僅如此，「戰爭結束時，他們決定每一個參與過實戰的步兵都應當獲頒銅星勳章，於是我的銅星又加綴了橡葉裝飾。意思是我得到了兩個（勳章）。第一個毫無價值，第二個不具意義。」

圖2　二〇一七年的李歐納．克里歐，穿著他的美國陸軍舊制服。（圖片來源：Keith Lowe）

今天，他發現二戰老兵自動獲得的讚揚「令人不適」而且「荒謬」。他從不參加戰爭紀念活動，因為他不能忍受那種只憑著年齡和軍服，就把每一個廚師和文書都變成英雄的文化。「我們每過一天就會看到愈來愈多奉承，因為我們的人數愈來愈少。很快他們就會看到最後一個，就像他們對最後的一戰老兵那樣。然後他們就會在某個小人物身上施加一切讚美，而那人說不定只是A連的文書之類。」

第二次世界大戰改變了克里歐的一生。他的參戰讓他得以利用《軍人權利法案》學習，並且成為藝術家：如今他的畫作得到全美國的博物館和大學永久珍藏。他在戰時受的傷讓他養成了走路的習慣——起先是為了復健，後來則成了運動。如今他是冠軍競走選手，在老兵競走比賽中創下了所屬年齡群體的世界紀錄。二戰也讓他第一次出國：如今他會說三種語言，走遍了全世界，在墨西哥、義大利、西班牙、法國都長住過，如今則在英國長住。沒有第二次世界大戰的話，以上這一切都不可能發生。我採訪他的時候，他對這一點十分堅決。「它差不多以一切可能的方式改變了我的人生。」他說，「發生在我身上的每一件事，全都來自那場戰爭。」

他只對另外一點同樣強調。「我不是英雄。『我』這麼說的話，你一定要相信我。」

☆

李歐納．克里歐的故事，反映出全世界（尤其戰勝國）紀念二戰的方式有著根深柢固的問題。克里歐不是自己選擇當英雄的，這是強加在他身上的稱號，而這個稱號許多年來似乎獨立於克里歐本人之外，自行成長和發展。正如他比多數人更加理解的，戰爭的真實事件和我們「紀念」這些事件的方式是大不相同的兩回事，其間不斷擴大的出入令他非常不自在。

我們對於二戰英雄的印象，多數來自一九四四及一九四五年——一國又一國得到解放，同盟國逐漸勝利在望的那些年。這場戰爭最出名的一幅圖像（實際上也是整個二十世紀最具代表性的圖像之一），是阿爾弗雷德・艾森斯塔特（Alfred Eisenstaedt）拍下的對日戰爭勝利日當天，一名水兵在紐約時代廣場親吻一名護士的照片。這一張照片包含了同盟國對終戰的神話之一切元素。那是無限喜悅的時刻。那是齊心歡慶的時刻。畫面的焦點是身穿制服的兩個人（他們因此代表了自己效力的國家），由於兩人的面孔都不清楚，他們因此也是每一個男人和每一個女人。但最重要的是，他們象徵著一個童話：英雄斬妖除魔，返鄉與美人團聚。倘若第二次世界大戰是一部好萊塢電影，這正是我們會選擇的結局畫面。

英美兩國媒體在戰爭期間及戰後，經常刊載男性英雄被女人親吻或以其他方式崇拜的類似故事。美國陸軍的《星條旗報》（*Stars and Stripes*）經常展示歐洲女子親吻她們的解放者、或和他們共舞，或者只是狂喜地凝視他們的照片。《生活》（*Life*）雜誌也一樣。英國的《每日快報》（*Daily Express*）欣然將解放期間的法國呈現為一個充滿落難女子的國度，「她們撲向士兵們並伸出雙手擁抱，一邊說道：『哦，我們等了這麼久，等得不耐煩了。』」[3]

這不只是宣傳而已：它反映了眾多普通英美軍人的體驗，他們體驗到的這股感激之情迸發，往往令他們不知所措。地方人民向他們傾瀉鮮花、佳餚和美酒，不分老少的女性前來獻吻。一位英軍上尉記得坐在吉普車上的自己被款待了以精美瓷盤裝盛的四道菜，儘管「不巧，正當我要喝餐後酒時，部隊繼續開拔」。[4]另一位軍人記得自己被一位「大個子女人」抬起雙腳，她擁抱他、親吻他，最後在道路中央和他共舞：「我發誓，我的雙腳始終沒碰到地面。」[5]

有時群眾的這股激情，尤其是群眾中的女性，活像某種性愛狂熱：實際上，有位歷史學家將它描寫成披頭四狂熱（Beatlemania）的一九四〇年代版本。[6]但對於大多數人而言，解放主要是一次精神事件、而非性愛事件。澳大利亞戰地記者艾倫・穆爾黑德（Alan Moorehead）將他在巴黎解放期間親眼目睹的「歇斯底里」，描述成某種愛國狂熱：「女人高舉嬰兒讓人親吻。老人互相擁抱。其他人坐在排水溝裡流淚。還有其他人就只是佇立著，歡喜地放聲大哭。」[7]

在荷蘭解放期間，一位年輕女子幾乎將自己第一眼看見盟軍士兵記憶成了宗教體驗。瑪利亞・海恩（Maria Haayen）當時住在海牙，加拿大軍乘著戰車而來：「我體內的血液像流乾了一樣，我心想：我們要重獲自由了。隨著戰車更加接近，我突然喘不過氣，那個士兵站了起來——他就像聖人一樣。」[8]一位荷蘭男子也同樣回憶：「就連摸到加拿大軍服的袖子都是一種特權。每個加拿大士兵都是基督，都是救主……」[9]就連歷盡滄桑的戰俘，都有可能對自己重獲自由報以某種精神上的狂喜。一位先前被關押在德國科爾迪茨（Colditz）戰俘營的戰俘，如此描述一名美軍士兵踏入庭院，宣告戰俘獲得釋放的那一刻：

> 突然之間，一群人衝向他，吼叫著、歡呼著、極力拚搏著觸及他，好確認他是活生生的人，好觸摸他，從觸摸中再次知曉生存的奇蹟……他們如湧泉般冒出、滿溢、衝破堤岸，不受阻攔也不受控制地踉蹌而行。淚流滿面的法國人彼此親吻雙頰——兄弟之間的敬禮。他們親吻這位大兵，他們親吻視線所及的每個人……人類在這解放時刻的壯麗之中是最美好的。那位最

偉大的作曲家編寫的偉大交響曲，來到了雷霆萬鈞的終曲，隨著最終凱旋的和音匯聚成萬國頌，人類得以注視面向自己的造物主之容顏，柔情的目光立即由沛然莫之能禦的喜悅與感恩之純粹反映出來。在這樣的時刻，人力足以移山，他在神看來擁有如此力量。[10]

這一神祕經驗的焦點（傳來「生存的奇蹟」這一神聖訊息的人），正是當天踏入科爾迪茨城堡庭院的那一位美軍士兵。代表了勝利盟軍的他是一位英雄；不僅如此，他也是救主。

☆

在一九四五年之後的許多年裡，英美兩國往往屈服於對這一切照單全收的誘惑。第二次世界大戰最強而有力的遺產之一，是同盟國養成了自認為「自由鬥士」、打了「美好的一戰」的人，甚至更有名地自認為「古今任何社會所創造出的最偉大一代」這樣的觀念。[11]群體分析早已注意到，國族群體有自詡為最偉大、最美好、最優秀的傾向，而且往往會達到放在個人身上看似自大狂的程度。[12]即使如此，第二次世界大戰仍讓戰勝國得以將這種傾向再創新高。在歐戰勝利五十週念紀念日當天，美國總統柯林頓（Bill Clinton）宣稱，每一個曾在戰時從軍的美國人都值得我們永遠讚揚：「無論他們軍階為何，每個士兵、飛行員、陸戰隊員、水兵，每個商船海員，每個護士、每個醫師都是英雄。」不只他們，還有「千百萬人是大後方的英雄」。這千百萬英雄不只打贏了一場戰爭，他們還「拯救了世界」，隨後更經由持續的英勇行為，「為西方帶來了半世紀的安全與繁榮」，甚至「帶領昔日的敵人恢復正常生活」。[13]

很容易就能找到美國人（民主黨、共和黨都有）吹捧自己及戰時一代的例子。或許更加耐人尋味的，則是說到第二次世界大戰，竟有這麼多其他國家繼續覺得自己在道義上應當同意他們。諾曼第登陸六十週年紀念日當天，法國總統席哈克（Jacques Chirac）不僅感謝美國人在一九四四年解放了他的國家（對他而言確實是正確且適當之舉），更進一步將他們稱作「重塑歷史進程」、「賦予人類嶄新高度」，甚至「將人類良知提升到更高水準」的「傳奇英雄」。即使過了這幾十年，那位美國大兵仍被宣告為救主。[14]

正如李歐納·克里歐這樣的老兵所認識到的，這種英雄形象的問題在於它完全不可能被達成。同盟國或許創造出了許多典型的英勇無私之人，但也有千百萬人參戰，勇氣卻從未受到認真考驗。廚師和文書應當和身邊的戰友受到同等敬重——但他們配得上「英雄」這個頭銜嗎？在戰鬥中受到考驗，但被逼得崩潰的那些人又該如何自處？光是在歐洲戰區，就有十五萬左右的英軍和美軍士兵棄職逃亡，超過十萬人因精神錯亂而必須接受治療，因為他們無法應付戰鬥的壓力。[15]這些人當然不是「傳奇英雄」，但如果將他們排除在這個如此慷慨地賦予其他盟軍士兵的稱號之外，那麼他們又成了什麼？未嘗面臨橫死可能性的我們，肯定無權妄作論斷。

倘若盟軍士兵並非一律英勇，他們也絕非一律「高貴」和「俠義」。在諾曼第，盟軍士兵經常闖入民宅，破壞財產以尋求戰利品，恐嚇當地人民並偷竊財物。科隆比埃（Colombières）的一名婦女宣稱，解放這個小鎮的加拿大軍，也讓它受到劫掠和破壞的「侵襲」：「那些人偷竊、搶奪、洗劫一切……他們奪走了衣物、鞋子、糧食，甚至我們保險箱裡的錢。我父親阻止不了他們。家具消失不見；他們連我的縫紉機都偷走。」[16]一位英軍砲兵軍官親眼看見同袍恣意破壞一位諾曼第農民的住家，大感震驚：「三百個德軍顯然曾經駐紮在這一帶，他們對屋主的財產、家畜和物品都予以尊重。他回來看到這一片狼藉，除了咒罵他的解放者還能作何反應？」[17]據說，美軍的表現也同樣惡劣，即使不至於更壞。根據法國和比利時警方的案卷，解放過後盟軍犯下的襲擊、竊盜及公眾場合醉酒案件，美國大兵的犯行占了壓倒性多數。[18]

倘若西歐女性期望中的盟軍是胸懷騎士風度的英雄，她們有時得到的卻是一隊久經戰陣、性欲無法滿足的年輕男子，其中大多數人才剛滿二十歲。光是美軍就被控在一九四二至一九四五年間，於北非和歐洲強暴了多達一萬七千名婦女。[19]儘管這與蘇聯軍人在歐洲大陸東半部強暴的數十萬名婦女相比不過是零頭，但仍與通俗傳說中美國人「身穿閃亮甲冑的騎士」形象相去甚遠。[20]英國人也沒好到哪裡。根據從捷克勞改營重獲自由的法國猶太人伊薇特．李維（Yvette Levy）所言：「湯米們（Tommies，英國大兵）所作所為跟俄國人一樣壞。一個人身穿軍服卻喪盡尊嚴。英國士兵說，除非我們和他們上床，他們才會給我們食物。我們全都患了痢疾，又病又髒……這就是我們得到的歡迎！我不知道這些男人把我們想成了什麼──他們一定以為我們是野獸。」[21]

倘若盟軍在歐洲有時行為惡劣，他們在亞洲和太平洋的行徑有時則是窮凶惡極。[22]亞洲的平民當然並不總是樂於見到他們。對緬甸、馬來亞和新加坡的許多人來說，英國人的回歸就跟蘇聯人重返東歐一樣不受歡迎：有些人認為這只不過是由一個殖民占領者取代另一個。解放的代價有時也被認為太過高昂了。例如，收復馬尼拉的戰役犧牲了一千名美軍和將近一萬六千名日軍──但同時也殺害了多達十萬名菲律賓人。[23]「我衝著我見到的第一個美軍吐口水，」一位馬尼拉女人後來說道，「去你媽的，我這麼想。這裡除了我們菲律賓平民之外沒有別人，而你們使盡全力殺害我們。」[24]

像這樣對盟軍憎恨和憤怒的故事還有成千上萬個——實際上，要建構出一套盟軍並非扮演聖人，而是成為妖魔的解放歷史，是很簡單的事。此處的重點並非貶低盟軍的成就或他們基本上的良善目的，而只是要戳破他們不知為何全都完美的神話。這點或許看似相當明顯；但圍繞著我們對戰爭通俗理解的情緒框架，卻並不總是容許如此細微的差異。我們「想要」相信我們的英雄完美無缺，即使今天亦然。我們全都本能地拒斥關於他們可能也自私、笨拙、無知、沙文主義，偶爾還殘忍——簡而言之，關於他們仍是凡人的任何暗示。最終決算下來，打了第二次世界大戰並且獲勝的盟軍官兵既不是英雄、也不是妖魔，而是像李歐納．克里歐這樣的凡夫俗子。

☆

同盟國在二戰期間完美無瑕這一幻覺，對戰後世界產生了深刻影響。英國人和美國人自認為打了一場「美好的仗」，從那時候起就在尋找一場新的美好戰爭。這倒不是說他們有意尋釁生事，而是說他們每當遇上麻煩，就會不知羞恥地利用自己在歷史上的好人地位，為他們的目的辯護。

那種說法也有可能太過偏激：英美兩國經常被捲入他們無意參與的衝突之中，但他們出於對世界的責任感而讓這些衝突成為切身之事。美國尤其經常被要求扮演世界警察。當美國人挺身而出履行這項職責，他們就提醒自己身為英雄就有義務表現出英雄行為，藉此鼓起勇氣。

自一九四五年以來，英美兩國捲入的幾乎每一場戰爭，全都伴隨著援引二戰英雄事蹟。一九五〇年六月韓戰爆發後，杜魯門總統（Harry S. Truman）在電視演說和國會演說中一再訴諸一九四五年的記憶。[25]甘迺迪總統（John F. Kennedy）和詹森總統（Lyndon B. Johnson）都把越南戰場上「活力充沛的美國青年」，與參加二戰的「眾多美國英雄」相提並論。[26]而在一九八二年福克蘭戰爭（Falklands War）期間，英國新聞記者與柴契爾夫人（Margaret Thatcher）齊聲唱和，將英軍特遣部隊的英勇表現，與「建立帝國」及「贏得第二次世界大戰」的前輩英雄們相提並論。[27]

這不足為奇。每一個國族都會利用過去將現狀正當化，毫無例外。只不過自視為最偉大戰爭中最偉大英雄的英美兩國，可以利用的資本比其他多數國族更多。

美國尤其擅長此道的完美範例，在一九八四年六月由雷根總統（Ronald W. Reagan）做出示範。在諾曼第海岸上舉行的諾曼第登陸四十週年紀念儀式中，雷根發表的演說既關乎紀念，也關乎冷戰。

他首先耳熟能詳且公式化地援引，二戰是正義力量對決邪惡力量的巨大戰爭這一神話：

> 我們在此銘記歷史上的這一天，盟軍在戰鬥中攜手，收復這片大陸使之重獲自由。大半個歐洲在漫長的四年中被可怕的陰影籠罩。自由國度淪陷、猶太人在集中營裡哭號、千百萬人呼求解放。歐洲遭受奴役，全世界祈求它獲救。救援行動就從諾曼第這裡開始。盟軍在此站穩腳跟，在人類歷史上一次無與倫比的巨大任務中對抗暴政。[28]

由此開始，他反覆為完美的盟軍英雄描繪著理想化的神話形象：「這些人是出力解放一片大陸的鬥士」、「這些人是協助結束戰爭的英雄」、「當天的每個人都很英勇」、「諾曼第灘頭上的人們堅信他們行為正確，堅信他們為了全人類而戰，堅信公義的上帝將在這一處或下一處灘頭陣地賜予他們慈悲」。他宣稱，盟軍純粹是受到「信念及信心」、「忠誠與愛」，以及「上帝支持這項偉大目標」的認知所激勵。

但在演說中段，雷根話鋒一轉，開始談論戰後發生的事件。不同於美國人，「來到歐洲大陸中心的蘇聯軍隊，在和平來臨時仍不願離開。他們至今還在那裡，未受邀請、不被需要卻寸步不讓，在戰爭結束將近四十年後的今天。」正因如此，美國英雄主義也就不得不繼續。在蘇聯堅持其征服之道的同時，美國也將繼續保衛歐洲民主國家的自由：「我們今天受到的約束一如四十年前，受到同樣的忠誠、傳統與信念約束……那時我們與你們同在，如今也與你們同在。」

聽著這段演說，不難想像第二次世界大戰從未結束。「那時」與「如今」之間有著直接而明確的關聯：同樣的正義力量正與同一股邪惡力量戰鬥。重要的是，敵人並非德國人或納粹，演說中對他們隻字未提，而是抽象得多的「暴政」力量──這個詞可以同樣適用於納粹和蘇聯。就好像一九四四年六月的思維模式不知為何在時間中凍結了。

時間往後快轉二十年，即使世界經歷了某些重大歷史變遷，這套修辭似乎仍然不變。二〇〇一年，美國有了新的敵人。九一一恐怖攻擊之後，美國發動「反恐戰爭」，首先出兵攻打阿富汗。為了爭取國際支持，那年十一月小布希總統（George W. Bush）在聯合國大會演說時，刻意援引了與戰時美國的相似之處：

第二次世界大戰時，我們明白了沒有任何地方能隔離於邪惡。我們確認了某些罪行太過可怕，它們本身就冒犯了全人類。而我們下定決心，惡人的侵犯與野心必須及早、決定性地以集體力量對抗，以免危害我們全體。那樣的邪惡捲土重來了，對抗邪惡的目標也隨之更新。[29]數週之後，他在一次直接將九一一事件與日本轟炸珍珠港相提並論的演說中，宣告「恐怖分子是法西斯主義的繼承人」。[30]

小布希在隨後數月間一再將二戰與反恐戰爭並舉。他將美國的盟友與美國二戰的盟友相比；他將美國人民的堅毅與他們在一九四〇年代的堅毅相比；他甚至將自己的國務卿稱為二戰時陸軍參謀長喬治・馬歇爾（George Marshall）的現代版（由此暗指自己是當代的小羅斯福）。[31]但他在二〇〇二年陣亡將士紀念日的演說，或許最能彰顯出他試圖將自己的現代戰爭，描述得與一九四五年的「美好一戰」如出一轍。小布希選擇不像歷任總統那樣在美國本土度過陣亡將士紀念日，而是前往諾曼第的美軍陣亡將士公墓。在通篇充滿宗教故事及意象的演說中，他提醒全世界，美國軍人「來到此地是為了解放，而非征服」，他們「為了人類的未來」而「犧牲」自己，他們從世界上帶來了「驅散黑暗的光」。儘管詞藻十分華麗，這些話對美軍官兵本身卻並不公平。他們在二〇〇二年一如一九四五年，仍然被迫扮演「身穿軍服的救世主」這個不切實際的角色。[32]

☆

英美兩國政治人物不斷訴諸英雄事蹟，或不斷重提第二次世界大戰，其實絕非他們獨有。俄國人也往往沒好到哪裡，普丁總統援引俄國人民戰時英雄事蹟（而且確實用來替自己的反恐戰爭辯護）的速度和小布希一樣快。[33]中國人同樣自豪地宣告自己在「中國人民抗日戰爭」中的「英雄業績」，但對同時發生的內戰之殘酷絕口不提。[34]戰爭期間發生過重大地下反抗運動的歐洲國家，像是法國、義大利、荷蘭、挪威或波蘭，也誇大自身的英雄事蹟，同時淡化其反抗活動的本質，其中往往包含暴力、犯罪，並以本國人民為目標運用恐怖手段。[35]我在這一章專注於討論英國人和美國人的唯一理由，在於這兩個國家的二戰英雄主義多半仍毫無汙點，至今亦然。這兩國或許是最耐人尋味的例子，因為它們是最有可能蒙受損失的國家。美國也是唯一持續確切在全球範圍內施展力量的「英雄」國家：美國的英雄主義心理因此不只是美國人的問題，而是影響我們所有人的問題。

這是一大問題。無論國籍為何，英雄都有可能過分沉迷於對自身的想法，從而對自己的缺陷視若無睹。不僅如此，他們往往立刻看到別人的缺陷。英雄的問題在於，他們永遠需要可供對抗的妖魔；英雄愈是完美，妖魔相應地就必須愈具威脅性。

這就將我們引向了第二次世界大戰遺留給我們的另一個強大神話：一九四五年不只給予我們關於英雄主義的主導心理模板，也給了我們關於邪惡的相應模板。這兩種典型是如此緊密交織，因此往往不可能只提到一種而不提另一種——但它們對社會的影響各不相同。英雄的神話有時空虛。但正如下文所示，妖魔的神話及其對社會的影響，卻可能產生極大毒害。

第三章 妖魔

按照精神分析學者的說法，英雄與惡魔之間有著密切關係。國族難得在頌揚自身美德時不與異己者的邪惡兩相對比。這是一種將我們對於自己不喜歡的一切投射於他人的好方法，也是一種將我們的注意力從存在於自身之間的難題與分裂轉移開來的絕佳方法。我們擁抱自己的敵人（真實的與想像的），因為他們令我們得以將自身的所有負面感受全都聚焦於他處。套用佛洛伊德的說法，全體國民都能在兄弟之愛裡齊心協力，只要他們有個仇恨的對象。[1]

在戰時，將我方的敵人妖魔化更是當務之急，因為凝聚社會的需求更加迫切。沒有什麼事物比外部威脅更能創造出英國人至今仍稱為「大轟炸精神」（Blitz spirit）的那種凝聚力。不管怎麼說，一個國家不得不將敵人描繪成邪惡勢力，才能首先為對敵開戰之舉辯解。此外，它還會為了激勵人民為所當為而將敵人指為邪惡：戰爭本質上是殺戮之事，當人們相信敵人是妖魔，他們就更容易動手殺敵。

在第二次世界大戰期間，參戰各方全都將敵人妖魔化。對於戰時宣傳的研究顯示出這種妖魔化的套路何其驚人地相似，幾乎不論出自哪一國之手都一樣。最低限度，「敵人」（不論敵人是誰）會被描繪成某種程度上反常、卑鄙，或屬於「劣等」種族。於是德國和義大利的文宣總是將美國人描繪成幫派、黑人和猶太人；日本人將英國人描述為奴役南亞的冷酷帝國主義者；蘇聯人則被描繪成蠻族部落的全新化身。[2]同時，盟國將德國人描繪成不信神又冷血無情的殺手、出沒於夜間的竊賊，日本人則是「亞洲的黃皮膚部落」。[3]每一方都將敵人刻劃成權欲薰心、兩面三刀、恣意剝削、操弄人心、凶暴且變態，尤其喜愛攻擊婦女和兒童。[4]

更常見的情況是敵人完全不被當成人類對待——或者就算是人類，頂多也是畸形的或某種「下等人」。日本人經常把中國人描述成人猿、老鼠或驢子，並在漫畫中為他們畫上爪子、角，或是又短又粗的尾巴。相對來說，中國人的宣傳也經常把日本侵略者說成「倭寇」或「鬼子」。[5]納粹出名地將猶太人和斯拉夫人描繪成老鼠；反之，他們自己則被描繪成各種各樣的野獸，從豬到狂犬、老虎、蛇、蠍子、蟑螂、蚊子甚至細菌，不一而足。[6]最惡毒的反德宣傳或許出自蘇聯報刊，其中要求紅軍官兵像消滅害蟲一樣消滅德國人。「只要這些灰綠色的鼻涕蟲還活著，我們就無法度日，」紅軍報紙《紅星報》（*Krasnaya Zvezda*）在一九四二年八月宣告，「今天只有一個念頭：殺死德國人。殺光他們，把他們埋進地底。然後我們才能安睡。」[7]

每一方都正是為了這個目的而將敵人非人化：要是敵人被認知成動物，就更容易殺掉他們。因此日本人在美國的文宣裡被說成「瘟疫」，他們「在東京地區周圍的孳生地必須徹底消滅」；日本人則以「打死鬼畜米英」這樣的勸導回敬。[8]

但在最極端的例子裡，敵人則被描繪成了某種完全黑暗、比純粹的下等人更恐怖的東西。神話中的怪獸被召喚出來：九頭蛇、長著翅膀的魔鬼、會飛的骷髏、沒有靈魂的機器人、死神（Grim Reaper）、科學怪人（Frankenstein's monster），以及天啟四騎士。[9]每一方都會運用到的最普遍形象之一，是吸血鬼的形象。美國《科利爾》（*Collier's*）雜誌將日本航空兵畫成了載著炸彈飛往珍珠港的吸血蝙蝠，日本的《漫畫》雜誌則把小羅斯福總統呈現為青面獠牙的貪婪妖怪。[10]這些圖像往往不只是諷刺畫，而是意在傳達一種非常真實的恐懼。比方說，德國占領荷蘭期間，《綠色阿姆斯特丹人報》（*De Groene Amsterdammer*）刊登了一幅充滿威脅性、令人不適的漫畫：吸血鬼戴著防毒面具充當臉孔，從一位荷蘭愛國志士的裸體上吸乾他的血液。

美國也製作了類似的「黃禍」圖

圖3 L・J・約丹（L. J. Jordaan）對納粹一九四〇年侵略荷蘭令人難忘的描繪，刊載於《綠色阿姆斯特丹人報》。（圖片來源：Atlas Van Stolk, Rotterdam）

像：在一九四二年一幅著名的漫畫裡，日本總理大臣東條英機被畫成了一隻狀似人猿的妖怪，它俯視著一具美國飛行員的屍體，嘴角滴著血。[11]

從二十一世紀回顧，這類形象有一種真正駭人之處。我們如今完全知道了成為第二次世界大戰特徵的種種暴行：滅猶大屠殺、納粹遍布整個歐洲大陸的龐大奴工營網絡、使用人類進行科學實驗或作為刺刀標靶，以及或許最令人不適的，某些日本軍人在東南亞部分地區為了吃人肉而殺害戰俘。配備著這份後見之明，人們會忍不住設想，至少從盟軍這方看來，許多妖魔化形象是完全合理的。但我們必須記住，前文引述的大多數圖像及誹謗，在最惡劣的暴行發生之前就已經創作出來，而且必定早在這些暴行廣為人知之前。將敵人妖魔化因此並非對暴行的回應，而是暴行的前兆。實際上，正如不計其數的社會學及心理學研究所揭示，妖魔化首先正是讓這類暴行得以發生的因素之一。看到納粹的電影製作人將猶太人刻劃成老鼠，我們感到驚恐是合情合理的；但如今有了這些知識，我們對於同盟國宣傳將日本人描繪成跳蚤，或是將德國人描繪成細菌，也同樣應該感到憂慮。[12]

☆

前線官兵在戰鬥勝利之後，經常回報一種對於敵人的人性重新被喚醒的感受。美軍一〇六步兵師的一名步槍兵羅伯．拉斯穆斯（Robert Rasmus）談起他和同袍懷著對德國人的極度仇恨參加第二次世界大戰，直到他們在一九四五年春天終於親眼看見某些戰死的德國人。

那天晴朗又安靜。我們正走過我們殺死的德國人。看著那一個個德國死者，每個都呈現出人格。這些人不再是抽象概念。這些人不再是我們在新聞影片上看到的面目野蠻、頭戴鋼盔的德國人。他們和我們同樣歲數。他們是跟我們一樣的男孩。[13]

在事態的正常走向裡，人們或許會設想同樣的過程也在社會層次發生。德國與日本一旦戰敗，它們的面貌就不再那麼具有威脅性——同盟國因此得以再次承認他們的人性。按照傳統的歷史演繹，事情正是如此發展：德國與日本得以「重建」，獲得幫助而再站起來，被接納成為世界強權的「好學生」。按照美國總統柯林頓的說法：「我們帶領昔日的敵人恢復正常生活。」[14]

不幸的是，第二次世界大戰最強而有力的遺澤之一，卻是這種重拾「敵人」人性的過程不曾發生的程度。要說有什麼差別，戰爭一結束，當德國與日本戰爭暴行的實情廣為人知，人們看待同盟國敵人的心態變得更加強硬。漫畫中行走的皮包骨與屍堆如山，被真實情況的照片及新聞影片取代。孤立暴行的傳聞和故事，被計畫性凌虐、拷打及滅絕千百萬平民的確鑿證據取代——而且這一切都經由報章雜誌對於諸多戰爭罪行審判的報導而傳遍全球。直到一九四五年為止，某些關於敵人最為極端的漫畫形象，或許還能輕易斥之為譬喻；但在戰爭罪行審判之後，它們看來再也不像譬喻了。

重建德國與日本的舉動，因此是在各種聲音爭相以前所未有的程度，將同盟國戰時的敵人加以妖魔化的背景下展開。倘若我們今天更樂意記得呼籲和解的聲音，原因就只是那麼做最符合我們的需要：事實上，戰爭結束後數月間，戰時的仇恨仍在官方層面延續著。占領德國南部的美軍向官兵配發傳單，將德國平民說成「掉進陷阱的老鼠」，他們「分霑了德國非人罪行的利益」。[15]按照某些北歐歷史學者的說法，北歐各國大眾對德國人的仇恨延續了二十年左右。[16]當時許多政治人物都十分直率地表達他們的感受。「我絕對不要看到德意志帝國再次建立。」法國臨時政府總統戴高樂在一九四五年底這麼說。[17]日後出任捷克司法部長的普洛科普·德第納（Prokop Drtina）很喜歡這麼說：「德國人沒有好的，只有壞的和更壞。」就連神職人員都樂意宣告德意志人種是如此「邪惡」，因此「愛人如己這項誡命……對他們不適用」。[18]

整個太平洋地區對待日本人的心態也多少相似。在戰後的菲律賓大眾文學裡，日本人幾乎總是被描繪成「野蠻」、「弓形腿」、「斜縫眼」的強暴犯及征服者，他們只能扮演反派角色。這種特徵描述直到一九六〇年代都居於支配地位，其後也仍然普遍。[19]戰後日本首任駐菲律賓大使湯川盛夫回憶：他在一九五七年到任時，「即使有了心理準備，對日本的惡感之深刻仍令我大感驚愕。」[20]根據某些史料，將日本人妖魔化的程度在戰後更甚。[21]同時，韓國的仇日情緒恐怕最為強烈：韓國人看待日本的心態是如此惡毒，當雙方在談判將近十四年之後，終於在一九六五年締結條約將兩國外交關係正常化，這引發全國各地大規模暴動，反對黨國會議員更辭職以示抗議。[22]

一九四五年之後這些年來，直接從二戰承繼而來的美國反日情緒，始終不曾遠離檯面。日本經濟力量在一九六〇及一九七〇年代迅速崛起之後，美國社會從上到下重新開始詆毀日本人，這種行為成了所謂的「修理日本」（Jap bashing）。一九八〇年代中葉的美國參議員們，開始將日本汽車進口稱為「經濟上的珍珠港事變」，霍華德·貝克（Howard Baker）之類有志參選總統的政治人物，則藉著終戰四十週年宣告兩個「事實」：「第一，我們仍然在對日作戰。第二，我們正落居下風。」一九八五年，普立茲獎得獎作家白修德（Theodore H. White）在《紐約時報雜誌》上以「來自日本的危險」為題撰文，他警告日本人正在運用「好戰的」貿易行為，製造全新版本的戰時「大東亞共榮圈」。這種情緒在一九八〇年代從亞洲到澳洲都得到了呼應。[23]

而在中國，反日情緒則在更晚近爆發，由民眾戰爭記憶的大規模重現所激起。兒童在南京大屠殺期間遭到殘害的悲慘圖像，經由中國紀錄片的持續重複放映，變得「幾乎烙印於中國人的集體無意識裡」，南京大屠殺的故事，則每隔數年就由更加賣座的劇情長片重說一遍。[24]到了二〇一三年，中國的電視頻道每年製作兩百多個節目，改編一九三七至一九四五年的抗日戰爭。二〇一四年二月，中國政府頒布兩個新的國定假日：「南京大屠殺死難者國家公祭日」和「抗日戰爭勝利紀念日」。[25]

與二戰相關的反德情緒至今仍十分活躍，歐洲尤甚。二〇一三年，捷克共和國的總統選舉墮落為種族辱罵，政治人物和媒體群起攻訐總統候選人卡雷爾・施瓦岑貝格（Karel Schwarzenberg）太過「德國」而不夠格當總統。[26]在希臘，二〇〇八年金融危機過後，反對歐盟撙節措施的人們經常在示威遊行中焚燒納粹卐字符號。二〇一二年二月，希臘右翼報紙《民主報》（*Dimokratia*）甚至在頭版刊出德國總理梅克爾（Angela Merkel）身穿納粹制服的照片，其下的頭條標題驚人地不成體統，將希臘與達豪（Dachau）集中營相提並論。[27]同年八月，義大利總理貝魯斯柯尼（Silvio Berlusconi）發動一波基於反德情緒的政治攻勢，其間不斷指涉第二次世界大戰。他旗下的一家報紙《日報》（*Il Giornale*）在頭版刊登一張梅克爾舉起右手，手勢酷似納粹式敬禮的照片，就在「第四帝國」（Quatro Reich）這個頭條之下。[28]

對德國人和日本人的這些認知，與當代政治的關聯多過與二戰的關聯。例如，中國的反日言詞在中日兩國對東海釣魚台列嶼（尖閣諸島）的領土糾紛之中增長，許多歐洲國家則對德國在歐盟內部的政治經濟主導地位日漸增強感到憤怒。儘管如此，每個國家在為現代的惡魔尋找模板時，卻都直覺地訴諸第二次世界大戰。

在我們的集體想像裡，納粹尤其成了我們對於邪惡的標準模板。戰後全世界一連串的妖魔都曾被比作希特勒，包括一九五〇年代的埃及總統納瑟（Gamal Abdel Nasser）、一九七〇年代的巴勒斯坦領袖阿拉法特（Yasser Arafat）、一九八〇年代的阿根廷總統加爾鐵里將軍（Gen. Leopoldo Galtieri）、以及一九九〇年代的伊拉克總統海珊（Saddam Hussein）和塞爾維亞總統米洛塞維奇（Slobodan Milošević）。[29] 政治團體往往以各種就歷史而言毫無意義的方式，將對手定性為法西斯分子：因此印度國會議員互相指控對方「宛如希特勒」，澳洲知名人士將同性戀平權運動者比作蓋世太保。[30] 二〇一六年美國總統選戰前期，《費城每日新聞》（*Philadelphia Daily News*）甚至在頭版刊出唐納・川普（Donald Trump）舉起手臂，姿勢宛如納粹式敬禮的照片，其下搭配著「新狂怒者」（The New Furor）的頭條（故意與「元首」〔Führer〕諧音）。[31]

今天，「納粹」一詞經常被用作世界各地邪惡的概念速記。希特勒的肖像尤其成了一位文化批評家所謂「邪惡的極致」，由小說家、製片人和政治人物用來凸顯他們最懼怕的人物及觀念。因此尼克森（Richard Nixon）和賓拉登（Osama bin Laden）都曾被描述成現代「希特勒」。[32] 從《真善美》（*The Sound of Music*）到印地安納瓊斯系列，納粹在成千上萬部我們耳熟能詳的電影裡作為反派而出現。就連《星際大戰》系列電影裡的「帝國風暴兵」（storm troopers），也以德國國防軍為原型——光是頭盔形狀本身就立即確認了他們是「敵人」。要將戰後文化對這個「邪惡的極致」車載斗量且形形色色的引述完整列舉出來，這份清單簡直漫無止境。第二次世界大戰過後數十年間，無論作為替代或其他用途，納粹都已長成了與戰時文宣描繪過的任何神話惡魔一樣歷久不衰的妖怪。

「邪惡」的面目

希特勒真的邪惡嗎？在親衛隊或蓋世太保服役的人們邪惡嗎？那些對人類進行醫學或科學實驗的人呢？環繞著這個主題的神話是如此強大，就連暗示這些人或許不是妖怪而是「凡夫俗子」，似乎都有如褻瀆。[33]一整個歷史學派建立在「納粹不僅邪惡，而且邪惡地獨一無二」這個觀念上：提出不同說法的人都在全世界的學術圈、議會和媒體上激起一片怒罵。[34]

雖說沒有哪位聲譽卓著的歷史學家，會否認納粹黨人或日本憲兵隊往往幹下邪惡行徑，但以同樣的方式為所有幹下邪惡行為的人定性，或許就是一種錯誤。從心理學觀點說來，沒有邪惡的人這回事，只有病態的人或身陷於病態體系的人。就哲學觀點而言，邪惡的人與幹下邪惡行為的人也有所差別。第二次世界大戰最大的悲劇在於，它不僅將變態傾向的人拱上了把持大權的地位，更在社會體系內部滋養及加重病態，以至於就連凡夫俗子都變得既有能力、也熱衷於從事邪惡行徑。

有人願意公開談論自己在二戰期間所犯暴行是極其罕見的，行凶者對於自身行為對人類的影響展現出真切的關心，則更不尋常。湯淺謙正是這樣一個人，這位日本醫師在戰爭期間對數名中國俘虜進行活體解剖。他的故事精準地說明了戰後日本、乃至於整個世界錯失了什麼。

湯淺謙一九一六年生於東京，是一名開業醫師之子。照他自己的說法，他是所受教養的完美產物：順從、勤奮、渴望向長上證明自己。他對於日本人的種族優越性早已耳熟能詳，也從不質疑他的國家有權侵略鄰國：他清楚記得小學老師這麼說過：「日本人是優秀的民族，要征服支那，成為亞洲的盟主。」他不曾質疑過這個想法：實際上，他從來沒想過在任何方面質疑或批評尊長。[35]

湯淺追隨著父親的步伐，在一九四一年二十四歲時從醫學院畢業。但他想要為日本的對華戰爭出力，於是立即申請出任軍醫。他在受訓兩個月之後授階為軍醫中尉，終於被派往中國東北。

一九四二年三月，湯淺在中國山西省太原市附近的潞安陸軍病院上任不到六週，就奉召參加一次手術演習。這時他已經聽說軍醫會執行活體解剖，也知道所有下級軍醫都被要求參與；因此即使恐懼感揮之不去，但對於即將親眼看見的事又伴隨著某種好奇心，他還是不情不願地來到解剖室。

他到達時發現，醫院和師團人員全都在場——不只像他這樣的下級軍醫，所有高階長官也全都出席。房間一角有兩個中國農民，雙手被反綁在背後。其中一人默然肅立，顯然已經認命；另一人卻顯然嚇壞了，一直害怕地哭著。湯淺不安地看著他們，但在長官面前努力保持鎮靜。他記得自己問過這兩人是否犯了死罪，但被搪塞了這樣的答案：反正沒有差別，他們遲早都會死於戰爭。

人員到齊之後，醫院院長宣布開始。幾名日軍衛兵催促這兩個農民上前。比較勇敢的那位冷靜地走向手術檯躺下，但另一位不停哭號，開始退後，退到了湯淺面前。湯淺不想在長官面前表現軟弱，遲疑片刻之後，他推了那個嚇壞了的男人一把，命令他「前邊去！」這麼做讓他覺得自己通過了某種考驗或經過儀式。

這兩個中國人一被脫光衣服並且麻醉，軍醫們就開始演習。他們首先執行闌尾切除，接著截除這兩人的一隻手臂。隨後他們將兩人的一段腸道切下再縫上，最後將氣管切開。這一切實作的目的在於讓軍醫熟習戰鬥中常見的手術類型。湯淺因而得以在心中為這場活體解剖辯解，視之為搶救同胞的準備工作。他所受的教育告訴他，日本軍人的性命價值遠高於中國農民。

經過三小時手術，這兩個中國人仍在呼吸，但氣息微弱。演習既已結束，剩下的就是了結這兩個農民，並且把屍體處理掉。醫院院長試圖將空氣注射進心臟以殺害他們，但不見效。這時湯淺奉命協助：「我扼住脖子，壓迫頸動脈，呼吸仍不停止……於是我和O中尉用中國人的腰帶各拉住一頭，用力勒緊脖子，可呼吸還是不止。」最後，一位軍醫建議直接將氯乙烷麻醉劑注入兩人靜脈，湯淺照做，兩人終於死亡。[36]那天晚上下班後，湯淺和同事們外出喝酒。他出奇地焦躁，但酒過數巡就覺得好多了，再也沒多想那天發生的事。

往後三年，湯淺又參加了六次活體解剖，處理了十四個中國人。其中幾次演習對於訓練軍醫沒有多大用處：包括睪丸摘取、大腦摘除及一般解剖演習。其中一次先將槍彈打進四個男人體內，再由軍醫不經麻醉取出彈頭。另一次由於參與人數太少，缺乏觀摩價值，醫院院長趁機練習使用軍刀將其中一人斬首。一九四三年四月之後，湯淺親自負責安排活體解剖。他毫不質疑地照辦，即使他知道憲兵隊幾乎是隨機捉人。

「並非是因為反正得殺死而進行活體解剖，而是『因為需要，務必送來。』因為那是救日本軍人生命的手術演習，就是為這個目的去捉人的。」[37]

湯淺坦白承認，他當時對於用這種方式殺人毫無罪惡感。「我們覺得他們就像廢物。垃圾。」[38]

☆

一九四五年八月終戰時，湯淺必須決定要返回日本還是留在中國。他和成千上萬的日本人一樣決定留下。他從未想過中國人可能會想要報復他們這些日本醫師的所作所為，因為他自認沒有做錯事。因此他留在中國，結婚生子。往後數年間，他繼續開業行醫，診治中國和日本患者，並指導中國的新進醫生。

共產黨贏得內戰，掌控中國過後兩年，他才遭到逮捕。一九五一年一月，他被送到一處戰俘營，但他並不太擔憂，因為他仍然不認為對活人實施手術演習是重大犯罪，更稱不上邪惡：「其實心裡在為自己辯解：『因為是命令，沒辦法。那是戰爭，這種事很多，到處可見。』況且戰爭已經結束了。」[39]

直到共黨政權命令他做出完整而誠實的自白，他才開始覺得不安，但即使在那時，以下的保證仍令他安心：俘虜真誠悔過即可獲得寬大處理，他只需承認自己的罪行，就能遣返日本。於是他做了三心兩意的自白——他省略不提某些更加可恥的細節，像是他執行過的大腦摘除手術，但仍期望這份自白能令審訊員滿意。結果並沒有。他的自白由於不誠實而被駁回，他仍繼續遭到關押。

一九五二年底，被關押將近兩年，多次自白被駁回之後，湯淺被送回山西，關進了太原監獄。他就在這裡收到一封信，寄信人是其中一名受害者的母親——被他摘除大腦的那名男子。信中敘述了這位母親得知兒子被憲兵隊捉走之後的憂慮之情。信中說到這位母親試圖追趕憲兵隊的卡車卻追不上，找遍各處之後才被告知，兒子被送進軍醫院活體解剖。「我悲痛欲絕，」她寫道，「幾乎哭瞎了眼睛。一直耕種的田地不能再耕種了。我吃不下飯。湯淺呀，聽說你被抓住了，我向政府要求一定給你嚴厲懲罰。」[40]

相較於其他任何事物，這封信終於讓湯淺明白了自己戰時行為的嚴重性。在此之前，受害者們在他看來就只是人體，用於手術教學的樣本——實際上，他很難想起這些人的容貌。如今他意識到了這些人也是活著的人類，也有家人和社群生活，他也終於第一次記起了當他開始動刀時，他們臉上無助而驚恐的表情。

湯淺在陰暗的牢房裡又待了三年半，回想著這些畫面，同時試著理解自己到底怎麼能夠做出這麼可怕的事。一九五六年夏天，他終於獲釋並被遣返日本。

☆

湯淺的故事幾乎自始至終被否認所貫串。起初，他自我否認自己的行為是錯的。他在整個戰爭期間以一種顯然清白的良知持續否認：他承認自己從來不曾失眠、不曾做過噩夢，當然也毫無悔意。戰後他仍在否認，不覺得自己有理由害怕中國人報復。引領著湯淺脫離這種毫無知覺狀態的唯一一件事，是一段漫長的靈魂探索過程——起先是被逼的，但後來更多出於自願，在受害者母親的來信讓他睜開雙眼，直面自己犯下的恐怖行徑之後。要是湯淺在戰後直接歸國，他很有可能完全不會展開面對自身、乃至面對日本過去的這個過程。

湯淺過去的同事們似乎毫無疑問正是如此。他在一九五六年返回日本時，受邀參加一場歡迎他回家的招待會。其中一些賓客是曾經與他共事的軍醫和護士。徹底出乎湯淺意料的是，他發現幾乎沒有人對自己的戰時行為重新思考。甚至有個人問他，為何中國人把湯淺說成是戰犯，明明他和其他軍醫在戰時的行為都是完全正確的。湯淺只是反問他：「不是和你一起幹過那種事嗎？」而他的同事完全想不起來他在說什麼。

其後數年，湯淺和數百名戰時曾在中國占領軍服務的醫療人員共事，但他們對於罪惡全都隻字不提。一九六〇年代初期，他決定著書敘述自己在中國的見聞與行為。他認為坦白說出自身的罪惡，藉此讓這段從未被公開承認的日本歷史真相大白是很重要的。但書一出版，他就立刻收到恐嚇信，痛罵他若是讓這場多數日本人覺得忘了最好的戰爭的這個面向，重新受到注目，會是「丟臉」或「愚蠢至

圖4　二〇一〇年逝世前不久的湯淺謙。（圖片來源：Adam Nadel）

極」、「虛偽至極」的。進行過活體解剖的同事們則來信表示，他的著作令他們「感到甚大威脅」，因為他們不想面對過去。否認無所不在。

深入訪問過湯淺的精神科醫師野田正彰認為，這種心態展現的正是整個日本醫學建制的病灶，實際上也顯露了整個日本社會的症狀：

透過否認過去，我們失去了什麼？否認親身經歷的事情，形成變態心理，被壓抑的心靈傷痕帶來感情的僵直和病態的衝動。我們真的生活在與那場侵略戰爭不同的精神世界中嗎？透過否認過去，我們嫁接了什麼？[41]

湯淺面對自身罪行所經歷的痛苦過程，是很少人願意參與的，社會就更不用說。德國應對過去的方式獲得不少讚揚——特別是受到日本學者讚揚，他們無法想像任何類似的過程會在自己的國家發生。但如同湯淺，德國走上這條路也只是因為被迫如此：首先被盟軍逼迫，他們堅持運用新聞影片和強迫參訪集中營，「再教育」德國人該國的惡行；隨後則被戰後出生的一代逼迫，在一九六〇年代長大成人的他們，要求得知父母和祖父母在納粹時代的所作所為。這兩個過程都不曾以同等規模在日本複製過。

但即使在德國，要將這樣的事實提醒人們，仍需經歷一場鬥爭：監督屠殺猶太人、槍殺戰俘，在東歐各地姦淫燒殺的行凶者，都是凡夫俗子而不是妖怪。近年來，希特勒身為梅菲斯特式（Mephistophelean character）惡魔的形象，主宰著德國對於二戰的集體記憶；看待二戰本身的方式則愈來愈比照英美，同樣視之為一場正邪大戰。接納這套敘述容易的多，因為它似乎豁免了「一般」德國人的戰爭責任——倘若只有「妖怪」才會犯下戰爭罪行，我們其他人就能高枕無憂了。[42]

像湯淺這樣的故事提醒了我們，不僅戰爭的受害者是人，加害者同樣也是人。承認他們的人性並不會像某些人斷言的那樣開脫他們的罪行——其實恰好相反，因為只有我們的人類同胞才能夠為了不負責任的行徑而受到譴責。[43]將這些人稱為「妖怪」，效果適得其反：這麼做反而開脫了他們。但我們仍然覺得有必要這麼做，因為這是一種把我們自己和他們劃清界線的方便法門。於是我們忽視為數龐大的歷史、社會學及心理學證據，這些證據在在指出，和我們自己沒有兩樣的凡夫俗子，在天時地利人和之下，特別有能力犯下真正凶殘的罪行。實際上，我們也一樣在否認。[44]

☆

第二次世界大戰不僅將民族與國家之間既有的偏見放大到鋪天蓋地、史無前例的程度，更提供了契機讓偏見轉化成仇恨，讓仇恨足以殺人。在某些情況下，它製造出了前所未見的妖魔。這樣的事件大規模發生，地點遠及挪威和新幾內亞。

這場衝突與其他衝突有所區別的面向之一，完全在於其殘酷程度。暴行在每個戰區都發生，每一方都犯下暴行，而且往往直接受到國家及其機構鼓動，以至於用一丁半點人類的體面對待敵人有時都很困難、甚至危險。參戰各方全都召喚惡魔，惡魔一被召喚出來，很快就成為真實。

我們至今仍與這些惡魔共生，其中既有原型的惡魔，也有呈現為新敵人的惡魔，而新的（毫不意外）惡魔與舊的驚人地相似。只要我們仍將二戰呈現為絕對正義與絕對邪惡勢力鬥爭，我們彼此之間的怨恨就不可能平息。這樣的概念讓勝利者得以輕易否認錯誤，戰敗者則難以面對自身罪惡：它們至今仍是我們理解各國籍、各階級人類行為動因的主要絆腳石。

這些正義與邪惡的神話何以揮之不去，有著很充分的理由——這些理由與勝利者或戰敗者都沒有多大關聯。親身經歷過第二次世界大戰的絕大多數人，並不自認為英雄或妖怪，而是受害者。實際上，我們對二戰的理解在許多方面，都由這種鋪天蓋地的受害經驗所定義。正是受害者的處境既譴責了惡人，同時帶給了英雄道德權威；也正是紀念這種受害感的需求，逼使我們再三回顧二戰。英雄與惡人至少還有放下過去、既往不咎這個選項。受害者卻沒有這樣奢侈的選擇，如同我接下來會談到的故事。

第四章　殉難者

二〇一三年，耶路撒冷的一位大學教授發行了一部回憶錄，敘述他在第二次世界大戰時的經驗，以及這些經驗對他往後人生的影響。奧圖・多夫・庫爾卡（Otto Dov Kulka）的故事是一個好例子，足以說明千百萬人在戰後的年代裡所面臨的那種心理問題。它既是完全獨一無二的，同時又代表了更重大的意義；它以自己的方式，為整個世界既在整體上經歷了二戰，也特別為經歷了滅猶大屠殺的情況提供了隱喻。[1]

德軍在一九三九年入侵他的祖國——捷克斯洛伐克時，庫爾卡年僅六歲。他和家人身為猶太人，遭受德國迫害的風險尤甚，但不管怎麼說，他父親終究因為參與抗德活動而被捕。庫爾卡和母親也跟其他的捷克猶太人一樣被捕入獄。

一九四三年秋天，十歲的庫爾卡被送進了奧許維茲—比克瑙（Auschwitz-Birkenau）集中營。他和母親一同被收容在特別設置的「家庭營」（Family Camp）裡，這是專門向國際社會展示的樣品，以備國際紅十字會決定派員視察奧許維茲之需。他因此得到了其他營區裡的囚徒所不可得的

「特權」。他不需要在火車站經歷惡名昭彰的「篩選」過程，適合工作的人在此與立刻要被送進毒氣室的人區分開來。他也不必剃光頭，衣服和隨身物品也不會被沒收。他和母親被允許維持日常生活的某些假象：他就讀一所臨時學校，在學校裡和朋友演戲及舉行音樂會，甚至加入了合唱團，在看得見焚屍爐的地方學唱貝多芬的《歡樂頌》（*Ode to Joy*）。

家庭營裡的每個人都意識到這種待遇極不尋常，也不明白他們為何應當被挑出來接受這種特別待遇。但他們的好運為時不久。一九四四年三月，就在他們抵達後六個月，整個家庭營都被集合起來送往毒氣室。不經篩選，也沒有脫逃機會——他們就這樣全體被處理掉。新來的一群人取代了他們，再次得到了同樣的特權與自由，但相對來說，也只到六個月屆滿為止。庫爾卡和母親能活過第一輪剔除純屬僥倖：他們在肅清家庭營的那一夜恰好住進了醫務室。但他們完全不抱幻想，心知自己只不過是暫時得到緩刑。

儘管又遭遇了許多次九死一生，庫爾卡終究從奧許維茲倖存下來，但他在往後的人生中都極力想要接受自己在那兒所經歷的創傷。長大成人的他成了專攻第三帝國研究的歷史學家，研究主題包括奧許維茲及其他滅絕營的建立。一九八四年，他寫成了一部記載詳盡的家庭營歷史，其中細心釐清了設立家庭營及最終予以肅清的動機。

同時他也開始建構一幅極其私密的隱喻地景，其基礎圍繞著自己的童年情緒與經驗。他在心中將奧許維茲轉化成了「死亡都心」（Metropolis of Death），這是綿延整個世界的巨大滅絕帝國之中心。毒氣室和焚屍爐成了永恆的象徵，與它們在現實中的存在完全區隔開來；支流被倒入死者骨灰的維斯瓦河（Vistula），則成了神話中的冥河或「真理之河」。

庫爾卡意識到這個內在世界與他的學術研究互不相容。在大學裡身為歷史學家的他，以其研究著作冷靜而科學的性質著稱——其中容不下隱喻、象徵和個人神話。因此他嚴謹地區隔自己的內在世界和學術世界；但他承認兩者互相映照——其中任何一個都不可能獨自存在。[2]

即使他自己得以倖存，即使納粹國家及其殺戮中心皆已拆解，庫爾卡仍確信自己終究逃不出奧許維茲的象徵力量。他被反覆循環的噩夢糾纏，夢中的他反覆從毒氣室獲救，卻又發現自己回到原點，從頭面對同樣的磨難。為了祛除這些噩夢，庫爾卡在一九七〇年代啟程重返奧許維茲的廢墟。他特地踏進其中一間毒氣室的遺址，從象徵上完成糾纏著他的死亡敘事。但沒有用。噩夢仍在繼續，庫爾卡終其一生都保持著這種感受：死亡（不是尋常的死亡，而是掌管著奧許維茲的「巨大死亡」）是「支配世界的唯一確切視角」。[3]

庫爾卡的回憶錄特別有力地道出了眾多戰爭生還者所體驗到的一種現象：不只是活過滅猶大屠殺的人們，還有空

圖5　奧圖．多夫．庫爾卡，著名歷史學家，前奧許維茲「家庭營」囚徒。（圖片來源：Atta Awisat）

襲、酷刑、流離失所、種族清洗，或是全球各地發生的其他許許多多戰時創傷的生還者。經歷過這般不幸的人們，往往被迫在夢境、回憶重現、書寫或對話裡無止境地將它們從頭來過。有些人和庫爾卡一樣，感到不得不研究自己所經歷或見證的事件，或甚至在試圖主導卻徒勞無功的過程中重現這些事件。對這些人而言，一筆勾銷是不可能的。他們經歷過的象徵性「世界末日」，並未替任何種類的個人重生創造條件；反倒將他們困在死亡意識與末日可能性全都無所不在的狀態之中。心理學家羅伯．傑伊．利夫頓（Robert Jay Lifton）在描述原爆倖存者時，出名地將這種狀態稱作「雖生猶死」（death in life）。[4]

對這些人而言，戰爭既結束了也未曾結束：他們棲息於某種無人地帶，與被毀壞的過去決裂，卻又無法完全融入應許了重生的未來。庫爾卡的「死亡都心」經驗，因此遠遠不只是我們傳統上所理解的區區「記憶」。在他心中，世界末日並非已然結束之事，而是「永久構成我當下的一部分」。[5]他終其一生都保持著這個信念：奧許維茲，或奧許維茲所代表的一切，最終必定會吞噬掉他，如同它在一九四四年吞噬了他認識的所有人那樣。

受害者社群

對於個人正確無誤之事，相當程度上對於群體也同樣正確。一九四五年之後，身為猶太人而不同時與滅猶大屠殺產生緊張關係簡直不可能，千百萬猶太人即使未曾直接體驗這一恐怖事件，仍舊懷抱著大屠殺陰影始終籠罩自己的意識而生活。[6]英國記者安妮．卡普夫（Anne Karpf）生動地描述過，由倖存於大屠殺的父母撫養長大是怎樣的一種經驗。儘管家中充斥著強加的樂觀氣息，卡普夫卻很快就養成了多種極其強烈的焦慮，而這些焦慮埋藏在一種不健康的死亡執迷之下：

> 死亡鮮活地降臨在我們家。我父母有幾本搶救下來的戰前相簿，其中收錄著愉快地令人戰慄的人們合拍的團體照。他們會指出各個主角的身分，以及這些人是怎麼死的。活著的親戚這麼少，得由死者充數……彷彿我從出生起就對死亡執迷。[7]

不管怎樣，滅猶大屠殺在猶太人認同之中變得愈來愈重要。隨著猶太教信仰和猶太復國主義運動雙雙衰退，全世界猶太人有時很難找到任何一種足以團結他們的宏大概念，但大屠殺的陰影在一定程度上填補了空缺。並非所有猶太人都能安於這種狀況。但如同庫爾卡這樣的個人不得不將奧許維茲的記憶與日常情感生活整合起來，猶太社群作為整體，同樣必須與大屠殺這一恆常而無所逃避的存在共生。[8]

許多事件重新在猶太人之間喚起了強烈焦慮：僅舉數例，包括一九五〇年代初期蘇聯對猶太政治人物及知識分子的作秀公審、一九六〇年代以色列俘虜及審判阿道夫・艾希曼（Adolf Eichmann）、一九六七年以阿六日戰爭、一九七三年贖罪日戰爭、阿拉伯人大起義（intifada）、九一一事件後全球各地反猶攻擊增加、伊朗核武能力增長、匈牙利反猶政黨尤比克運動（Jobbik，即「為了更好的匈牙利運動」）大受歡迎，諸如此類。有鑑於第二次世界大戰期間的往事，全世界猶太社群並不（實際上也不能）對這些事件掉以輕心。

★

如此反應的不只猶太人。二戰也在其他眾多群體裡造成了相去不遠的大規模創傷：只需要看看與戰爭相關的統計數據，就能對損失的慘重程度略知一二。大約每六個波蘭人就有一人喪生於一九三九至一九四五年間，每五個烏克蘭人也有一人喪生。被認為喪生的蘇聯公民至少兩千萬人，或許更多：數量太龐大、社會遭受的擾亂太巨大，歷史學家的誤差值往往以百萬為單位。[9]中國也是這樣，就連戰爭期間死亡人數的保守估計都從一千五百萬人到兩千萬人不等，某些中國歷史學者舉出的數字更多達五千萬人。[10]「大屠殺」一詞在一九四五年時經常用來描述的對象，不只是歐洲猶太人的種族屠殺，更是指整場戰爭而言。

因此猶太人並不是唯一一個由於二戰經驗，而留下對死者之病態認同的群體。比方

圖6　屠殺受害者的聖殿，耶路撒冷以色列猶太大屠殺紀念館的人名殿。（圖片來源：Keith Lowe）

說，法國最重要的二戰象徵之一是格拉訥河畔的奧拉杜村（Oladour-sur-Glane），這個村莊在一九四四年被德軍摧毀，以報復該地區的抗德運動。原先的村莊完全按照村民被屠殺當天的原狀保留下來，成了石化的否定象徵，這座鬼城如今在法國人的記憶中占有特殊地位。歐洲各地還有其他類似的殉難村莊、城鎮和城市，它們不僅同樣病態，對國族意識也同等重要。捷克人有利迪策鎮（Lidice），德軍為了報復納粹總督萊茵哈德·海德里希（Reinhard Heydrich）遭到暗殺，而將該鎮完全夷平。希臘人有迪斯托莫村①、義大利人有馬爾札博托鎮②、比利時人則有文克特村③。波蘭人殉難的決定性象徵是遭到計畫性摧毀的華沙，這座城市在一九四四年起義失敗之後被納粹蓄意夷平。中國人對於一九三七年遭到摧毀、人民遭受日本軍蓄意姦淫和殺戮的南京也有同樣感受。就連所謂的加害國也有自己的殉難象徵：德國人記得德勒斯登大轟炸，日本人則有廣島和長崎原爆。

一九四五年時，每一個參戰國都被看作是戰爭的受害者，程度大小各異；它們對諸多創傷的群體反應，也正是個人對創傷反應的寫照。許多國家都體驗過戰時所感受的無力感重現，尤其在一九

---

① 譯者注：一九四四年六月十日，德國黨衛軍在希臘中部的山村迪斯托莫（Distomo）屠殺兩百二十八位平民，以報復該地區游擊隊稍早的襲擊，即使迪斯托莫村與德軍遭受攻擊毫無干係。

② 譯者注：一九四四年九月二十九日至十月五日之間，德國黨衛軍在義大利北部波隆那附近的馬爾札博托鎮（Marzabotto）屠殺多達七百七十位平民，以報復游擊隊襲擊德軍。這是二戰期間黨衛軍在西歐最大規模的屠殺平民事件。

③ 譯者注：一九四〇年五月二十六至二十八日，德國國防軍為了報復比利時軍的頑強抵抗，在比利時根特附近的文克特村（Vinkt）殺害八十六至一百四十名平民。

六〇、七〇和八〇年代，第三次世界大戰即將爆發的恐懼四處蔓延之時。有些國家則體驗了重複過去的衝動，甚至到了重演一九四五年時所受的攻擊這種程度——讓人立刻想起了每隔一段時間就撼動韓國的反日浪潮。也有著作對於以色列似乎表現出一九三〇和四〇年代迫害猶太人的加害者之某些特徵一事，展開精神分析（自然也有其他著作相應予以駁斥）。而在最壞情況下，國族無法處理戰爭創傷，最終造成精神全面崩潰。比方說，一九九〇年代南斯拉夫的暴力解體，正發生在充斥著二戰語言的氛圍之中，也上演了幾乎重現五十年前往事的種族清洗事件。直到今天，前南斯拉夫各地仍有許多群體繼續活在否認或恐懼之中，由於二戰期間開始並持續至今的暴行及反制暴行循環，而對鄰居幾乎毫不信任。二〇一四年烏克蘭危機也具有許多相同特點：一九四〇年代被戰爭和種族清洗撕裂的國家，其後無法創造出穩定的單一認同。

圖7 國族作為神聖的殉難者，阿姆斯特丹荷蘭陣亡者紀念碑。（圖片來源：Keith Lowe）

殉難者的興起

在戰時遭受迫害，如今又為了自己的苦難該由誰負責而爭吵不休的諸多群體之中，有一個群體顯得出類拔萃——他們是第二次世界大戰最典型的受害者。這世界為何選擇猶太人擔當這個角色，有很多理由。他們身為戰前及戰時納粹惡毒攻擊的重點對象，在戰後成為我們的重點同情對象似乎很合適。他們比其他任何種族群體更高效且更大量的遭到殺害。而用以滅絕他們的工業手法，則似乎同時是納粹體制與戰爭本身毫無人性的極致。基於這些緣故，猶太人成了我們集體受害經驗的理想象徵。

但同等重要的還有我們做出這個選擇背後的社會學動機。既然猶太人沒有祖國，他們實際上也就屬於世上萬國。結果，我們所有人都能夠認同他們的苦難，而不至於重新喚起恐將再度把我們拖下深淵的危險國族對立。同樣道理，西方每個國家也都能夠承認自己在一定程度上是滅猶大屠殺的共謀（無論積極參與或消極旁觀），因為它們知道自己無需獨力承擔罪咎。我們的先祖在猶太人被殺害時袖手旁觀的罪責，是我們都樂意承認的同一件事。普世的受害者將各國和各民族團結起來的效果，可能和普世的替罪羊一樣有用。

記住這點很重要：這樣的事態絕非一日之寒。西方的人們如此習慣於對猶太人獨一無二的苦難表達群體哀悼，這使得他們假定所有思想健全的人都會這麼做，也一直都這麼做；但這其實歷經了數十年的發展。和我們自以為記得的恰好相反，開進奧許維茲、貝爾森（Belsen）和達豪等集中營的盟軍，並沒有立刻將猶太人集合起來，讓他們投入柯林頓總統所說的「自由的溫暖懷抱」。[11]實際上，多數官兵對這些營區的恐怖感到畏懼，而且往往發現自己的同情心，被他們所見的這些「生物」和「猩猩般行屍走肉」所激起的憎惡給壓過。[12]其後數月間，照顧離散人民的人道機構，與這些猶太人的關係也同樣複雜。在對這個出奇創巨痛深的群體極力保持同情之際，他們也對這些人沒有能力表現「正常」（其實是表現出感恩之情）愈來愈灰心，並且逐漸把猶太人看成是企圖報復的麻煩製造者和「未來的罪犯」。就連聯合國善後救濟總署西德分署署長，也把他們說成「什麼都不努力做的狂暴之徒」。[13]隨後，當這些猶太人返鄉，家鄉的社群令人痛心地擺明了完全無意聆聽他們的遭遇——實際上，許多社群公開敵視返鄉的猶太人。每個人在戰時都受過苦。沒人有興趣知道他人的苦難是如何可能比自己更慘痛。[14]

對猶太人的同情在往後數年也沒有增長多少。根據近年來的幾項歷史研究，一九四〇和一九五〇年代的歐洲人積極地避免聆聽種族屠殺故事，因為其中揭露了他們戰時與納粹勾結所造成的最黑暗後果——而他們急著要與這段通敵經驗劃清界線。它也牴觸了「全體歐洲人不分你我一同受苦」這個令人寬慰的神話。[15]美國人也沒有多大同情心：猶太人的苦難在一九五〇年代成了明日黃花，人們關切共產主義這個全新的禍害，更甚於納粹的舊鬼魂。[16]就連在新建的以色列國，對於大屠殺倖存者也明顯缺乏同情。以色列猶太人想要自認為鬥士、英雄，強悍得足以奪取並擁有自己的國家，他們往往蔑視那些「像綿羊走向屠夫那樣」俯首就戮的歐洲猶太人。按照以色列詩人莉亞・戈德堡（Leah Goldberg）的說法，倖存者們「醜陋、貧困、德行不可靠、難以喜愛」。[17]就連以色列國父之一大衛・本—古里昂（David Ben-Gurion）也把某些倖存者定性為「嚴厲、邪惡、任性之人」，他們被磨難奪去了「靈魂中的一切好處」。[18]

由此看來，大半個世界不但不認同受害者，而且似乎仍頗為敵視他們。直到新一代人在一九六〇年代長大成人，世界才終於開始擁抱受苦的人，並主動應對滅猶大屠殺的恐怖全貌。這樣的轉變之所以發生有很多原因，其中一些原因與歷史事件密不可分。最重要的歷史事件或許是以色列情報特務局（Mossad）特工於一九六〇年，在布宜諾斯艾利斯捉拿納粹戰犯艾希曼：隔年的艾希曼審判受到精心建構，藉以教育全世界納粹對猶太人的所作所為，漢娜・鄂蘭（Haanah Arendt）等名人對審判的報導，在整個西方都被熱切地吸收。[19]但社會轉變也發揮了作用。一九六〇年代成長的這一代人急欲拒斥權威、接納局外人的角色。按照沙特的說法，猶太人不只是「陌生人、入侵者，我們社會核心裡拒不同化的那群人」，也是「人類的典型」。一九六〇年代是各種各樣群體都開始自居為被迫害少數的時代：這是愛與和平、女性主義、非裔美國人民權等等的時代。當學生們在一九六八年打出「我們都是德國猶太人」（Nous somme tous des Juifs allemands）的標語占領巴黎街頭，他們表達的不只是與典型的局外人團結一心，也包含一種共享的受害意識。[20]

伴隨著這種心態轉變，大屠殺主題的歷史、回憶錄、小說、電視劇、紀錄片和好萊塢電影也在一九六〇年代迸發（這一趨勢在一九七〇及八〇年代只增不減），使得「大屠殺故事」自成一種文類。普利摩・李維（Primo Levi）、埃利・維瑟爾（Elie Wiesel）等回憶錄作者就在此時首度獲得廣大讀者，勞爾・希爾柏格（Raul Hilberg）的指標性著作《歐洲猶太人的毀滅》（*The Destruction of the European Jews*），也在此時為大屠殺歷史的後續研究開闢了道路。種族屠殺呈現方式最重要的轉捩點，可說是一九七八年美國的迷你影集《大屠殺》（*Holocaust*），該劇在美國和西德兩地令數千萬觀眾震撼與著迷。德國的收視影響尤其深遠：這是廣大閱聽人頭一次看到一部毫不畏懼地呈現滅猶大屠殺的影視作品，有些歷史學者將德國處理納粹歷史的過程得以啟動歸功於它。[21]其他轉折時刻還包括法國導演克勞德．朗茲曼（Claude Lanzmann）一九八五年的紀錄片史詩巨作《浩劫》（*Shoah*），以及史蒂芬．史匹柏（Steven Spielberg）一九九三年大獲成功，贏得多項奧斯卡獎的電影《辛德勒的名單》（*Schindler's List*）。

對於滅猶大屠殺的幾乎所有描述都具備一個共同點：它們都把受害者的苦難尊奉為第二次世界大戰最重要的經驗。大屠殺故事與戰爭作為英雄和惡人大亂鬥的傳統敘事版本全無關聯——這些故事所探究的二元對立，反倒是加害者與受害者、掌權者與無力者、無辜者與罪人之間的對立。受害者在這些故事裡幾乎總是被理想化：按照一位美國批評家的說法，他們都是「斯文、博學、中產的文明人」——「如同我們」的人。愛爭吵的猶太人、無知的猶太人（每個群體裡都有的惡霸、騙子和遊手好閒之徒）就算曾被描寫過也極其罕見。[22]反之，加害者則幾乎總是被妖魔化。集中營守衛一概都是施虐狂，納粹官員也一定都貪汙腐敗、背信棄義。在許多最重要的回憶錄與戲劇之中，還有一種令人憂心的感受：某種巨大而無以名狀的邪惡，潛藏於不可見的暗處，大屠殺倖存者及諾貝爾和平獎得主維瑟爾，稱之為形塑世界力量之中的「一股魔性痙攣」（a demonic convulsion）。[23]

大屠殺作為毫無過錯的好人與不可阻擋的巨大邪惡之鬥爭，這樣的認知在我們的集體無意識裡已經根深柢固。試圖質疑這種二元對立的記者與學者都因此遭到詆毀。比方說，漢娜．鄂蘭討論艾希曼審判的著作激怒了美國猶太人，因為她同時質疑這兩種道德絕對論。一方面，她堅稱艾希曼「既不是怪物，也不是魔鬼」，只是個乏味而平庸的人；另一方面，她也讓人們注意到某些猶太領袖積極與納粹政權合作。她最終被一份猶太報紙罵成了「自我仇恨的猶太女人」，還有一個美國猶太人的重要機構，對她的這本所謂「邪惡書籍」發動封殺。[24]記者約翰．薩克（John Sack）想要出版一本關於猶太人在戰後從事報復行動的著作時，也遭到同樣的待遇。美國和歐洲許多出版商唯恐遭受抨擊而取消出版，薩克本人則在電視和報刊上被指控為否認大屠殺。[25]當克里斯多福．布朗寧（Christopher Browning）教授著書提及大屠殺的加害者，並非被仇恨或狂熱信仰驅使的妖怪，而只不過是「凡夫俗子」，學界同儕丹尼爾．戈德哈根（Daniel Goldhagen）勃然大怒，寫下厚達六百頁的專書駁斥。他這本著作《希特勒的自願執行者》（*Hitler's Willing Executioners*）將德國妖魔化成了一個被凶惡仇猶思想所鼓舞的國家。耐人尋味的是，布朗寧的著作在學術界受到更多讚揚，但成為搶手暢銷書的，仍是戈德哈根令人寬慰的妖魔描寫。[26]

今天，我們幾乎不假思索地將二戰的「猶太人」理想化，同時將「納粹」妖魔化。活過大屠殺的猶太人，得到通常保留給戰爭英雄的大眾敬仰——實際上，他們往往在紀念演講及報刊社論中被稱為「英雄」。[27]我們幾乎不會強調有多少猶太人對自己蒙受的苦難懷恨在心；我們反倒將他們的人生說成是「正義對抗邪惡的勝利」、「勇氣的證言」，或是「人性精神存活的一個光采範例」。[28]教宗與各國總統的紀念演說不斷提醒我們，戰時猶太人是「無辜的受害者，無辜的人」，或是「六百萬無辜的……男女、兒童及嬰孩」。[29]這套無辜的咒語不只是針對反猶成見正當卻早已過期的拒斥，它也在呼求更偉大的事物——與他們的受害者身分直接相關的精神純淨。他們經常被說成是「神聖的」、「等同於猶太聖徒」，而且保有「他人不可能得知」的神聖祕密。一九七四年，紐約總主教將他們稱作「神聖的無罪者」，他們的「犧牲」有著救贖我們所有人的潛力。「倖存者成了神父，」以色列猶太大屠殺紀念館的教育主任在一九九三年宣稱，「因著他的故事，他是神聖的。」30

許多歷史學家、社會學家及心理學家都注意到，滅猶大屠殺已經發展成了近乎一種「神祕宗教」，其中包含了神聖文本、聖人遺物和聖地。31表面看來，這個「神祕宗教」和奧圖．多夫．庫爾卡在回憶錄裡揭露，那套有著「死亡帝國」及永恆不可知法則的個人神話有些相似之處。但在很多方面，這套群體神話卻也完全不同於庫爾卡的個人神話。首先，庫爾卡總是嚴謹地將個人神話和他對事實的科學理解完全區分開來，但不在學術界的人卻未必這麼一絲不苟。32其次，庫爾卡的神話世界恆久不變，幾乎被他受過的創傷石化了，但我們自己的認知卻往往隨著政治及文化氣候而改變。我們今天看待猶太人故事的神祕方式，完全不同於一九五〇年代構成了猶太人敘事主流的英勇抗爭故事，也不同於一九八〇年代一度籠罩著這個主題的沉重抑鬱感。事實上，我們的敘事甚至在某些方面看來也不再具體指涉猶太人。彼得．諾維克（Peter Novick）在對滅猶大屠殺如何被呈現於美國人生活中進行學術剖析時，讓人們注意到了這個不尋常的事實：

> 我從近年來多數猶太大屠殺紀念活動中看到的一個最引人注目之處，在於這些紀念是何等「非猶太」——何等基督教。我想到的是在大型博物館裡，遵循著架構分明的大屠殺路徑肅然前行這項儀式，那跟十字架苦路上經過的每一站沒有兩樣；如同真十字架的諸多碎片或聖人脛骨那樣展示的拜物對象……或許最重要的是，苦難被神聖化，並被呈現為通向智慧之路的方式——倖存者作為世俗聖人而受到崇拜。這些主題在猶太教傳統裡有一些次要而邊緣的先例，但它們與基督宗教的重大主題更強烈地共鳴。33

滅猶大屠殺的神話愈是「全球化」，它就採用愈多主流文化的語言與象徵，而主導西方的是基督宗教文化。在這個脈絡裡，奧許維茲成了猶太人的各各他山（Golgotha），耶路撒冷、華盛頓和柏林的龐大紀念碑與博物館，則成了國家級的猶太大教堂。就這樣，在我們的集體想像中，受害者逐漸從「走向屠夫的羔羊」轉變成了天主羔羊（即耶穌基督）本人——他們集體成了某種基督宗教的救世主。戰時的歐洲猶太人在基督宗教思維裡，往往被稱作「大屠殺殉道者」，他們的「犧牲」終於讓世界覺醒；釘上十字架的意象則經常用於描繪他們的「受難」。就這樣，在全世界眼中，專屬於猶太人的經驗被幽微地轉化成了基督宗教經驗。[34]

按照邏輯，這套敘事的終點會落在救贖與重生。滅猶大屠殺逐漸從一個呈現人類作惡能力深度的簡單恐怖故事，轉變成了希望的故事。我們如今慶幸自己從戰爭中學到教訓。我們滿意地提到歐洲從廢墟中崛起，成為一片安定、寬容、和平的大陸。作為全球群體，我們對自己的國際機構和國際法體系感到自豪，並宣告絕不允許大屠殺的恐怖重演。所有這些全都是一整套比起過去數十年間帶來更多希望的神話形式，但它仍是神話。[35]

彼此競爭的殉難

而這一切又將真正的受害者，那些親身經歷過滅猶大屠殺的真人們置於何地呢？不可否認，大屠殺的神聖化確實符合了某些受害者的需求。這讓他們感覺自己受到尊重和聆聽，當他們宣揚「下不為例」的訊息，這甚至為他們的人生賦予了意義。但這也令其他人深感不安，不只是因為他們被逼著從自己的經驗裡找到救贖之處，也因為他們發現大眾所接受的大屠殺觀點毫無必要地壓抑。奧圖．多夫．庫爾卡在回憶錄裡坦言，他從來不看關於奧許維茲的影片，也不讀其他囚徒的記述，這不是因為它們喚起了痛苦回憶，而是由於他完全認不出他們描述的那個地方。他發現，奧許維茲回憶錄有一套「制式語言」（甚至可以稱為制式神話）逐漸在世界各地得到接納；但這一套與他自己的語言、他自己的神話、他自己的奧許維茲毫不協調。令他大感不適的是，聆聽其他倖存者的故事從來不曾引發同儕情感，只帶來了「徹底疏離」。[36]其他受害者也說過類似的狀況。他們個人的故事即使各自受到尊重，卻為了一套更普遍也更方便的神話而成了祭品；在全世界眼中，大屠殺倖存者被化約到了與「博物館展品、化石、異類、鬼魂」毫無二致的程度。[37]

發現自己在猶太人苦難神聖化的過程中被疏離的還不只是個人。波蘭是苦於所謂「大屠殺妒忌」（Holocaust envy）的許多國家之一，即使這個名稱恐怕有些不雅。過去兩百年來，波蘭人將自己定義為一個殉難的國族，始終在爭取自由，卻一再受害於疆域更大、實力更強的鄰國。波蘭在第二次世界大戰中的遭遇，看來就像是對這份信念的終極確認：這個國家遭到反覆解體，帶著滿目瘡痍的經濟、被夷平的城市和被徹底重劃的國界走過了戰爭。但不同於一九四五年之後重獲自由的西歐，波蘭卻被一個新極權體制奴役，繼續遭受折磨，直到共產集團在四十多年後瓦解為止。就絕對值而言，它的死亡人數與猶太人相同——實際上，被屠殺的猶太人有一半其實也是波蘭人。但由於許多波蘭人在滅猶大屠殺期間充當協力者，世界其他地方對波蘭人的記憶並非受害者，而是加害者。今天的波蘭人確實在抗拒這種神聖化，原因並非他們比其他民族更加反猶，也不是他們更沒有能力為自己的犯行承擔責任，而是由於他們太習慣於將自己看成「列國中的基督」，因此至今還不能接受猶太人奪走了自己的冠冕。[38]

還有許多其他群體也妒忌著猶太人作為世界殉難者典型的地位。當聯合國大會在二〇〇五年為滅猶大屠殺舉行為期一日的紀念，某些國家的代表特地藉此機會，提請世人注意自己國家在二戰期間遭受的國族悲劇。韓國發言人想要指出二戰暴行並不僅限於歐洲：全球其他區域「也蒙受了重大人權侵害和強加的殘酷行徑」。他大概想起了朝鮮人「慰安婦」的命運，這些女性在日軍的「慰安所」裡被迫淪為性奴隸，她們自一九九〇年代以來成了韓國人受害意識的象徵。中國代表則強調他的國家遭受了駭人聽聞的殺戮，照他的說法，有多達三千五百萬人死亡。中國代表說，納粹德國或許犯下了不計其數的暴行，但日本「軍國屠夫」跟納粹「不相上下」。

參與這場紀念的其他代表也想要更進一步擴充受害論述。幾內亞特使代表非洲國家發言，藉此機會提出奴隸制、殖民主義及種族隔離的恐怖。盧安達代表用了很長篇幅談論自己國家發生的種族屠殺，鄰國坦尚尼亞的代表亦然。亞美尼亞代表不僅提到了亞美尼亞種族屠殺，也提及其他許多種族屠殺，更在對照種族屠殺事例之際抱怨聯合國的「雙重標準」。委內瑞拉代表甚至敢於譴責二十世紀後半葉「美國及其盟友發動的征服」。

這或許顯示出我們對於第二次世界大戰受害經驗的觀點開始起了變化，但至少在此時此刻，滅猶大屠殺仍是將其他所有受害者聚攏起來的核心象徵。至少，在聯合國大會的這場特別會議上，滅猶大屠殺的核心地位從未真正遭受威脅，它至今仍是衡量其他一切暴行的基準。它仍是「二十世紀的終極罪行」、「絕對的道德惡行」、「人類對他人喪失人性的終極舉動」。就連為自己的國族悲劇爭取同等認可的人們，也還是承認普世受害者的價值。正如亞美尼亞代表的發言呼應了先前眾多其他

「受害者」的感受：「我們全都是猶太人」。[39]

說實話，我們共同將第二次世界大戰時的猶太人接納為典型受害者，主要理由就只是因為它幾乎符合所有人的需求。對歐洲而言，滅猶大屠殺提供了警世故事，並容許某種集體罪咎將整個歐洲大陸凝聚在一起——這幾乎是所有歐洲人意見一致的唯一一件事。[40]對南美洲許多國家而言，它提供了一種接受自身動盪歷史的間接方式：比方說，蒙特維多（Montevideo）的猶太大屠殺紀念碑，就被隨後緬懷烏拉圭自身法西斯獨裁時期死難者的紀念碑用作模板。[41]而在非洲和亞洲，滅猶大屠殺則是白人優越神話最終承受的致命一擊：它為推翻殖民統治的決心追加了確證，如果還需要任何證明的話。[42]同時，美國人也繼續運用大屠殺，不只作為展現英雄姿態，從納粹主義解放全世界的方式，更是證明優越的新世界不同於腐朽舊世界的方式。[43]最後，對猶太人自己而言，他們的受害地位賦予了他們一種道德力量意識，與戰時感受到的無力感截然相反。在全世界的想像中，滅猶大屠殺使得猶太人幾乎成了神聖種族，由貌似永恆的無辜所庇佑。[44]

除了少數例外，全世界都受益於普世受害者的神話，但並非因為它真的從滅猶大屠殺得到過任何教訓，而是因為它相信自己得到了教訓。這是滅猶大屠殺的最後一個神話，也是下一章將要討論的那種令人寬慰的信念——第二次世界大戰的恐怖，帶領我們得到某種救贖與重生。在二戰所催生的一切神話之中，這大概是最誘人的一種。

第五章　世界的起始

一九四五年八月九日，就在廣島被毀滅三天之後，第二顆原子彈在日本投下。炸彈爆炸當時，永井隆正在長崎大學醫院的辦公室裡工作。和小倉豐文不同，他沒有看見原爆的恐怖之美：他首先察覺一道炫目強光穿透窗戶，而後一陣暴風將他拋向空中，再把他掩埋在一堆瓦礫和碎玻璃之下。

一如幾乎所有原爆倖存者，永井對於那一天的記述也具有末世性質。他敘述巨大物體在空中亂飛的「死亡之舞」，焦屍在「死者的世界」裡到處倒臥。他甚至提到一群同事想要弄清楚發生的事，他們推測那是太陽本身爆炸了。數日後，昭和天皇宣布投降的玉音放送，似乎也只是凸顯了這種末日感，至少在國族層面上是這樣：「我們日本——東海旭日照耀突出雲表的富士山所象徵的日本，滅亡了。我們大和民族被推入了最底層的地獄深淵裡。我們活著只是丟人現眼而已。那些因著原子彈而離開人世的同胞們，才是幸福啊。」[1]

很了不起的是，永井似乎能夠接受自己和日本的命運，而沒有太多怨恨。身為虔誠的基督徒，他當然有一套堅強的框架能夠承受損失，但即使如此，他的心理復原速度及深度看來還是不同凡響。當他過去的一位學生在那年稍晚時來訪，說到想要復仇，永井和藹地斥責他：「我的家、財產、妻子，所有一切都沒了。我已是一無所有的人。我已盡了全力，但還是輸了。這怎能被說成遺憾呢？到底有什麼好遺憾的呢？我們現在的心境，毋寧說是宛如雨後的明月一般。這是一場雖輸無悔的戰爭。」[2]

永井這時開始經歷了一段精神重生的時期。身為放射科醫師，他熟知核子物理的科學基礎，很快就猜到自己所遭遇的是最早的原子彈。這個想法令他著迷。即使他的世界就在他身邊崩毀，他仍立刻意識到「就在這一刻，新的原子時代便從這片天空揭開了序幕。」儘管悲痛撕心裂肺，他和同事們仍然「深深覺得，我們探求新真理的本能，已在被打敗而承受的悲嘆、憤慨、不甘心的情緒深處，開始鼓動起來。要在荒涼的原子彈廢

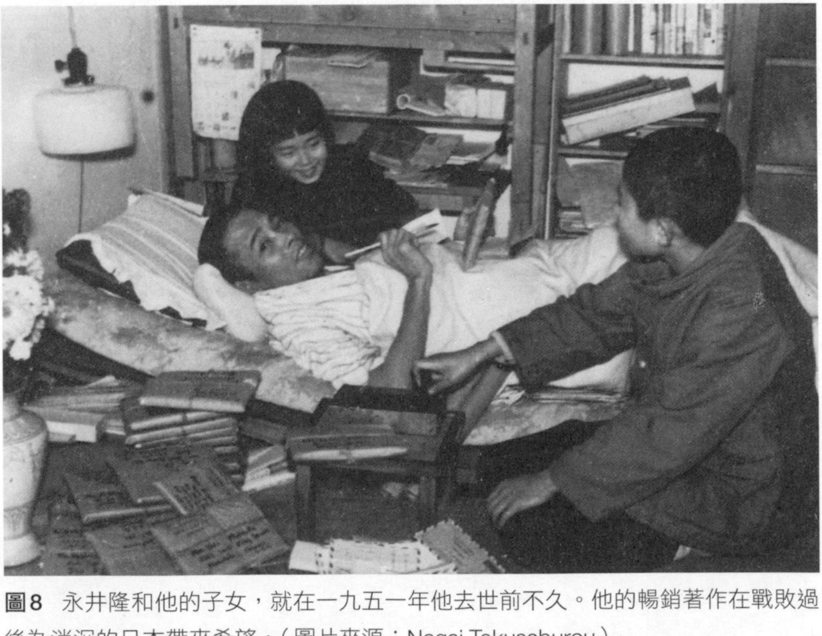

圖8 永井隆和他的子女，就在一九五一年他去世前不久。他的暢銷著作在戰敗過後為消沉的日本帶來希望。（圖片來源：Nagai Tokusaburou）

墟中，湧現出生氣蓬勃、新鮮的興趣來。」[3] 其後數月間，他與科學家同儕們首次開始記錄全體人口和他們自己身上的輻射病變影響。當時已經患有白血病的永井，受到的影響尤其嚴重。他在原爆六年後死於後遺症。

從絕望到哀悼、接納，最終獲得精神重生的這一進程，會被心理學家認可為對於永井所經歷的這種極端創傷事件相對健康的回應。經由基督教信仰和對科學的熱愛，他設法將自己的損失轉化成了有意義的事物：即使在短促餘生裡不得不與這份損失的後果共存，但他至少還能重新來過。

☆

永井的個人旅程看來在日本引起了共鳴。他的回憶錄《長崎之鐘》成了暢銷書，也被改編成了極其賣座的電影，電影主題曲也成了那個時代的主旋律。這本書被日本文部省推薦為日本各級學校的指定教科書。其後數月之間，永井逐漸被看作是近乎聖人的存在：實際上，日本報刊往往稱他為「長崎的聖徒」，將他與甘地類比也是屢見不鮮。長崎市向他頒贈名譽市民頭銜，日本政府也正式將他表彰為國家英雄。他的書也為他帶來了國際聲望：海倫．凱勒（Helen Keller）、昭和天皇，以及教宗的一位特使，都來到他的病榻前探望。他在一九五一年五月逝世之後，有些人認為他是一位宛如基督的人物，他的苦難正象徵著日本在戰時及戰後的犧牲。[4]

永井的魅力有一部分來自他設法將災禍化為勝利的方式。原子彈沒有摧毀他，而是轉化了他。實際上，他經由殉難而重生。這當然是他在著書及其他寫作中親自宣揚的訊息。一九四五年十一月，永井在長崎浦上天主堂廢墟舉行的追思彌撒中發表演說，其中將原子彈說成是天主的贈禮，而不是帶來毀滅的使者：

> 我相信，揀選了我們這處郊區的並不是美軍的機組員。天主眷顧揀選了浦上，將炸彈載來了我們的家園上空。長崎的毀滅與戰爭結束豈不是密切相關嗎？長崎不正是被揀選的犧牲，無玷的羔羊，在祭壇上全燒的燔祭，用以補贖大戰期間萬國犯下的罪嗎？……讓我們為了長崎被揀選為燔祭，全燒在祭壇上而感恩。讓我們為了和平經由這次犧牲降臨於世界而感恩……[5]

這次不同凡響的演講，反映了其他許多文化人及政治人物當時也在表達的觀念。同樣在這個月，東京大學總長對返校的學生們說，他們也應當將戰敗稱頌為「理性與真實」新時代的開端。[6]日本戰後最具影響力的哲學家之一田邊元，也將日本的絕望說成是「復興與再生」之路的自然步驟：他說，國家不僅能夠重生，還能指出一條明路，通向更安全、更和平的地球。[7]甚至在美軍開始占領日本之前，日本內閣情報局總裁就將原爆經驗宣揚成了，日本從「戰爭的輸家」轉為「和平的贏家」之關鍵所在。[8]日本最終在世界上得到了特殊地位——不是透過征服，而是經由戰敗：作為世界第一也是唯一的原子彈殉難者，它可以成為榜樣，向全人類揭示戰爭的危害。

部分是這些觀念帶來的結果，日本也經歷了一次迅猛程度與永井隆不相上下的轉變。就在戰後數年間，它從世上最軍國主義的社會轉變成了世上最反戰的社會。往後它還會經歷經濟、政治及文化的同樣轉變，反覆重塑自我。這一切全都產生於日本的二戰經驗，尤其是原爆，後者至今仍是奠定當代日本基礎最具代表性的一刻。

即使這一切或許都令人印象深刻，卻仍有著令人憂心之處，而且在個人及社會層面皆然。儘管永井據說是位聖徒，卻絕非毫無爭議。有些人對他將原子彈說成是某種天主贈禮的看法大為驚駭，據報導，還有許多參加彌撒的人對他將他們死難的親人說成「神聖的犧牲」，而非暴行受害者感到憤怒。永井將長崎描述成無辜殉難的象徵，也不乏可疑之處。長崎和日本都並非他們情願相信的那隻「無玷的羔羊」：挑起戰端的並非「萬國犯下的罪」，而是「日本」犯下的罪。永井完全不曾將自己對戰時日本政府的無條件支持，與奉日本之名犯下的罪行聯繫起來。這個問題從那時候起就困擾著日本：隨著日本集體殉難而來的是一部分的集體罪咎，但集體罪咎的觀點從來不曾受到同樣的接納，至今也還是不被接受。

長期看來，戰後日本奇蹟式的重生也始終只是不完整的。日本或許重塑了經濟，但美國占領軍或戰後日本政府都不曾設法解散掌控戰時日本產業體系的壟斷集團。沒有一個日本的產業界領袖曾經出庭受審，即使他們既為戰爭鋪路又從中賺取巨額利潤，尤其靠著使用奴工而獲利。整個戰後時期仍讓人強烈感受到，日本經濟奇蹟有一部分是建立在腐敗的基礎之上。即使到了二十一世紀，日本最重要的一些企業（像是三菱、三井、日本製鐵），仍因在二戰期間涉及戰爭犯罪而不得不對簿公堂。[9]

日本人也在戰後徹底改造了政治體系，他們在美國指導之下解散了帝國，頒行新憲法，並首度給予女性投票權。但日本人的最高權威象徵仍是天皇，戰爭正是以天皇之名而打的。某些對戰爭負有責任的高層政治人物，或者在戰後年代裡仍能安保其位，或者在美國將政權交還給日本之後不久便重新掌權。實際上，有個政治人物在一九五二年還憑藉著自己身為惡名昭彰的戰犯卻能逃脫審判，而首度當選國會議員。[10]

儘管日本文化自一九四五年以來也經歷了重大轉型，但在另一層意義上，日本卻始終未能真正向前邁進。按照一位日本精神科醫師的說法，日本在二十世紀後半對於物質的瘋狂追逐，部分是為了掩蓋戰爭傷痕。野田正彰說，全國上下都變得善於「為自己編造聽來複雜的藉口」，來避免誠實面對戰爭及罪責的問題。就連敘述著日本受害經驗的和平運動，也建立在某種否認形式之上。當今日本是「一個仍然拒不承認情緒創傷的文化」；不論這個國家多麼頻繁地重塑自我，它始終無法實現真正的精神重生，因為它從未設法完全接受自身的戰時責任。[11]

國族的重生

當然，這一切並無任何獨特之處。自二戰結束以來，復興的神話就在世界各地成了不變的主旋律。只要仔細看看一九四五年毀滅的見證者們所運用的隱喻，其中許多其實都遠比乍看之下更能給人希望。最後審判、蛾摩拉、挪亞的大洪水、毗濕奴火焚宇宙——這些都不只是徹底毀滅的意象而已，它們也是重生的意象。戰爭或許帶來了舊世界的末日，但它也應許了比前一個世界更好、更合理的新世界之起始。無論這樣的重生實際上是否發生過，光是這個概念就能為連年艱困、暴力和壓迫下徹底委靡的全世界人心，帶來巨大的希望與慰藉。

幾乎所有人都在宣揚「新世界從舊世界灰燼中誕生」這個神話上享有既得利益。勝利者當然對它很有共鳴。杜魯門總統對國民演說時再三強調，美國人民即將見證一個「新時代」，他們正站在

「新世界的門檻上」，隨著「戰火中的世界」死去，「和平的世界」隨之誕生。日本投降隔天，一九四五年八月十六日，杜魯門宣告：「獨裁者們奴役世界各民族、摧毀其文化、開啟黑暗墮落新時代的不切實際陰謀到此為止了。今天是大地上自由歷史的全新起始。」[12]再沒有別的說法能夠更精闢地概括我至今為止提到的所有神話了：正義戰勝邪惡、世界的殉難，以及最終由同盟國英雄帶來的復興。

同時，蘇聯則更晚接受以一九四五年作為全新開端的概念。蘇聯意識形態始終強調以一九一七年作為蘇聯創立之年，即使第二次世界大戰對蘇聯社會的一切面向始終發揮著重大影響，但它又經過了數十年才得以凌駕十月革命的象徵。儘管如此，到了一九六〇年代晚期，蘇聯已開始製作數以百計獻給二戰的影片、書籍及藝術品。紀念碑和博物館在全國各地落成啟用，勝利紀念日慶典成了國家重大事件。戰爭的首要敘事是巨大犧牲換來最後勝利：蘇聯人民遭受屠殺，但他們的犧牲不僅拯救了國家，更令國家重生、贏得光榮勝利。[13]

到頭來，蘇聯人也接受了東歐共產國家始終採納的同一套神話。造就了「新捷克的誕生」、開創了南斯拉夫「新生活的宏大願景」、掙脫了「（東部）德國人民枷鎖」的都是二戰。[14]一九八五年歐戰勝利紀念日，阿爾巴尼亞國防部長普羅科普·穆拉（Prokop Murra）發表演說，總結了東歐共產政權的標準觀點：第二次世界大戰是「世界歷史上一次最重大的事件，無可挽救地打擊了資本主義體系，激起了民族解放鬥爭，標誌著殖民主義的沒落，創造出有利於社會主義與革命的全新力量對比。」[15]儘管二戰遺下了大量的死亡與破壞，因它而掌權的共產黨人卻從不哀悼戰爭；二戰反倒被稱頌為開創了美麗新世界的力量。[16]

大半個非洲和亞洲也是這樣，國族主義者將二戰看作重新鑄造國家、掙脫殖民統治的熔爐。在一九四六年底針對獨立問題的辯論中，日後的印度總理尼赫魯（Jawaharal Nehru）將第二次世界大戰及戰後動盪，援引為印度重生的一項重要因素：

我們才剛走出世界大戰，人們含糊且頗為狂亂地談論著新的戰爭即將爆發。新印度就在這樣的時刻誕生——重生、活力充沛且無所畏懼。印度的新生在世界的動亂中來到，或許正是時候。[17]

日後的印尼總統蘇卡諾（Sukarno）對於第二次世界大戰令國族得以鑄造一事，表達得尤其明確。「別忘了，我們活在戰爭的時代。」他在一九四五年六月對獨立準備委員會說道：

我們正是要在這個戰爭時期建立印尼國——在戰爭的雷聲之中。我甚至為了我們不是要在晴空下，而是要在戰鼓聲和戰火中建立印尼國而向真主道謝。獨立印尼（Indonesia Merdeka）將崛起為一個經歷千錘百鍊的印尼，一個受到戰火淬鍊的獨立印尼。[18]

類似的看法也出現在東南亞、北非和中東大部分地區，戰爭在這些地區釋放出了銳不可當的獨立鬥爭浪潮。由於戰爭，「一切都變了，也正在轉變。」[19]由於戰爭，民族自決的道德責任在「整個地球表面」都增長著。[20]

有著最強烈動機將一九四五年宣告為重生的人們，或許是戰爭的加害者與受害者。兩者都有充分理由想要放下過去重新開始。戰爭結束後，法國、比利時、荷蘭等國投注了大量政治精力，它們宣告自己不僅重生了，更因戰時經驗而變得更強大也更團結。這種對於恢復穩定與強大的群體渴望是如此扣人心弦，使得我們如今將這段日子記憶成了這些國家歡慶、統一與重建的時期，但其實戰後同樣發生了大量的騷亂與暴力事件。[21]

同時在德國，一九四五年則被宣告為「零時」（Stunde Null），這個詞大致也可以譯成「零年」（Year Zero）。[22]這個概念不僅表達出德國被轟炸倒退回了基督宗教傳入前黑暗時代的恐懼，還傳達了重新開始的希望：戰後的德國人就像日本人，他們熱切盼望著自己最近的歷史被永遠掩埋在瓦礫之下。要批判他們的這種心態很容易，但在世界上多數國家都宣布要重新開始的脈絡之下，德國和日本要是不那麼做，反倒極不尋常。儘管德國人和日本人的動機可能與其他國家大不相同，但「零時」仍是普世皆然的概念。

全球的重生

儘管多數國家都在戰後採納了國族重生神話，但同一個神話在國際上，甚至在全球受到接納的方式，或許卻更為耐人尋味。重生的不只有日本、法國或印度而已，而是整個世界：一九四五年是全人類共有的零年，從那時起就始終在我們的集體想像裡保持這一地位。暴力、壓迫和邪惡的世界被摧毀了。由大西洋憲章和聯合國價值所啟發的新世界被締造出來。

但從一開始，這套全球願景就與個別國族的神話互相衝突。二戰產生的一切國族神話，全都或多或少仰賴於受害意識。法國、英國、美國及其他同盟國全都遭受妖魔攻擊，但戰勝了；共產主義掙脫了資本主義的枷鎖；殖民地國家自我解放，擺脫壓迫自己數百年之久的奴隸主，如此這般。但「國際」重生神話就大不相同。它設想一個連爭執和衝突潛能都不復存在的未來：我們所有人在這個新世界裡，都會受到對和平的想望所支配。我們在這樣的世界裡將同時體驗到團結、繁榮、法治，極端政治及市場力量也將受到細心控管。國族主義及其養成的一切非理性激情，也都會逐漸變得多餘。

這個嶄新烏托邦最有力的表述，或許可見於今日歐盟的創立神話之中，歐盟拆解國族壁壘的能力更甚於其他任何國際組織。歐盟領袖們始終稱頌著「歐盟誕生於二戰的灰燼與瓦礫中」的方式；實際上，很難找到哪一份歐盟領袖發布的重要文件或聲明不曾提及「新歐洲的創立是對二戰的回應」。[23]打從一開始，歐盟就不僅被構思成了「新歐洲」，更是新「種類」的歐洲，第二次世界大戰這樣的禍害將不再可能發生於其中。[24]按照戰後德國首任總理，也是歐盟創建者之一康拉德·艾德諾（Konrad Adenauer）的說法，戰後世界是「歷史新紀元的開端」：

> 民族國家的時代結束了。人人必定都感受到了改變已經發生，一個時代消逝了，新時代正在展開，人們的眼光將超越本國邊界，為了真正的人道目標而與其他國家團結合作。[25]

始於法德兩國的經濟夥伴關係，迅速擴充到涵蓋西歐多數國家，自一九八九年以來也包含東歐在內。許多前東方集團國家認為，它們的共產政權時代實際上是二戰的延續：取得歐盟會員國身分，成了在象徵上得以揚棄昔日高壓，加入「自由」「民主」新世界的主要方式。即使到了今天，這個創立神話仍是歐盟擴張、乃至歐洲各會員國更緊密結盟最重要的正當理由。[26]

同一套概念也在聯合國的創立神話中得到全球層級的表述。聯合國憲章（United Nations Charter）序言明確宣示，該組織為了避免又一次世界大戰為人類帶來「慘不堪言之戰禍」，而在一九四五年創立。一如歐盟，人們很難找到聯合國的任何重要演說或文件不曾提及它「自二戰的灰燼中誕生」，以及其創立宗旨在於締造「和平與尊重人權」的新時代，「令世界免遭另一次災變」。[27]直到今天，聯合國安理會會議廳仍將鳳凰自戰爭瓦礫堆中飛升的巨幅壁畫，懸掛在最顯著位置。

神話的代價

至今為止提及的神話與傳說，全都並非憑空而來。其中每一個都含有不少事實成分：大半個歐洲和亞洲所遭受的大規模毀滅，確實看似世界末日；戰爭不可否認地涉及大量英雄行為、獸行及殉難；一九四五年之後到處上演的希望重生，當然也是一項奇蹟。但這些事實並非全盤事實。它們隱藏了萬國人民在戰時世界中承受的諸多懷疑與焦慮，並給了今天的人們不去仔細回顧自身歷史的藉口。我們唯有將目光從那些恐怖年代裡真正發生過，難以分辨對錯的曲折事實中移開，才能沉迷在這些如此絕對而黑白分明的神話裡。

這些神話也沒有一個是孤立存在的。它們能夠如此持久的原因之一，即在於不論個別看來有多麼站不住腳，它們作為群體卻互相支持，而且彼此「強化」。我們對於徹底毀滅的印象提供了完美的背景，讓二戰在民間記憶中成了爭奪人類靈魂的磅礴鬥爭。我們的英雄被他們所對抗的絕對邪惡形象映襯得更加英勇，我們的妖魔則因著我們相信受其凌虐的死難者絕對無辜，而變得更加醜惡。將所有這些（徹底毀滅、無私英勇與無盡苦難）結合起來的，則是我們對於「新世界從舊世界灰燼中崛起」的神話。這是英雄與殉難者被賦予的最終獎賞：它們的犧牲因而高尚，一切苦難因此看似值得。綜合看來，這個神話網絡代表了一套在全世界各地受到普遍採信的信念體系——自是因地而異，但仍通行於全球。

認知到這樣的信念體系有其屹立不搖的充分理由是很重要的。道德絕對信念在戰時是完全必要的，因為全世界人民所遭遇的危機需要他們採取果斷行動。他們面臨如此危機所採用的神話，不僅給了個人勇氣與堅韌以履行使命，也創造出了團結一心打勝仗所需的一體感。但在這樣的過程中，這些道德絕對信念也滿足了深層的情緒需求。最令人心滿意足的莫過於知道自己站在正確一方，正在打一場美好的仗，對抗非摧毀不可的邪惡。於是，儘管這些神話在一九四五年完全合理，它們卻也帶有危險性，因為它們不容許隱晦及細微差別的空間——容不下懷疑空間。

今天，我們沒有必須堅守這些神話的實用理由。它們再也不像過去那樣是我們的生存所需了。我們再也不需要用它們說明不可解釋之事。世界前進了，但我們還沒，我們被一九四五年所沉迷過的同一套心態給困住了。但我們尚未表現出採取對策的意向。我們就只是對神話照單全收，除了耳熟能詳，以及它們仍能滿足我們多年前經歷過的相同情緒需求之外，再沒有更好的理由：我們渴求著當年戰時對於正義與邪惡、英雄與惡人、妖魔與殉難者的確信，這與我們自身當代生活中日復一日的不確定恰成天壤之別。就這樣，我們不以為恥地養成了對戰爭的懷念，不論是否適當，並且覺得這份懷念慰藉了我們，即使它有重新點燃我們在一九四五年拚命撲滅的那場漫天烽火之虞。

所有這些神話全都導致了持續困擾著國際體系的不穩定，即使起初看來相對良善。要批判我們對於英雄、妖魔及殉難者的信念如何分化了我們是很簡單的，但世界在一九四五年如浴火鳳凰般重生的概念也同樣可疑。認知這點有時很難，因為它挫敗了我們最珍視的某些想望。我們想要設想重生神話是一股充滿療癒與寬恕的正向力量。我們想要相信一切暴力皆可設限，而我們能夠無怨無悔地超脫過去。但當這些價值被強加於社會之上，而不對我們拋在腦後的事件進行適當檢驗，這既不誠實也不健康。既往不咎雖然高尚，但我們一口咬定自己已經向前邁進，已經藉由戰後重生洗滌了自己，卻是剝奪了自己哀悼損失或承認罪責的契機。

☆

對於一九四五年自戰爭陰影中崛起的民族而言，這一切都還算不上問題。當時產生的一切神話之中，唯一尚未完全成形的正是這個重生神話。隨著炸彈不再落下，全世界人民走上街頭慶祝終戰，鳳凰自劫灰中飛升的意象並非神話，而是千百萬人共同懷抱著的十分真切的希望。隨著人民將心念轉向重建，新的專家帶著新生活、新關係、新表達方式的願景挺身而出，也是再自然不過的事。本書的大部分內容將要關注他們擁有過的自由之夢，以及這些夢想是如何在二戰的其他副作用之中實現與挫折。

但這些夢想中也包含著噩夢。打從一開始，新世界就總是看來脆弱、令人痛苦，因為曾被摧毀過的事物很可能再度輕易被毀。重蹈覆轍的恐懼糾纏著全世界的每一個人。這種恐懼最生動的表述，或許來自於新任印度總理尼赫魯在一九四九年的這段話：

要是回顧過去三十多年，其中包括兩次大戰和戰間期，就會發現同樣的呼聲，當然會隨著形勢轉變而略有不同，但仍是同樣的呼聲；還有同樣的思路、同樣的恐懼與猜疑，以及同樣的各方武裝、戰爭來臨。這是最後一場戰爭，為民主而戰，以及其他的言論，同樣也都能在參戰各方聽到。然後戰爭結束了，但同樣的衝突持續，又開始同樣備戰。接著另一場戰爭到來……沒有人、也沒有國家想要戰爭。隨著戰爭愈來愈恐怖，他們更不想要戰爭。但某些過往的邪惡、業障或某種命運，繼續推著人們往特定方向走，向深淵而去，他們經歷同樣的爭論，如同機器人一般做出同樣姿態。[28]

由此觀之，終戰的真正訊息不只是自由的訊息，還有恐懼的訊息。隨著原子時代降臨，世界再也承擔不起重演昔日世界所經歷的毀壞與重建無止境循環。廣島和長崎原爆之後，人人都知道了下一場全球戰爭恐怕會導致實際上的末日，而非象徵上的末日。

第二部

烏托邦

Utopias

第六章　科學

倘若有一群人在一九四五年感到自己同時承擔著這世界的夢想與噩夢，那就是在戰爭期間研發原子彈的科學家了。

這些科學家的其中一位是生於俄國的化學家尤金・拉賓諾維奇（Eugene Rabinowitch）。拉賓諾維奇這時已經體驗過二十世紀某些最動盪的事件。他在青年時期就被迫在俄國革命後逃離聖彼得堡。隨後，他又為了躲避納粹的反猶迫害而逃離德國。一九三八年，當歐洲瀕臨戰爭，他加入了大量歐洲科學家前往美國的行列。但二戰方酣之際在芝加哥的曼哈頓計畫擔任資深化學家的經驗，卻對他的一生帶來了最大的改變。拉賓諾維奇只是受聘研究及製造核子武器的數百位科學家之一，但他和科學家同事們發現核子武器的經驗及其後果，卻終其一生困擾著他。[1]

拉賓諾維奇首先在一九四三年，由戰前曾在德國共事過的諾貝爾物理獎得主詹姆士・法蘭克（James Franck）邀請而加入原子彈計畫。沒過多久，他就第一次對使用核子的未來表示疑慮。他會和法蘭克或李奧・西拉德（Leo Szilard）等其他資深科學家一起走上長長一段路，同時輕聲談論他的憂慮。即使他明白製造原子彈的急迫需求，他仍強烈感受到美國當局未能考量自身行為的長遠影響。核子武器的祕密不可能由美國長久獨占。一旦其他國家也發現了這個「祕密」，就注定要展開新一輪軍備競賽。這樣的軍備競賽要是失控，後果將不堪設想。

一九四五年春，拉賓諾維奇的憂慮又多了新的急迫性：一枚原子彈即將準備試爆，此時在科學家之間已是人盡皆知的祕密。該年六月，一個委員會倉促組織起來，對核子武器的社會及政治影響進行考量，尤其是核子武器用於對日戰爭的影響。拉賓諾維奇成了委員會報告的主要作者之一。「那時的芝加哥炎熱不堪。」多年後他回想，「當我走過城市街頭，摩天大樓在燃燒的天空下倒塌的景象把我嚇壞了。必須做些什麼警告人類。不管是因為炎熱還是我自己內心激動，那一夜我無法入睡。天亮之前很久，我就開始寫報告了。法蘭克給了我一頁半的草稿，作為他撰寫的部分。但我自己對這個問題的探討變得更詳細許多。」[2]

這份日後以「法蘭克報告」（Franck Report）聞名的這份報告，提出了推理十分縝密的兩點。[3]首先，核子力的出現對人類來說不僅代表著契機，同時也是前所未有的更大威脅。倘若世界各國想要避免日後的軍備競賽，美國放棄自身對原子彈的一時獨占，轉而協助建立一個國際組織，令其有權控制原子能為全體人類提供助益，即是至關重要之舉。

第二，報告也主張不應使用原子彈對日本進行「未經預告的攻擊」，因為此舉將嚴重損害國際間就原子能問題達成任何協議的可能性。公開向全世界演示原子彈將會理想得多，或許可以在無人居住的沙漠或荒島試爆。如此一來，就有可能把日本嚇得投降，而無需損失大量人命。倘若日本軍方在這樣的公開試爆之後仍堅持繼續作戰，那麼還是可以對他們使用原子彈。

科學家的報告帶著相當急迫性呈交華府，但美國政府完全無視。「我們等著一些回應，我們等了又等。」拉賓諾維奇日後回憶，「我們覺得自己恐怕把報告丟進密西根湖了。」[4]不到兩個月後，原子彈就在廣島和長崎投下，將戰爭帶到了突如其來的終場高潮。正當全世界慶祝之時，科學建制裡的許多成員卻立刻陷入深沉的沮喪。

隨後數月，拉賓諾維奇決心致力於公開宣告他們的恐懼。他和另一位科學家同事海曼·戈史密斯（Hyman Goldsmith）創辦了一份新期刊，命名為《原子科學家公報》（*Bulletin of the Atomic Scientists*），宗旨在於「喚起大

圖9　尤金·拉賓諾維奇，原子物理學家，原子時代長期以來的良知之聲。（圖片來源：Getty Images）

眾完全理解核子武器的可怕事實，及其對人類未來的深遠影響。」[5] 其後數年間，拉賓諾維奇的期刊作為「科學家運動」的非官方喉舌，成了原子時代的良知之聲。它刊出世界頂尖物理學家（像是愛因斯坦、歐本海默、波耳〔Niels Bohr〕、泰勒〔Edward Teller〕）所撰寫的文章，但撰稿者中也包括多位哲學家及社會學家（羅素〔Bertrand Russell〕和雷蒙・阿隆〔Raymond Aron〕）、政治人物（摩根索〔Henry J. Morgenthau〕和葛羅米柯〔Andrei Gromyko〕）、經濟學家（阿巴・勒納〔Abba P. Lerner〕）乃至神學家（尼布爾〔Reinhold Niebuhr〕）。原子彈及其後果的每一面向都得到討論和剖析，期望「把人類嚇得理性行事」。[6]

拉賓諾維奇自己也承認，體現在他的期刊裡的希望，始終都有可能破滅。超級強權將原子能國際化的相關談判，最終在一九四八年破局。隔年，蘇聯試爆了自行研發的核彈，一如拉賓諾維奇的恐懼，軍備競賽迅速展開，參賽者最終包括了英國、法國、中國、印度、巴基斯坦、以色列，還有（進入二十一世紀許久之後的）北韓。第一顆原子彈在一九四五年試爆後的七十年間，約有十二萬五千枚核彈頭製造出來，並部署於世界各地。即使聯合國和國際原子能總署（International Atomic Energy Agency）等國際組織盡了最大努力，拉賓諾維奇對於核擴散的恐懼終究還是成為現實。[7]

但他從未放棄對於科學仍然代表著人類最大希望的信念——不僅在於科學解開了宇宙奧祕，也在於世界各地科學家堅持互助合作、無視政治人物爭吵的做法。「我們這時代科學革命的範圍是如此遼闊、如此孕育著更廣大的未來潛能，這使它完全轉變了人類存在的基礎本身。」他在晚年寫道，「我們的時代在目光短淺的心靈看來，可能是……人類前所未有地分隔的一個疏離時代……但在未來世代看來，它將是全世界人類開始互助合作的時代。」[8]

☆

原子力在一九四五年揭露於世之時，帶給全球的震撼感受是如今很難體會的。當杜魯門總統宣布原子彈已在廣島投下，全世界媒體對這個消息全都毫無心理準備，也不知該做何回應。炸彈的破壞力、美國祕密製造原子彈計畫的全盤規模與花費、結束戰爭的可能性——這些話題全都爭奪著新聞頭條。但得到最多注目的是杜魯門的評語，他說科學家已經成功「控制了宇宙的基本力量」。全世界報刊競相轉載的這句話，似乎刻劃出了每個人的想像。

最先道出那年夏天的事件所帶來震驚與讚嘆交加感受的其中一人，是美國小說家E・B・懷特（E. B. White）。「我們在這一生中，第一次能夠感受到全然人類調整的擾人振動。」廣島原爆不過兩週之後，他在《紐約客》雜誌寫道，「通常這些振動太過微弱而不會被注意到。但它們這次是如此強烈，就連戰爭的結局都被掩蓋了。」其他作者隨即表示同意。「就在

圖10　人類控制了「宇宙的基本力量」。一九四六年，比基尼環礁。（圖片來源：US Library of Congress）

一瞬間，毫無預警，」《時代》雜誌兩天後說，「現在成了不堪設想的未來。」另一位記者表示，隨著原子彈初次爆炸，「你的世界和我的世界，我們所知的世界終結了。新世界從那個火燄山裡誕生。」[9]

雖說人人都同意有些根本的事物改變了，但對於改變是好是壞卻沒有共識。在美國，認為原子力是人類全新開始的人們，沒過多久就和懼怕原子力將要導致末日大決戰的人們，產生了激烈的兩極對立。

前者的著名人物之一是《紐約時報》的威廉．勞倫斯（William Laurence），他是唯一一位在曼哈頓計畫尚屬機密之時即獲准採訪的記者。一九四五年九月，他撰寫一系列文章，將原子時代到來與精神覺醒聯繫起來。他宣稱，人類經由控制這股力量，而找到了「名副其實的『賢者之石』……開啟推動宇宙之力源頭的鎖鑰。」[10]他也描述了自己親眼目睹的，在新墨西哥州沙漠進行的第一次原子彈試爆：「令人感到自己彷彿獲得了見證世界誕生的特權——親臨上帝說出『要有光』的創世時刻！」[11]

其他許多美國記者也同樣宣告新時代到來。他們提到原子能帶來了「廢除戰爭」的契機，開啟了一個動力「用之不竭」、「財富取之不盡」的未來，甚至創造出「人間天堂」。[12]一九四六年，《時代》雜誌的傑拉德．溫特（Gerald Wendt）甚至提出，原子動力有朝一日將能以「膠囊形式」運用，人類自此將不虞匱乏：「那麼，科學最終將不僅能從疾病、饑饉及早夭之中解放人類，還能從貧困與勞苦中解放人類。」[13]

但在同一時間，其他重要思想家卻不禁設想一個完全黑暗的未來。在《ＰＭ報》（*PM*）上撰文的馬克斯．勒納（Max Lerner），是從原子力之中看出了「法西斯分子長久以來所夢想的，那個由一小撮殘酷無情的精英對廣大人類群眾掌握生殺大權的世界」這項威脅的許多人之一。[14]沙特認為原子彈是「對人的否定」；愛因斯坦將新形勢稱為「人類置身其中最可怕的危險」，戰時負責轟炸日本的美國空軍參謀長卡爾．史巴茲（Carl Spaatz）將軍，則預見了這樣一個未來：原子戰爭「恐怕會結束在最悲劇的弔詭裡：正義的社會試圖毀滅邪惡時，可能會毀滅自己。」[15]

世界上其他許多地區也以同樣正邪二元的說法，表達自己對這一全新科學奇觀的希望與恐懼。英國《圖畫郵報》（*Picture Post*）的報導即為典型，該報在一九四五年八月底發行特刊，專門探討原子彈的影響。「控制原子能可說是我們的時代裡最偉大的事件」，特刊開卷的文章宣稱，這個事件「同時為希望與恐懼開啟了廣大的新視野」。封面刊出一張令人難忘的照片，圖中有個兒童在暮光籠罩的海灘上，搭配著標題「黎明——還是黃昏？」[16]《印度圖畫週報》（*Illustrated Weekly of India*）同樣刊載文章，談論人類有可能「在最後也最駭人的戰爭中自我毀滅，或是有可能從此生活在烏托邦裡，一如愛德華．貝拉米（Edward Bellamy）的夢想。」廣島和長崎原爆後數週之內，它就已經在設想「無限量的力量……成本低廉到對一切實用而言都是免費的」——但同時也刊載文章，探討這股力量如何可能危害整個「世界經濟與產業的未來」。[17]

其後數年間，這種兩極對立的觀點在世界上幾乎每個國家都表現出來。蘇聯幾乎完全封鎖了原子彈的相關消息，直到蘇聯自行製造出一顆為止。到了那時，原子彈被譽為社會主義的勝利，預示著人類享用無盡動力的新時代開始。而在德國，原子時代的正反觀點則取決於生活在該國的哪一半：西德強調原子力的毀滅潛能，東德則更常凸顯烏托邦式原子動力未來的社會主義理念。至於戰

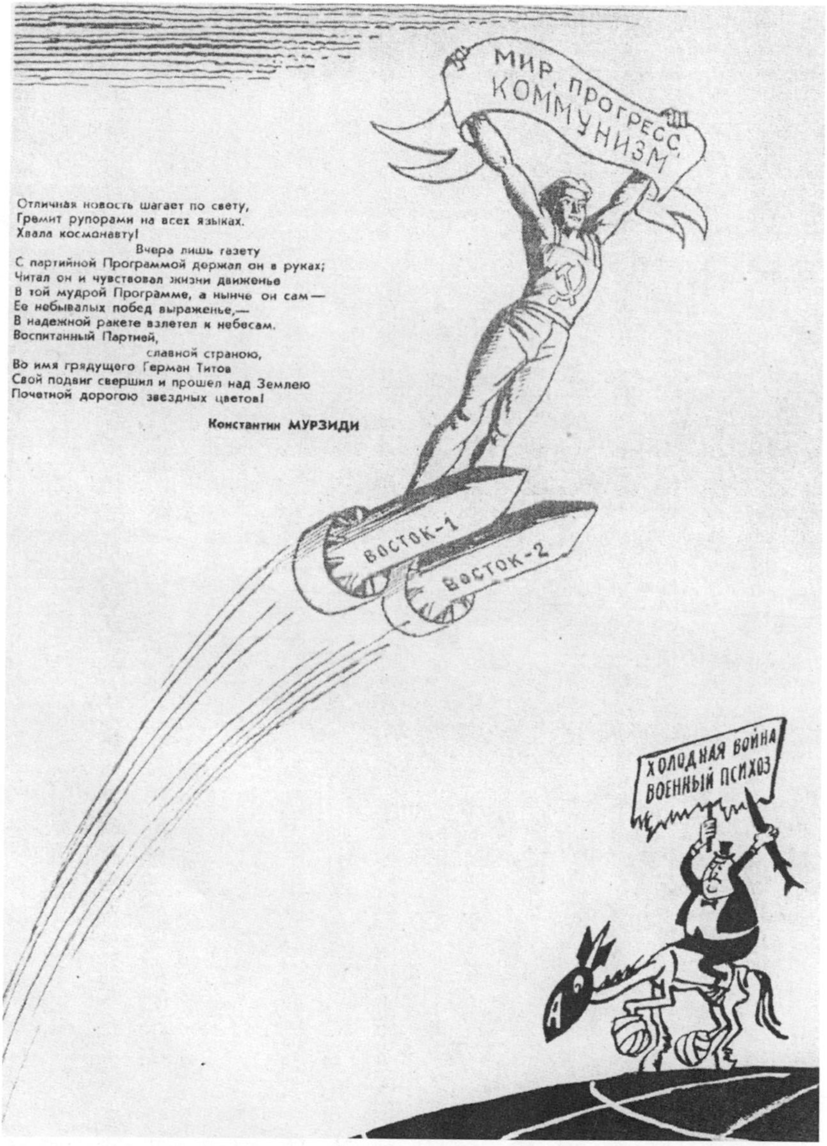

圖11 蘇聯的宣傳夢想著經由核動力實現「和平、進步與共產主義」，例如這幅一九六〇年代初期的漫畫。同時，美國則被描繪成了挫敗的戰爭販子，緊抓著冷戰武器卻無能為力。（圖片來源：*Ogonyok*/Kommersant）

時經驗即使慘不忍睹，最終卻仍採用了核能技術的日本，二元對立則在於核動力「邪惡的」軍事用途與「正當的」平民用途。同時，小國則往往認為自己是原子超級強權世界中的無助旁觀者。例如在荷蘭，原子時代就經常被描述成一股推著人類走到分叉路口的自然力量，而不論他們走上哪一條路，無論是滅亡之路還是天堂之路，荷蘭人民都只能隨波逐流而沒有多少選擇餘地。[18]

☆

對於科學和科學家的兩極對立形象，部分是他們一直以來在大眾想像中被看待的方式所致，自古至今，就算在大眾稱頌伽利略和牛頓之際，他們仍將浮士德和科學怪人妖魔化。[19]但這種形象同時也是首先形成於二戰結束時的通行神話所造成的結果——末日大決戰過後重生的神話、英雄與妖魔的神話、罪惡與救贖的神話。核子物理在短短數年之間的驚人成就，以及它公諸於世的戲劇性和暴烈方式，與這一切概念全都巧妙契合。

但其他科學又是如何？化學、生物學、數學、工業技術等等，在戰爭過後又被如何看待？答案是，它們也跟核子物理學一樣，在同樣這些神話裡各安其位，但凸顯之處不同，帶給人們更多希望。不可否認，這些科學在戰時也創造出了自己的妖怪，像是納粹優生學家約瑟夫・門格勒（Josef Mengele）之流，還有在中國進行人體實驗的眾多日本醫師及研究人員。他們製造出的毀滅動力即使不如原子彈驚心動魄，破壞力量卻不遑多讓：例如據統計，日本人運用細菌戰在中國殺害了五十多萬人。[20]但總體而言，一九四五年之後得以立足的科學故事並非妖魔故事，而是英雄故事，不是毀滅故事，而是重生與救贖故事。光是戰時科學發現的總數，以及這些發現在戰後年代看似奇蹟般地投入實用，就足以強調「一九四五年是嶄新世界的開端」這一訊息。

第二次世界大戰改變了科學的面貌。它所引起的全新迫切感、政府突然介入，以及大筆公帑挹注，都轉變了各式各樣科學發現的速度。比方說，航空工程的進展就幾乎與核子科學一樣令人難以置信。世界各國的飛行員在一九三九年時仍經常駕駛雙翼機，但到了一九四五年已經開始駕駛噴射機。戰前只不過是怪事一樁的直升機，戰爭結束時已開始大量生產。同理，火箭技術在戰爭開始時仍相對簡單，但在一九四五年，人類已經有能力將飛彈射向太空邊緣。創造出這些奇觀的正是戰爭本身。基本技術往往在戰前即已存在（例如史上第一架噴射機由德國在一九三九年八月二十七日首次試飛，就在歐戰爆發前數日），但戰爭提供了誘因發展及改良這些發明，直到它們足以轉變我們理解世界方式的地步。[21]

而在醫學與疾病防治領域，也發生了同樣的重大進展。燒傷及心理創傷的治療完全轉變，多半由於軍醫累積了大量的實務處理經驗。但其他進展則純粹來自戰時措施所激發的決心。青黴素的戰時發展正是最佳範例。青黴素在一九二九年由亞歷山大．弗萊明（Alexander Fleming）發現，一九三〇年代晚期由霍華德．弗洛里（Howard Florey）及恩斯特．柴恩（Ernst Chain）提煉出來，但在戰爭開始時仍只不過是罕見藥物。一九四一年，青黴素在美國的商業生產量是零；但在終戰時，由於研究、改良及開發這種藥物的龐大努力，美國製造商每月生產出六千四百六十億單位以上的青黴素。這只能因為英美兩國科學家、政府、商業利益甚至競爭公司之間前所未有的合作，才得以實現。比方說，就在珍珠港襲擊十天後，美國各大製藥公司會議通過將自身研究與美國政府共享，美國政府則以巨額補助研發，甚至資助興建青黴素工廠作為報答。其後鏈黴素等其他突破性抗生素的開發，也是這種努力的成果。[22]

滴滴涕殺蟲劑（DDT）的歷史也遵循著同一套發展模式。如同青黴素，它在戰前也已被發現，但直到成千上萬盟軍官兵在太平洋戰區感染瘧疾，美國政府才看見了大規模補助其使用的需求。到了一九四五年，盟軍在太平洋戰區的每一處駐地，都由低空飛行的飛機噴灑滴滴涕。馬尼拉與新加坡解放之後，它也在全市定期噴灑，以防平民染病：《海峽時報》（*Strait Times*）心存感激的記者們稱讚它「大大有益於人類」。戰俘營和集中營解放時，也會用它殺死帶有傷寒桿菌的跳蚤。儘管它對環境造成的災難性影響在一九六〇年代晚期及一九七〇年代公諸於世，但人們懼怕會在戰後爆發的流行病未曾發生，多半仍應歸功於滴滴涕。[23]

電腦技術也由於二戰而多次突飛猛進。一九四一年，康拉德・楚澤（Konrad Zuse）設計出全世界第一部可編程的計算機Z3，由德國航空研究所用以執行與飛機設計相關的複雜運算。同時在英國，更強力的計算機則為了破譯德國密碼而設計出來。其中最重要的是托瑪斯・佛勞爾斯（Thomas Flowers）的「巨人」（Colossus），這部巨大的機器由英國郵政局研究站（Post Office Research Station）資助，每秒能夠處理數千字加密訊息。有些人認為數學家艾倫・圖靈（Alan Turing）是現代電腦之父，他深入參與了這部機器及其他破譯機的設計。於此同時，美國科學家約翰・莫奇利（John Mauchly）與普雷斯波・艾克特（J. Prepser Eckert）則在賓州大學研發更為強大的計算機。電子數值積分計算機（Electronic Numerical Integrator and Computer, ENIAC）又是專為戰爭而設計的：它原先的用途是進行繁複的砲術運算。[24]這樣的機器遲早都會設計出來，但戰爭的急迫需求，以及政府提供亟需資金的意願，則大大加快了它們的研發。

光是戰時科學實驗的總數及速度，就足以產生各式各樣的結果，其中有些成果最終產生了顯著的非軍事用途。例如一九四五年，一位名為珀西．史賓塞（Percy Spencer）的美國工程師訪問一處正在測試多腔磁控管（cavity magnetron）的實驗室，這時他發現自己口袋裡的花生巧克力棒開始融化了。多腔磁控管是盟軍空對地雷達的核心部件，經由產生微波而運行。好奇的史賓塞想知道更多，派一個小弟買來一包玉米：當他把玉米放在磁控管附近，玉米紛紛爆開。隔天進一步實驗的結果，一顆雞蛋迸裂，濺了一位實驗室技師滿臉。就這樣，家務技術最偉大的創新之一脫胎於戰時研究。今天，雷達系統已不再使用多腔磁控管，但千百萬個多腔磁控管每年仍為了用於微波爐而製造。[25]

另一項家用創新則由戰時對塑膠的研究催生出來。美國科學家哈利．庫佛（Harry Coover）試圖發現一種全新的透亮塑膠以供精確瞄準鏡之用，卻偶然發現了一組名為氰基丙烯酸酯（cyanoacrylate）的物質；它們對於瞄準鏡毫無用處，因為它們太黏，到頭來完全不符實用。但在戰後，它們卻成了快乾膠的基礎而得到善用。[26]

戰時得到如此發現的，還不只有受過專業訓練的科學家及工程師：有時，創新來自於最出人意表的來源。比方說，海蒂．拉瑪（Hedy Lamarr）最著名的身分是好萊塢演員和海報女郎——米高梅電影公司（Metro-Goldwyn-Mayer, MGM）經常稱她為「全世界最美的女人」。但她在一九四二年證明了自己不只是臉蛋漂亮而已，她和一位作曲家友人為美國海軍的導向魚雷系統提出了一套新構想。控制魚雷的無線電訊號可能遭受干擾，但訊號若能持續從一個頻率跳到另一個頻率，就不可能受到干擾。美國當局並未採納她的構想，他們對她說，慰勞軍人會是她對戰爭的更好服務——但這個構想日後成為「展頻」（spread spectrum）技術的基礎，在今天得到絕大多數的全球定位系統、藍芽、無線網路及行動電話所應用。[27]

產生於二戰的新概念與新技術，列舉起來似乎沒完沒了。無線電波研究不僅創造出一系列雷達站，在一九四〇年從德國的轟炸中拯救了英國，更帶來了飛機導航、導彈及匿蹤技術的大舉躍進。核子研究創造出可供醫學放射治療之用的全新同位素。或許最重要的發展之一，在於戰爭突然讓物理學變得令人嚮往，為物理學家打開了向生物學等其他科學領域發展的大門。其中一組這樣的搭檔是戰時從事雷達研究的紐西蘭物理學家莫里斯．威金斯（Maurice Wilkins），與戰時設計磁性水雷的法蘭西斯．克里克（Francis Crick）。他們在戰後轉向生物學研究，並且開花結果，在八年後成為揭露去氧核糖核酸（DNA）結構的一小群科學家其中兩人。

這些科學技術創新有這麼多出現在英美兩國，部分也是由於二戰。尤其美國或許是已開發世界裡唯一一個這樣的國家：既相對不受戰爭影響、又有資源能夠補助迅速產生成果所需的精細及大規模研究。由於入侵軍對它幾乎完全鞭長莫及，甚至德國或日本轟炸機都到不了美國，它遠比歐洲或亞洲任何地方都更加適合從事敏感研究，因此科學家和技術人員自世界各地蜂擁而來，投身美國的研究機構之中。其中許多人在戰爭結束後仍然留在美國。在其他國家花費資源修復毀損的基礎設施之時，美國得以繼續大舉投資於科學研究及技術發展。即使到了今天，美國仍能持續比幾乎任何其他地方資助及產生更多發明，至少有一部分是因為它在二戰期間及戰後，都比世界其他地方更早一步搶得先機。

但戰爭期間的科學發展，並不只在英美兩國激起了對全人類不虞匱乏的新世界之期望。戰時研究在蘇聯也導致了抗生素、火箭研究及核動力技術的進展，有時甚至令西方相形見絀。包括蘇聯部長會議主席尼古拉．布加寧（Nikolai Bulganin）在內的高級官員大受鼓舞，他們開始談論「一場全新的科技及產業革命，其意義遠勝於與蒸氣及電力出現相關的工業革命。」[28]自一九五〇年代以降，蘇聯大眾媒體開始呈現工業、醫學及農業進步的奇妙願景——不是當成烏托邦夢想，而是當成正在發生的事件。[29]

戰後世界的科學潛能似乎漫無邊際。早在蘇聯將第一個人類送上太空之前，蘇聯科學家就已預言人類將乘坐他們想像中速度「趨近於光速」的「光子火箭」，探勘太陽系及太陽系之外。[30]而在德國，戰後不久的報刊文章即已宣稱，輻射很快就能夠保存食物、治療心理疾病，甚至逆轉老化過程。最早在一九四六年，《新柏林畫報》（*Neue Berliner Illustrierte*）就刊登了一篇報導，預言能夠只用三小時二十七分就把人類送上月球的太空船即將出現。[31]同時，印度報刊則描繪著從孟買到加爾各答只要一小時的快速列車，以及將沙漠化為綠洲、將北極變成度假勝地，甚至創造出新生命形式的夢想。[32]

記住這點很重要：這些願景並非由科學家想像的，而是由新聞記者、政治人物乃至一般人所想像，其中許多人就只是受到戰爭結束所產生的普遍樂觀感受左右而得意忘形。多數科學家盡其所能抑制這種樂觀心態，尤其在對於未來更加荒誕的預言出現之時。例如，愛因斯坦在一九四五年十一月向全世界發出警告，表示核動力產生的實際益處「很長一段時間裡」都看不到，俄裔美籍物理學家喬治．伽莫夫（George Gamov）則對原子車或原子飛機的構想澆冷水，理由是這些事物完全不切實際：驅動這種車輛需要巨大的核子反應堆，其中還要封存大量數以噸計的鉛，以吸收輻射。「別指望一小顆鈾二三五就能讓你開一年的車，」曾在洛斯阿拉莫斯實驗室研發第一顆原子彈的奧圖．弗里施（Otto Frisch）警告，「駕駛這輛車幾分鐘就足夠要你的命。」[33]

倘若他們的訊息並不總是能夠傳達出去，部分原因在於這些科學家自己也成了神話的一環。美國媒體往往將他們稱作「巨神」或「眾神」，是人類誕生於其中的新世界之創造者。原子科學家尤其經常被比擬成普羅米修斯，據希臘神話記載，這位巨神把火傳給了人類。（這種超人性質如今仍經常與他們聯繫在一起：比方說，二〇〇五年一部贏得普立茲獎的歐本海默傳記，就稱他為「美國的普羅米修斯」。）[34]這些人不僅在美國、也在全世界受到尊崇，既因為他們達成的奇觀，也因為這個世界在戰後渴望英雄而不可自抑。經過這麼多年的恐怖和不確定，世界各地的人們都不顧一切想要相信嶄新而美好的事物誕生。科學家身為催生這個新世界的人，自然會受到尊崇，不論他們是否願意。

☆

尤金．拉賓諾維奇正是在這樣的氛圍下創辦了《原子科學家公報》，這份期刊不斷強調核子毀滅的威脅更大於核子烏托邦，同時將科學家描繪成滿懷憂慮的一般人而不是神，他們受制於政府及世界力量的程度，與所有人並無二致。

今日瀏覽這份期刊的內文，其中揭露了一九四〇及五〇年代科學家們關注的幾乎每一個重大課題，經由該刊，這些課題得以進入一般大眾的意識之中。戰爭年代的突破得到公正的讚揚，但對於它們是否伴隨著代價而來也提出了質問。這麼多科學家從日常工作中抽離，為戰爭而效勞，這使得被戰爭延遲的發現，說不定就跟它所加速的發現一樣多。比方說，許多人認為威廉・蕭克利（William Shockley）是矽谷的創始人，他為了研究反潛作戰，而拋下了自己日後獲得諾貝爾獎的半導體研究數年之久。歐本海默在《公報》上堅稱，二戰「對於純科學（pure science）的持續進行，一時產生了災難性的影響。」[35]

該刊也對社會始終讚揚正在轉變人類生活的革命性技術，卻又對象牙塔中構思的純科學抱持猜疑的這種實用取向提出批判。拉賓諾維奇在一九五一年的一篇社評裡說，這世界似乎認為科學是「一隻魔鳥，牠下的金蛋人人都想要，但牠任意飛進多數人到不了的地方，卻使牠成了可疑生物。」他急切地主張，科學家應當被放任研究隱晦而縹緲的概念，不論它們對社會有無立即而明顯的用處，否則「再過一陣子，就不會有金蛋了。」[36]其他科學家也同意。恩斯特・柴恩在晚年堅決認為，在二戰激發出來、並於戰後長久持續的執迷於成果之氛圍中，他不可能達成自己對青黴素最初的突破。科學家最渴求的是自由。[37]

該刊也對科學在美國被政治化，預算或多或少受到軍方掌控提出批判。它同時批判蘇聯科學的政治化，使得不實概念只因為符合史達林理論就得到宣揚，像是李森科（Trofim Lysenko）對於基因的扭曲見解。它呼籲科學家跨越冷戰分歧持續合作，並支持帕格沃什科學和世界事務會議（Pugwash Conference on Science and World Affairs。附帶一提：會說俄語的拉賓諾維奇，往往不得不充當蘇聯和西方科學家之間的調停人)。

但最重要的是，《公報》對於科學與社會整體應當如何互動猶豫不決。科學家該對他們創造發明的成果負責嗎?他們應當基於科學原則而出力參與鑄造新社會嗎?人類是否已經走到了非得創立世界組織，實際上是世界政府予以監督，才能應對科學發現之巨大規模的地步?[38]

浸潤了這些想法的則是一種痛苦的猜疑：科學家無意間釋放出了人類還沒準備好應對的力量，而這些力量或許不要被發現才好。正如歐本海默的著名說法，他或許對自己在阿拉莫戈多(Alamogordo)原子彈試爆之後的趾高氣揚懷有罪惡感：「物理學家以一種別無任何粗俗、幽默或誇張足以消除的簡單感受知曉了罪惡；這是他們不能喪失的知識。」[39]二戰過後數年間，大量科學家公開懺悔自己在原子彈計畫裡的作為，同時悲嘆著自己新近取得的聲名部分來自於他們「曾是死亡的傑出合作者」[40]拉賓諾維奇和他的期刊作為要角的這場全新「科學家運動」，宗旨在於推動這個世界創造出更新、更好的社會——不是抗老化藥丸或核能車的技術烏托邦，而是更傳統的，來自國際合作與理解的社會烏托邦。

他們失敗了。儘管如此，他們的努力確實為戰後世界的發展帶來了三項重大益處。

首先，他們為整個西方，尤其美國，帶來了亟需的良知之聲。同盟國在戰時的行為未必總是正當，無論它們最初的意圖是多麼良善，為了社會的健康，設法認知這點是很重要的。由於各種不同原因，主流社會似乎對於同盟國的所作所為毫無道德義憤或罪咎感，他們情願以勝利者的方式記憶二戰。拉賓諾維奇的科學家運動，至少為那些準備好正視同盟國戰時措施某些陰暗篇章的人們提供了管道。[41]

其次，他們在二十世紀接下來的時間裡，比其他人更有力地保守了科學及科學家的名聲。指望英雄完美無缺，一發現他們不完美就加以輕蔑，都是人之常情。從這個世界在一九四五年將他們拱上的神壇主動退下，並公開告解自己的「罪惡」，他們因此受到的景仰，遠大於沉浸在一時榮光之中所能獲得的敬重。拉賓諾維奇等人孜孜不倦地揭示科學與社會密不可分，對彼此承擔的責任遠比任何漫不經心的烏托邦夢想更加重要。

最後，他們一勞永逸地確立了科學家考量自身行為之道德影響的必要。第二次世界大戰作為道德之戰的程度，遠甚於近代史上任何一場戰爭，它在大是大非的普遍理解上，幾乎將全人類團結起來。從戰火中崛起的新世界，包含著新道德與新精神的種籽，由全球人民所共享。拉賓諾維奇和他身為其中一分子的運動，確保了科學及科學家將與一度失落在戰爭癲狂中的這份全新道德感緊密連結。

第七章 計畫烏托邦

戰爭期間發生的科學及技術創新，少了政府參與就不可能實現。原子彈計畫就是國家力量精心引導的經典範例，美國政府為自己訂下目標，傾注資金及專業將它實現，最終徹底轉變了世界。此外還有許多幾乎同樣令人刮目相看的例子。比方說，戰時的英國政府強制實施了全世界最完備的糧食配給體系，這不僅在戰時節約了至關重要的糧食供應，也確保了所有人無論貧富，都能得到科學均衡調配的飲食。即使多數食材嚴重短缺，戰時英國的嬰兒死亡率其實反而下降了，廣大人口死於各種疾病的人數也減少了。[1]

這番成就得到戰爭本身的偉大勝利支持，立即引出了一個問題：倘若國家的中央集權計畫能在戰時帶來勝利，它在承平時期不也能帶來勝利嗎？倘若一九二〇及三〇年代原有的自由放任經濟帶來了破產、蕭條，最終引發戰爭，現在豈不正是國家介入，確保同樣的災難不再發生的時機嗎？何不進行經濟改革？國家能夠（且國家應當）運用自身力量，讓社會變得更合理、更平等，更適合所有人生活嗎？

在一九四五年的理想主義氛圍中，要求政府擴大參與社會的呼聲不容忽視。在被戰爭撕裂的歐洲，提倡由國家領導改革的不只是共產黨人，也有很多保守主義者和基督教民主黨人。而在世界其他地區，這樣的呼聲同等出自美國新政提倡者、亞洲及非洲國族主義者，以及拉丁美洲的右翼民粹主義者。一切政治派別的專家也同樣期望控制國家力量，從英國的伯納爾（J. D. Bernal）、美國的愛德華・泰勒等科學家，到凱因斯（John Maynard Keynes）、讓・莫內（Jean Monnet）等經濟學家皆然。這些人全都熱切相信國家的力量能把我們的生活變得更好。

然而，正如戰爭本身所揭示，國家解決方案的危害正與益處相等。對強大中央集權國家的信心，豈不也正是納粹主義、史達林主義和日本軍國主義的基礎之一嗎？對於世界上的問題追求國家解決方案的人們，有時會變得很狂熱——反對他們的人也有可能如此。戰爭過後，相信個人神聖性的人們與相信集體轉化力量的人們，重新開始了為時已久的爭論。但主張中央集權的人們這時贏得了前所未有的支持，並產生了令人震驚的結果。

★

人們始終應該提防烏托邦願景，原因倒不在於人間天堂不可能實現，而是全心全意追求那樣的天堂，對社會而言卻象徵著某種死亡。「整體即為謬誤。」德國哲學家狄奧多・阿多諾（Theodor Adorno）在一九四四年寫道。換言之，任何確信自己是人類所有問題之唯一解答的體系，只能藉由否定與其並存的所有無數種其他答案與可能性（包括其他一切烏托邦），才得以如此。[2]

義大利建築師吉恩卡洛・德卡羅（Giancarlo de Carlo）是個終其一生對抗著各種極權主義教條

的人，他的人生故事提供了一個教訓，呈現出要在二十世紀中葉的動盪年代裡抗拒宏大的烏托邦計畫有多麼困難。

德卡羅一九一九年生於熱那亞，成長在一個意識形態衝突的世界裡。他還在幼兒時期，墨索里尼就攫取了義大利，即使出國到突尼西亞和祖父母同居數年，仍無法逃脫籠罩著義大利社會、實際上更籠罩著整個歐洲的兩極對立氛圍。到了成年之時，他已熟諳法西斯主義對偉大的執迷、對暴力的崇拜，以及對強者支配弱者的狂熱信仰。德卡羅對這些觀念深惡痛絕，並結交與他感受相同的人。其中一些熟人擁有自己的意識形態，諸如社會主義、無政府主義、共產主義，有時也會變得很狂熱；但在德卡羅看來，他們的危險程度全都比不上掌握政權的人們。[3]

戰爭在一九三九年爆發時，德卡羅正在攻讀結構工程學位，但他逐漸對另一個相關的學科更為著迷——即建築學。他有些朋友是建築師，而他發現自己愈來愈受到他們與自己討論的概念啟發。他們向他介紹了柯比意（Le Corbusier）的著作，令他為之陶醉，書中流露的希望、對全人類得到更好生活的信念，尤其是「人類只需改變環境就能改變世界」這份堅定不移的信念。「我正在尋找一個活動，能容許我……經由創造活動參與社會轉型。」他在晚年解釋，「我意識到建築可以提供這個契機。」[4]他決心一讀完工程學位，就立刻開始修讀建築學課程。

不幸的是，法西斯當局另有打算：他們容許他完成一個學位而不將他徵召入伍，卻無意允許他開始攻讀另一個學位。就在他註冊修讀建築學課程的隔天，他就被召集受訓，在海軍服役。於是，他在一九四三年被派往希臘，在當地發現自己正在為了完全不相信的目標而戰，支持著一個他積極反對的政府。

德卡羅在海軍護航船團服役四個月，睡在甲板上，始終盼望著英軍飛機前來轟炸。不同於希臘大陸上發生的醜惡戰鬥，海戰相對簡單直接，他在船上的任務也是一樣。儘管如此，看到納粹萬字旗飄揚在雅典衛城上空仍令他深感不適。他一被調回米蘭，就決定該是時候更積極地對抗法西斯。仍是現役軍人的他加入了一個名為無產階級統一運動（Movimento di Unità Proletaria）的反抗組織，開始在當地工廠發送反法西斯傳單。要是他被查獲，他會立刻被送交軍法審判，可能被處死。但他天真得對風險毫不在意——在他看來，這簡直像是一場遊戲。

墨索里尼垮台、德軍控制義大利之後，遊戲突然變得更肅殺了。他和其他一些人逃到了科莫湖（Lake Como）上方的山區。他們期望自己能和一些先前的軍人共同組成強大的反抗軍，但「與後來的說法相反，我們只有很少人。」[5]游擊戰開始了。

在他們緩緩招兵買馬之際，德卡羅往往發現自己有許多空閒時間。他隨身帶著兩本書——阿爾弗

圖12　吉恩卡洛・德卡羅在一九五〇年代的工作照。

雷德・羅斯（Alfred Roth）的《新建築》（*Die Neue Architektur*）和《柯比意全集》（*Oeuvre Complète*），他會花上幾小時從書中的照片裡速寫立面圖及細部。有時他會在一處廢棄農舍裡召集新兵，向他們說明游擊戰形勢之後，便開始演講建築學，以及建築帶給社會的可能性。但在民族解放委員會（National Liberation Committee, CLN）得知此事之後，他被命令停止這種行為。民族解放委員會由共產黨人主導，他們要求他和同志們將目光更加限縮在戰勝德國，以及與蘇聯人民團結之上。

不久，德卡羅奉命返回米蘭，協助訓練及組織城市抵抗運動。為了避免引起通敵者和間諜注意，他和他未來的妻子朱利安娜（Giuliana）不得不在數月之內搬家八次。在當時孤注一擲的氛圍中，他們發現不受到戰爭的兩極對立本質引誘是不可能的，每件事都因此成了對與錯、正與邪的鬥爭。德卡羅發現自己變得跟指揮他的共產黨人、或是他所反對的法西斯主義者一樣思想單一。他晚年曾如此坦承：「一個人可能狂熱和孤立到了這樣的程度，你會做出最愚蠢的行為，卻想像自己做了最有德行的事。這讓你相信唯有消滅敵人，才能最有效地重整社會。其實我們沒有消滅任何人；但我們確實參與了破壞行動。」[6]

城市已死，城市萬歲

戰爭結束時，德卡羅為之奮戰的世界已是一片殘破。義大利多達三分之一的鐵路網不堪使用，一萬三千座橋梁遭到破壞或摧毀。該國城市的境況十分令人震驚：數十萬棟房屋和公寓大樓在戰鬥中被砲擊和空襲炸成廢墟。而在德卡羅迎來終戰的米蘭，或是杜林（Turin）、波隆那等等遭受戰火摧殘的城市裡，人們不得不住在廢墟和地窖中。在那不勒斯，數百位不顧一切的婦女和兒童則開始了穴居生活。[7]

歐洲其他地方的情況同樣惡劣，甚至更壞。五年的轟炸和復仇武器攻擊，在英國摧毀了二十萬兩千棟房屋，還有二十五萬五千棟不堪居住。法國受創更甚，約有四十六萬棟建築被毀，還有一百九十萬棟損壞。同時，德國損失了三百六十萬棟公寓，相當於全國五分之一的住宅。而在蘇聯，不但有許多大城市夷為平地，像是卡爾可夫（Kharkov）、基輔（Kiev）、敖德薩（Odessa）、明斯克（Minsk），還有一千七百個城鎮和七萬個村莊被摧毀。[8]波蘭的狀況恐怕最壞，節節進逼的蘇聯紅軍和納粹撤退時的焦土作戰都帶來了巨大破壞。二戰結束後，波蘭先是被分割，又併入了被毀的德國幾處領土。沒人知道該怎麼估計被摧毀的房屋或城市數量，因為甚至不清楚該把哪些房屋或城市列入計算。

嚴重程度在亞洲一如歐洲的這等毀壞，對世界人口造成了慘重損失。戰爭期間的人口大規模離散又加重了損害。一九四五年，日本約有九百萬人無家可歸，德國有兩千萬人，蘇聯則有兩千五百萬人。對中國的某些估計認為多達一億人無家可歸，即使這種估算不比猜測好到哪兒去。[9]這一切在一九四五年之後只是雪上加霜，因為戰後人口突然開始增長，鄉村人口再次開始了長久以來從鄉村移入城市的大遷徙。都市住房短缺因而在戰後成了真正全球性的問題。[10]

人們或許會想像，如此巨大的家破人亡景象會令建築師和城市規劃者們感到絕望，但實情卻恰好相反。他們之中有不少人多年來一直在等待這樣的機會。例如希格弗萊德・吉迪恩（Siegfried

Giedion）和柯比意從一九三三年開始就在呼籲拆毀全世界的城市，再依照現代主義、功能主義的原則重建。執政者無視他們的意見，因為如此徹底地抹滅在政治上完全不堪設想；但如今有這麼多城市淪為廢墟，全面重新設計看來突然成為可能。一九四五年，任何事都有可能。[11]

因此，許多建築師和規劃者並不哀悼城市的毀壞，而是把它當成他們所有人全都等候多時的契機。「都市計畫往往誕生於砲火之中。」一位法國知識人如此思索布列斯特（Brest）和洛里昂（Lorient）的廢墟：如今，這些藏汙納垢聲名狼藉的法國海濱城鎮，終於得以重建為配得上二十世紀的大港了。[12]德國的保羅・施密特恩納（Paul Schimitthenner）和康斯坦蒂・古丘夫（Konstanty Gutschow）對於漢堡和呂貝克也有同樣感受，甚至將這兩座城市遭受的轟炸稱為「祝福」——愈不幸就愈是大幸。[13]而在毀壞程度遠遠冠於全歐的華沙，斯坦尼斯瓦夫・揚科夫斯基（Stanisław Jankowski）等建築師熱情地加入了首都重建辦公室（Biuro Odbudowy Stolicy），他們知道唯有此時此地，才能擁有「一個實現最壯麗夢想的機會！」[14]

英國或許是全世界最樂觀的國家。「大空襲是規劃者的意外收穫。」一位英國顧問在一九四四年宣稱，「它不僅為我們造成了相當程度的亟需毀壞，更重要的是，它也讓社會各界的人們意識到重建之必要。」[15]其他英國規劃者也熱切地寫到讓伯明罕「從頭來過」，讓杜倫（Durham）成為「美麗城市」，以及將約克轉變成「我們夢想中的城市」等各種契機。[16]艾克塞特（Exeter）照它的規劃者湯瑪斯・夏普（Thomas Sharp）說來，是一隻準備好「從自己的灰燼中重生」的「鳳凰」。[17]普利茅斯如今也可以重新設計成一座「與她往日榮光及當今英雄事蹟相匹配的」城市。[18]

這種心態是如此盛行於英國，每個人又如此堅決地「大膽計畫」未來，使得世界其他地方的某些建築師幾乎羨嫉了起來。「要是大空襲做到了這點，」美國住宅專家凱瑟琳・鮑爾（Catherine Bauer）在一九四四年寫道，「……那就解釋了許多美國自由派內心深處，對於『我們錯失了這個經驗』隱密而罪惡的惋惜。」[19]戰爭結束時，在美國有一種強烈的感受：隨著歐洲城市終於得到了機會清除貧民窟並且現代化，美國城市將要落後於歐洲。為了想要親自描繪出這股現代化狂熱的一麟半爪，戰前流亡美國的華特・格羅佩斯（Walter Gropius）和馬丁・華格納（Martin Wagner）等建築師，將歐洲各大城市彈如雨下的畫面，與困擾著美國城市的「凋敝」問題直接對照。[20]全國房地產協會（National Association of Real Estate Boards）等美國業界組織也跟進，「每一棟危樓，」戰爭末期的一份小冊子這麼寫著，「就跟四引擎轟炸機投下的四千磅炸彈一樣，足以摧毀整個街區。效果完全相同。」[21]

因此，第二次世界大戰的結束幾乎到處都催生出一種新氛圍，就連世界上那些並未受到實體損害的地方也一樣。樓房崩塌、城市功能失調的舊世界必須一掃而空。

☆

一九四五年過後的二十五年間，將會見證世界城市史上最激烈的重建過程。但在這個新世界從舊世界灰燼中升起之前，它應有的樣貌曾引起過大量爭論。

幾乎所有人都同意的唯一一件事，就是重建不能交付自由市場。他們指出，私人地主並無誘因為租戶創造寬敞而健康的環境，且事實上恰好相反，為了將利益最大化，他們被驅使著盡可能將最多人塞進自己的物業裡，並對伸手可及的每一寸綠地大興土木。按照戰後年代影響力最大的規劃師柯比意等人的說法，容許這類地主恣意行事的政府，實際上是辜負了選舉他們的人民。「屠夫只能販賣生肉，」他在一九四三年表示，「建築法令卻允許逼迫窮人住進惡質房屋。為了自私的少數人致富，我們容忍駭人的死亡率和各種疾病，將沉重負荷強加在整個群體身上。」[22]

既然國家本來就有義務組織基礎建設、汙水處理及主要幹道等公共計畫，許多建築師都主張，城市開發的其他面向同樣由國家掌控亦屬合理。在歐洲，國際現代建築會議（Congrès Internationaux d'Architecture Moderne, CIAM）長久以來都在呼籲不只對城市，還要對整個區域進行「科學規劃」，在住房、工作場所及娛樂場所之間精心設計而達成均衡，並以高效的運輸路網連結三者。[23]而在大西洋彼岸，美國區域規劃協會（Regional Planning Association of America, RPAA）同樣擁護國家進一步參與。該會要角之一，建築評論家路易斯・孟福（Lewis Mumford）呼籲進行「規模宏大的區域規劃」，甚至提出要創造「一套世界秩序」。他認為，適當的城市計畫尤其「可說是我們的文明最迫切的任務：戰爭與和平、社會化或無組織、文化或野蠻的問題，很大部分都有賴於我們成功應對這個問題。」[24]

這些想法在一九四五年都不是新鮮事，它們是建築師們多年來一直鼓吹的主張，當然在戰前就已經鼓吹很久。唯一真正的差別在於，政府如今終於開始理會了。戰爭在全世界都開創了新氛圍：各地人民都要求社會變革，包括改變實體環境。而他們愈來愈寄望於政府提供改變。

大致而言，關於規劃未來城市有三派思路，每一派都以戰前概念為基礎。第一派受到英國理想主義者埃比尼澤・霍華德（Ebenezer Howard）的烏托邦方案啟發，他提出唯有將工人階級重新安置於新的「花園城市」，才能扭轉過度擁擠之惡。花園城市將是人口不超過三萬、一切細節都精心規劃，結合了城市便利與鄉間美景及新鮮空氣的城鎮。按照霍華德的想像，人們會居住在小屋形式的房舍裡，房舍興建在公有土地上，土地則為了所有人的益處而由集體管理。他設想由數百個這樣的城鎮構成一個「幸福人」社會，他們從貧民窟狹隘不健康的環境獲得解放，從此生活在彼此出於天性「協力合作」的狀態裡。

「城鄉必須融為一體，新希望、新生命、新文明將從這歡喜的結合中湧現。」霍華德的遠見開啟了一場全球運動，並在一九四五年後對城市計畫帶來一份最重大的影

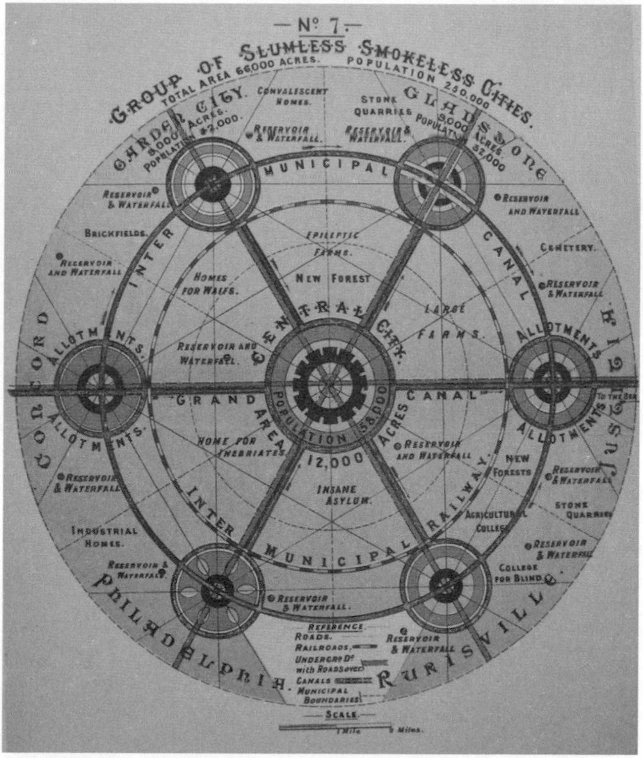

圖13　埃比尼澤．霍華德的理想花園城市圖解，中心市鎮和少數衛星城鎮之間以綠帶隔開。

響。[25]

倘若城市過度擁擠的解決方案是將人口打散成更小單位，那麼，有些建築師認為霍華德的構想還不夠深入。第二派思路想要將擴散概念推到邏輯上的結論，完全廢除城市。例如，美國建築師法蘭克・洛伊・萊特（Frank Lloyd Wright）就設想這樣一個世界：城市中心消失無蹤，全體人口在牧歌般無止境的「生命慶典」中散布於全國。[26]他在戰前的著作《消失中的城市》（*The Disappearing City*）設想過這樣一個時代，每家都能得到自己的一畝地，可以任意運用，人們耕種自給、改成花園，或是拋荒。相較於霍華德夢想著群體生活，萊特則標舉個人自決高於所有其他價值。他將自己的模型命名為「廣畝都市」（Broadacre City），並一再表示這樣的城市將「到處存在，也無處存在」（從而相當有意地將他的概念連結到希臘文的「無處」——即「烏托邦」）。萊特解散城市、打散人口的訴求，在全新原子時代的美國獲得許多支持者，因為照邏輯推演，要是人口分散開來，蘇聯飛彈就無法瞄準任何重要目標了。[27]

最後一派思路在全球範圍的影響力遠勝其他兩派，由現代主義者國際現代建築會議所提倡，他們的概念可說是三者之中最大膽的。在國際現代建築會議看來，人口集中於城市並非問題所在；真正的問題在於，世界對於城市真實意義為何的概念過時。尤其在歐洲，城市仍按照中世紀的街道計畫布局，狹窄的大街和擁擠的建物都完全不適於現代。按照國際現代建築會議副主席荷西・路易・塞特（José Luis Sert）的說法，改變這種局面的唯一辦法，是經由「斷然措施，其應用將會改變城市的整體結構。」[28]傳統街道應當廢棄，好讓行人得以隔絕於車輛疾馳的噪音和危險。傳統建築也應當替換，城市居民不該住在被車流和噪音包圍的狹小房屋和公寓樓裡，他們應當要求與太陽等高，由造景公園彼此隔開的一棟棟高樓。在塞特的現代主義同儕吉迪恩看來，這不只是設計問題，而是「人權」問題。[29]

當然，這些概念在世界各地都有其他變種。歐洲共產國家也在討論專門建立社會主義城市，但他們提出的模型，到頭來往往與西方的模型驚人地相似。比方說，飽受共產國家建築師嘲諷的花園城市概念，實際上受到許多蘇聯規劃師採納：馬克思與恩格斯本人的主張豈不是「消滅城鄉對立」嗎？[30]在戰後東德，當政府決定不建造理想的社會主義城鎮，規劃者則採納都市設計「十六點原則」，其中多數基本上都與國際現代建築會議的原則雷同。[31]史達林主義執迷於興建巨大拱門及凱旋大道，則帶來了城市始終即將達成某項成就的印象——社會主義烏托邦一如現代主義烏托邦，都即將來臨。[32]

所有這些建築運動共享的，是一種對於中央規劃近乎宗教般的信念——每個群體都自認為大祭司，要帶領人類前往應許之地。他們宣稱建築是「必要的指揮藝術」，是「萬物的鎖鑰」，因此理當是「其他所有行動部門秩序的指引」。[33]就連憎恨大政府概念的萊特，也描繪出一個遵照某些普世規則而建立秩序的世界。[34]同時在東歐，共產主義規劃者重建自己的城市時，則刻意僅僅按照著某些俄國特徵的翻版，像是同樣的建物、巨大的中央廣場、誇示勝利的大道。這是最荒誕的中央規劃，彷彿只需要把世界重建得更像莫斯科，就能確保忠於蘇維埃的夢想。

在東方與西方的所有例子中，這些建築師和規劃者們想要改變的不只是被建構的環境，還要改變整個社會。他們從來不怯於表達這點。波蘭現代主義建築師西蒙·希爾庫斯（Szymon Syrkus）斷言，建築扮演著「最高社會角色」，其最重要特徵即在於它「改變了社會模式」。[35]像他這樣的現代主義建築師想要做到的，不亞於迫使人民以更理性、更公共、更平等的方式生活，達成社會變革。花園城市運動同樣也想要變革社會，方法是創造出理想社群，而這個社群生活的世界結構本身，令其成員必須互助合作。他們確信自己前瞻性計畫的付諸實行，不僅能從廢墟中搶救社會，還能帶來新文藝復興。「尊嚴、行動、健康、寧靜、生活之樂，」柯比意寫道，「這一切都能夠成為我們生活的一部分。」只要我們遵從計畫。[36]

烏托邦遭遇現實

德卡羅藉由閱讀建築相關報刊，密切關注著其中許多概念與爭論。在他看來，它們只代表著戰爭結束所開啟的無數可能性的其中一部分。他自己在新氛圍裡發達起來了，不再受到暴力威脅和法西斯政權的命令。他開始撰寫著作，也為建築雜誌撰稿。他在威尼斯建築學院註冊。他甚至被接納為國際現代建築會議的一員，這是全世界都市計畫最重要的發言者。這似乎是一段魔幻時光。

但他也開始留意到，某些多少更令人憂慮的事物形成一股潛流：「我記得那些年是偉大能量與好奇心的時代；我經歷了持續的發現與發明。但我也感到悲傷，因為我看得出一切舊形式都在捲土重來。政治人物正在把世界重建得跟過去完全一樣。」[37]在德卡羅心目中，不只是執政的基督教民主黨人負有罪責，沒完沒了地謹守蘇共路線，而不去接納如今敞開的改善世界之無限可能的共產黨人也同樣有罪。二戰年代過時的非黑即白心態，成為冷戰的非黑即白心態而捲土重來。

從德卡羅的觀點看來同樣令人憂慮的是，同樣的分裂似乎也在建築和都市計畫的世界裡擴大。

與其說是東方與西方的分歧，倒不如說是戰前不同思想派別信徒之間的分歧：國際現代建築會議的（及其東歐衍生物）現代主義者、花園城市運動，以及法蘭克・洛伊・萊特這樣的「有機」派建築師。二戰過後全面撰述過這一切運動的德卡羅，看不出它們有什麼理由無法找到共通點。他在多年後說，它們每一個都脫胎於同樣的自由訊息。

國際現代建築會議尤其教條。德卡羅始終覺得，柯比意的追隨者堅持他們對城市的概念普世通行且不容置疑的方式，有某種「幽閉恐懼」的意味，這如同他尖刻地稱之為「無所不在的柯比意方法」。[38]他沮喪地看到，在戰後建築熱潮中，世界各地的內城區開始被拆毀，代之以根據柯比意原理興建的現代主義塔樓。一切都被標準化了，從人們的窗戶形狀和房間大小，到城市被劃分為不同「區」。這樣的標準化在東歐也同樣發

圖14 波蘭的高密度戰後住宅。這個包含了一千多間公寓的單一街區，僅僅是格但斯克市札斯帕區（Zaspa, Gdansk）數十處這類住宅的其中一處。一九四五年後，同樣的開發計畫在世界各地湧現。（圖片來源：Keith Lowe）

生，而且被抬舉成美德，因為它代表一種平等形式。在東方集團國家，由中央管理的生產技術，確保了那種一模一樣且單調乏味的住宅區，從維爾紐斯（Vilnius）到塔什干（Tashkent）到處興建著。

德卡羅懷疑，如此的一致性之所以在東方與西方都受到追求，是因為它同時符合建築師、營造商、商業利益，以及補助這一切的政府的需求。也就是說，除了必須生活在被如此創造之城市裡的人民外的所有人。規劃者關心的並非提升居民的生活及歸屬感，而似乎只關心設計效能、交通效能和成本效能。

一九五〇年代，現代主義隨著兩座完全依照現代主義原理設計而成的新城市出現，而達到鼎盛，一是柯比意在印度昌迪加爾（Chandigarh）的計畫，二是盧西歐・科斯塔（Lucio Costa）與奧斯卡・尼邁耶（Oscar Niemeyer）設計的巴西新首都巴西利亞。儘管這兩座城市都包含了振奮人心的套路式紀念物，德卡羅卻覺得它們都有些缺乏靈魂。「理想城市的問題，」他寫道，「與真正城市的問題不太相干——真正的城市不潔、複雜，但卻真實。」他將昌迪加爾稱為「最後一個偉大的啟蒙烏托邦」，並擔憂城市的目的明確地變成了將遷居城市人民的個人歷史抹消，從而將他們再造為模範市民。[39]

最後，德卡羅開始將國際現代建築會議比作共產黨，這個組織同樣用教條作繭自縛，脫離了真實人類的關懷。[40]一九五〇年代中期，他對國際現代建築會議發動一連串尖刻的抨擊，說它是個「自鳴得意的社團，有自己的祝聖儀式、大祭司和國家理性」，由於「規則崇拜，並對其專橫紀律自願為奴」而停滯不前。他呼籲現代主義者同儕們在烏托邦與現實之間，在「圖板上的建築」與「人們日常生活所攝取」的真實建築之間，做出選擇。[41]

最重要的是，他撻伐現代主義在建築現場造成的結果。「就義大利來說，」德卡羅在一九五七年寫道，「現代建築語言的勝利並未帶來正向的結果……在它的普遍支持下，都市社區被草率摧毀，代之以枯燥又缺乏人性的新區域和新住宅，它們在數年內即淪為破敗的貧民窟。」[42]這樣的抨擊，以及其他所見相同的建築師發出的抨擊，最終導致國際現代建築會議在一九五〇年代末期解散。

從那時候起，德卡羅的許多批判都得到了驗證。在美國，建築批評家珍・雅各（Jane Jacobs）對於政府出資的貧民窟拆除計畫所造成的現代主義噩夢，寫下一篇辛辣的批判。雅各在她的經典著作《偉大城市的誕生與衰亡》（*The Death and Life of Great American Cities*）中，說明了戰後重建在多大程度上導致城市缺乏群體生活，同時受困於反社會行為。她的發現得到奧斯卡・紐曼（Oscar Newman）的進一步研究支持，紐曼運用統計證據，揭示許多現代主義住宅區的設計，不但無法增進居民生活，還導致內城區犯罪大幅增加。[43]

世界各地的其他研究看來也支持上述發現。例如聯合國對於委內瑞拉都市化的一項研究顯示，占居者自行搭建起住處的地區，產生的社會結構實際上比起大型現代主義住宅區更穩固得多，後者偶爾會發生租戶殺害收租人的事件。荷蘭、芬蘭、俄國、中國、南非、波多黎各的研究也顯示出類似結果。第二次世界大戰過後建造的許多現代主義城市區域，不但沒有帶來烏托邦，還繁衍出一種全新的都市疏離感。[44]

★

城市規劃的其他烏托邦概念呢？它們運行得如何呢？

在英國，最令戰後的規劃者著迷的是花園都市模型。其中首屈一指的規劃者是派屈克・阿伯克隆比（Patrick Abercrombie），他的大倫敦計畫（Greater London Plan）提議將一百多萬人口遷出首都，重新安置於大都會之外開枝散葉的新城鎮裡。在一九四五年的美麗新世界中，這些新城鎮，諸如哈洛（Harlow）、斯蒂夫尼奇（Stevenage）這樣的地方，將發揮雙重功能，既提供品質優良的住宅，同時按照新任規劃大臣的說法，創造「一種新型市民——一個健康、自重、端莊的人，擁有美感、文化及市民自豪意識。」[45]

其後三十年間，有二十八個計畫性社區在英國各地設立。但規劃者們要是相信自己在打造烏托邦，他們可就大錯特錯。這些城鎮沒有一個是按照花園城市當初的原則建造的：多數城鎮到頭來都太大，樣式相同的房屋錯雜地延伸成一片幾乎永無止境的地景。許多城鎮太靠近既有的大都市，而成了區區近郊住宅區。到了一九五〇年代晚期，已有研究凸顯出某些新市鎮成了「死寂社區」，也是一種名為「新市鎮憂鬱」（new town blues）的全新疏離與抑鬱感發源之處。[46]

同時在美國，花園城市運動的首創者們如此珍視的公有概念，幾乎徹底被無視，且代之以私有概念：每一位屋主在自己的私有地上各安其所，位居於成千上萬同樣的私有地中間，宛如法蘭克・洛伊・萊特「廣畝都市」的稀釋版。到了一九六〇和七〇年代，美國的郊區已經成了低密度、低等級的「郊托邦」（subtopia），按照路易斯・孟福的說法，「無路可逃」。[47]

第二次世界大戰結束三十年後，都市計畫專業的聲名蒙塵，弔詭的是，這正是它開始記取過去教訓，終於為自己奠定科學基礎的同一時間。各國政府都退出了它們一度如此熱心接受的都市計畫角色，一九八〇年代，它們開始給予私人開發商更大自主權，再次託付給市場。備受矚目的建築師也不再參與將整個地區或城市都納入考量的宏大計畫，情願轉而將自己的全副藝術能量集中於單一自主性建築。

吉恩卡洛・德卡羅沮喪地看著這一切發生。他在一九九〇年代回顧自己的一生，悲嘆著建築師乃至整個社會的「歇斯底里」，往往從一個極端擺盪到另一個極端，他們依照當時遵從的教條而將成功與失敗之處一併揚棄，始終學不到教訓：

> 幾年之間，所有建築師都同意人們不能組織並定型一個空間……若不先決定鄰里、城市、區域、國家、世界一切空間的組織及形貌……幾年後，這個問題的說法對於他們易如反掌，而他們開始說：城市區域的組織及形式不能成為他們的關注……就這樣，每一次都把先前的成果拋棄。48

圖15　戰後的「郊托邦」：一九四〇年代晚期至一九五〇年代，外表千篇一律的住宅遍及全美國，像是賓州萊維敦（Levittown）的這個開發案。

戰後計畫的歷史充滿著成就與災難。倘若英國的新市鎮並不總是成功，北歐的新市鎮則更成功一些，例如斯德哥爾摩市郊的瓦靈比（Vällingby），或是赫爾辛基市郊的塔皮歐拉（Tapiola）花園城。儘管某些政府出資興建的住宅區成了災難，其他住宅區則成了令人趨之若鶩的宜人居所，例如義大利的INA-Casa集合住宅。儘管城市的現代主義概念可能會是醜惡而疏離的，但它們至少開啟了對於更好未來的希望。晚年的德卡羅不禁懷念起計畫全世界戰後城市的理想主義者們，所激發的公共目標意識，以及他們的烏托邦願景所激發的熱情與爭論。「對，我的寂寞加重了。」他在逝世前不久對一位訪問者說。然後又補充：「不對，不只是我；所有人的寂寞都加重了。」[49]

計畫的中心地位

二戰過後，由國家進行中央計畫的概念，在大半個世界都得到採納。的確，建築師是最大聲倡導中央集權大型計畫的群體之一。而他們構思的計畫，或許至今也確實仍是如此程度的政府介入改變我們生活世界，最實在的範例之一。但他們的努力只是對國家角色更為龐大的信念的一環，這份信念在二戰過後的年代裡吸引了全世界。

在鐵幕兩端的戰後歐洲全境，都有許多產業遭到國有化，尤其煤、鐵、公共設施，某些國家還包含了銀行業與保險業。一九四六年五月，法國工業總產能已有五分之一收為國有。隔年年底，捷克的產業也有四分之三收歸國有，但記住，這是在共產黨人接管該國之前。[50]同時在波蘭、匈牙利和羅馬尼亞，所有主要產業及金融業也由國家控制，就連土地本身也被集體化。這些措施的實施部分出於意識形態理由，部分則是針對勾結納粹的工業家及金融家進行懲治。但它也關乎控制：按照邏輯，政府若要擘劃未來，就需要控制國家的產能。

戰後時期也見證了國家更大程度地參與歐洲人生活的其他領域，例如國家資助的教育、國家補助的大眾運輸，以及國家支持藝術文化，還有引進全面社會安全體系、提供公共醫療保健。這是規模巨大的社會計畫，而且直接對應了國家同時參與的經濟計畫。一九四五年時有一種普遍信念，認為生來貧窮的人們應當有機會在社會上出人頭地；在艱困時期（由於失業、患病、年老）跌倒的人，應當有社會安全網接住他們。這一切都要由龐大而空前、由富人流向窮人的所得重分配支付——在西歐是經由徵稅，在東歐則經由直接撥款。

同樣的社會及經濟計畫嘗試也發生在世界其他地方。在日本，戰後的規劃者將經濟完全重新聚焦於新科技上，這些新科技是二戰遺贈的「許多寶貴的教訓與禮物」之一。[51]中國新成立的共產政權遵循蘇聯及東歐共產政權的相同路線，展開一連串五年計畫。獨立後的印度也進行了一連串五年計畫，其目標不亞於建立「一套免於剝削、貧窮、失業及社會不公的社會新秩序」。[52]同時，非洲的前殖民地也逐漸接受這個概念：非洲各國要想達成真正的經濟及政治獨立，進步就必須由中央掌控。就連傳統上不信任國家的美國，中央計畫也在戰後擴充了——從「新政」（New Deal）到「公平政策」（Fair Deal），再到一九六〇年代詹森總統的「大社會計畫」（Great Society）。最後，對於中央計畫的信念從國家層次擴展到國際層次，各式各樣的全球組織在一九四四和四五年間創立，以控管世界經濟、世界法律甚至世界政府，成效不一。

這些計畫的意圖及執行全都不一樣，但它們都共享這樣的信念：由專家任職的機構應當發揮核心作用，將國家與全世界的生命組織起來。第二次世界大戰由於它在行政上及軍事上的一切成就，由於它所創造的合作氛圍，以及絕不重蹈覆轍的強烈欲望，而對此負有直接責任。

然而，想像這一切計畫與接管全都毫無反對地得到採納，可就錯了。正如吉恩卡洛・德卡羅在戰後反對現代主義都市計畫的教條，許多人也同樣反對計畫經濟與計畫社會的教條。

其中最重要的當屬自由主義經濟學家暨哲學家海耶克（Friedrich Hayek），他懷著驚恐看待政府權力的增長。海耶克熱烈地相信社會主義者（更別提共產主義者）從二戰學到了錯誤的教訓。他堅稱，消滅不平等和不滿的欲望本身值得欽佩，但將愈來愈多權力集中在政府手上卻是錯誤做法。其他人眼中的社會進步，在海耶克看來只有公民基本權利遭受侵害。當政府以這種方式攫取權力，長遠看來，它們是極權政府還是民主政府都沒有差別了：他說，所有的大政府都是「通往奴役的道路」。[53]

海耶克並不特立獨行。一九四七年，他和一群志同道合的思想家共同組成了朝聖山學社（Mont Pelerin Society），該社社員擁護言論自由、政治自由，以及最重要的自由市場經濟。社員當中包括一些二十世紀最具影響力的經濟學家——威廉・洛卜克（Wilhelm Röpke）、米爾頓・傅利曼（Milton Friedman）、喬治・斯蒂格勒（George Stigler）、法蘭克・奈特（Frank Knight）、萊昂內爾・羅賓斯（Lionel Robbins）、路德維希・馮・米塞斯（Ludwig von Mises），以及同樣擁護「自由市場是通往自由的唯一正途」這個概念的其他許多人。於是，即使在政府干預的最高點，仍種下了對抗計畫經濟的反抗種籽。[54]

在二十世紀接下來的時間裡，只見這些思想家的影響力不斷增長。一九六〇年代和七〇年代，大約就在都市計畫聲名敗壞之際，西方對經濟計畫與社會計畫日益加重的幻滅感，使得自由主義經濟學者對政府政策的影響力大增。到了一九八〇年代，他們已經開始拆解戰後以來的政府干預體系：整個西方全都放寬了對市場的管控，匯率控制被廢除，各國產業也都從國有轉為私有。一九九〇年代，就連東歐前共產國家也接受了自由市場並奉為圭臬，令各國自由主義哲學家歡欣鼓舞。

從某些方面說來，這正是從一種教條擺盪到另一種，德卡羅看過這樣的驟變占據了建築世界，許多人也同樣沮喪地看待這種狀況。姑且不論中央計畫是不是組織社會的最好方法，許多平民百姓重視它，是因為它保證就業、重新分配所得，並為一個才在一九四〇年代見證了經濟蕭條與嚴重不平等導致世界大戰的世界，帶來了社會正義意識。儘管日後以災難收場，政府規劃的都市再生方案仍確實為人們提供了居住環境的最低標準。儘管效能低落，國有化產業至少仍努力為了整個群體的益處而運用資源。如今，政府的健保體系與年金方案，仍是最受珍視的幾種社會規劃形式，在歐洲尤其如此，因為它們象徵著這樣的事物：一種不計財富、階級、種族或其他社會地位形式，為所有人帶來公正與平等的努力。

正如下一章所見，這份實現公正與平等的決心，是第二次世界大戰所滋養的又一個烏托邦概念。它同樣會在戰後造就某些不同凡響的創新，卻也帶來某些最慘重的失望。

第八章　平等與多元

二戰之前，弗朗索瓦絲．勒克萊爾（Françoise Leclercq）的生活，在許多人看來是養尊處優。她衣食無虞。她住在巴黎的一間「大公寓」裡，走路幾分鐘就到羅浮宮。身為法國公民，她也是自詡掌控了地球上大片區域的帝國文化一分子。但身為中產階級女性，她也被社會的許多重要部分排除在外。根據一九三〇年代的法國法律，她沒有投票權。她只接受了「不太高的教育」，當然不被期望就業。「直到二戰爆發為止，」她後來坦承，「我的眼界都有點狹隘，僅限於我家的四面牆和我的四個孩子。」[1]

戰爭突然劇烈地改變了這一切。當納粹在一九四〇年開進巴黎，鋪天蓋地的國恥感席捲了她。她親眼看見外國軍人在她的街道上遊行，萬字旗升起向他們致敬。她看見牆上張貼的告示公布著被槍決的男人姓名，全體猶太人今後必須配戴黃星標記的公告則令她驚恐。她第一次違抗納粹政權，是支持這群全巴黎最脆弱的人：她將自己全部的金飾蒐集起來，送到卡地亞（Cartier）製作成自己的金星，整個戰爭期間都戴在脖子上。她承認，這種事做起來沒多少用處，只是「幼稚的抗議」，但身為法國的女性天主教徒，她想要表達自己和猶太同胞們站在一起。

起初，即使覺得憤慨，她卻不曾想要採取更具決定性的行動。沒有支援，沒有人際網絡，就不可能以任何有意義的方式跟占領政權作對：按照她日後的說法，「想當抵抗者，得先遇上抵抗運動。」

由於一次膽囊手術，弗朗索瓦絲在一九四一年初十分偶然地得到了這個機會。她在準備入院時得知，她的外科醫師恰好是個公開批判新政權的人——事實上，根據傳聞，恐怕不只批評而已。她在自發行動中決定冒險。術後恢復告一段落，她就找上了外科醫師，向他提議：萬一他想要私下和某些朋友見面，可以使用她的公寓。這場對話最終改變了她的一生，因為醫師的朋友恰好是皮耶・維榮（Pierre Villon）、亨利・羅爾—唐吉上校（Colonel Henri Rol-Tanguy）、洛朗・卡薩諾瓦（Laurent Casanova），以及其他有朝一日將會聞名全法的人物。其後數月及數年間，弗朗索瓦絲的公寓成了抵抗運動某些最重要成員無數次取得聯絡的場所，她的客廳也逐漸堆滿了非法傳單、抵抗運動報刊和巴黎下水道地圖。

隨著戰局進展，弗朗索瓦絲變得坐立不安。為了其他人的抵抗運動扮演東道主當然再好不過，但看著這一切在自己家中發生，讓她產生了更積極行動的欲望。於是她和抵抗運動領導人之一皮耶・維榮接觸，告訴他：「我很樂意協助抵抗運動，但我想做更多事。」其後數週，她在新成立的地下組織——法蘭西婦女聯盟（l'Union des femmes françaises, UFF）指導委員會取得一席之地。她起草一份聲明，呼籲法國女性天主教徒團結在抵抗運動之下「與希特勒德國戰鬥」，並由英國廣播電台（BBC radio）放送。有一次她甚至奉命出任務，從巴黎市郊的一位聯絡人那兒取回數挺機槍。她全心全意接受這個新的生活方式，甚至讓十五歲的女兒也加入抵抗行動。

第二次世界大戰的經歷徹底改變了弗朗索瓦絲的人生觀。戰爭令她暴露在前所未見的危險之中，但也給了她不曾體驗過的自由，以及她正在做一件重要而值得之事的感受。她逐漸習慣了工作、行動，以及為自己和他人挺身而出。她也習得了身為群體一分子、為著共同目標齊心協力的價值。

一九四五年之後，弗朗索瓦絲・勒克萊爾並未回歸昔日的生活。她再也不能滿足於法國社會強加於像她這樣的女性身上的傳統角色，因此她繼續作為法蘭西婦女聯盟的一員，開始為女性權益而奔走——工作權、同工同酬，以及請產假的權利。她也為了全法國工農的權利、為了更好的醫療保健，以及為法西斯主義受害者爭取賠償而奔走。她仍未止步於此：當法國殖民地開始要求獨立，她也為殖民地獨立而奔走。一九四六年，她率領一個婦女代表團前往殖民部，要求法軍停止干預日後獨立建國的越南。[2]「我相信，我們的法國解放鬥爭，讓我們對於人民的鬥爭敏感，」她後來主張，此外還有「受壓迫國家女性爭取獨立的鬥爭」。因此，她將自己從個人解放和國家解放經驗中學到的教訓，轉化為包含全人類在內的普世鬥爭。多虧了第二次世界大戰，她的眼界遠遠跨出了家中四壁之外。

女性平等

第二次世界大戰是全世界女性的覺醒時刻。在每一處戰地，女性不僅支援男性同胞，也經常和他們並肩作戰。在法國，女性除了像弗朗索瓦絲・勒克萊爾那樣任職於委員會，她們也是情報交通員、武器走私者、爆破專家、間諜、宣傳員、戰鬥員和刺客。將猶太兒童運往瑞士或上羅亞爾省（Haute-Loire）偏遠地帶，從納粹手中救走他們的，正是由女性領導及任職的委員會。[3]戰鬥運動（Combat movement）的共同發起人是女性主義運動家貝爾蒂・阿爾布雷希特（Berthie Albrecht）；南部解放運動（Libération-Sud movement）的共同發起人則是露西・奧布拉克（Lucie Aubrac），她的著名事蹟是儘管懷有身孕，卻與蓋世太保激烈槍戰並成功營救丈夫。抵抗運動中的女性執行與男性完全相同的任務，當她們被捕，命運也往往與男性相同，會遭受拷打、囚禁、處決。[4]

這個模式在整個歐洲重複出現，歐洲各地女性的參與甚至遠比法國更踴躍。根據官方數字，義大利抵抗運動超過四分之一的成員是女性，包括三萬五千名實際作戰人員。[5]波蘭地下組織救國軍（Home Army）有四萬名女性成員，南斯拉夫則有多達十萬名女性加入狄托（Josef Tito）的人民解放軍成為戰士。[6]亞洲也一樣，女性在菲律賓抵抗日本統治的虎克抵抗運動（Huk resistance），以及印尼人對抗日本和荷蘭的鬥爭中發揮重大作用。[7]而在同盟國的主要國家裡，數十萬女性受僱為護士、海軍輔助人員及空軍輔助人員；蘇聯紅軍則有五十多萬女性官兵在前線作戰。[8]

但戰爭不只是關乎戰鬥，女性也以其他許多方式證明自己。由於一百五十萬法軍官兵淪為戰俘，法國女性不僅操持全國的家務，也開始照管該國許多農場和小型企業。女性擠滿了法國的工廠，一九四二年在法國鐵路系統工作的女性人數，多到土魯斯省（Toulouse）省長抱怨女性職員人數開始超越男性。[9]這個情況在許多國家同樣屬實：千百萬不曾工作過的女性，在每一種產業裡成了土地少女（land girl）、辦公室女孩和工廠工人。而在美國，女性力量的新形象受到戰時文宣的美

圖16　霍華德．米勒（J. Howard Miller）呼籲美國女性前往工廠工作的著名戰時海報。（圖片來源：US Library of Congress）

化：「鉚釘女工」（Rosie the Riveter）建造航空母艦和自由輪，讓國家得以繼續戰鬥。

由於戰爭，被動、不出家門的女性神話幾乎在世界每個地方都被削弱。原抵抗運動戰士丹妮絲·布列頓（Denise Breton）指出，隨著終戰而產生的希望與變革氛圍，在法國創造出一種「新女性」，她們習慣於挺身爭取自己的權利，並決心改變世界。其他如勒內·瑟夫—費律耶（René Cerf-Ferrière）等人則主張，它同樣創造出一種新男性，尤其是在抵抗運動內部，「與女性的夥伴關係，改變了參與抵抗運動的男性心理，」他寫道，「她們表現出與我們相等的能力。」[10]與此同時，男性英雄的神話也被削弱了，尤其在世界上那些男性表現不如刻板印象所期望的區域。「戰爭結束時的諸多失敗之中，」一位柏林女子在一九四五年寫道，「包含了男性性別的失敗。」[11]戰時法國的某些女性似乎也有同感。瑪格麗特·龔內（Marguerite Gonnet）育有九名子女，一九四二年由於領導伊澤爾省（Isère）的一個抵抗運動小組而被捕。當軍事法庭訊問她為何拿起武器，她回答：「很簡單，上校，因為男人把武器扔下了。」[12]

在如此氛圍之下，女性在戰後感受到一股全新的自信，或是這麼多嶄新的女性組織在全世界興起，也就不足為奇了。埃及新成立的尼羅河女兒（Bint El-Nil）組織，發起行動要求修改法律，廢除女性附屬於父親或丈夫的地位；一九五一年，更有一千五百名左右的女性衝進國會大樓。[13]印尼則有婦女福祉運動（Gerwis），這又是一個全新的女性組織，為了各式各樣訴求而協調抵制行動及大型群眾示威，包括要求廢止一夫多妻。[14]同時，一九四九年成立的巴西婦女聯合會（Federation of Brazilian Women）不只為同工同酬而奔走，也為了乾淨飲用水、充足糧食及住房的權利而奔走。[15]回到法國，弗朗索瓦絲·勒克萊爾的法蘭西婦女聯盟很快就加入了一個新的國際運動：國際民主婦女聯合會（Women's International Democratic Federation），一九四五年由四十國女性代表在巴黎成立的這個組織，將會增長為戰後世界最具影響力的女性組織之一。[16]

由於這一切活動，以及隨之而來的大眾輿論不時劇烈轉變，女性開始為自己爭取到各式各樣的新權利。其中最重要的是投票權。在歐洲許多國家，這項權利在第一次世界大戰過後即已爭取到，但法國女性直到一九四四年才獲得投票權。女性在抵抗運動中扮演的角色成了正當理由，按照這個論證，女人既然能和男人並肩作戰，那麼她們首先至少應當對國家參戰與否擁有發言權。[17]

法國女性獲得投票權之後不久，完整普選權在義大利和南斯拉夫（一九四五年）、馬爾他（一九四七年）、比利時（一九四八年）、希臘（一九五二年）等國也普及於女性。要是對於這些權利直接來自二戰還有任何疑問，就想想中立國瑞士的女性直到一九七一年才爭取到完整普選權，中立國葡萄牙的女性則要等到一九七六年。亞洲的情況也是這樣：中國、日本、韓國、越南及印尼女性也都在一九四〇年代贏得完整投票權。同時，二戰之前將普選權一體給予男女的拉丁美洲及加勒比海國家，僅有巴西、烏拉圭和古巴，但在戰時及戰後，幾乎所有其他國家全都迅速跟進（巴拉圭是最後一個，堅持到一九六一年為止）。[18]

女性權利也終於在一九四五年獲得聯合國在國際層面上的承認。聯合國憲章開宗明義即宣告，其宗旨不僅「欲免後世再遭……戰禍」，也要提倡「男女與大小各國平等權利」。一九四六年，聯合國即已成立了婦女地位委員會，並在起草「世界人權宣言」（Universal Declaration of Human Rights）過程中發揮重大作用。這份一九四八年頒行的標誌性文件，最終詳細說明了「人類家庭所有成員」應如何享有同等權利、尊嚴及價值。

因此乍看之下，新時代的舞台似乎已經架好，像弗朗索瓦絲這樣生來缺乏基本權利的女性，終於能夠開始在世界的經濟、政治及社會生活中獲得應有的正當地位。法國及全世界眾多女性表達的願望，毫不掩飾其烏托邦色彩。就連毫不留情地嚴酷批判法國父權體制的西蒙．波娃（Simone de Beauvoir），都允許自己夢想男人與女人會在不久的將來「將對方視為對等的人」，並「切切實實地攜手建立友愛情誼」。[19]

☆

不幸，邁向平等的進展就在這裡止步。表現最顯著的莫過於法國。鑑於因戰爭而發生的變革之巨大，人們不禁要把法國人描繪成煽風點火的民族，但實際上，保守力量與革新力量勢均力敵。抵抗運動成員擁護女性權利當然再好不過，但在納粹占領期間僅止於集體順從的法國社會多數人，只想要世界恢復到戰前的模樣。當法國戰俘在一九四五年回到家園，他們期望取回自己一家之主的地位，而不顧他們不在時妻子持家多麼井井有條。女性也往往為了能夠回歸從小到大習慣了的傳統角色，無需奮力在公共生活中為自己發明新功能而如釋重負。她們厭倦了爭執，只想過「正常」生活。[20]

要說參與反抗運動的多數男性認為女性戰友與自己對等，嚴格來說也並不屬實。聖馬爾塞（Saint-Marcel）經驗豐富的女性爆破專家讓娜．伯耶克（Jeanne Bohec）抱怨，青年男子一開始加入法國內務部隊（Forces Françaises de l'Interieur, FFI），她就迅速遭到排擠。她想要參與解放行動，但「我被禮貌地告知休想。有這麼多男人可用，女人就不該戰鬥。但我肯定比剛拿到武器的大批內務部隊志願兵，更熟知如何使用衝鋒槍。」[21]在義大利，女性游擊隊員往往被禁止參與解放後的勝利分列式，那些參與的女人往往被說成「蕩婦」。[22]

隨著戰爭劃下句點，逼迫女性回歸傳統角色的壓力往往勢不可擋。教會、政府、學校，甚至戰後首度問世的《她》（*Elle*）、《瑪莉法蘭》（*Marie-France*）等全新女性雜誌，全都敦促女性回歸家庭。一九四六年八月，一名女性投書《她》雜誌，解釋她渴望違背未婚夫的意願而求職。雜誌直截了當回答她：「你的未婚夫是對的。屬於已婚婦女的地方是家中。」接著指出要是她不願屈從未婚夫的意願，那麼或許她終究並不真正愛他。「女人必須創造幸福，」另一份雜誌宣稱，「她在家中最能做好這個工作。家，也只有家，才是她真正的職業環境。」女孩在學校則明白地被教導女人「真正的幸福在家中」，女人「不在家削弱了家庭生活」。同時，政府則敦促女性不只要回到家中，更要回到臥室裡：政府宣布提升生育率是全國優先要務，並宣布給予母親們各種利益，包含稅賦減免、額外配給在內。戴高樂本人宣告，他想要多生一千兩百萬個嬰兒來幫忙重建法國。戰後首任公共衛生和人口部長羅貝爾．普里讓（Robert Prigent）說，女性真正的滿足在於「接受她們的陰性本質」，將自己奉獻於家庭和兒女。[23]

到了一九四〇年代末，情況已經顯而易見，剛起步的女性運動在一九四五年曾是如此活躍，此時卻已停滯。早在一九四七年，前一年受到大肆吹捧的平權法規，已遭受例行性的忽視，當社會上最低微的工作實際上只保留給女性，就很容易為女性薪資低於男性找到理由。[24]進一步改革也未能落實，還要再過二十年，法國的已婚女性才能依法獲准就業或開設銀行帳戶而無需丈夫同意；四十年後，她們才贏得對子女的平等權利。[25]倘若一九四六年當選法國國會議員的六十一位女性期望披荊斬棘發揮前導作用，那麼她們也終將大失所望：她們的人數在一九五〇年代大減，並持續下降。到了一九六〇年代末，只剩十三位女性國會議員：八位在國民議會，五位在參議院。[26]即使終戰時滿懷熱忱，一九四六年後的法國女性在縮小薪資差距、教育差距或代議士差距等方面卻幾乎不見進展，使得某些昔日的抵抗運動戰士質問：女性究竟有沒有得到「解放」？[27]

女性在戰後立即獲得進步，隨後卻至少直到一九六〇年代都陷入長期停滯的同一套模式，在全世界都發生了。戰爭無疑為激進改革提供了平台；但戰後世界的混亂一旦開始平息下來，舊利益便開始重新聲張自我，有些時候甚至逆轉了

圖17　進步？二〇〇五年在倫敦白廳（Whitehall）揭幕的這座「第二次世界大戰女性群像」紀念碑，終於承認了英國女性在戰時扮演的角色；但它僅僅描繪女性的衣著，卻也無意識地顯露出官方看待女性的心態。女性本身在此完全缺席。（圖片來源：Keith Lowe）

進程。

例如在埃及，即使女性在撤廢個人地位法（Personal Status Law）這方面有所進展，但在一九五二年埃及阿拉伯共和國宣布成立之後，運動隨即衰退。埃及女性得等到一九七九年，才能看到規定她們從屬地位的法律獲得修改。印尼女性終結一夫多妻制的運動，實質上在一九五四年印尼國父蘇卡諾總統娶進二房之後就劃下句點。巴西婦女聯合會爭取棚屋區生活條件改進的運動也失敗了。上述三國的女性運動都在一九五〇年代及六〇年代被禁止，至少十五到二十年後才得以重新開始。[28]

同樣地，爭取同工同酬的運動幾乎在世界各地全都失敗。在美國，《同工同酬法》（*Equal Pay Act*）直到一九六三年才被簽署通過，澳大利亞女性則要在一九六九年工會提出訴訟並獲得法庭判例之後，才贏得同工同酬的權利。而在英國，同樣的法律直到一九七五年才得以實施。國際勞工組織（International Labor Organization, ILO）早在一九五一年就起草了「男女勞工同工同酬公約」（Equal Renumeration Act），但大多數發達國家直到一九六〇年代及七〇年代才正式予以批准。[29]結果，全球男女勞工之間的薪資差距直到一九七〇年代之前都絲毫未見縮小。如今，嚴重不平等仍幾乎到處存續，世界經濟論壇在二〇一五年估計，薪資差距恐怕要到二十二世紀才能最終消除。[30]

就連爭取女性普選權的運動在戰後也不盡然成功。如前文所述，瑞士和葡萄牙女性直到一九七〇年代，投票權利才能夠與男性平等。中東女性還得等更久。例如巴林直到二〇〇二年才將投票權普及女性，阿曼在二〇〇三年，至於一九九九年事實上取消女性投票權的科威特，則在二〇〇五年恢復。沙烏地阿拉伯直到二〇〇五年才首度進行選舉，但女性直到二〇一五年才獲准投票。[31]

今天，即使世界各地千百萬男女奔走爭取，即使聯合國通過實施「婦女參政權公約」（Convention

on the Political Rights of Women，一九五四年生效）和「消除對婦女一切形式歧視公約」（Convention on the Elimination of All Forms of Discrimination Against Women，一九八一年生效），即使眾多全球會議在國際民主婦女聯合會和聯合國等崇尚多元的組織支持下舉行，即使成立了婦女發展基金（Development Fund for Women）、世界女性領袖協會（Council of Women World Leaders）和女性全球資訊網（Women's World Wide Web），即使成立了其他數十個國際組織，但在世界上許多區域，平等權利與平等機會的夢想，看來還是跟以前一樣遙不可及。正如女性主義者自一九四〇年代以來一再重申的，抽象平等毫無意義可言：「要將自由轉化為現實，女性也必須擁有運用自身權利所需的健康、教育及財富。」[32]

女性身為「他者」

所以是哪裡出了錯？倘若改變的渴求在一九四五年是如此強烈，為何又過了二十五年，最有意義的改變甚至都還沒開始？

部分理由在於正常人類天性裡的保守傾向。一九四〇年代對於所有人而言都是巨變的時代：不只是戰爭導致了巨大的社會與經濟動盪，科學與技術進展也轉變了我們對周遭世界的理解。對許多人而言，這些轉變已經太過劇烈而令他們難以理解：男女關係本質也同樣改變的這個想法，就是走得太遠了。在全世界多數文化之中，西方當然也是如此，女性象徵著穩定概念最為寶貴的那些社會面向，諸如住家、家庭和房事。許多男性（實際上女性也是）願意面對全世界的革命，面對家中的同樣變化卻毫無心理準備。就連少數族裔權利擁護者暨世界人權宣言共同起草人愛蓮娜・羅斯福（Eleanor Roosevelt），也對女性社會地位問題退縮。她宣布，無論女性還有其他哪些責任，她們首先必須永遠忠於「家庭、丈夫和兒女」。[33]

進步為何無以為繼的另一個理由，則純粹是政治性的。意味深長的是，改變進程約莫就在冷戰開始之際停頓下來。最活躍的女性組織多數是左翼，其中又有許多由共產黨主導。法國尤其如此，女性國會議員多數是共產黨員，參與地方政治的女性也以共產黨員占最大比重。法蘭西婦女聯盟的發起人全都是共產黨員，它在戰後的副主席珍妮特・維梅爾施（Jeanette Vermeesch），正是法共總書記莫里斯・多列士（Maurice Thorez）夫人。這在西方與蘇聯之間仍然存有攜手合作精神的一九四五及一九四六年間無關緊要，但在冷戰開始時持續增長的不信任氛圍裡，這樣的女性就會被輕易貶斥為蘇聯傀儡，不論她們的努力具有何等價值。

巴西、印尼及其他地方的女性組織正是因為這個理由而被查禁。美國也一樣，最直言不諱倡議女性權利的人們，也因為他們的左翼傾向而被消音。例如高聲疾呼爭取兒童照護、同工同酬、終結種族主義的美國婦女大會（Congress of American Women），就被眾議院非美活動調查委員會（House Un-American Activities Committee）指為「共黨組織」，而在一九五〇年被迫解散。擁有最多女性成員的工會，像是美國電氣、無線電、機械工人聯合會（United Electrical, Radio, and Machine Workers），也因為與共產陣營的瓜葛而遭到迫害，使得他們爭取平權的長期運動落得無以為繼。[34]一旦受到如此汙衊，個別女性或是她們的組織往往很難重建信譽。比方說，即使國際民主婦女聯合會可能是戰後最具影響力的國際女性組織，西方歷史學者、甚至女性主義史家卻幾乎完全無視它的存在，這多半是因為它在一九五〇年代被抹紅為共黨掩護團體。[35]

鑑於共產黨人對於兩性進一步平權表現出的熱忱，人們或許會假設共產國家的女性處境優於西方女性，但事實上蘇聯女性也被邊緣化，職場升遷跳過她們，被指望從事一切最低微的工作，並受制於深刻的性別歧視心態。已婚女性仍被期望從事所有家務，即使她們自己也有工作，即使丈夫失業在家，依然如此。[36]就連從軍參戰的女性都得不到應有的尊重，反倒被侮蔑為蕩婦。如同一位前蘇聯紅軍護士的回憶：「男人從戰場歸來，他就是英雄……但如果是女孩，人們立刻就斜眼看她：『我們知道你們在前線幹的那些好事！』」[37]東方與西方存續於男女之間的不平等，其根源顯然比區區政治更深。

西蒙．波娃銘記這點，在一九四〇年代末著手研究「女性之質」。按照波娃的說法，女性面臨的真正問題，遠比歷史、政治、心理甚至生物學更為根本：她們的從屬地位正是根源於「女人」的定義本身。她觀察到，男性並不會被迫將自己定義為「男人」——他們擁有實驗、積極生活的自由，隨著生命進程而定義自身。反之，女性總是在生命開始前即已被定義。她們是「母親」或「妻子」，「處女」或「淫婦」，有時具威脅性，往往神祕，但始終位居於僅由男性組成的社會核心之外。

她在開創性著作《第二性》中，第一次為男性與女性的存在差異做出定義。她寫道，男女兩性或許會告訴自己，他們是同一個柏拉圖式整體的兩半，但這顯然不實：

在市政府的文書裡，或是在申報身分的文件欄目中，很對稱的列出男性、女性不過是表面形式。男女兩性之間的關係不像電極的正、負兩極：男性既是正極，又是不帶電的中性，以致在法文中，「男人」（les hommes）指的就是人類，而在拉丁文中，「男性」（vir）這個狹義字，在意涵上等同於「人」（homo）這個廣義字。女性則被看做電極中的負極，以致所有加諸於她的質素都成為她的圈限，女人和男人之間並不存在「以同等的方式相互看待的對等關係」。……人等於男人，男人不以女人本身來定義女人，而是以他自己為基準來界定她……她是與本質者相對的非本質者。他是主體，他是絕對存有：而她是「他者」。38

將女性指定為「他者」，距離將她想像成敵人甚至某種「妖魔」已經相去不遠；但不同於其他妖魔，男性無法隨意完全拒斥她，因為他們既渴求也需要她，尤其是為了繁衍物種所需。於是，為了解釋並抑制她的「他者性」，男性圍繞著女性之質編造了一連串神話。他們將她變得「奇異」，連同這個詞包含的一切可欲性及劣等意涵；他們也讓她依賴他們，一如奴隸依賴主人。

男性說服自己，女性的從屬令他們得利，因為這給了他們自以為想要的一切：客廳裡的女僕、廚房裡的廚娘、臥室裡的蕩婦。但藉著維持這樣的主奴關係，他們其實只是在逃避自己的不足與恐懼。不僅如此，他們還否定了自己身為人生伴侶，關係更加愉快滿足的可能性，而這正是許多男人和女人在戰爭期間，身為對等的人並肩作戰時所享有的那種關係。

同時，女性也往往在自己的從屬地位裡成為共謀，因為這卸除了她們自行做出人生選擇所要擔負的責任。在中產及上流階層的情況裡，這令她們得以過著慵懶而奢侈的生活。但其實這樣的人生不過是鍍金鳥籠，剝奪了她們展翅翱翔、體驗生存真正意義所在的任何機會。這正是弗朗索瓦絲・勒克萊爾決定首先參與抵抗運動，隨後又參與女性運動之時，得以掙脫的那種安逸的一成不變。在波娃看來，唯有經由這樣的奮鬥，女性才有可能讓自己的生命真正有意義。婚姻、母職，甚至家門外的工作都不足以替代；她寫道：「對女人來說，除了力圖解放，別無他途。」39

西蒙・波娃的著作如同整個女性運動，其後二十年間都不被法國統治集團認真對待。它在法國報刊上遭受詆毀，就連卡繆（Albert Camus）等存在主義者同儕也不例外，卡繆指控該書作者讓法國男性顯得愚蠢可笑。由於它對性愛問題坦率直言，梵諦岡甚至將它列入異端書籍目錄。儘管如此，它還是得到了讀者，不只在法國，在美國與英國也有。整個一九五〇年代之中，世界上想要思索自身處境的女性除了該書之外別無其他讀物。往後的日子裡，它將成為美國的貝蒂・傅瑞丹（Betty Friedan）與凱特・米列（Kate Millett），以及澳洲的吉曼・葛瑞爾（Germaine Greer）等新一波女性主義者的靈感來源。挪威女性主義者托莉・莫伊（Toril Moi）說，波娃的洞見正是一切當代女性主義的根基所在，不論當代女性主義者承認與否。40

但它們也是時代的產物。《第二性》成書於有史以來最巨大的戰爭過後，那時大半個歐洲都在奮力從別種壓迫及暴政形式中解放自身，人類也正在夢想著更大的平等與正義。這些潛流全都呈現在西蒙・波娃所敘述並協助創立的女性運動之中。

少數族裔問題

追求平等的鬥爭，乃至鬥爭的初期勝利與後續挫折，不只與女性有關。平等不是能夠裝進綁著絲帶的盒子，送給那些我們認為值得之人的禮物——它要麼存在，要麼不存在，只要存在，就不可分割。女性受到的對待是可靠的晴雨表，足以反映出一切邊緣群體受到何等對待：女性得到的機會愈多，族裔、宗教、性向及其他少數群體的機會也就愈多。實際上，近年國際上的研究顯示出性別平等與我們所有人社會及經濟權利的實現，有著明確關聯。女性在戰後的遭遇因此不只與女性有關，更與每一個人相關。[41]

戰後的女性處境與其他邊緣群體的處境之間，當然有著驚人的相似性。大約在西蒙・波娃書寫女性身為「他者」同時，她的伴侶沙特也以同樣的表述方式書寫法國猶太人。[42]而在大西洋彼岸，黑白混血作家安納托・卜洛雅（Anatole Broyard）激昂地書寫黑人是如何同樣被迫成為「他者」；同時，黑人權利運動家杜波依斯（W. E. B. Du Bois）也在書寫非洲（以及全體黑人）不僅在世界歷史裡被指派了低等角色，更經常從歷史中完全被抹除。[43]西蒙・波娃在一九四九年一再致意於這些相似性。[44]她發現女性與美國黑人的近似尤其切中要害：

> 這兩者都要從同一種父權思想中解放出來，而原有的主宰階層想要將他們留置在「他們的位置」上，也就是主宰階層為他們選定的位置上；在這兩種情況下，主宰階層會多少發自內心的滿口頌讚「好黑人」的美德是天真無邪、孩子氣、滿臉笑容，是做個順服的黑人，而「真正的女人」的美德是膚淺、稚氣、沒責任感，做個只對男人事事順服的女人。在這兩種情況下，主宰階層都以自己一手造成的女人、黑人的處境，來論證他們生性低劣。[45]

戰爭結束後，美國黑人再也不像過去那樣順服了。二戰開啟了各式各樣的新眼界，不僅為數十萬出征海外的黑人官兵，也為一百五十多萬在一九四〇年代離開美國南方，追求新工作與新機會的黑人。[46]他們參與勞動的人數大幅增長，戰爭期間，美國製造業僱用的黑人工人人數從五十萬躍升到一百二十萬。[47]他們參與工會及其他政治團體的人數也激增：比方說，

圖18 杜魯門總統在林肯紀念堂舉行的一九四七年全國有色人種協進會大會上演說。十六年後在同一個地點，金恩博士（Martin Luther King, Jr.）向二十五萬名黑人發表演說，更加意氣風發地呼應了這次演說。（圖片來源：Harry S. Truman Library）

全國有色人種協進會（National Association for the Advancement of Colored People, NAACP）從戰爭開始時的五萬名會員，增長到戰爭結束時的四十五萬名會員。「我不相信黑人會袖手旁觀，坐視自己新開啟的經濟機會之門在眼前關閉。」一位黑人專欄作家在一九四五年寫道，尤其在打過「民主對抗法西斯」的戰爭之後。[48]

如同法國女性，非裔美國人在戰後也贏得各式各樣權利。一九四六年，美國最高法院裁定跨越州界的客車及火車上種族隔離違法，一九四八年，杜魯門總統下令終止軍中種族隔離，住宅、教育及就業機會的一系列反種族歧視措施也大約在同時實施。但這些改變幾乎全都來自法院判決或總統行政命令，而非全民共識產生的結果。實際上，杜魯門的整套民權議程遭到國會否決。無論黑人多麼熱烈地支持改變，賦予他們的改變卻幾乎不可能不受到多數白人的強烈反對。

同性戀男女的地位也可看出同樣的變遷，他們在戰後獲得一段相對寬容的時期，尤其在歐洲和北美。在歐洲，他們試圖運用這個契機，而成立了荷蘭文化休閒中心（Dutch Cultuur en Ontspanningscentrum, COC）或一九四八年的丹麥聯盟（Danish League）等同性戀組織，它們最終與其他眾多團體聯合組成了國際性別平等委員會（International Committee for Sexual Equality）。[49]在美國，軍中的同性戀男女在戰爭期間也經歷了一段相對寬容時期。歷史學家亞倫・貝魯比（Allan Bérubé）表示，這相當於一場小規模的性別革命，許多參戰歸來的同性戀大兵都獲得足夠的信心，得以宣告「我不願回到過去」。這些人在一九四〇年代晚期及一九五〇年代遭受新一波打壓，尤其在麥卡錫時代的所謂「薰衣草恐慌」（Lavender Scare）期間。儘管如此，一如女性運動與黑人民權運動，產生於第二次世界大戰的同性愛運動，仍為往後數十年的同志權利運動奠定了基礎。[50]

爭取平等的運動甚至反映在國際層面上，經由一九四五年後殖民地人民受到的對待而表現出來。六個亞洲國家直接由於二戰而贏得政治獨立。非洲國家緊隨其後，它們的自由之路同樣受到戰時及戰後事件所影響。當這些國家逐一在聯合國大會等國際論壇取得一席之地，它們第一次以對等成員之姿受到歡迎。但達成如此進展絕非易事。印尼或阿爾及利亞等國必須為了被認可為主權國家的權利，而拚盡全力戰鬥，其間每一步都遭受戰爭期間高聲為自己爭取自決權利的歐洲人拚命抗拒。

認同問題

二戰過後，許多群體都逐漸意識到身為「他者」的意義所在，有時是第一次覺察。女性、少數族裔、殖民地人民、同性戀者、貧苦人士、政治局外人，上述每一個例子的人性或許得到了「普遍」認可，但他們仍繼續受到拒斥，無法享有人性的完整益處。身為「他者」，他們受到自身與人類「常態」的不同所界定，但常態既不是他們的選擇，他們也無力加以影響。

一九四五年，每一個這樣的群體都被迫選擇自己應對這一認知的方式。他們可以試著同化於主流，藉此取得平等地位，但這麼做正是否定了令他們成為自己的特質所在。黑人絕不可能跟白人一樣，因為他所承載的內在歷史是多數白人毫不理解的。東歐的一位舊日伯爵在爵位和土地被剝奪之後，或許會試著像共產黨人那樣生活，但他在內心深處仍是個貴族。此外，同化唯有在多數群體及少數群體都同意的情況下才真有可能發生。猶太人的經驗呈現出一個人多麼「猶太」或不「猶太」沒有任何差別：滅猶大屠殺期間，唯一要緊的是納粹認定他或她是不是猶太人。

這些群體可以採取的第二種途徑，是接納自己與常態的差異，並予以讚揚，就像一九八〇年代的同志自豪運動那樣宣告「我就是這樣」，不管世界做何感想。但這麼做必定也就自動接受了「他者」身分。實際上，這使得任何少數群體都成了自身邊緣化處境的共犯。與主流的差異變得根深柢固，導致雙方偏見變本加厲的危險始終揮之不去。戰後採取這種途徑的群體極少，正因這使得他們更加不堪一擊：猶太人在戰時的遭遇正是榜樣，警告所有人不可引人注目。

更加極端的選項是徹底切割自身，另外創造一個社群，「少數」在其中成為多數，得以自己決定哪些是常態、哪些不是。有些小型群體在戰後試圖這麼做，但下場通常慘痛，例如義大利南部有些不滿群體建立了「農民共和國」，遭到中央政府強力鎮壓。[51]在國家層面上，這樣的分割可能更有效：東歐各國成功將國內幾乎所有德裔人口驅逐到德國，同樣地，穆斯林被逐出印度、印度教徒被逐出巴基斯坦，中國國民黨人則選擇流亡到台灣，而不願在中國大陸向共產黨投降。但這樣的事件始終都得歷經大量殺戮才能達成，也只是把偏見的焦點從地方層面轉移到全國甚至國際層面。再一次，猶太人或許還是最好的例子：倘若復國主義猶太人相信在一九四八年建立自己的國家，就能廢除反猶偏見，他們就大錯特錯了。以色列國從此成了大半個世界眼中的「他者」，也同時在國內及中東區域之內創造出自己的「他者」。

只剩下另一個選項，就是與其他群體合作，包括掌權的群體和過去曾經壓迫他人的群體，試圖建立起某種共識。這是聯合國及其世界人權宣言所採取的做法。它也是西蒙．波娃和杜波依斯等重要哲學家及社會學家贊同的做法，他們相信個人與群體之間的差異是必然而普遍存在的，爭取更大平等的唯一希望，則繫於所有個人和群體承認自己對彼此負有責任。但這個做法也有缺陷，從其後數十年間未能產生任何趨向平等的重大進展即可明顯看到。更加激進的民權運動、女權運動及同志權利運動在一九六〇年代展開，正是這種缺乏進展所引起的回應。新生代的運動者在這時長大成人，他們更關心的不是共識，而是成果。

這些正是邊緣群體在二戰結束之後所面臨的兩難——同化還是分裂、信任共識還是不計後果地單方面掌握命運。不論人們選擇哪種途徑，平等（烏托邦意義下的真正平等）從那時至今始終無法實現。

但這些兩難也指向了這個時代最重要的特徵之一：合而為一的欲望，與分裂為不同甚至更小群體的欲望之間的衝突。這個困境定義戰後年代的力量，遠大於其他任何困境。我們將在聯合國的成立宗旨既代表世界共識，又要提供個別國家為自身特殊且自私議程爭鬥的論壇這一點上，再次看到。我們也將從各國內部統一欲望與各式各樣自我破壞力量的經常衝突中看到。但最切中要害的，或許是它在個人身上體現的方式。如同下文所示，歸屬與掙脫一切束縛這兩種欲求之間的衝突，正是戰後年代最為迫切的哲學兩難之一。

第九章　自由與歸屬

不同於我在本書中描述其生平的多數個人，漢斯．畢哲浩特（Hans Bjerkholt）在一九四五年時已經不年輕了。他這時已經五十多歲，生活多半已經積習難改。戰爭及其餘波帶給他的改變因此更加引人注目，因為他在往後五年之內背離了他曾相信過的一切，為了世界團結而發起全新探索。[1]

漢斯．畢哲浩特生於挪威東南部的鄉村，按照他自己的說法，他有個恬靜的童年。他在農場長大，每天都在餵雞，和父親照顧馬匹，以及與眾多兄弟姊妹在穀倉裡捉迷藏中度過。在漫長的夏日裡，他和手足會在森林中逗留數小時，或到湖邊游泳、釣魚，然後闖入母親的廚房，享用家裡製作的麵包、鮮奶油、培根、蛋，還有從乳牛身上現擠的牛奶。

這一切在他十歲時戛然而止。他父親借了一大筆錢給某些商人，但這些人隨後宣告破產，這家人別無選擇，只能賣掉農場。他們哭泣著收拾行李，搬進了附近的薩普斯堡鎮（Sarpsborg），找到一間小公寓，一家十二口共用兩間小房間和一個廚房。

漢斯的長兄找到一份司機工作，姊姊成為女服務生，父親則到一家紙廠工作，這個沒有靈魂的地方充滿了「臉色灰暗的疲憊工人」。他們慢慢地設法重振旗鼓，但有一天，不幸二度襲來：漢斯的父親在工廠裡遭遇嚴重意外，住院一年半。工廠主人拒不承擔責任，讓這家人自行支付昂貴的醫藥費。於是十來歲的漢斯這時也不得不工作，就在父親受傷的那家工廠工作。

與生俱來的權利被剝奪，又被不誠實的工廠主人弄得破產，漢斯不禁感到自己的人生崩潰了。身為農場裡的孩子，他曾經感到自由又活潑，「彷彿整個世界都屬於我」。但如今他和家人都成了巨大機器裡的區區螺絲，而這部機器毫不在乎它們，還剝奪了他們身為人的尊嚴。「我在工廠裡覺得痛苦，身體也病了，整個社會體系讓我怒不可遏。」

一位激進運動者的人生由此開始。他加入工會，成為工會最重要的代表之一。隨後他成了挪威共產黨的創黨黨員之一，並在莫斯科的共產國際會議中擔任挪威代表。他和家人遭受的不義刺激著他，而他的指導原則是永遠「不信任資方」，以及對於不只統治挪威，還統治了大半個世界的資本主義體系的仇恨。他盼望著共產主義在全世界獲勝，階級不正義成為明日黃花。

畢哲浩特從來沒想過自己會開始對共產主義喪失信念，但二戰爆發卻為他帶來了看待人生的新視角。一來，他的某些共黨同志在戰爭爆發時行為不正，那時他們力主與納粹聯手（理由是蘇聯當時仍與德國締結互不侵犯條約）。但更重要的是，戰爭使他初次經歷了一種未曾體驗過的全新合作精神。當德軍入侵挪威，他發現自己為了達成一個與工人階級鬥爭無甚關係的共同目標，而與各種各樣的其他團體合作：每個政治派別的挪威人都在為了奪回自己的自由而並肩作戰。一九四二年，他被捕、並被送進集中營，隨即對於集中營裡的團結氛圍刮目相看，尤其是共產黨人與社會民主黨人的團結。他在三十七個月的牢獄生活裡逐漸意識到，團結現象不只存在於他被關押的集中營，更遍及整個挪威社會各處，甚至傳遍了更廣大的世界，英國、法國、美國和蘇聯也正在齊心協力打倒納粹。

二戰結束時，他熱烈盼望這份合作精神能延續下去。他著手進行與社會主義者的一連串討論，想要建立某種代表一般人民的統一戰線。「我們這個時代的偉大概念，正是團隊合作的概念。」他日後寫道，「一切進步力量達成一個偉大目標的團隊合作。」戰爭的經驗讓他得到了與他人合作、

圖19 漢斯．畢哲浩特，從共產主義轉向道德重整運動。（圖片來源：The Oxford Group）

而非反對他人的體驗，而他不顧一切地期望不同政黨、不同階級和世上不同國家能以某種方式結合為「一支強大的統一力量」。但沒過多久，舊日的階級分歧便開始再度表現出來，共產主義者與社會主義者的對話隨之破裂。而在國際上，東方與西方的關係也決裂了，「由此顯示出我們的希望不過是泡影」。

就在這時，他的兒子送他一本書作為耶誕禮物，他的人生就此改變。這本書是在介紹一個名為「道德重整」（Moral Re-Armament, MRA）的全新意識形態運動，戰爭爆發前才由一位基督新教福音派牧師發起，但這時正吸引著來自各種信仰、各種職業的追隨者。這個運動以四種道德絕對為基礎，提倡一種不同的人際關係取徑：絕對誠實、絕對純潔、絕對無私與絕對愛。信奉者受到建議，每天早上靜坐冥想一小時左右，聽取上帝的聲音，並遵循良知行動。這個簡單的概念吸引了畢哲浩特的強烈道德責任意識。

好奇的畢哲浩特想要了解更多，於是前往道德重整運動位於瑞士科城（Caux）的會議中心，並立刻被該處的平和與合意氛圍所打動。他不禁將眼前的一切與自己參加過的許多次共產黨會議對照，後者總是在內鬥與宗派主義下分裂。「我在科城感受到一種基於愛與理解的美妙合一，強大得足以推倒一切階級、主義與膚色壁壘。科城沒有宗派；就連共產黨人與社會黨人都能合一。」他在這裡與義大利、法國，甚至戰敗不久的德國代表見面，他們所有人似乎都以一種互相尊重與調和的精神彼此理解。一位法國馬克思主義者甚至起立，為了自己過去對德國人的仇恨而向德國代表正式道歉。這個姿態令畢哲浩特驚訝，卻也十分感動。

當他回到挪威，他已經完全改頭換面。他立刻嚴正發表宣言，宣誓為道德重整事業效力，並承諾將道德重整理念引進挪威的共產運動。「我全心全意接受道德重整，」他日後寫道，「我必須接受絕對道德標準的挑戰，完全放棄我的個人意志。」他相信，這是唯一既能「從自身之中」找到自由，又有助於為他始終夢想著的無階級社會奠定基礎的方式。倘若全人類都能以他在科城親眼所見的方式互相理解，那麼世界的一切疾病都有可能治癒。

當挪威共產黨得知他的轉向，他們迅速與他劃清界線。最終他別無選擇，只能退黨，但他堅稱對這個選擇不曾後悔過。「馬克思主義是路上的里程碑，」他後來對一群義大利聽眾說道，「但它不是意識形態新時代的決定性答案。我們這時代的新道路是道德重整哲學。」唯有透過道德重整，經由它的共識與「絕對愛」精神，人類才有可能實現自己真正的目標。「沒有一個階級與群體能夠不靠其他群體協助，獨自創造出我們想要的新世界。我們必須先從我們自己之內創造新人，再與所有其他人一同戰鬥，才能催生新世界。」

漢斯．畢哲浩特的生平按照他的現身說法，是一個失樂園與回歸樂園的故事，又或者，至少是幾乎回歸樂園。畢哲浩特終其一生未能看見他所夢想的合一世界，或是他為之奮鬥終生的無階級社會實現，儘管挪威的社會民主政體或許是任何國族所能做到最接近的。他加入道德重整運動時，正值該運動在全世界逐漸壯大，他對於運動在一九五〇年代及六〇年代迅速擴張也有一份貢獻，但在一九八三年他去世時，運動的影響力早已再度式微。它如今的名稱是「變革倡議」（Initiatives of Change），成為眾多非政府組織之一。它仍繼續宣揚在戰後年代裡啟發了畢哲浩特的同一套美德：寬容、無私，遵循良知行事的美德，但一度使它在全世界取得顯要地位的那份福傳熱情，如今卻已成為往事。[2]

☆

人人都需要可供信仰的事物。現代性的悲劇之一在於，我們的社會愈是富足，我們愈是能自由選擇生活方式，我們跟生命中最珍視的那些面向就愈是疏離，像是我們的自我意識、群體意識、與大自然的連結、與神聖事物的親近。自從十九世紀以來，社會學家與政治思想家就一直在記錄著主流宗教漫長而緩慢的消亡，以及人性隨之落入原子化、孤立與消費主義庸常的過程。他們認為，我們對於創造及積累財富的集體癡迷，或許令大半個世界得以脫離貧困，但在過程中也將人類化約成了社會學之父韋伯（Max Weber）所謂的巨大虛無，受困於資本主義「堅硬如鐵的外殼」裡，缺少了令我們成為人類的那些價值。[3]

第二次世界大戰即使充滿了暴力與不仁，卻令世界從這樣的衰落中得到了絕佳的喘息機會。我在別處寫過戰爭的毀滅要素，戰爭在族群、宗教及政治群體之間造成的長期分裂，以及它所催生、並在一九四五年之後長久延續的殘暴。[4]但從更寬泛、更抽象的層次來說，第二次世界大戰做到了一件事，近現代別無任何其他事件能在相同程度上達成：它將個人、社群、國家，甚至整群國家陣營團結在同一個目標之下。數千萬人無疑因戰爭而流離，但數億人卻也獲得了從前不曾知曉的全新歸屬感。倘若上帝即社會，一如涂爾幹（Emile Durkheim）的著名斷言，那麼至少在這個意義上，第二次世界大戰是一次神聖事件。[5]

投入戰爭的集體努力在近現代史上可謂無與倫比。一九三七至一九四五年間，受到動員的男女遠超過一億人。其中約有七千萬人為同盟國而戰，這多過第一次世界大戰參戰各方的軍力總和。[6]

而且這還不包括在大後方工廠及農村輔助部隊（land armies）服役的數千萬人，或是為了支援戰時努力而付出時間、積蓄和生命的數千萬平民。無論是否直接捲入戰爭，地球上幾乎每一個人都在情緒上相當程度地投入其中：多數人想要自己這方獲勝，所有人都想要戰爭結束。

意圖的一致為人們的生命賦予意義，超越了種族、國籍、政治、宗教、階級、所得等一切傳統分歧。美國人與共產黨黨官合作、工會與僱主合作、基督徒與猶太教徒合作、印度教徒與穆斯林合作、黑人與白人合作、富人與窮人合作。來自五湖四海、三教九流的人們一起在軍中服役，一起歡慶勝利，一起赴死，也一起哀傷。就連沒有參戰的人們之中，配給和普遍短缺所帶來的平等與共同犧牲意識也更為強烈。這並不是說對立群體之間的歧見就此消失了，絕非如此，群體間的緊張仍在檯面下存在，甚至不時爆發，但由於幾乎所有人都在更大的爭戰裡投入這麼多能量與情緒，他們一般而言能夠克服歧見。在戰時形成及消散的一切個人與在地風暴之中，至少在全球層面上，二戰始終是一個定點，是人人都能藉以確認方向的極星。

如同所有普遍概念，這樣的戰爭概念必然也充滿矛盾。它涉及了人類的暴力分歧，但又以和平與統一之名而戰。它涉及了強制勞動、徵兵、配給、限制移動，以及人們生活幾乎每個領域都被加強控管。但無論為哪一方而戰，幾乎所有人都認為這是為自由而戰。它帶來了廣泛的革命性變遷，但它訴諸於人們對於全新未來與全新穩定的想望。無論戰爭的殘酷事實為何，它作為抽象概念，向各式各樣的人群承諾了各式各樣的天國：只要戰爭持續，整個世界都能相信它的理想，無論這些理想看來有多麼矛盾。

這一切都在一九四五年夏天結束。歐洲和亞洲都被解放了。囚犯從集中營裡獲釋。軍人復員，工廠工人解散，強迫勞動的農工也可以回家了。隨著言論自由的限制在世界各地鬆綁，就連蘇聯等國也放寬了，人們開始問自己接下來將何去何從。既然戰鬥結束，他們應當為何而戰？他們應當重建失去的一切，還是從頭創造新事物？他們應當要求社會改變更多，還是轉而恢復某種穩定感？他們應當尋找自己，還是尋找社會，或是國家、階級、種族，或是其他某些更大的善——可能是人類全體？少了戰爭，人生意義何在？「自由」真正的意義是什麼？

今天，當我們回顧歐戰勝利日與對日戰爭勝利日，我們只記得勝利的歡欣，以及整個世界在敵對行動結束時感到的如釋重負，但其實在一切歡慶之下，還有某些大不相同的事物形成一股潛流。當然，多數人都理解戰爭結束為人生帶來了新的不確定，但他們的感受往往比區區不確定性更為深刻。通讀終戰時的日記、信函與口述證言，引人注目的是人們何等頻繁地提出同樣一個問題：「為什麼我並不真正開心？」[7] 對於失去了親人和朋友的人們，這個問題的答案很明顯；但對其他人來說，他們感受到的空虛卻更難以定義。他們抱怨自己「人生沒有了支柱」，或是「戰爭結束也帶走了」生活的「目的」。[8]「戰爭結束時，我很意外自己竟然不那麼歡欣鼓舞，」一位英軍情報官多年後回想，「我只感受到些許失落……你認識很久的事物消失了，而且似乎無可填補……全都沒了。」[9]

二戰填補了人們的生活這麼久，使得許多人開始想念它。相較於戰時的戲劇，戰後的人生看來單調，持續的困難處境似乎再也沒有目的可言。對戰爭的懷舊（今日仍然普及，戰勝國尤甚）正是誕生於這種空虛感。當人們回顧二戰，他們開始將它想像成英雄時代，那時儘管暴力，但人們至少知道大是大非。蘇聯作家伊曼紐爾．卡札科維奇（Emmanuil Kazakevich）說過一個故事，那是一九五〇年歐戰勝利五週年當天，他在當地酒吧裡親眼看見的一幕。「兩個傷殘軍人和一個水管工……

喝著啤酒緬懷戰爭。其中一人哭著說：還有下一場戰爭的話，我會去打仗……」[10]

自由

無需意外，最能刻劃出戰後時期精神的哲學信條，正是存在主義。在法國哲學家沙特看來，戰爭結束所產生的矛盾氛圍不出所料，即使他絕不可能贊成這種氛圍引起的懷舊之情。沙特親眼目睹了一九四四年八月的巴黎解放，那時他的市民同胞們占領大街小巷，有些人配備左輪手槍，有些則全無武裝，「陶醉在自由的感受，以及他們（抵抗）運動的光明之中。」根據他在一年後對解放的描述，暴力發生在自發的歡慶氛圍裡，宛如「末日的排演」。他說，這是「自由的爆發」，平民大眾慶祝的不只是「自己的自由，和每個法國人的自由」，還有總體上的「人類力量」，「整個巴黎在八月的那一週都感受到人類還有機會，人類還能戰勝機器。」但伴隨著這種歡慶氛圍的，還有鋪天蓋地的恐懼感。其他市鎮和城市，例如波蘭華沙，都因為這樣的抵抗行動而被夷為平地。巴黎人民選擇參與解放，他們擁抱的不只是自己的自由，還有隨之而來的可能後果。[11]

沙特回顧這些事件，對於他所親見的渴求自由與隨之而來不堪承受的恐懼，以及兩者的普遍存在印象深刻。一九四五年夏，當更大規模的戰爭終於結束，巴黎仍然「穿著週日的盛裝」，卻也仍然對於未來如何演變焦慮不堪。他寫道，意味深長的是「巴黎起義週年竟與原子彈首度登場如此接近」。如同巴黎人民在一九四四年面臨了參與贏取自由、或是交付他人之手的選擇，如今全人類都面臨著更重大的抉擇：完全自由（連同必然包含的一切重大責任）、或是臣服於原子時代新的非人處境。面對這樣的選擇，人類充滿煎熬也就再自然不過。

在第二次世界大戰及戰後的脈絡下，世界各地的人民都不得不懷著一種新的急迫感，盤算自由這個觀念。戰爭期間，「自由」一詞被用來指涉各種各樣的事物，從「言論自由」、「宗教自由」等人權，到人類從納粹主義、史達林主義、帝國主義、貧困等各種壓迫力量中解放。但在沙特看來，真正的自由還要深刻許多，那是一種我們所有人不論喜歡與否，都「不得不」置身其中的根本人類境況。按照他的哲學，既然所有人類誕生之時，對於生而為人的意義都沒有任何先入為主的觀念，我們就全都擁有任意對待生命的自由：「人類首先存在，遭遇自身，湧現於世界——而後定義自身。」[12]就連誕生於壓抑社會的人們也有選擇權：服從還是抵抗、發言還是沉默、生還是死。但這份自由也包含著我們意識到自己根本上是獨自一人，因此對於一切行動，以及行動的一切後果都要負起完全責任。沒有上帝的指引，也沒有人類行動的樣板，我們只能一路走來不斷創造自我。沙特在戰時的一篇論文裡運用了這個隱喻：一名抵抗運動戰士「獨自裸身」坐在拷問椅上，試著決定要不要供出同志的姓名。在這樣的形勢中，一如在人生一切處境之中，如何行動的選擇自由並非贈禮，而是可怕的負擔。[13]

本質上，沙特的自由概念並不特別新穎：齊克果（Søren Kierkegaard）、尼采（Friedrich Nietzsche）等哲學家在十九世紀都探索過同樣的想法，還有一九二〇年代的海德格（Martin Heidegger）。但終戰脈絡為這樣的概念帶來了新意義，因為各地人民終於正面遭遇自己的自由之後，不得不思索自己在戰時的行為，以及他們如何迎接戰後世界的巨大新前景。沙特式的存在主義在一九四五年之後風靡國際，至少部分須歸因於全世界人類在戰後體驗到的全新焦慮感。[14]

但沙特絕非唯一運用戰爭時期思索自由之煎熬的知識分子，其他思想家也從完全不同的視角闡述大致相似的概念。最具影響力的一位是德國猶太裔社會心理學家佛洛姆，他在希特勒掌權後不久便離開德國。一九四二年，他發表了第一部英文著作，用盡全書篇幅討論自由的問題，以及幾乎必定伴隨自由而來的駭人恐懼感。《逃避自由》（*The Fear of Freedom*）一書的宗旨在於批判首先催生納粹主義的那些境況；但它也探討了存在於英、美等資本主義民主政體核心的問題，即自詡「自由」的人們往往渾然未覺地將自己交付給其他形式的暴政。

在佛洛姆看來，「懼怕自由」的起因並不來自存在主義，而純粹來自心理分析。所有人類的生命都從母親子宮裡的合一與和諧狀態開始。所有人類也都被迫朝向更大的分離進展，隨著他們出生、斷奶，逐漸經歷童年、青春期，他們最終慘痛地意識到，曾經熟悉的和諧、合一與安全感皆已永遠不復存在。畢哲浩特從母親的農場廚房，來到毫無人情的工廠成人世界這段創傷旅程，本質上正代表著我們所有人的故事。我們全都必須拋下自己的童年，身為成人的我們根本上是獨自一人。按照佛洛姆的說法，我們的自由不只令我們自覺脆弱不堪，也將現實擺在我們眼前：相對於宇宙的廣大，我們自身微不足道。他說，面臨著不是「我們」的一切，我們不過是區區塵埃，我們的個體生命毫無意義。[15]

一如沙特，佛洛姆也相信我們能以兩種方式，回應對於自由的駭人意識。一種是直面它，擁抱自由及其必然包含的一切焦慮與責任；再者就是恐懼地退縮，將我們的責任丟給其他某種「更高」權力，諸如上帝、命運、社會、上級命令，以及我們的國家、階級、家庭。不幸的是，後者在這兩種場景裡更常見許多，正如佛洛姆所言：「對一般百姓來說，最難以忍受的事莫過於不跟社會中勢力龐大的群體合而為一。」[16]我們多數人因此會緊緊抓住任何一種給予我們歸屬感的意識形態，無論它涉及宗教、盲從社會規範，還是更加有害地向極權政體獻身，因為任何事都比自由的責任與煎熬來得更容易承受。

佛洛姆在對納粹社會的分析中，敘述了德國人不顧一切沉浸於權力與永恆之集體幻覺的欲求。佛洛姆斷言，納粹主義只不過是我們所有人內心存在的渴望的極端形式。我們所有人的內心深處都是一套來自童年的核心記憶，那時我們還能像畢哲浩特那樣相信「整個世界都屬於我」。在不同程度上，我們都有吸納他人或被他人吸納的欲望，好讓我們與他們合而為一，就像我們曾與母親為一體。在面對孤獨的浩瀚無垠時受到驚嚇的人們看來，就連集體奴役或集體施虐都可能顯得有必要，甚至有可能是美好的。

但他也警告，臣服於專制政體並不是人類從人類境況之空虛遁逃的唯一方法。並不僅僅因為盟軍自稱為「自由」而戰，就意味著英美兩國的男女比德國男女更「自由」。盲從於同儕、僱主或國族的期望，與臣服於極權意識形態同樣危險——就算不至於更危險，因為這些危險不同於納粹，它們完全被人類內化了。「我們沉迷於不受外在力量干預的自由之增長，」他警告，「卻無視於內在局限、強制與恐懼，而往往損害了自由戰勝其傳統敵人的勝利之意義。」對抗希特勒的戰爭因此只是從我們自造的其他眾多枷鎖中，解放人類心靈的更大規模戰鬥的一面。[17]

到頭來，即使兩人的哲學有著許多差異，沙特和佛洛姆都相信自由概念「對現代人具有雙重意義」。[18]它既引誘我們，同時又拒斥我們。它一方面提供自我發明與自我實現的無限許諾，但另一方面卻又令我們的人生注定要承擔完全責任、且完全孑然一身。兩人都相信人類真正該走的路是轉向並接受自由的驚人負擔，乃至它必然包含的一切焦慮。另一條路則是在沙特所謂的「自欺」中迴避，自行臣服於新法規、新意識形態和新暴政，佛洛姆確信這種做法終將再次囚禁我們自身。

在一個當時正處於自我再造、並直面新近取得的自由之過程中的世界裡，這樣的訊息成了嚴厲警告。終戰為人類帶來前所未有的機會，得以在全球範圍內全心全意掌握自由；但佛洛姆和沙特都明白，要把握這個機會，人類必須放手一搏的程度，遠甚於他們先前必須做到的任何努力，甚至超過戰時危難中所需的努力。我們要挺身回應這個挑戰、還是退縮不前，將決定當時從二戰灰燼中崛起的新世界的本質。[19]

社會資本爆炸

漢斯・畢哲浩特並不是信念受到二戰及其餘波強烈動搖，或是在往後的年代裡從一套全新信仰體系找到慰藉的唯一一人。戰後時期見證了成千上萬同樣投身道德重整的改宗者，他們和畢哲浩特一樣，在道德重整中看到了「這世界，這廣大的世界成為一家」、「以新人類為基礎的新世界」、「終結階級與國族分歧」的機會，最重要的是，從「一無所有和空洞無感」解救自己的契機。[20]全盛時期的道德重整運動在世界三大洲都有分部，還有一千多位全職志工——的確是個世界性運動。[21]

道德重整運動也並非唯一一個提供這種救贖機會的運動。終戰見證了各式各樣意識形態（有新的也有舊的）在全世界爆發，試圖延續產生於戰爭的共同目標精神。在全球層面，人們對於世界聯邦主義、共產主義與社會民主等政治運動重新產生興趣，每一個運動都自信其力量不僅足以一勞永逸團結全人類，還能治癒人類的精神與政治創傷。區域層面也有其他萬靈丹，有些從戰爭中迸發出完整形態，其他則隨著時間發展而來，像是歐洲「更緊密結盟」的欲望，亞洲和非洲的「萬隆精神」，或是「美國生活方式」的理想化願景。國家也同樣追逐著自己的彩虹，像是「兄弟情與統一」（南斯拉夫）、「多元而一體」（印尼）、「精神統一」（阿根廷），以及從史達林的「友誼意識形態」到南非總理史末資（Jan Smuts）一九四五年訴求的「人類精神總動員」等其他各式各樣「團結」。[22]所有這些戰後運動部分是由上而下指導的，有時由那些以擴張自身權力為唯一綱領的政治人物極為犬儒地指導。但它們也獲得不計其數的一般個人由下而上壓倒性的支持，他們的第一反應就是要以戰時初次體驗的使命感為基礎。

戰後這種相信比自身更偉大事物的欲求之簡單衡量尺度，可以從一九四五年後宗教信仰的復甦看出，尤其在歐洲，所有傳統的社會學模型都預測，歐洲朝向「現代性」的進軍只能帶來衰敗。宗教統計數據是出了名的難以確認，但一切指標都顯示，基督宗教信仰在歐洲歷經了某種復甦，至少直到一九五〇年代中期為止。[23]例如在德國，天主教會以「廢墟中的勝利者」姿態從戰火中崛起：各地教會都記錄到新入教者大量增加，並且很快就擠滿了渴求某種安定的人們。[24]在波蘭，修院招收的修生人數在一九四五至一九五一年間增長三倍，而在義大利，較大型修會的司鐸人數也大幅增加。[25]一九五〇年聖年（jubilee year）來到羅馬的朝聖者人數，是一九二五年前一次聖年的五倍。[26]同時在英國，戰後新教信仰的小幅恢復，隨之而來的則是天主教更為劇烈的增長：根據英格蘭和威爾斯拉丁彌撒協會（Latin Mass Society of England and Wales）編纂的統計數據，終戰後十年左右，結婚、洗禮與皈依天主教的人數都增長了百分之六十左右，而且增長到一九六〇年代及七〇年代才又下降。[27]

衡量相信與歸屬欲求的另一個簡單尺度，則可從全世界共產黨突然的大規模增長看出。大約在漢斯．畢哲浩特遠離共產主義的同時，另外千百萬人卻是初次發現了共產主義。再一次，某些最為劇烈的增長發生在歐洲。戰爭結束後三年內，九十多萬法國人加入了共產黨，還有一百多萬羅馬尼亞人、一百四十萬捷克斯拉夫人，以及兩百二十五萬義大利人。而在戰後的匈牙利，共產黨員人數在一年之內（一九四五年）從三千人增長為五十萬人。支持度的大幅擴張也反映在中國，在一位西方觀察家看來，共產勢力在戰後興起終於「將這個國家合而為一」；在拉丁美洲，共產黨員人數在一九三九至一九四七年間增長四倍多；甚至蘇聯本身也是，共產黨在一九四一至一九四五年間成長了將近百分之五十，即使在戰時蒙受慘重損失。[28]這些新共產黨員之中的壓倒性多數，都是看見了歷史潮流而想要投身其中的人，他們相信這股潮流正在勢不可擋地席捲世界，以實現更大的公平和全人類平等。這樣的急速擴張有些神祕之處，或許甚至帶有救世主的意味。立陶宛裔法國哲學家伊曼紐爾．列維納斯（Emmanuel Levinas）在一九五七年評述：「共產黨不間斷的成長，它比基督宗教或伊斯蘭教傳播更迅速的征服世界，它包羅萬象的範圍，共產黨青年的信仰、英雄主義與純潔……令我們習慣於在這個運動裡聽見命運的腳步聲。」[29]

得到愈來愈多支持的，也不只那些在戰後追求激進轉變的人，世界各地一切種類的政治參與全都增加了，無論個別政黨是多麼激進或保守。例如在東歐，政治支持度增長最大的不是共產黨，而是那些以人民對土地恆久不變的情緒依戀為訴求的政黨，像是匈牙利的小農黨（Smallholders Party）或羅馬尼亞的農民黨（Peasants Party），這兩黨都曾一度掌權，而後被共產黨人推翻及鎮壓。同時在西歐，共產主義與社會主義的支持度增長，則與基督教民主黨的增長不相上下，後者是頗為保守的政治運動，往後三十年間逐漸主導了歐洲大陸的政治地景。在拉丁美洲，一九四五年成為整個拉丁美洲大陸政治生活特徵的大規模民粹運動，僅僅數年後就被根深柢固的保守主義反撲所取代。發人深省的是，北非及中東成長最迅速的政治組織之一是穆斯林兄弟會，這個運動同時鼓吹革命及推廣保守的穆斯林價值。

人們尋求使命感與歸屬感的另一種方式，則是加入工作場所的組織，尤其是工會。這些組織戰後在全世界都大幅增長。在拉丁美洲，工會會員在這段期間激增，巴西和哥倫比亞是典型的範例，兩國工會會員數在一九四〇至一九四七年間都增長了兩倍多，阿根廷則在僅僅四年間增加將近四倍（從一九四五年五十三萬兩千人，到一九四九年將近兩百萬人）。[30]在非洲，新工會到處湧現，新會員的人流迅速匯聚成激流，隨後成了洪流。比方說，光是在迦納，工會總數在一九四六至一九四九年間從十四個增加到四十一個，繳費會員人數則增加六倍。[31]其他非洲國家的工會會員數也同樣增長，實際上工會行動也更為積極。一九四〇年代晚期在南非、南羅德西亞、肯亞、坦干伊喀、喀麥隆、奈及利亞，以及法屬西非全境都發生了大規模罷工。這一成長模式也在亞洲、歐洲及中東發生，各地工人都結為團體，自我組織聯會，最終投入了更大規模的國族主義及國際主義運動。當然，這在政治和經濟上往往都說得通，但它也帶給世界各地的普通工人新的使命感、集體感與歸屬感。

戰後蓬勃發展的組織清單可以無止境地列舉下去，可以從社會和文化團體，到商業網絡，再到慈善組織。對於我們如今所知的「社會資本」從來沒有進行過世界性的歷史考察，但傳聞證據顯示，同一套廣泛模式在世界上大部分地區都能看到，各種社會團體的集體參與，看來在戰時及戰後都大幅增長。

做過全面考察的美國所提供的資料，看來足以證實這點。二〇〇〇年，美國社會學家羅伯・普特南（Robert D. Putnam）完成了一項對於二十世紀各種群體參與的開創性研究，從正式參與政治團體到晚宴與撲克牌局的非正式社交都包括在內。根據他的發現，美國上教堂的平均人數在戰後十年間從成年人口的百分之三十七左右，激增到百分之四十七左右。工會會員數在戰後不久就達到顛峰，隨後三十年間也不曾大幅減少；美國律師協會（American Bar Association）或美國建築師學會（American Institute of Architects）等專業組織的會員數也遵循著同一演變模式。國際扶輪社、男童軍、女童軍、家長教師會等社區組織的會員數，在戰後的增加幅度則從百分之六十到一百九十不等。一九四〇年代及五〇年代加入保齡球會和一起玩紙牌的美國人，多於歷史上任何其他時候。就連慈善捐獻在終戰後都有百分之三十五到四十的增長，這個水準直到一九六〇年代中期過後才再次下降。按照普特南的說法：「幾乎每個例子裡都能察覺到一九四〇年代與六〇年代之間，戰後會員數加速增長的同一趨勢。」簡言之，「一九四五年之後的二十年，見證了美國歷史上群體參與最為活躍的時代之一。」[32]

必須強調的是，這些趨勢沒有一項能夠單獨歸因於戰爭的精神影響。比方說，某些美國市民團體的會員增長，是因為一九四〇年代及五〇年代教育與財富水準逐漸提高所致。同樣地，戰後英國天主教的興起部分是由於戰後移民，拉丁美洲工會會員的增加，部分原因則是工業化及都市化增長。但這些次要原因有許多本身都是二戰的結果，換言之，這一切告訴我們的是，戰爭的精神與物質影響發揮了協同作用。在對戰後社會資本的全面世界性研究取得成果之前，似乎可以安全地假定，看來在世界多數地區同步發生的群體參與增長，多半可歸因於人們日後所知的「戰爭精神」。換言之，戰時經歷過群體勝利與犧牲的人們，更有可能重視成為大於自己的事物之一分子這點。

按照羅伯．普特南的說法，這一群體參與的增長在美國結束的時間，大約與道德重整運動衰退相同，都從一九七〇年代初期開始。從那時候起，所有市民團體會員數驟減，有些情況下後果更是慘重。這種轉變的原因有很多，包括電視與電腦使用的增長，每個人時間分配的壓力增強，以及郊區蔓延造成的更嚴重孤立。但唯一最大的因素則是「世代變遷」。換言之，隨著經歷過戰爭的男女們老去，美國全境對於群體生活的投入也隨之消散。33

☆

在回顧一九四〇年代晚期及一九五〇年代時，我們很容易受害於偶爾回顧戰爭時強烈影響我們的同一種懷舊感。我們可能會羨慕經歷過那段時期的人們所體驗的更強大群體感，但同時又忘記這種群體感幾乎必定有其代價。一九五〇年代不只是歸屬的時代，也是恐懼的時代，各色人等和世界各國都環顧四周，將自己的不安全感歸咎於某個對象，並找出無數個駭人的理由，逃避他們用盡整個戰爭年代爭取的事物——自由。

正因如此，漢斯．畢哲浩特的故事既扣人心弦又模稜兩可。一方面，他決心接受自由的責任。他完全承認這個痛苦的事實：人們不可能夢想著改變世界，而不首先願意遵循自身原則生活。正如沙特的觀察：「沒有對我們更好的事物，除非它對所有人都更好。」但畢哲浩特使用的語言卻絕非自由的語言，反倒是奴役的語言：「完全放棄我的個人意志。」[34]他不僅渴望接受自己的個性，也想把自己納入道德重整運動中，並藉此讓人類成為一體。換言之，他真正想要的既是自由也是歸屬，是自身個體命運與人類集體需求的完美融合。「這將是整個人類歷史上最偉大也最徹底的革命，」他在一九五〇年代初期充滿希望地寫道，「它將為每個人帶來他所渴望的世界。」[35]這樣的概念正是烏托邦的定義所在。

許多人也正是因為這個理由，而把道德重整運動擯斥為千禧年教派。同時代的新聞記者質疑它的資金來源、它的動機，和它「過度簡化極其複雜的問題」。[36]傳統基督宗教的神職人員譴責它「妄自尊大的自信」及其「狂熱」，對人們的道德責任感有害無益。[37]社會學家斷言它強調個人與上帝共融、而非人們共同與上帝共融，正反映著它自稱試圖對治的那種社會原子化。[38]心理學家同樣將它理解成宗教崇拜。[39]道德重整運動信徒的回應也毫無悔改之意。在史上最大的戰爭過後，一種足以將所有這些「誰對誰做了什麼」的複雜性化繁為簡的意識形態，不正是我們需要的嗎？一開始正是因為遵從傳統觀念與教義，才讓人類走上戰爭之途。此外，試圖填補生命中的空虛又有什麼錯？要是自由沒有同時為我們帶來意義，它又有什麼用處呢？

我至今為止討論的這一切烏托邦版本，都是個人及其生活的社會，試圖尋求從二戰結束產生的某種意義。它們每一個都試圖找出普遍原則，讓新型社會得以從中建立；但在過程中，每一個終究都得面對夢想的不可能實現。

尤金．拉賓諾維奇回應原子時代挑戰，想要促進理性、科學思考的渴望，是他阻止非理性人類衝動引發戰爭的嘗試。但大眾、甚至某些原子科學家同儕對原子彈的神話式想像，卻損害了像他這樣的人們試圖推廣的訊息。

吉恩卡洛・德卡羅同樣為了讓世界在戰後變得更好而奉獻一生。他既受到打造新城市、裨益全體居民的承諾激勵，同時卻又對這種承諾看似踐踏個人需求而反感。他的後半生都在努力調和這兩種對立的衝動。

同時，弗朗索瓦絲・勒克萊爾看見自己的人生被戰時經驗轉變。其後，她以促進女性、貧民，以及不同國籍和信仰之人的更大平等為職志。但她的行動核心卻有著矛盾，她在單獨挑出這些群體的同時，也就不免承認了他們的差異、「他者性」和不平等。

這些人就如同漢斯・畢哲浩特，盡其所能拒斥恐懼並接受自由。他們沒有一個能夠完全如願以償，但這不該令人失望：烏托邦本質上就是不可能的。他們全都受到「寧可嘗試了失敗、也不願毫無作為」的信念所激勵，就算注定要失敗，他們至少也努力失敗得好一些。他們在過程中都發現自己得到志同道合者的群體支持，即使夢想不能實現，這些人至少也給了他們一種歸屬感。

某種程度上，本書接下來的內容都是關於世界各國人民想方設法填補終戰時的「自由」帶給他們的空洞。往後各章中，我將交由讀者們決定這些主角們是在奔向自由還是在逃避自由（或者實際上為了同時滿足兩種欲求，而撕裂了自己）。此刻我只想說，沒有多少人能夠長久忍受這種精神真空。戰爭結束後，幾乎所有人都在渴求的唯一一件事就是歸屬感；無論它的體現是正面還是負面的，這種欲求都最能歸納時代精神，遠勝於其他欲求。

第三部

一個世界

One World

第十章 世界經濟

在我們的集體記憶裡，第二次世界大戰是高度戲劇化的時期。其間充斥著大規模戰鬥，人們被槍彈、砲彈、炸彈及其他一切暴力機制殺害。如此的立即性在我們對於鮮血與硝煙的心像中難以忽視；但實際上，第二次世界大戰還有許多其他方面，即使不那麼立即而戲劇性，卻也同樣致命。作為史上第一場真正的「總體」戰，它不只在軍事方面、也在經濟方面體現出來。

見證了戰爭之經濟層面的其中一人，是一位年輕的印度藝術家齊塔普羅薩・巴塔查里亞（Chittaprosad Bhattacharya）。二戰爆發時，齊塔普羅薩年僅二十出頭，正忙著設法找出一種能讓人覺得有意義的藝術形式。他嘗試過印度傳統藝術與現代主義藝術，卻始終無法找到一種方式，將自己的繪畫與他在四面八方親眼所見的印度生活，真實聯繫起來。他說，他想要表達的事物似乎總是「近在眼前」，但每當他覺得終於找到了，「結果卻一次又一次只是神話」。[1]

戰爭改變了一切。突然之間，齊塔普羅薩的家鄉省份變得一派繁忙。政府的資金開始注入孟加拉省，尤其注入加爾各答市，該市迅速成為印度的戰時製造業中心之一。軍隊開始招兵買馬，並將資源移動到印度邊界，保衛印度不受外力入侵。當時在印度已經十分強盛的政治活動，也開始在印度各地增長。人們或支持、或反對戰爭，或者就只是要求英國「退出印度」。

在齊塔普羅薩看來，這個改變似乎突然帶來了全世界的注目。他和千百萬印度人同樣憤怒於英國當局將印度捲入戰爭，卻連印度人民的意見都不問；儘管如此，至少在那時，日本法西斯勢力的新威脅似乎更大於其他一切。在某些農民友人激勵下，齊塔普羅薩加入共產黨，並立即開始繪製宣傳海報支持戰爭努力。他為「人民戰爭」創作歌曲，同時開始帶著自己的反法西斯畫作，在印度與緬甸的邊界地帶巡迴。他覺得自己彷彿獲得了「新生命」。[2]

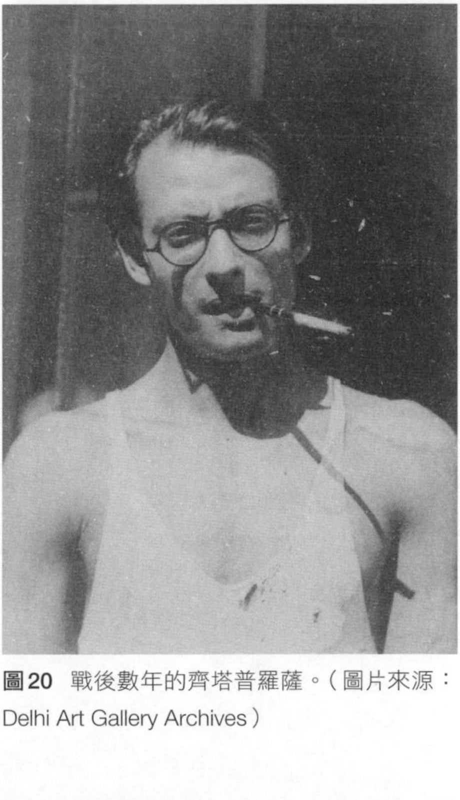

圖20　戰後數年的齊塔普羅薩。（圖片來源：Delhi Art Gallery Archives）

這個「新生命」在一九四二年中得到徹底確認，日軍終於逼近印度邊境。齊塔普羅薩住在吉大港區（Chittagong），這是印度東部最後一處前哨，而他親眼看見了越界湧入印度的數萬緬甸難民之窘境。驚恐的英國當局開始徵收米糧，並將所有村莊的船隻全部沒收或鑿沉，以防進犯的日軍利用。他們完全不考慮這個事實：這些船隻是「整個地區大多數村民謀生或交通的唯一方法」。齊塔普羅薩第一次見證了一個前所未見的現象：「一個黑市，尤其是糧食黑市」迅速「開始抬起了駭人的頭」。突然之間，他覺得自己彷彿「在沉船上」。[3]

在整個下一年間，齊塔普羅薩看著米價漲為兩倍，然後再次翻倍。到了一九四三年底，已有報導指出吉大港的米價是一蒙德（maund）八十盧比，這是危機開始時的十倍多。[4]當孟加拉西部的產米地區遭受氣旋侵襲，危機擴散出了邊界地區並波及全省。突然間，米糧到處短缺。擁有糧食的人開始囤積，讓糧價繼續攀升，直到只剩家財富裕或擁有可供出售之物的人們買得起為止。孟加拉人民開始挨餓了。

說政府對這一局勢的因應嚴重不足，還只是輕描淡寫。孟加拉省在戰前及戰時都有自治的省政府，能運用許多權力對人民施加經濟控制。它若是在戰爭開始時就像世界各地其他許多政府那樣，建立全面的配給及物價控制體系，或許還能夠避免逼近的危機。但政府卻反其道而行，即使實施了有限度的物價控制，卻又再次廢止，造成了災難性的後果。配給制一直延遲到一九四四年才實施，但當時也只在加爾各答實施，結果只產生了從饑饉的鄉村吸走更多糧食的效果。[5]

印度中央政府的因應也好不到哪裡去。當孟加拉的部長們為凸顯省內的糧食危機而做出微弱的努力，印度中央政府卻充耳不聞，實際上還堅持要求孟加拉向同樣遭受糧食供給問題的錫蘭輸出糧食。[6]要是印度中央政府能仿照盟軍在中東的模式設立供給中心，或許就能對開始扼殺該國東北部的一連串瓶頸做出更機敏的反應。但專責的糧食部直到一九四二年底才成立，此時饑荒的條件早已成熟。同時，政府又全力執行「無限制自由貿易」政策，在世界大戰的脈絡下，該政策證明了一敗塗地。[7]一位憤怒的記者在一九四四年寫道：

或許很痛苦，但必須面對問題。中央政府無視印度糧食分配的重大問題，直到為時已晚，面臨入侵威脅，既需餵養軍隊，也要將印度封閉於世界市場之外，政府卻認為將印度的糧食交付於機遇及自由放任乃適當之舉，正當此等不作為不僅粗心大意，更構成犯罪之際。[8]

但隨後發生的事態，最終仍需由倫敦的大英帝國政府承擔責任，他們對孟加拉經濟的長期忽視，使得孟加拉缺乏足夠能力因應總體戰的壓力。一九四〇至一九四二年間，英國太擔憂自己的生存問題，而無暇擔心帝國遠方領土的經濟事件。到了一九四三年，當孟加拉糧食危機的規模成了國際新聞，邱吉爾和他的政府仍堅拒給予任何援助。儘管接獲一連串請求緊急糧食援助的急報，大英國協其他地區也有意提供援助，邱吉爾和盟軍聯合參謀首長團仍堅稱無法額外提供船舶。就連加拿大提議供應十萬噸小麥給孟加拉，都被倫敦當局拒絕。孟加拉人民被置之不理，任由他們餓死。[9]

齊塔普羅薩近距離親眼見證了這些事件的後果。他看見英軍在孟加拉東部造成的衝擊，英軍徵用良田修築道路、軍營、機場和訓練場。他看見腐敗的地方官員和「腦滿腸肥的大人們（mahajans，放貸者）」串謀讓糧價居高不下，而他和身邊的人們同樣對國家政治人物懷著「憎惡與怨恨」，他們的虛偽、漠不關心和相對富裕，都在「侮辱成千上萬挨餓的人」。[10]但他看見最多的是對英國人的普遍憎恨，英國人的冷漠徒然讓危機變本加厲。他對於饑荒期間全國士氣全面瓦解，以及孟加拉全境「文明社會本能」消亡的歸咎對象，正是這個「外來政府」。

往後數月，他開始將骨瘦如柴的乞丐、路倒的屍體，以及在孟加拉全境盤旋的一群群禿鷹畫下來。他在共產黨報刊上撰寫饑荒的報導，並於一九四三年十一月啟程步行前往受害最巨的地區之一

——梅迪尼普爾（Midnapur），記載自己國家發生的事。他形容這是一片「禿鷹與強盜」的土地，死者的屍骸遍地橫陳。他在路上遇見了只能被迫賣身換取糧食的婦女，以及為了買米而出賣農場及所有財產的赤貧家庭。在走過特別慘淡的一段路，穿越空無人煙的鄉間之後，他描述一片看似

圖21 齊塔普羅薩描繪的孟加拉饑荒期間，一個挨餓的男人和他的孩子：「他失去了土地，妻子離開了他。他在世上所擁有的事物已所剩無幾。」（圖片來源：Delhi Art Gallery Archives）

毫無生氣的景象：「我開始懷疑，就算走到了天涯海角，我們還能不能遇到任何生物。」他寫道，「舉目所見，到處不見人跡。四周只有荒蕪的田園，一路相連到天邊。」這樣的末日不是由炸彈或砲彈帶來的，而是緩慢的經濟窒息所致。這個經驗令他深深沮喪，他開始覺得自己「彷彿對生命本身失去信心。」[11]

一九四三至一九四四年間的孟加拉饑荒，以及饑荒背後的世界大戰，終其一生困擾著齊塔普羅薩。正是這段日子定義了身為藝術家的他，而不是其他時間。「要是有誰在一個從生命中學到任何教訓的處境，那必定是在死亡的背景下，」他後來斷言，「在人類與文明的存續，受到殘暴、毀滅與死亡力量迸發所危害的時刻，藝術家要麼放下畫筆拿起槍，要麼走出人類世界加入魔鬼行列……我無法放下畫筆，只因為我弄不到一把槍對準法西斯匪幫。而我弄不到槍是因為，你也知道，英國統治者『掌管一切』我們的一切，不顧我們熱切渴望照顧自己，並且無疑有能力照顧自己……。」

在殖民主義、總體戰及經濟崩毀的脈絡下，藝術是齊塔普羅薩唯一能運用的防衛手段。「局勢逼著我盡可能將畫筆磨利成武器。」[12]

戰爭的經濟影響

孟加拉饑荒是第二次世界大戰最嚴重的災難之一。在短短一年多之內，這個省份的死亡人數就高過整個西歐解放過程中陣亡的人數——而且不發一槍一彈。終戰時的官方統計數字將最終死亡人數定於一百五十萬人左右，但後來的學術研究認為三百萬人死亡的數字較接近實情，這些人全都直接死於饑荒。[13]不僅如此，這還只是在世界各地發生的同一現象之其中一例。同年在中國也發生了饑荒，一般認為河南省死於饑荒的農民人數多達兩百萬；法屬印度支那的東京饑荒，死亡人數咸認也大致相同。[14]還有千百萬人在菲律賓、荷屬東印度、日本、俄國、烏克蘭、波蘭、希臘、荷蘭，甚至非洲部分地區發生的局部饑荒中喪生。按照某些歷史學家估計，二戰期間約有兩千萬人並非死於暴力，而是死於飢餓。[15]

讓這些死亡加倍悲劇之處在於，即使是在孟加拉，食物也並未嚴重短缺。經濟學家阿馬蒂亞・森（Amartya Sen）指出，食物存量大概是足夠流通的，問題只在於擁有存糧的人不願以貧民付得起的價格出售食物。[16]在全球規模也是一樣，問題並不在於供給，而在於分配。歐洲全境的交通網多半毀於戰火，剩下的交通線也多半保留為軍用，歐洲大陸各地的食物分配因此深受其害。世界其他地方的情況也是這樣。數千萬噸船舶在戰時被毀，光是英國商船隊就有一千一百七十萬噸船隻被毀，日本商船隊則幾乎被一掃而光。[17]剩餘的貨運量大多保留為軍用，因而無從防止某些國家積累餘糧，而其他國家卻食物短缺。因此，舉例來說，在美國配給糖的同時，西印度群島卻積累大量的糖。而在大半個亞洲和東歐的人民挨餓之際，阿根廷卻把玉米當燃料燒掉。[18]

這些供給瓶頸嚴重到使得世界各國政府都被迫針對食物分配，採用嚴厲控制手段。它們掌管了供應鏈，強制施行價格限制並採用配給體系。為了將船舶艙位最大化，往往在政府支持下設立了全新產業。肉類去骨保存，並製成罐頭；蛋被烘乾製成粉；牛奶也被濃縮。馬鈴薯等高能量食物得到優先考量而犧牲稻米與小麥，或者起司等營養豐富的食物優先於奶油。當這種中央集權作為得到妥善行使，像是在英國，它們會發揮驚人的高效能。但當這些作為施行不善，像是在孟加拉（或是如同非洲大多數殖民地，以及被占領的歐洲和亞洲那樣，用於搾取資源），它們就會帶來可怕的苦難。

受到第二次世界大戰擾亂的不只是食物貿易，一九三九至一九四五年間，全球經濟完全被顛覆了。數十年來建立的貿易模式幾乎在一夜之間瓦解，往往由陌生的新安排替代。因此，舉例來說，法屬西非的許多國家由於二戰爆發，它們與法國斷絕聯絡，而喪失了多達三分之二的出口市場；而比屬剛果等國由於與英國、南非、美國建立了新的貿易夥伴關係，出口總值得以倍增。[19]同樣的轉型也在拉丁美洲與加勒比海發生，與歐洲的傳統聯繫幾乎切斷之後，整個區域變得更加依賴對美貿易，這個依存關係往後數十年間一直持續。[20]

隨著國際貿易轉變而來的是同樣劇烈的就業轉變。隨著千百萬人被徵募進入世界各國的軍隊及至關重要的戰時產業，幾乎每個地方的就業水準都在攀升。隨著各種產業爭相吸收工人，薪資也隨之上漲。這樣的轉變或許能在短期內讓普通工人開心，但對於某些傳統產業卻證明了會是一場災難。當東加人民能靠著租借腳踏車給島上駐紮的美軍賺取更多錢，他們為何應當繼續從事椰子核加工呢？當冰島農工在新建的盟軍基地工作能賺到雙倍收入，他們又何苦在農場裡長時間勞動呢？[21]

為了確保不可或缺的產業持續營運，全世界各國都徵用勞力。在英國、澳大利亞及美國等國，它們組成了一系列女子土地輔助隊以確保農場生產，而徵用或多或少被接受為戰爭的必要犧牲。但在許多非洲國家，徵用則往往被當成又一種殖民剝削形式而遭受強烈憎恨。例如在坦干伊喀，種植園工人被收容在警衛看守的宅院裡以防逃亡，政府則准許對拒絕工作的人施行體罰。在奈及利亞，十萬多位農民被迫離開家園到錫礦工作；而在羅德西亞，白人移民為了以極低工資徵用數萬名農工而操弄政府意見。[22]在法屬西非，戰前既已有之、但在戰時大幅增加的強迫勞動所遭受的普遍憎恨，是戰後初年改革的其中一股首要驅動力。[23]

但戰爭流傳最廣、破壞也最大的經濟後果，卻是通貨膨脹。世界各地這麼多政府都在支出，口袋裡有更多錢的人如今也就變得更多。同時，由於戰爭，各種商品都變得更為稀少。用更多金錢爭購更少商品，導致世界各地物價迅速開始飆漲。當然，對於薪資與通貨膨脹同步增長的人們來說，物價大幅上漲未必是問題；但對於在低薪工作中掙扎的人們，卻產生災難性的後果。他們購買商品與服務的能力持續下降、儲蓄變得一文不值，而在孟加拉這樣的最壞情況下，還開始挨餓。

戰時對抗這種通貨膨脹的唯一方法，是對供應鏈實施嚴厲控制，並建立固定物價體系。這在英國發揮了良好效果，英國政府擁有實行此種控制的資源，人口或多或少也團結起來支持這些控制，但在世界上許多其他地方，這純粹就是辦不到的（參看附表）。[24]例如在歐洲占領區內，配給制幾乎得不到大眾支持，於是黑市大行其道。因此，在戰時英國生活費提高約三成之際，法國的生活費上漲四倍，其後數年間仍持續飛漲。[25]同時，在大半個發展中世界裡，就是沒有強制推行這種嚴格而複雜的控制體系所需的行政架構或資源。因此，巴西的生活費上漲了將近兩倍，埃及上漲了將近三倍，伊朗則增加了將近八倍。[26]有時就局部層面而言，物價的飛漲還有可能更為驚人。例如在中國的泉州和上海，米價在戰時飆漲了兩百倍到兩百四十倍，隨後在國共內戰期間又繼續上漲。[27]

在許多國家，尤其是歐洲被毀壞的地區，人們對金錢完全喪失信心，寧願以物易物交換食物或香菸。在波蘭、羅馬尼亞和匈牙利，金錢變得一文不值，人們甚至不會費心撿起遺落在地上的紙鈔。匈牙利尤其遭受了堪稱世界史上最嚴重的一次惡性通貨膨脹，遠甚於德國在一戰過後的惡性通貨膨脹，匈牙利的物價隔夜上漲了三倍。終戰後一年之內，一條麵包的價格從六帕戈（pengös）上

附表 戰爭造成的生活費用指數攀升（以1937年為100）

國別	1937年中	1945年中	1947年	概要
美國	100	128	156	北美穩定。
加拿大	100	120	137	
阿根廷	100	135	185	拉丁美洲多半穩定。
玻利維亞	100	496	650	
巴西	100	197	--	
墨西哥	100	247	354	
委內瑞拉	100	141	171	
澳大利亞	100	129	136	澳大拉西亞穩定。
紐西蘭	100	123	126	
印度	100	--	260	亞洲多數被戰爭摧殘的國家急遽攀升。
馬來亞	100	--	270	
印尼	100	--	1,600	
菲律賓	100	--	400	
日本	100	250	15,000	
中國（重慶）	100	207,400	--	
埃及	100	287	280	中東戰時急遽攀升，戰後則緊縮。
伊朗	100	779	688	
黎巴嫩	100（1939年）	607	505	
土耳其	100（1938年）	354	344	
南非	100	137	146	非洲南部相對穩定，但北非受戰火摧殘之處急遽攀升。
肯亞	100（1939年）	--	198	
阿爾及利亞	100（1938年）	539	2,160（1949年）	
英國	100	132	132	英國、北歐及中立國維持穩定；戰火摧殘最甚的國家嚴重通貨膨脹。
法國	100	400	1,200	
義大利	100	--	5,000	
波蘭	100	--	15,000	
羅馬尼亞	100	3,800	160,000	

漲到將近六百萬帕戈。紙鈔發行時的序號只有數學家和天文學家曾經聽說過。「匈牙利人都是億萬富翁。」有個人嘲諷地回想。[28]儘管這類惡性通貨膨脹部分是政府政策有意為之的結果，但這樣的政策多半仍決定於戰爭遺留下來的局面。匈牙利或許是極端的一例，但通貨膨脹仍以驚人速度在世界上所有被戰火蹂躪之處加重，甚至在許多地理位置遠離戰事的區域加重。[29]

此後的世界從未真正復原。通貨膨脹在今天成為日常生活正常的一部分，這是十八或十九世紀不曾發生過的，當時全世界的物價仍相對穩定。造就這種新常態的正是兩次世界大戰，對於大半個世界來說，尤以第二次世界大戰為甚。[30]

贏家與輸家

戰爭釋放出的經濟變遷是如此巨大，因此必定出現贏家和輸家——不只在個人之間，也在不同群體及國族之間。孟加拉饑荒最嚴重之時，正當千百萬人挨餓之際，卻仍有許多人自肥致富，尤其是齊塔普羅薩如此鄙視的那些「腦滿腸肥的大人們」。包括官方報告在內，幾乎每一篇關於饑荒的報導都提到糧食投機商，而且幾乎全都加以撻伐。按照一位英國記者的說法：「金錢流入證券交易所；米糧成了有價值的稀缺商品；靠著交易人們賴以維生的食物（他們的主食），大企業的鯊魚們得以日進千金。」[31]

在世界各地，同樣的財富都被賺取和損失，也激起了同樣的道德判斷。在如此深重的痛苦與死亡之脈絡下，許多人很難接受某些人可能藉由戰爭牟利這回事。因此在歐洲，勾結納粹和法西斯的工業巨頭遭受強烈批判，從城市居民被迫經常前往鄉村，以珠寶換取食物的急迫需求中獲利的農民也一樣。[32]在非洲部分地區，以戰爭為藉口壓榨黑人勞力的歐洲人，遭受愈來愈強烈的憎恨，投機買賣食物及其他必要產品致富的亞洲商人階級也一樣。如此的憎恨日後還會持續困擾著坦干伊喀、肯亞、烏干達等國家。[33]同時在孟加拉，每個人既將饑荒發生歸咎於英國人，同時也責怪彼此。穆斯林聯盟指控印度教徒零售商蓄意扣留米糧不給其他社群，印度教徒則指控穆斯林批發商濫用他們對於政府採購的獨占權利。這一切對於孟加拉日後的宗教關係全都是不祥之兆。[34]

而在國際層面上，同樣有贏家與輸家之分。美國無疑是最大的贏家，其顯而易見的財富有時激起的憎恨，竟與它對盟軍戰勝的貢獻所獲得的感謝不相上下。美國身為所有同盟國的主要供應者的角色，使它因戰事而大大致富。一九三九至一九四五年間，美國經濟幾乎擴張了兩倍，到了終戰之時，美國已占有全世界總產量的將近一半。[35]不僅如此，美國此時也掌控了世界船運，美國的大多數競爭者商船船隊在戰時都遭受重大損失，美國的商船船隊規模則擴大四倍多。到了一九四七年，美國一國的商船數量已經多過全世界其他地方的總和。因此，海運內容及海運目的地全由美國決定。[36]在這樣的一個世界，美國人發現自己前所未有地富裕，他們在一九四五年的個人財富，每人平均都比一九三九年增加了八成。[37]

二戰的其他贏家還包括加拿大、澳大利亞和南非，以及某些中立國，像是瑞典、瑞士，這些國家或者不捲入戰端，或者遠離戰火毀壞範圍，得以維持前所未見的成長率，並從戰爭中達到前所未見的富裕。[38]比方說，南非付清了全部國債，加拿大則不只清償國債，還買進外國資產、增加黃金供應量，並在與他國貿易之中積累了龐大盈餘。[39]許多較小的國家也從戰爭中獲利。例如冰島由於美軍在島上的花費，得以將戰前沉重的債務一掃而空。[40]伊拉克、伊朗、埃及和巴勒斯坦也在終戰時得到大筆預算結餘，這純粹是因為英軍在中東的花費。[41]印度在戰時也設法積累了龐大的英鎊盈餘，即使同時也在買進全國各地的英國資產。儘管孟加拉受苦受難，但整個印度的境況其實不太差。[42]

經濟戰爭的最大輸家不只包含德國與日本，還有被它們占領的國家，以及為了擊敗它們而破產的國家。蘇聯當然成了軍事上的巨人，但經濟卻破敗不堪，國家財富總值損失了四分之一，農業生產遭受極大破壞，直到一九五五年才能恢復戰前水準。[43]法國、荷蘭和希臘的經濟在戰時縮水了一半，菲律賓、朝鮮和台灣也是一樣，但歐洲經濟部分由於美國金援而得以迅速恢復，多數亞洲經濟體卻直到一九五〇年代中期才能恢復戰前水準。[44]同時，英國則被迫出售全部海外資產的四分之一，操作巨額外匯逆差，並乞求美國以《租借法案》提供數十億美元援助。即使在戰爭結束後，英國政府也不得不請求美國追加提供三十七億美元貸款，這筆借款直到二〇〇六年底才終於付清。[45]

英國對美國新近產生的依賴，是兩國關係劇變的徵候，也可說是二戰最重大的長遠影響之一。一九三九年，兩國的生活水準相同，人均國民生產總值幾乎一樣。但美國的生活水準在戰時增長，英國則停滯。其他幾乎每一個已開發國家的生活水準，相較於美國也都同樣下降，但在戰後數十年間，幾乎所有國家都復甦了，到了一九七〇及一九八〇年代，最低限度也恢復了戰前的地位。但英國的相對損失卻是永久性的。戰爭讓英國賠上了財富、帝國、部分傳統市場，以及英國貨幣的支配地位——當英國的製造能力也隨之下降，差異就大到再也追趕不上。在美國輕易成為二戰最大贏家之際，英國長期而言卻可說是最大的輸家。[46]

對於二戰的經濟贏家與輸家還要提到的最後一個重點，與貧富差距有關。在世界某些地方（像是孟加拉等地），戰爭懲罰窮人的程度無疑遠大於富人，但在多數地方，特別是已開發世界，戰爭實際上最終成了某種消除差別的事物。富人不僅在總體破壞之中損失大量財富，戰時及戰後的政治氣候也逼使他們接受更重的稅、收租能力受到更大控制，甚至事業遭受國有化。在東歐全境和中國，共產黨擬定了大規模土地改革計畫，首度轉型某些國家的封建經濟。即使城市居民可能會憎恨黑市的食物價格，但對農民或農場主而言，這使得他們亟需的財富從城市回流到鄉村。因此，戰爭大幅減輕了貧富與城鄉之間的不平等。實際上，某些經濟學家甚至宣稱戰爭「抹消了過去，讓社會得以洗心革面、重新開始。」[47]

受控世界經濟的遠景

一九四四年，世界各地的經濟學家都同意，必須採取某種激進作為調控世界經濟。戰爭讓整個經濟體系變得極度不穩，全世界普遍懼怕另一次全球大蕭條，會在一九四五年緊隨著戰時榮景而來。每個人都害怕重回有毒的一九三〇年代，那時自由放任經濟的災難由於各國墮入狹隘的國族主義而變本加厲。

倘若戰爭給了世界任何教訓，那麼不只是中央掌控經濟只要指揮得宜就能創造奇蹟，還有同盟國之間若不合作將一事無成。正如美國首席經濟學家哈利．德克斯特．懷特（Harry Dexter White）

在一九四四年指出，「倘若經濟戰爭緊接著軍事戰爭而來——倘若每個國家都罔顧他國利益，只為自身短視的經濟利益而戰」，普世和平與繁榮就不可能實現。因此，國際合作是其中一個不可或缺的「確保和平之基石」。[48]

懷特與英國的凱因斯，以及另外數十位頂尖經濟學家正是懷抱著這樣的想法，在一九四四年來到美國的度假勝地布列敦森林（Breton Woods）參加一次會議。他們的目的是要建立一系列機制，調控戰後的世界經濟，並協助防止世界經濟陷入危機與蕭條。他們擘劃的措施不僅務實而已，會議紀錄裡還有著強烈的道德語調，伴隨著一種如今難以想像的急迫感。四十四個盟國得以在短短數星期之內建立起這些機制，適足以證明它們全都確信達成協議一事極其重要。

那年夏天創立的機制，在隨後三十年間成為世界經濟的基礎，即使到了今天仍施加著巨大影響。首先設立也最為重要的是國際貨幣基金（International Monetary Fund, IMF）。國際貨幣基金的首要宗旨是經由一套固定匯率體系控管全世界的金流，藉此防止一九三〇年代造成巨大混亂的經濟自由競爭。它也會提供一筆共同基金，讓會員國一旦受困於國際收支的巨大逆差時能夠運用。最後，它還會為有需要的國家提供經濟指導，而這項功能至今仍在執行。

說國際貨幣基金是一個極端概念，這是低估了它。世界各國從來不曾如此全面地翻新國際貨幣體系的全盤架構。布列敦森林會議之後，各國再也不能任意升值或貶值貨幣，也不會全然受制於市場。國際貨幣基金會設定匯率，未經其允許不得大幅更動，換言之，整個世界都將經濟主權讓予這個新的國際機制。[49] 一切貨幣都將與美元掛鉤，美元取代了英鎊成為世界的國際通行貨幣，若有需要，這正是美國在世界經濟中取代英國地位的進一步證明。

即使在草創之初，這個機制就充滿爭議。凱因斯想要讓債權國和債務國對於兩國之間的任何失衡負起相等的責任，懷特則採取更為道德學的觀點，認為債務國應當負起全責清償債務。（鑑於英國是全世界負債最多的國家之一，美國則是英國最大的債主，這一姿態毫不令人意外。）結果一如往常，美國觀點勝出。[50]

同時，對世界其他地方來說，當務之急則是盡可能在新機制裡取得最大影響力。一個國家在國際貨幣基金的繳款或認繳份額愈多，它對於基金營運就有愈大的發言權。認繳份額規模理論上是依據一國的經濟實力，可是又一次，把持計算方式的是美國人。參與國家有所不知，國際貨幣基金的前五大經濟體，到頭來會擁有強大的政治及經濟重要性，因為這些國家最終也會盤踞聯合國安理會五大常任理事國之位。[51]

同一次會議設立的第二個全球機制，是國際復興開發銀行（International Bank for Reconstruction and Development），即如今更為世人所知的世界銀行之核心。該銀行最初的宗旨是向歐亞國家提供戰後重建所需的貸款（例如重建毀於戰火的港口或鐵道），但它也懷有促進「世界經濟落後地區之發展」這一志向。[52]戰後數十年來，發展逐漸擴充成了該銀行的首要宗旨。

布列敦森林會議提議的最後一個重要經濟組織，是國際貿易組織（International Trade Organizartion），宗旨將是降低各國之間的貿易壁壘。該組織原應在數年後的一九四八年成立，但在這幾年間，世界對於戰爭的記憶略有消褪，急迫感與合作精神也隨之消褪。國際貿易組織始終得不到美國國會批准，美國人再也不願意為了更大的善，而犧牲哪怕是次要的美國利益。結果，全世界只能湊合著接受更為受限的關稅暨貿易總協定（General Agreement on Tariffs and Trade, GATT），同時等待它在往後五十年間逐漸成長。[53]

貨幣、發展與貿易。這三件事物的國際管理，本應是戰後經濟賴以建立，創造出光明新世界的基礎之所在。藉由管理全世界的金流，資助大型重建及發展計畫，並協助貿易順利進行，人人理應一體受益。正如羅斯福總統一九四五年二月對美國國會演說時指出，所有這些全都是同一套始終如一的遠景的一環：「一個所有國家的普通百姓都能施展長才、和平交換勞動成果，並在安全與平靜之中實現各種不同命運的世界。」[54]布列敦森林協議尤其被稱頌為「建設性國際主義」（constructive internationalism）的一大突破。[55]

但不幸的是，無論這些新機制的抱負多麼高遠，它們全都沒有能力開啟這樣一個光明新世界。有待克服的政治及經濟不平等就是太巨大了，戰爭造成的損害也太過重大了。比方說，世界銀行的一百億美元資金相較於整個歐洲和亞洲所需進行的重建，只不過是滄海一粟。到頭來，當美國在馬歇爾計畫下向歐洲大陸撥款將近一百三十億美元進行直接援助，國際貨幣基金和世界銀行實際上在歐洲變得無關緊要。

國際貨幣基金也無法對決心無視其規範的國家強制施行規範，尤其在這些國家是強國的情況下。如同印度代表在布列敦森林會議上的抱怨，指望國際貨幣基金約束英美等國，猶如「派一隻水母對付鯨魚」。[56]當基金在一九四七年正式開始運作，幾乎所有會員國都立刻援用最初五年內不讓本國貨幣可供全面兌換的權利。多數歐洲國家直到一九五八年才讓自己的貨幣可供兌換，最晚直到一九六一年才全面遵行國際貨幣基金的規範。[57] 儘管國際貨幣基金作為世界貨幣的仲裁者理應擁有權力，它卻開始顯得有些無力。

同時，戰後貿易談判似乎也以失敗收場。不僅美國在一九四八年退出貿易談判，英國對於它給予大英國協國家的優惠待遇，也拒絕做出最低限度減免之外的更多讓步。還要再過很多年，貿易談判才能顯著降低貿易壁壘，直到一九九五年，世界才終於看到布列敦森林會議最初設想的，那個具有合法權力約束貿易政策的國際組織誕生——那就是世界貿易組織（World Trade Organization, WTO）。

最後，至關重要的是，世界上許多國家的政治分歧無法克服，無論其動機好壞。不管喜不喜歡，人人都知道自己依賴美國，大多數戰後重建及發展工作皆由美國資助。倘若英國發現這樣的依存令他們難以接受，那麼蘇聯及其衛星國家更是完全無法認同。即使蘇聯在一九四四年簽署了布列敦森林協議，該國卻從未正式批准，在東方與西方之間拉開了政治與經濟隔閡，並且在隨後數十年間只能不斷擴大。

同時，世界上的貧窮國家很快就開始認為布列敦森林機制只是富人的俱樂部。截至二〇一二年為止，世界銀行每一任總裁都是美國人，國際貨幣基金每一任總裁則都是歐洲人。不僅如此，這兩個機制的執行委員會也都由美國人及歐洲人主導。有鑑於此，戰後初年歐洲重建的順位始終優先於亞洲重建，或許就不足為奇了。隨後的年代裡，國際貨幣基金則被控在貸款給發展中世界時附加懲罰性條件，內容看來只符合西方債權國需求，像是降低貿易壁壘及削減政府支出。對於小國來說，則經常產生已開發世界侵犯其主權的感受。坦尚尼亞總統朱利烏斯·尼雷爾（Julius Nyerere）在一九八一年提出了著名的質問：「是誰選出了國際貨幣基金擔任世界每一國的財政部長？」[58]

因此從戰爭中興起的完全不是經濟上取得更大協調的新紀元，而是一套同時載明了資本主義西方與共產主義東方之間、富裕的北方國家與發展中的南方國家之間歧異的體系。即使布列敦森林體系自成立以來就被吹噓成了「歷史上最長久的穩定與經濟成長時期」，二〇〇八年世界經濟危機之後尤甚，它卻從不完美，甚至始終不完全公正。[59]

但也有許多人論證，即使布列敦森林體系有所缺失，仍好過其他替代方案。自從這套體系在一九七〇年代瓦解以來，世界經濟（一如許多西方國家的國內經濟）就幾乎不受任何管控。它歷經了經濟繁榮與破產的反覆循環，貧富差距也再度加大到自二戰前夕以來不曾有過的水準。今天，世界上某些最具影響力的經濟學家又在主張開啟國際合作的新時代，來抑制自由市場的越軌行徑。他們說，我們未來若要避免一九四三年時引發了孟加拉饑荒的那種巨大不平等，除此之外別無他法。[60]

☆

人們或許想知道，普通孟加拉人會如何看待世界經濟的這些發展。他們歡迎這個全球金融、全球貿易、全球投資的新時代嗎？還是譴責新世界秩序建立方式的不正義？他們展望孟加拉在戰爭結束後更光明的未來嗎？若是如此，他們如何接受以下這些事實：他們不會有歐洲那樣的馬歇爾計畫；也不會有中國那樣的聯合國善後救濟總署援助；該省自英國統治開始，一九四七年後在巴基斯坦統治下繼續遭受的剝削也將永無止境？[61]

在齊塔普羅薩看來，他對於豐饒的世界與所有人的繁榮毫無幻想。他的畫筆一旦為了凸顯戰爭與饑荒的經濟不平等而磨利，也就繼續用來揭露富人對待窮人的虛偽。在戰後初年，他繼續繪製反英宣傳海報，但隨著世界權力平衡轉移，他開始更加集中火力抨擊美國人。他在一幅漫畫裡描繪印度總理尼赫魯剝削國內窮人，好從看似美國槍桿子的管道搾取美元援助。另一幅漫畫則將印度畫成獲得自由的奴隸，擊退意圖掠奪的山姆大叔，山姆大叔的帽子裡裝滿美元，口袋裡則塞了原子彈。[62]

齊塔普羅薩的餘生一如他所描繪的主體們，都在赤貧狀態中度過。即使他最終對共產黨幻滅，卻不曾放棄社會主義理想，印度貧民與飢民的鬥爭和勝利則是他的藝術不變的主題。晚年的他也為和平運動素描及繪製圖畫。但即使他以政治藝術家之身獲得些許名聲，他堅持繪畫的挑戰性主題卻從未完全引起藝術世界之外的人們想像。一九七八年十一月他在加爾各答逝世，死訊完全不受

圖22　齊塔普羅薩對美國支配的世界經濟之怨恨，展現於一九五二年的這幅畫中：尼赫魯從美國槍桿子裡收錢。印度貧民想要尋求共產世界援助，卻被牢牢抓住。（圖片來源：Delhi Art Gallery Archives）

矚目。[63]

即使英年早逝，齊塔普羅薩在世時仍來得及看到家鄉孟加拉的變革，即使那從來不是他和許多孟加拉同胞所盼望的經濟轉型。他們對於良善的政府規劃、發展，以及經濟與社會進步的光明未來的期望，很快就破滅了。戰後數十年間的特徵是反覆的政治動盪、天災，以及饑荒復發。當這個省份在一九七〇年代歷經漫長的鎮壓及血腥內戰，終於成為獨立的孟加拉國，它仍是全世界最貧困的區域之一。

齊塔普羅薩去世後，孟加拉成了全世界援助及發展貸款最大的收受者，但就連世界銀行都承認，資助發展計畫數十年，對於處理不平等問題的效果極微。直到一九九〇年代，世界銀行提供孟加拉的貸款，超過四分之一都以處理食安問題和鄉村貧困問題為目的，但這些錢最後多數都進了大地主之手，代價則是小農往往被推入更嚴重的困境與負債。[64]

本書撰寫之時，根據聯合國貿易和發展會議（UN Conference on Trade and Development）的資訊，孟加拉仍是全世界發展程度最低的國家之一。該國百分之三十以上的人口仍生活在貧窮線之下，超過百分之十五的人口仍持續營養不良。齊塔普羅薩筆下「飢餓的孟加拉」，直到今天仍在掙扎。[65]

第十一章　世界政府

「我受過殺人的訓練。不只殺敵軍，也殺城市裡的人民……婦女、兒童、老人……」[1] 前美軍轟炸機飛行員蓋瑞·戴維斯（Garry Davis）如此總結自己在二戰的經驗。他在一九四四年第一次經歷這樣的悔恨，而這份悔恨持續在餘生中糾纏著他：「我感到自己身為人類的道德墮落了。我（戰前）的職業是演戲。在舞台上面對觀眾，我快樂、滿足，感受到生命本身的價值。我和觀眾的關係是互相尊重、欣賞，甚至愛……但在戰時身為飛行員，我喪失了我的人性，你要說我喪失了靈魂也行。我成了殺害人類同胞的區區凶手……」打贏對納粹的戰爭「是我人生中不假思索的唯一目的……我再也不只是個快樂的藝人了。我感到墮落、被利用、被羞辱。」[2]

先前的軍人重回平民生活之後感到無依無靠並非罕見之事，尤其在經歷了實戰中激烈的高潮與低潮之後。一九四五年，全世界共有數千萬戰鬥人員同樣感受到錯置。有些人和戴維斯一樣，將這種感受表述成了對於戰爭如何改變自己的憎恨；其他人則奮力抑制自己的攻擊性、掩飾自己的焦慮，或是逐漸接受了承平生活特有的突然喪失急迫性或焦點。不只前軍人有這種感受，世界各地的平民曾共享過戰鬥的恐怖與勝利，戰爭結束後，他們也共享無以名狀的焦慮感。

蓋瑞・戴維斯不同凡響之處，在於他選擇應對這些感受的方式。他漫無目的在紐約漂泊了兩年半，被哥哥與同袍戰死的回憶所煎熬，也被自己對於所作所為負有個人責任的意識，以及對於世界不曾從那些年的毀壞記取教訓的難解疑慮所煎熬。當他再也承受不了這些想法，他決定行動，他要為世界和平挺身而出。於是他重返堪稱「犯罪現場」的歐洲，在一九四八年五月二十五日宣告放棄美國公民身分。這是一場個人運動中的第一次抵抗行動，而這場運動最終將持續一生。[3]

戴維斯並不特別反對自己的出生國，他的怨憤乃是針對「國籍」概念本身。在他看來，放棄公民身分並非消極行動，而是積極行動，這是成為「全世界公民」的第一步，首先效忠的對象不再是任何國家，而是全人類。「戰爭的根源，」他後來解釋，「在我看來是民族國家內在固有的……要消除戰爭……首先就必須消除國族。」他推論，要是他能說服夠多人追隨他的榜樣，自我宣告為世界公民，就再也不需要民族國家了，國際戰爭也將成為明日黃花。[4]

接下來的六十五年間，戴維斯著手進行了一個又一個宣傳花招，每一個的目的都是要讓人們注意到國族區別的反覆無常與荒謬。他在法國宣告放棄公民身分，為法國當局帶來了某種難題，他既然不是法國公民，法國當局就想要驅逐他出境，但他也不再是美國公民，技術上也就不知道該把他遣送到何處。當法國當局無論如何都發布了驅逐令，戴維斯出門，來到巴黎的一家百貨公司故意偷竊女用內褲，擺明了要讓自己被逮捕，這樣一來，他在法律上就必須留在國內。還有一次，他在倫敦試圖走進白金漢宮，同時含糊其詞表示要向女王請願。他惹出的麻煩讓他被逮捕並遣返美國。

儘管戴維斯熱情投身於世界和平，但他似乎擁有一種招惹誹謗的罕見才能。美國小說家保羅・

加利科（Paul Gallico）把他和其他放棄美國公民身分的人，定性為「心在淌血的」愚蠢年輕人，他們的行為恰好掉進中歐及東歐「一幫禽獸」的圈套。[5]蘇聯人則將戴維斯斥為「連同蛋粉和偵探小說，從美國出口世界政府的瘋子」，其真正綱領是要「軟化歐洲，以利美國殖民」。[6]同時，擔任聯合國大會主席的澳大利亞政治家赫伯・伊瓦特（Herbert Evatt），則把他看成無可救藥的理想主義者，與國際外交的現實脫節。[7]

儘管如此，戴維斯對於大眾的強大吸引力仍不容否認。他在一九四〇年代晚期激勵了歐洲、美洲、北非各地數百個「世界公民」社團成立，聆聽他演說的群眾多達每場兩萬人。他贏得許多知識人的支持，包括小說家

圖23「世界公民」蓋瑞・戴維斯一九四八年在巴黎冬季自行車競技場（Vélodrome d'Hiver）演說之後，被支持群眾高舉到肩上。（圖片來源：Getty Images）

卡繆、哲學家沙特、諾貝爾和平獎得主史懷哲（Albert Schweitzer）、小提琴演奏家曼紐因（Yehudi Menuhin），以及二十世紀最著名的科學家愛因斯坦。根據許多報紙的報導，他是「美好夢想的夢想家」與「超前時代的先驅」，表述著「千百萬人民感受到的深沉情緒需求」。在他晚年時，《印度時報》將他與蘇格拉底、伽利略、聖女貞德和貝多芬相提並論。澳大利亞《世界新聞》（*The World's News*）稱他為「世上成千上萬小人物的象徵，他們努力讓自己脫離戰爭帶來的心理低谷。」《紐約客》雜誌說，無論戴維斯是對是錯，他肯定都「與宇宙協調一致」。[8]

在他終生對抗國家概念的運動中，他看過十二個國家的監獄內部情況，通常是因為無視各國簽證限制而入獄。他展開了「世界公民」登記，吸引了將近二百萬名會員。他建立了自己的「世界幣」，甚至在華盛頓特區建立「世界政府」。既然每個國家都要求他攜帶文件才能旅行，他就印行自製的「世界護照」，也向任何索取的人發放同樣的護照。他的吸引力之所以歷久不衰，部分來自於他決心不止於空談世界聯邦，更始終身體力行。他付出了巨大的個人犧牲；即使就連他本人都承認自己天真的無可救藥，尤其剛開始時，他對自身目標的決心卻始終無庸置疑。如他所說：「我要一場運動，不要一場會議。我要全心投入，不要會員卡和翻領飾扣。」他在二〇一三年逝世之時，仍在為了終結國族、終結戰爭而奔走。[9]

★

戴維斯的大受歡迎，是全球情感潮流大幅轉向的徵候之一。我們先前已經看到二戰是如何產生一種對於自由、平等、目的感與歸屬感的新嚮往。我們也看到了世界對科學理性及中央集權的信仰是如何因戰爭而增長。戴維斯看似正在提倡的理念，正是所有這些內容的完美融合。他堅持不攜帶文件而旅行，正象徵著每個人在戰後都想要的那種自由感。他援引人類彼此的手足情誼，則引出一種歸屬感：一個不是歸屬於國家，而是歸屬於包含全人類在內的更普遍群體。他想要成為「世界公民」的願望，必然包含一種全體人類之間的平等意識：定義世界公民特徵的不是種族、國籍、宗教、階級或性別，而是人性。在戴維斯的世界裡，由於為之而戰的國族不復存在，戰爭也就不再需要。而在群體層面，也就不會再有英雄、妖魔和殉難者了。

戴維斯強烈感受到，組織這樣一個世界的唯一理性方法，是在選擇世界政府的過程中給予每個人類平等發言權，這樣的政府應以聯邦制為結構，以平衡每個區域與整體需求相反的願望。他對於這種政府實際上的樣貌為何始終含糊其詞，但在回憶錄中提到，他的想像近似於美國體系。換言之，就是世界合眾國。[10]

這樣的體系有著各種優勢。首先，這是美國人早已熟知的一種體系。作為戰後國際上多數轉變背後的驅動力量，美國應當在任何新的世界組織發揮領袖作用，而不是如同一九二〇年代及三〇年代那樣退入孤立，這是至關重要的一點。其次，它也與舊有世界體系（戰前的國際聯盟）一刀兩斷，舊體系從未包括美國，也無力防止世界墮入浩劫，這使得它在所有人眼中都信用破產。世界聯邦政府也意味著權力集中於選舉產生的精英之手。在戴維斯看來，這就意味著由一個只對全體人類效忠的群體以理性組織世界社會，這群人既包含科學家，也包含精神領袖。[11]

蓋瑞．戴維斯炫麗的宣傳花招與抗爭，以一種相當雜亂無章的方式提出所有這些重點，但還有眾多其他人願意將這些概念，放進合適的知識及意識形態框架之中。

宣揚新世界政府概念，尤其是向美國人宣揚的第一部著作，是一九四三年溫德爾．威爾基風行國際的暢銷書《一個世界》（*One World*）。威爾基是共和黨參議員，也曾是美國總統候選人，他被羅斯福總統指派，在戰爭期間走遍全世界進行事實查核任務。他的著作概括了這次旅行的發現，其中敘述沿途所見對於改變的普遍渴望。「整個世界，」他寫道，「都在急切、苛求、飢渴、雄心勃勃的情緒中，準備付出難以置信的犧牲，只要他們能看見一點希望，知道這些犧牲將證明值得。」[12]威爾基堅決認為，這個世界要想在未來找到和平，就必須實現這些希望；不僅如此，美國也必須領頭：

> 美國在戰爭過後必須從三條路任選其一：狹隘的國族主義不免意味著我們的自由終將喪失；國際帝國主義意味著犧牲其他某些國家的自由；或創造一個世界，每個種族和每個國家都能擁有平等機會。我確信絕大多數的美國人會選擇最後一條路。[13]

《一個世界》一九四三年五月一上市，立即空降《紐約時報》暢銷書排行榜第一名，並盤踞首位長達四個月，最終售出兩百萬本。傳統孤立主義一掃而空得歸功於這部著作，尤其是共和黨所奉行、過去曾阻止美國積極參與世界事務的那套孤立主義。[14]

兩年後，就在戰爭尾聲，作家及出版商艾默里．里夫斯（Emery Reves）寫下了另一部影響深遠的著作，最終譯成二十五種語言，全球銷售八十萬本。里夫斯是匈牙利猶太人，曾在柏林、蘇黎世和巴黎求學，最終定居美國。一如他這個世代的其他許多人，他個人也受到戰爭波及，在滅猶大屠殺中失去了母親。[15]

里夫斯在一篇論證緊密的專文中斷言，第二次世界大戰只不過是「疾病的徵候」，倘若世界無法在戰勝之後對治背後的起因，戰爭的勝利將毫無意義可言。如同蓋瑞．戴維斯，里夫斯也相信一切近現代衝突的根源，在於人類對於民族國家的情感依戀：

> 國族主義是一種群聚本能。它是這種部落本能的眾多體現之一，而這種部落本能又是人類身為社會生物最深刻、也最始終如一的特徵之一。它是集體自卑情結，對個人的恐懼、孤獨、軟弱、無能、不安全、無助提供令人寬慰的答案，在誇大意識與屬於某一群人的自豪感之中尋求慰藉。[16]

里夫斯說，只要國族存在，他們就始終會以同樣的恐懼與不安全感磨蹭其他群體，衝突則是不可避免的結果。解決這個問題別無他法，就是不要再把我們自己區分成驚恐而互相排除的不同群體，並將所有國族融合「成為一個統一的更高主權，有能力創造一套法律秩序，讓所有人類都能在其中受到法律保障，享有同等安全、同等義務及同等權利。」換言之，需要的是一個世界聯邦政府。[17]

在西方各地，其他人也得出同樣的結論。在美國，包括愛因斯坦、托瑪斯．曼（Thomas Mann）以及三位參議員在內的二十位知名人士撰寫公開信，呼籲美國人民閱讀里夫斯的著作，「它明確而淺顯地表述了我們之中這麼多人正在思索的事」，他們的公開信刊載於《紐約時報》、《華盛頓郵報》

及另外五十份報刊上。[18]同時，芝加哥大學的一群著名科學家已經開始起草他們所期望的世界憲法的基礎。[19]一九四七年在英國，工黨下議院議員亨利・烏斯伯恩（Henry Usborne）成立了跨黨派國會世界治理小組（All Party Parliamentary Group for World Governance），全盛時期有兩百多位來自上下兩院的議員加入。同時，前法國抵抗運動領袖羅貝爾・薩拉札克（Robert Sarrazac）則成立世界公民人類陣線（Le Front Humain des Citoyens du Monde）。最終開始進行戴維斯的目標，並將他標舉為運動代表人物的，正是薩拉札克的團體。[20]

儘管這類團體在歐洲及北美最為醒目，但呼籲成立世界政府的草根組織也在阿根廷、澳大利亞、紐西蘭、印度、巴基斯坦、菲律賓、日本及土耳其等國湧現。一九四七年，來自二十四國的五十多個這類組織齊聚於瑞士蒙特勒（Montreux），決議結合成一個世界聯邦運動（World Federalist Movement）。他們的宣言陳述：「唯有建立世界聯邦政府，人類才能從戰爭中永遠解放自身。」這個組織至今仍然活躍，與地球各個角落志同道

圖24 世界公民總會（World Citizens Association）徽章，這是世界各地提倡世界聯邦主義的眾多組織之一。（圖片來源：UN Archives）

合的團體都有聯繫。[21]

重中這點很重要，激勵這場運動的並不只有理想主義：還有一種對於世界要是找不出解決問題之道會有何種後果的極端恐懼。按照全球道德重整運動創辦人法蘭克．卜克曼（Frank Buchman）的說法：「全世界都想要一個答案，我們已經來到這樣的時刻。除非我們找出答案並迅速帶給全世界，否則不只一國，世界萬國都會被擊敗。」[22]

在人們心中最重要的，是破壞力量更大的新衝突所帶來的威脅。甚至在原子彈還沒問世之前，南非的史末資等政治家就發出警告：「第三次世界大戰很有可能證明了超出文明社會所能承受的限度，或許甚至超出了我們作為人類世界而持續存在的限度。」[23]但在廣島原爆之後，這些言論變得更加急迫而激烈。威爾基《一個世界》的理想主義，被一九四五年發行、關於原子時代不安全感的另一部暢銷書書名所概括的新訊息取代了：《一個世界或一無所有》（*One World or None*）。[24]

聯合國

聯合國正是誕生於這種熱烈理想主義混雜著潛意識恐懼的氛圍之中。乍看之下，聯合國似乎共享著蓋瑞．戴維斯與艾默里．里夫斯等人的許多理念。它的外貌是某種世界政府，來自五十一個不同國家的代表，看似團結在「欲免後世再遭……慘不堪言之戰禍」這一願望之下。這些國家藉由簽署聯合國憲章，莊嚴地承諾「力行容恕，彼此以善鄰之道，和睦相處。」這一切聽來都十分高貴。[25]

聯合國草創之初，整個地球的人民都拚命想要相信它是全世界一切問題的解答。聯合國初期招聘的許多人員都曾加入盟軍或地下抵抗運動戰鬥，他們認為這個替和平工作的機會是「美夢成真」。[26]這個新組織在歐洲也被某些報刊頌揚為「偉大的歷史之舉……帶給世界極大希望」，可以「從今而後和平度日」。[27]它在亞洲則被讚頌為「偉大的和平聯盟」和「烏托邦花園」（即使這個花園不時會被「現實的堅硬石塊」拆散）。[28]有些非洲知識分子也容許自己相信聯合國是邁向更好世界的希望之燈。奈及利亞運動者埃約．伊塔（Eyo Ita）說：「人類種族從來不曾有過更大更好的機會，由自由平等的人民組成世界社群。」[29]

就連傳統上奉行孤立主義的美利堅合眾國也表現出同等熱情，共和黨人與民主黨人爭先恐後讚頌這個新組織。國務卿科德爾．赫爾（Cordell Hull）宣稱，聯合國掌握著「實現人類最高抱負，乃至文明存續本身」的鎖鑰。[30]其他重要政治人物也將聯合國憲章稱作「世界政治家的歷史上最滿懷希望、也最重要的文獻」，其原則將帶領我們「邁向自由、正義、和平與社會幸福的黃金時代」。[31]這些溢美之詞也反映在美國全體人口之中。一九四五年七月進行的一次蓋洛普民調顯示，支持聯合國憲章的人數以二十比一的比例，大大壓倒了反對人數。[32]

即使撫今追昔，我們往往仍會將催生出聯合國的精神浪漫化，一如我們繼續將蓋瑞．戴維斯這類古怪理想主義者的行為浪漫化。今天的聯合國仍然頌揚著舊金山會議表決新的聯合國憲章的那一刻，「每一位代表都起立並保持站立……熱烈的掌聲響徹大廳」。[33]今天的政治人物仍不只讚頌「聯合國憲章的理想」，也讚頌「從戰爭與種族屠殺灰燼中」建立這個組織的「先驅們」。[34]就連歷史學家回顧成立聯合國的「遠見與英雄們」之際，也往往有些熱淚盈眶。[35]

但不幸的是，和平的英雄並不比戰爭英雄更能符合如此的理想化。聯合國締造者們的動機，其實遠不如他們樂意自以為的那樣純潔，而他們推行的這個體系受到國族主義自私意圖引導的程度，也往往與普世主義高貴意圖的引導不相上下。只需簡短一瞥舊金山會議期間的辯論逐字紀錄，也就足以顯示烏托邦始終不可能實現。[36]事實上聯合國體系的某些面向，彷彿是精心計算好要讓幾乎所有人都失望。

首先，新組織完全沒有採取任何措施，應對戴維斯和里夫斯等理想主義者確認為戰爭根源的最重大問題：國族主義。事實上，如果它有任何回應的話，它反倒將國族主義尊奉為支配我們生命的唯一最重要政治哲學：該組織名稱本身就凸顯出，它所代表的不是世上的人民，而是世上的國家。

此外，聯合國憲章明文規定，某些國家比其他國家更加平等。即使聯合國有五十一個創始會員國，但美、蘇、英、法、中這五個最強大的國家，卻擁有特權及特殊責任。這五國不同於其他國家，它們在新組織精神與智能所在的聯合國安理會，得到了常任理事國席次。不僅如此，不同於其他國家，這五國還有權否決他們不同意的提案。

這些安排對五強本身來說完全合理，畢竟它們在戰時是從事了大多數戰鬥的國家，它們也必定會被要求提供資源，以防任何戰爭在未來爆發。但正如日後的哥倫比亞總統阿爾韋托．耶拉斯．卡馬戈（Alberto Lleras Camargo）所指出，唯有強國才有足夠力量確保和平，但同理，「也唯有強國能夠危害世界和平與安全」。[37]五強否決權一九四五年提交舊金山會議辯論時，引發了世界較小國家的抗議聲浪。包括埃及外交部長在內，許多人都反對英國、蘇聯等國在任何涉己事務上，能夠實際上「同時扮演法官和陪審團」。[38]來自地球四面八方的國家紛紛譴責這項否決權「不道德」、「不公平且無可辯護」，並宣稱「強權之翼」應當受到「剪裁」。但五強終究有辦法威逼夠多的代表聽從它們指揮，既得到安理會的常任席次，也得到廣泛的否決權力。[39]

令一九四五年的理想主義者們憂心的最後一個問題，則是聯合國憲章明文禁止會員國「干涉在本質上屬於任何國家國內管轄之事件」。[40]字面看來，這似乎是防止各國從鄰國內部進行顛覆，如同希特勒在戰前所作所為的合理方式；但它也意味著任何國家都能夠壓迫其國民而無需懼怕外力干預。不僅如此，它也違背了法律之前人人平等的根本原則；它反倒支持了不同國家的政治體系、法律及自由程度各不相同這一概念。於是蘇聯得以將他們鎮壓波羅的海三國辯解為「國內」事務；歐洲強權也能以內政不容他人干涉為由，拒絕要求他們放棄殖民帝國的呼籲。

國家主權對於國內事務的神聖地位，產生了立即而毀滅性的後果。國內少數族裔的權利在戰前國際聯盟體系下始終得到保障，如今卻被實質放棄，任由統治他們的國家宰割。於是，當千百萬德意志人及其他少數族裔在一九四五至四七年間從東歐各國的家鄉被殘酷驅逐，聯合國毫不干涉。如此創下的先例從那時候起造成了無數苦難：聯合國受制於自身權限而不允許介入，導致它在柬埔寨、盧安達、南斯拉夫、蘇丹等國發生種族屠殺時袖手旁觀。[41]

簽署聯合國憲章的墨跡未乾，許多人就已開始對聯合國幻滅。加拿大外交官埃斯科特・里德（Escott Reid）說，整個加拿大代表團滿懷「對聯合國前途的深深悲觀」離開舊金山。[42]美國外交官喬治・肯楠（George Kennan）確信，聯合國憲章含糊的措詞必將在日後引發爭端；而英國外交官格拉德溫・傑布（Gladwyn Jebb）則擔憂這次會議對於「這個邪惡的世界」陳義過高。[43]同時，小國代表則帶著巨大的受騙感離開會場。最感失望的或許是那些在會議上連代表權都得不到的國家及殖民地。「今天，我們就在另一個時代的邊緣。」一家奈及利亞報紙哀嘆，但聯合國憲章不但沒有從殖民帝國統治下解放非洲，更似乎只以「拒絕殖民地人民在世界新秩序中得到平等對待」為宗旨。[44]

對於蓋瑞．戴維斯、艾默里．里夫斯等理想主義者而言，聯合國的創立正是世上一切錯誤的終極展現。里夫斯尤其譴責他所確信的聯合國體系內在固有的「謬誤」。他從一開始就猜測，狹隘的國族利益總是會壓倒任何實現共同利益的倡議；「自決」的熱情則只會意味著舊帝國崩解成「更小又再小的單位，每一個在自己地盤上都擁有主權」。但他最嗤之以鼻的仍是一個如此明顯偏袒強國的體系之虛偽。他預計美、蘇等國幾乎總是能為所欲為，因為「所有大國都表現得有如黑幫。所有小國則表現得有如娼妓。」[45]

同時，蓋瑞．戴維斯的批判則更加身體力行一些。他在一九四八年最高調的公關花招之一，是把自己偷運進入聯合國大會會場，打斷各國代表發言。他宣告「世界人民」並未被聯合國代表，並呼籲他們「不要再用這套政治權威的幻覺欺騙我們」。他說，聯合國不但未能促進世界和平，「你們所代表的主權國家更分裂了我們，帶領我們墜入總體戰的深淵」。戴維斯這次暴走得到的回報，是被強制驅離大樓，並在整個會議期間遭到關押。他的大半生都重演著這樣的情節。[46]

戴維斯的話語裡不難察覺一種被出賣的感受。他和支持他的法國知識分子委員會，以及從報章上關注戴維斯舉動的世界各地千百萬人，過去這些年來都付出了巨大犧牲，卻同時發現戰後世界的不確定簡直不堪承受。他們投入第二次世界大戰，乃是為一個理念而服務；但他們得到的全部回報卻是一個妥協。

某些不聲張的成就

事後看來，其實很難看出聯合國如何能夠以任何不同方式建構，或至少建構得更好。世界上的人民會為了共享人性之夢而放棄國族主義，這種想法始終不過是一廂情願。多數人在戰時仍為了自己的國家而戰，既然戰爭結束，他們不太可能追隨蓋瑞．戴維斯的榜樣放棄自己的國籍。世界上最強大的國家會將主權讓渡給一個更高實體，這種想法同樣也是一廂情願。但或許最為一廂情願的想法，是認為共產主義東方與資本主義西方，還能在沒有共同敵人團結彼此的時候繼續合作。摧毀資本主義的宗旨明載於《共產黨宣言》（*Communist Manifesto*）之中，資本主義也必然有所回應。若要形成一個世界的話，這個世界只能容得下一種體系。

因此做出了妥協，聯合國也步履蹣跚地走過了二十世紀。隨後的年代裡，一九四五年浮現出來的疑慮幾乎全都得到證實。五強之中的多數國家確實利用了否決權的保護傘自行發動戰爭，聯合國大多數會員國即使憤怒卻無能為力。於是英國與法國在一九五六年入侵蘇伊士運河，蘇聯侵略了匈牙利、捷克斯洛伐克和阿富汗（一九五六年、一九六八年、一九七九年），美國人一九八〇年代則在中美洲發動一連串可疑的軍事冒險。這個模式一直延續到二十一世紀，美國領軍入侵伊拉克（二〇〇三年）、俄國入侵喬治亞（二〇〇八年）以及俄國併吞克里米亞（二〇一四年），所有這些行動全都未經安理會許可而實施，事後也不受安理會譴責。一旦逼不得已，五強已經證明了它們或多或少都能在想要時任意發動戰爭。[47]

它們的盟友也一樣。安理會否決權的另一個特徵，在於它一再被用來阻止任何一個強國保護下的國家遭受制裁。因此蘇聯總是袒護古巴，中國至今仍在袒護朝鮮，美國則堅決阻撓針對以色列的任何制裁。無論每個案例孰是孰非，這種行為都製造出一套雙重標準體系，某些國家因為危害和平而被懲罰，其他國家卻似乎能夠任意破壞和平。

儘管如此，就算聯合國至今未能創造出普遍且永久的和平，但這並不表示我們應當完全摒棄它。它在遠離強國利益之處，還是得到一些令人刮目相看的成就。比方說，它出力讓印尼和許多非洲國家的獨立過程順遂一些。它也在不同階段設法維護印度次大陸、中東及賽普勒斯不牢靠的停火協定。它強力反擊一九五〇年代共產陣營對朝鮮半島的侵略，並在一九九〇年代逼使海珊（Saddam Hussein）從科威特撤軍。

就連五大常任理事國的否決權也不盡然是壞事。最低限度上，它提供了一個壓力控制閥，讓強權得以持續參與國際進程，而不像國際聯盟頻頻發生的那樣片面退出談判。因此，即使聯合國未必能成功防止小規模戰爭，它至少對於防止下一次世界大戰發揮了作用。

它在其他生命領域裡也獲得一些可圈可點的成就。第二次世界大戰之後，在整個二十世紀之內，它照顧了千百萬難民，提供他們衣食，為他們找到新家、滿足他們的心理需求。聯合國各機構也協助撲滅了全世界的天花、提升勞動基準、擴展教育，並增進世界各地女性權益。每當我們打國際電話、發送國際郵件或搭機前往他國，我們都在運用聯合國各機構協調及管控的國際協定。清單還可以繼續列下去。這些事物或許看來不如實現世界和平的努力那樣令人印象深刻，但它們完全是同一種強烈激勵了戴維斯、里夫斯等理想主義者的欲求之一環，那就是打造一個更團結的世界。

今天，聯合國最引人注目之處，在於它整體看來是何等不合時宜，尤其是安理會的結構。即使在一九四五年都很清楚，英國與法國的影響力再也不能恢復到過去水準，如今它們與其他數十國毫無二致。今天的俄國大不如前蘇聯，即使中國施展了巨大經濟力量，它仍未躋身政治強權之林。唯有美國仍設法維持著與聯合國創建當時相去不遠的地位。同時，德國、日本等經濟巨人，以及印度、巴西等新興強權，都不得不聽從一個不承認它們真正價值的體系的號令。我們在一九四五年為自己選擇的「一個世界」，在第二次世界大戰結束時的權力格局裡長期原封不動。不論好壞，這仍是我們今天不得不在其中運作的體系。

就連聯合國最堅定的支持者都明白這套體系的荒誕之處。一位國際律師這麼說：

> 要是有人來找你，對你說：「聽著，我們要擁有一個治理世界的組織。但……它沒有自己的預算；它沒有自己的強制執行權力；它得乞討，仰仗會員國的軍力或財務支持；它得擁有一部折衷的憲章，其原則為了讓人們接受而自相矛盾；它還得同時處理即將代表它的全體員工所使用的各式各樣語言。你覺得這行得通嗎？」你會對我說：「你在開玩笑嗎？」我會說，它能做到這麼多事純屬奇蹟。我強烈支持聯合國，純粹是因為我們沒有更好的選項。但你得改進它。[48]

說出這些話的是一位匈牙利裔美國人，他在聯合國體系內部工作了五十年之久。我們接著就要講他的故事。

第十二章 世界法律

班傑明・費倫茨（Benjamin Ferencz）打過的並不是「美好一戰」。[1]當一九四一年底日本轟炸珍珠港，他立刻志願入伍為國參戰，但他和美國陸軍對於他能做出何種貢獻，看法似乎大不相同。身為能夠流利使用多國語言的哈佛法學院學生，費倫茨相信自己能在軍事情報部門派上用場。但陸軍對他的頭腦沒興趣，他們只想湊足兵額。於是，法學院畢業之後，費倫茨被徵召為砲兵部隊的二等兵。

隨後兩年間，他學會了軍方的各種把戲。他發現了欺騙體系的方法，避免服從危險或非法命令（「這種命令有很多」）的方法，以及智取上級長官霸凌行徑的方法。最終，還有和德國人戰鬥的方法。他參與了諾曼第登陸、突出部戰役和突破齊格菲防線。他和所屬的砲兵部隊擊落敵機、轟炸敵軍。其間每一分鐘都令他痛恨。

直到一九四四年，費倫茨一路打到德國邊界之後，軍方高層才有人意識到他的才能或許更適合從事其他任務。他們從德國接獲了令人憂慮的情報，亟需查證，是關於盟軍飛行員被活活打死、戰俘被凌虐的消息，還有其他更加可怕得多的傳聞。他們這時需要一位戰爭犯罪專家。不知怎麼地，他們發現費倫茨正是這樣一位專家，他在為其中一位教授進行研究計畫時，曾經閱讀並摘要哈佛大學圖書館關於這個主題的幾乎每一本藏書。於是他們立刻將他調離砲兵隊，從此刻起，費倫茨隸屬於美軍第三軍團軍法部門，成為一名戰爭犯罪調查員。

起初，他懷著滿腔熱忱接任新職。他推斷，至少他終於可以遠離戰場上的恐怖。他得到了座車，以及視需要前往任何地方、詢問任何問題的權限。他懷抱著對自己的浪漫想像：他是一個可以策馬入城鎮，將道德天平校正的人，宛如法學版本的獨行俠。他甚至在自己的吉普車前方漆上了「獨來獨往」（Immer Allein）這句話。

但他對自己即將看到的景象完全做不了任何心理準備。一九四五年春，偵查過幾宗謀殺案之後，費倫茨奉命調查美國陸軍向德、奧兩國內地推進時發現的集中營：奧爾德魯夫（Ohrdruf）、布痕瓦德（Buchenwald）、毛特豪森（Mauthausen）、達豪，以上僅舉數例。從費倫茨到達這些地點的

圖25　班・費倫茨在法國，一九四四年，當時他仍是美國陸軍第一一五防空砲兵營的一名下士。（圖片來源：Benjamin Ferencz）

那一刻起，事情就很清楚，他正在見證規模空前絕後的暴行。「它們基本上都差不多。死屍散布在營區內、人皮和骨骸成堆、屍體在焚屍爐前如積木般堆高，無助的皮包骨罹患腹瀉、痢疾、傷寒、肺結核、肺炎及其他疾病，在爬滿蝨子的床鋪或地面上乾嘔，只能用可憐的眼神求助。」費倫茨在任務過程中至少造訪過六個這種地點，他所遭遇的景象終其一生都糾纏著他。

他的法學背景也無法讓他準備好，面對解放過後的混亂中上演的報復實況。比方說，當費倫茨來到埃本塞（Ebensee）集中營，他看到幾位囚犯對先前看守他們的一名親衛隊衛兵實施報復。他們殘忍地毒打這個人，把他綁在原先用來將屍體滑進焚屍爐的其中一個金屬盤上。然後他們活活烹殺了他。「我看著事情發生，什麼也沒做。阻止它發生不是我的職責，說實話，就算我有這個職責，我也不打算試著阻止。」但這幕景象烙印在他的記憶中。

隨後，在達豪軍事審判期間，他親眼看到某些被告在被判處死刑之前，法庭只給他們一兩分鐘時間解釋自己的行為。「身為律師，我對這種事沒什麼好感。至少感受不太正面。我會覺得這不公正嗎？其實未必。他們都在集中營裡，他們都看到發生了什麼事……但我覺得有些噁心。」

將近一年之間，這類經驗就是他日常生活的內容。到了一九四五年十二月，他受夠了。他不等復員就擅離職守，然後偷偷搭上一艘開往美國的運兵船。軍方似乎沒有誰特別在意。當他抵達美國，他的所做所為或所到之處都沒有留下紀錄，他因此得以榮退，獲准回家。他日後坦承：「二戰時我在陸軍度過的三年，是我人生中最悲慘的經驗。」他只想重操民法律師的舊業，並努力忘記自己看見過的一切。

通往紐倫堡和東京之路

班・費倫茨在埃本塞見證的那種報復，在戰後初期司空見慣。歐洲和亞洲各地的許多人由於這些年的殘酷而心懷怨恨，他們利用暫時出現的權力真空，行使自己的報復形態。在捷克斯洛伐克，被俘的黨衛軍人員被吊死在路燈柱上。在波蘭，納粹嫌疑犯被活埋在液態糞肥裡，被先前的集中營囚犯活活打死，或被逼著徒手挖開萬人坑。[2]在法國，抵抗運動在解放期間及其後，將九千名左右的通敵者就地處決；而在義大利，多達兩萬名法西斯黨人也遭受同樣下場。[3]

絕大多數這類事例之中，參與報復的人們都不認為有必要訴諸法律。腐敗的警察與凶暴的民兵罪行人盡皆知：既然他們自己都不讓受害者接受公平審判，他們又憑什麼享有這種奢侈？就連法學家都能從這種過程中看出某種野蠻正義。比方說，一位法國律師就質疑對一群法西斯暴徒安排審判有何價值，這些人承認自己把囚犯的眼睛挖掉，「把臭蟲放進雙眼的洞裡，再把眼窩縫上」。他思忖，對於這樣的人，「立即槍斃可能還更好。」[4]

有時整個群體，甚至整個人口都會成為報復目標。在南斯拉夫，約有七萬名通敵勢力的軍民在壕溝前被列隊槍殺，或被綁在一起丟下懸崖。即使採用了某種粗略的揀選形式，這些人卻全都沒有機會在法律意義上為自己辯護。[5]同時，在東歐全境，德意志人後裔紛紛被他們的社群驅逐。一九四五至一九四八年間，約有一千兩百萬至一千四百萬人被驅趕到德國，過程殘酷到據信至少有五十萬人死在路上。[6]再一次，這種措施的合法性幾乎不列入考慮。「整個德意志民族都要對希特勒負責，」日後的捷克斯洛伐克司法部長在一九四五年宣告，「整個民族都必須接受懲罰。」[7]

同樣的情景也發生在亞洲某些地區。在香港，日本軍人從電車上被拖下車當街打死；通敵者和告密者被自衛隊員追捕，由袋鼠法庭審判，再從後腦開槍處決；當赤柱監獄（Stanley Prison）的日本憲兵隊劊子手被發現企圖搭乘渡輪逃跑，一群中國勞工把他五花大綁，扔進港裡淹死。[8]在緬甸，美軍反情報部隊特工對於就地處決通敵者毫無疑慮，而在滿洲，據信則有多達三千名日本戰犯嫌疑人被蘇聯紅軍就地處決。[9]同時在馬來亞，共黨游擊隊在戰後實施「恐怖統治」，經常殺害通敵嫌疑犯以及與日本官員上床的女性。根據目擊證詞，光是處決還不夠；受害者往往被刺刀捅死、被打死或被凌虐至死。他們的眼睛被挖掉、生殖器被切斷，還被開膛剖肚。「再也沒有任何適當的法律，」一位馬來亞歷史學家斷言，「人命再也不具任何價值。」[10]

☆

這種速決式的正義有三大問題：它很殘酷、幾乎不太區分無辜者與有罪者，而且（或許最重要的）它往往跟納粹或日本軍犯下的暴行毫無差別。「我們正在重演蓋世太保執行的某些令人髮指的程序，」一份法國抵抗運動報刊在解放後哀嘆，「要是戰勝野蠻人就只是為了仿傚他們、變得跟他們一樣，那意義何在呢？」[11]

西方盟軍也在歐洲和亞洲同樣實施了大量就地處決。但他們當然不想讓自己的正義以這種方式被人記得。他們想要把自己想像成正直的英雄，也是更合理、更安全世界的建造者；他們也要別人這樣看待自己。更重要的是，他們知道想要建立持久和平的話，就一定要向所有人展示，無差別暴力和暴行的時代已經終結，所有善女良男都能免於恐懼的世界，必須由法治支配。

同盟國應對戰爭結束後如何處置德國及日本領導人的問題時，正是謹記著這點。同盟國的許多領導人，包括邱吉爾等領袖人物在內，都支持簡單明瞭的就地處決。但最終決定，審判他們將能傳達出更有力的訊息。歐亞各地安排了數十次軍事審判，但其中兩次審判的宗旨，尤其是要發揮正義之燈的功能：第一次是紐倫堡審判，第二次是東京審判。德國與日本政權的政府首長們都要站上被告席，好讓他們的罪行能被記載下來流傳後世。這個想法不只要向世界提供今後應當如何伸張正義的象徵範例，也要在全世界面前查明策劃戰爭、實施暴行的人們之罪責。

但這種訴訟方式為同盟國帶來了極為真實的兩難。一方面，他們想要展示自身的道德正直，因此被告必須得到有尊嚴的對待，獲得資源來組織合適的辯護，並獲准在法庭上發言。但另一方面，即使不是所有人，大多數被告仍必須被證明有罪。全世界都知道這些人對某些事負有罪責，即使他們未必有精確的術語能描述這些罪行。倘若任何被告由於法律技術問題而得以獲釋，同盟國就不可能宣稱正義得到伸張。

因此對於這些審判的進行方式費了不少思量。一九四五年夏，來自英國、美國、蘇聯、法國的代表在倫敦會談，他們制訂憲章，規定運用於審判的法律與程序。首先，他們從一開始就明確表示，不允許以「服從命令」作為辯解。「總有一個時刻，個人若要遵從良知，就必須拒絕服從領袖。」英國首席檢察官哈特利．蕭克羅斯爵士（Sir Hartley Shawcross）在紐倫堡審判開始時解釋，「就連在行伍中服役的普通兵士，也不得聽從非法命令。」[12]反過來說，指揮官也必須對部下的行為負責。因此，倘若任何軍隊被允許向平民肆虐，其統帥就必須承擔個人責任——就算他們自己並未下令，甚至不允許實施暴行。這個先例在其中一次最早的審判，也就是馬尼拉審判中確立，菲律賓日軍司令官即因部隊的野蠻行徑，而（爭議性地）被判有罪。[13]最後，為了確保能讓最多的納粹及日軍承擔責任，同盟國還加上了密謀罪。他們若能證明這些領導人曾經謀議（非法開啟戰端或實施暴行），那麼參與謀議的每一個人，都要對集體犯下的罪行承擔個人罪責。這些在一九四五年首度定型的原則，從此成為國際刑法的基礎，至今仍然有效。

紐倫堡及東京審判的被告們，罪名可分三大類。最不具爭議的第一類是常規戰爭罪：謀殺戰俘、殺害人質、恣意摧毀城市等等。這類行為已被戰前的日內瓦公約及海牙公約確立為犯罪行為，這兩個公約在戰前及戰時，構成了班・費倫茨等法學院學生研讀的國際法之基礎。

但某些暴行的純粹規模就是如此空前，看來亟需一種全新的罪行範疇加以定義。於是同盟國創造了「危害人類罪」（crimes against humanity）一詞，這個詞會逐漸用以定義任何涉及系統性大規模危害人類的犯罪，諸如大規模迫害、大規模奴役、大規模驅逐、大規模殺害。約莫也是在這時，「種族屠殺」（genocide）一詞首度被用於描述任何摧毀整個族裔、種族或國民群體的企圖。但不幸的是，這類詞彙引起了世界各地法學家的憤慨。就連同盟國的律師和法官也指控當局編造新法並溯及既往。美國最高法院大法官哈倫・菲斯克・史東（Harlan Fiske Stone）甚至稱之為「一場高級的暴民私刑派對」。[14]

但爭議性最大的或許是第三類「甲級」範疇：「破壞和平罪」（crimes against peace）。根據倫敦憲章（London Charter），任何策劃、預備及開啟侵略戰爭的領導人，就其定義而言都是戰爭罪犯。事實上，開啟一場無法辯解成自衛的戰爭，不只是犯罪而已，紐倫堡國際軍事法庭認為它是

「最嚴重的國際犯罪」，因為「其本身包含了總體罪惡的積累」。[15] 不消說，這使得盟軍統帥部門的許多人特別坐立不安，不只因為這項新法將會溯及既往，也因為它對戰爭作為人類行為之正常一部分的概念提出質疑。從今而後，若是未受挑釁而發動戰爭，這樣的戰爭將不再被看作是高貴或光榮的，而是恰好相反。實際上，國際社會似乎正朝向完全止戰而邁進。一位美軍將領當時評述：「美國最好不要輸掉下一場戰爭，否則我們的將軍和海軍上將全都會在黎明時分被槍斃。」[16]

於是，當紐倫堡審判於一九四五年十一月二十日開始時，它們早已陷入爭議中。其後一年間，二十

圖26　大衛·羅（David Low）描繪一九四六年十月一日紐倫堡大審宣判的動人漫畫。（圖片來源：David Low/Solo Syndication）

一名德國最高階的納粹黨人被迫在全世界面前解釋自己的行為。對他們的指控排山倒海而來：千百萬份文件被蒐集起來，連同納粹攝影團隊拍下的照片與影片，以及不僅來自受害者、也來自坦白承認參與大規模殺戮的親衛隊軍官所提供的目擊證詞。這一切都由詳盡報導審判的全世界媒體觀看。最後，十一名被告被判處死刑，七人被判處十年徒刑到終身監禁不等，還有三人因罪證不足而獲釋。

東京審判在大約五個月後的一九四六年四月開始，爭議性甚至更大。不僅同盟國被指控在事實發生後編造新罪名，同盟國也因為審判的對象而遭受批判。在日本政府所有高階領導人之中，唯一自始至終參與戰爭決策的人是天皇本人，但他正是唯一得以豁免於審判的人。法國法官對這個顯而易見的疏忽大感憤怒，因此在審判結束後寫下不同意見書，其中陳述：既然天皇是日本統治全亞洲之侵略意圖的「首要發起者」，所有其他被告「都只能視為共犯」。[17]最後，在二十五名全程受審的軍事及政治領袖之中，七人被判處死刑，十八人被判處刑期不等的徒刑。

要批判戰爭罪審判所遵循的原則並不難。同盟國很顯然是在發送「勝利者的正義」，它們本身也同樣犯有戰爭罪。邱吉爾和他的轟炸機部隊司令官當然犯下了「恣意摧毀城市」之罪，羅斯福總統和杜魯門總統也因為批准以燒夷彈空襲東京，以原子彈轟炸廣島和長崎而同樣有罪。即使以戰爭開始前的國際法判斷，這些行徑都明顯違法。看來尤其荒謬的是蘇聯竟以對波蘭發動侵略戰爭的罪名審判納粹領袖，但蘇聯在一九三九年時明明未受挑釁，卻與德國幾乎同時進攻波蘭。

就連同盟國檢察官都承認，用來審判德國與日本的其實是套雙重標準。正如紐倫堡審判的美國首席檢察官羅伯．傑克遜（Robert Jackson）在一九四五年向杜魯門總統報告：

（同盟國）已經犯下或正在犯下我們起訴的德國人所犯的某些罪行。法國人對待戰俘嚴重違反日內瓦公約，使得我方統帥正向他們討回撥交給他們的戰俘。我們起訴劫掠行為，而我們的盟軍正在大肆劫掠。我們說侵略戰爭是犯罪，而我們的盟國之一僅僅憑藉征服的名目，就對波羅的海三國聲張主權。[18]

但又有什麼替代方案？絕不可能讓紐倫堡和東京審判的更多被告得以逍遙法外。勝利者的正義是速決式正義唯一現實的替代方案，速決式正義不僅會在戰後傳達出錯誤訊息，更將剝奪了法學家確立國際法某些最重要原則的機會。

即使有著法學上的一切缺陷，這些審判無疑仍實現了一項重要功能。它們自始即以創造出盛大場面為宗旨，好讓全世界人民都有可能目睹正義伸張而獲得滿足。被告們在被告席裡的照片，連同他們所作所為的報導，刊載於全世界的報刊上。審判成了新聞影片及電台節目的主題，尤其在德國，整個一九四六年之中，紐倫堡審判每天播送兩次。構成部分證據的文件及影片，從那時候起成了德國及世界各地學校的教材。即使關於審判的合法性至今仍爭論不休，它們仍為世界提供了人類群體歷史中某些最惡劣罪行的永久紀錄。

但記住這一點很重要：這一切全都有其代價。滅猶大屠殺的罪惡與無辜有著無數層次區別，不可能光靠著審判領袖就能應對。審判的象徵性質一勞永逸地將妖魔與殉難者的神話嵌入我們的全球意識之中；即使在戰後建立一種正義意識或許有其必要，隨之而來的卻是細微差異的喪失，從那時候起，歷史學家始終試著追回這種細微的差異。

國際軍事法庭之後的正義

班傑明．費倫茨同樣發現自己被捲入了紐倫堡審判。他回到美國沒多久，軍方高層又找上了他。同盟國正策劃在紐倫堡展開新一輪審判，這次要起訴濫用權威犯下暴行的各種專業人士。比方說，對於在奧許維茲及其他集中營進行人體實驗的納粹醫師，即將展開審判。對於法官、德國工業家等各種專業人士的審判也即將展開。要舉行這些審判，就急需不僅熟諳法律，也曾在德國工作過的調查員。

一九四六年初，費倫茨奉召前往華盛頓面談，並被問及是否考慮返回歐洲。可想而知，他不太情願重回生命中那段如此黑暗的歲月，但戰爭部的官員們竭盡全力說服他。「班尼，」其中一位向他懇求，「你去過那兒，你看到了那些事——你得回去。」百般思量之後，他終於同意，但只有一個條件：准許他以平民身分前往。他再也不要被逼著服從軍令。[19]

就這樣，他發現自己回頭橫渡大西洋，這次的目的地是紐倫堡和柏林。一九四六年剩餘的時間裡，他再度埋首於蒐集納粹戰爭犯罪證據的工作。這項工作令人筋疲力竭，當他和研究人員隔年在柏林發現了大批隱藏的蓋世太保祕密檔案，就變得更加繁重。這些檔案概述了親衛隊特別行動隊（SS Einsatzgruppen）在東歐的行動詳情，他們有系統地圍捕並槍殺猶太人及其他不被納粹需要的人群。這批新出土的事證如此強而有力，使得費倫茨確信有理由憑藉這些證據，另開一場特別行動隊審判。但他將自己的發現呈報上級時，上級卻遲疑了。同盟國檢察官人手不足，對於審判的政治支持此時已開始衰退。情急之下，或許也被一絲野心激發，費倫茨提議由他親自進行這項額外工作。他可以自行組織審判，同時繼續手邊正在進行的其他工作。費倫茨就這樣在這場不久後被美聯社稱為「史上最大規模的謀殺案審判」之中，受命擔任首席檢察官。這時他才二十七歲。

決定進行方式遠非易事。他揭露的犯罪規模巨大，涉及一百多萬人遭到殺害。要審判全部參與過這樁駭人計畫的人絕無可能，於是他決定將全副心力集中於一小群「我們所能逮到最高階的官員，也是教育程度最高的凶手」。他起訴二十四人，其中二十二人最終受審。

特別行動隊審判於一九四七年九月二十九日開始，費倫茨在開審陳述中表明，這場訴訟有著重大影響。「我們的目的不在於復仇，」他說，「也不僅止於尋求公正懲罰。」處於存亡關頭的是遠遠更加重要的事物：「人類生活在和平與尊嚴之中的權利，無論其種族或信念為何」。他斷言，這場審判因此完全是「人類向法律提出的申訴」。正是人類的良知本身，要求這些大規模屠殺的設計者們不僅應判有罪，更需嚴懲以儆效尤。「倘若這些人得以免罪，」他總結道，「法律就會喪失意義，人類將不得不在恐懼中度日。」[20]

隨後六個月內，費倫茨提交了將近兩百份文件，以令人髮指且窮於應付的細節，揭示猶太人在東歐全境遭受有系統的謀殺。當審判在一九四八年四月結束，法官們都認可這些事實的揭露不僅對於德國是重要的，對於「全人類」也一樣重要，「整個世界本身皆與本案之裁決相關」。全體被告都被判有罪，其中十四人被判處死刑。[21]

費倫茨始終無法完全接受自己和其他檢察官在紐倫堡做到的事。一方面，他知道法律終於得到遵守是好事一樁。但另一方面，他又不禁回想起其他所有逃過任何懲罰的凶手們——他稱之為「走運的混蛋們」。滅猶大屠殺的執行者成千上萬，他卻只能將二十多人繩之以法。[22]

不僅如此，當他的審判做出的死刑判決，美國駐德國高級專員約翰・麥克洛伊（John J. McCloy）卻減免了四個人以外的刑責，這讓他感到震驚。他知道正義必須以慈悲調和，但在他看來，這個決定「表現的慈悲多過正義」。多年以後，即使他為了在一切情況下持守法律價值而奉獻一生，他仍坦承自問過：速決式正義是否終究不會是更好的解決方式？「身為法律人，我不能接受，但我常常疑惑……」[23]

☆

班・費倫茨對於紐倫堡審判結

圖27　一九四七年九月的特別行動隊審判，是在紐倫堡進行的十三場審判之一。二十七歲的費倫茨極力爭取將這場審判排入日程，並成為首席檢察官，他坐在桌子左邊的席位上。（圖片來源：Benjamin Ferencz）

果的失望，許多人也有同感。審判本應是某些更重大事物的焦點所在，不只要從歐洲全境徹底肅清戰爭罪犯，更要肅清整個納粹主義與法西斯主義。但這終究不曾發生。不僅戰犯審判在一九四〇年代末逐漸陷入停頓，整個去納粹化過程也停頓下來。隨著戰爭的熱情消褪，新冷戰的需求開始取而代之，繼續起訴的意志也逐漸減退。

終戰時，德國共有八百萬登記在案的納粹黨員。在所有同盟國之中，美國人是最堅決追究他們及其協力者的。在美國占領區，美國人查核一千三百多萬德國人，發現其中三百四十萬人似乎涉及某種案件需要被起訴。但就連美國人也不具備審判這麼多人的資源。最終，超過百分之七十的這類人未經審判就獲得赦免。[24]其他主要盟國的熱情遠遠不及美國人。戰後因具體參與納粹或軍國主義活動而受審的二十萬七千兩百五十九人之中，被蘇聯審判的不到百分之十，法國審判了百分之八，英國則只審判了百分之一。[25]到頭來，誰也沒有對這種結果留下深刻印象。

西歐各地的情況也大致相同。隨著戰爭逐漸成為過去，戰犯獲得了更寬大的對待、叛國者更容易開脫、通敵者也獲准重返工作崗位。義大利提供了鮮明的實例。相對於二戰最後階段有一萬五千名至兩萬名法西斯黨人遭到游擊隊處死，義大利法院只判了九十二人死刑。就連入獄的人也沒有被囚禁太久，一九四六年，幾乎所有通敵者的徒刑都在全國大赦之下提前撤銷。比利時判處兩千九百四十人死刑，但其中只有兩百四十二人未獲減刑；奧地利法院則只判處四十三人死刑，其中只有三十人被執行死刑。[26]正義在東歐有時較為嚴厲，但在羅馬尼亞、匈牙利等國，通敵叛國及法西斯的指控也被共產黨人運用，成為剷除政敵的手段。真正的通敵者和法西斯分子往往得以改造、獲得赦免，獲准重操舊業。[27]

這種現象在日本更加顯著，東京審判的結果只不過是象徵性的姿態。不僅昭和天皇本人免於起訴，一九四五年逮捕的另外近百名甲級戰犯嫌疑人，最終也未經審判即全部開釋。[28]最終結算，只有五千七百名左右的日本人在亞洲各地特別法庭因戰犯罪名被起訴，其中只有九百八十四人被判死刑，四百七十五人處以終身監禁。其他人或是被判較輕刑期（兩千九百四十六人）、無罪開釋（一千零二十七人）、或未經審判即予釋放（兩百七十九人）。[29]而在日本國內，本應將法西斯分子及戰爭販子從社會中去除的肅清行動（公職追放），即使起初真心誠意，卻在一九四〇年代急轉直下。[30]

同時，在亞洲其他地區，整個勾結日本人的「通敵」概念則被悄悄無視了。從國族主義觀點看來，勾結日本人與勾結英國人、法國人、荷蘭人又有什麼兩樣？在這個奮力掙脫數百年殖民統治的區域裡，勾結日本人甚至有可能被描繪成某種英雄行徑。例如在印度，當英國人試圖以叛國罪起訴少數印度通敵者，此舉引發群情激憤，使得英國人最終不只在印度、就連在鄰近的緬甸也被迫取消所有後續審判。就算其中有些人犯下了凶殘暴行也沒有差別，印度大眾在追求獨立的熱情之中，更情願將他們看成英雄，而非妖魔。[31]

正義的追求之所以在戰後年代逐漸被捨棄，理由有很多。首先，追求正義代價高昂，在一個想盡辦法要照顧人民衣食的世界上，有太多其他事項是政治人物更寧願花錢的。結果，除了在共產國家之外，戰後每一類受審的人員之中，商人似乎最能被從輕發落。要是亞洲與西歐的經濟想要復甦，追究這些人就沒有道理，無論其中某些人的罪責是何等確鑿。

其次，審判在政治上爭議極大。歐洲和亞洲許多地區在一九四〇年代晚期徘徊於內戰邊緣。不同族裔或政治群體之間的緊張關係，強烈到許多國家又從頭再次陷入暴力，諸如希臘、波蘭、烏克蘭、波羅的海三國、阿爾及利亞和馬來亞只是其中數例，但戰爭遺留下來的低強度暴力幾乎在每個地方都持續發生。為求社會團結，許多國家慎重而有意識地決定不再追究通敵者與戰犯，並說服自己正義已得到伸張。決定事情到此為止是更安全的做法。

但最重要的是，冷戰需求使得審判隨之終結。到了一九四八年，西方的新敵人以共產主義的形態現身。打敗共產勢力倘若意味著恢復前法西斯分子及通敵者的地位，那麼這個代價被認為是值得的。同時，在東方共產陣營，「法西斯」一詞的形象受到微妙的重塑，開始將資本家、商人及西方政治人物包含在內，從而為「真正的」法西斯分子大開門戶，讓他們得以改變擁戴對象，加入共產黨。

就這樣，正義的火焰最終被政治及經濟議題施加於其上的重量給捻熄。戰爭罪責的問題從來不曾被適當平息，它只是被掩蓋起來。從那時起，它就深藏於我們的集體意識之中，只是不時浮現於我們關於二戰妖魔與殉難者的神話之中。

追求世界刑法

這種新的冷戰犬儒主義並未立即在全球層面清楚顯現。在聯合國，至少是檯面上，從事侵略戰爭將被禁止，違者將被依法追究的新世界遠景，似乎得到了廣泛支持。不僅聯合國憲章承諾「欲免後世再遭……慘不堪言之戰禍」，聯合國也在一九四八年起草世界人權宣言。該宣言首次宣告「人類家庭所有成員不可剝奪的權利」，無論其種族、膚色、性別、階級、政治、語言、國籍，或任何種類的其他任何區別。它幾乎得到一致採納（即使有些國家棄權，但多半是共產國家），自此構成了全世界人權立法的基礎。同時，聯合國也草擬了「防止及懲治種族滅絕罪公約」（Genocide Convention），禁止任何摧毀國籍、種族或宗教群體的企圖。它立即獲得四十一國簽署，至今一共獲得一百四十七國批准。[32]戰爭的恐怖是如此震撼，使得世界各國譴責戰爭的願望似乎團結了起來。

但不幸的是，往往也就僅止於譴責了。草擬關於人權的宣言當然不錯，但誰要付諸實行呢？「人權」一詞必然意指侵犯人權者將由代表全人類的法庭審判並懲罰，但紐倫堡與東京國際軍事法庭結束之後，這樣的法庭就不復存在。儘管制訂了許多設立法庭的計畫，但無論終戰時對這個議題有多少急迫性，卻很快就煙消雲散。再一次，阻礙在於國家主權問題。沒有幾個國家願意允許自己的公民受到外人審判。願意讓自己有可能遭受敵國譴責的國家就更少了，尤其在兩個超級強權之間，它們彼此都害怕對方只為了給自己難看而利用這個法庭。結果是，世界只能沿用一套荒謬的體系，其中唯一有能力保障人權的權威來源是各國政府，即使這些國家政府首先就對侵害人民權利難辭其咎的情況下。

說到禁止「侵略戰爭」，同樣的問題又出現了。理論上，人人都願意認同侵略戰爭是犯罪。但「侵略」究竟如何定義？聯合國花了將近三十年時間就只為了做到這點。有些人主張開第一槍的任何人都是侵略者。其他人則爭論，有大量情境可能成為開第一槍的理由，例如援助盟友，或預先遏阻他人的攻擊。還有些人爭論著「侵略」是否必然是軍事上的？經由封鎖、制裁或不公平貿易協議攻擊一國的經濟，不也是侵略的一種形式嗎？諸如此類的爭辯在聯合國你來我往數十年，直到一九七四年，聯合國大會終於提出一個定義，但即使是在那時，他們提出的定義也太過寬泛，實際上毫無意義可言。聯合國大會第三三一四號決議案（General Assembly Resolution 3314）宣告，「侵略行為」可能是軍力入侵、轟炸或封鎖，或其他多種行為。但歸根結柢，侵略行為實際上是否發生過，仍要交由安理會決定。

身為構成侵略與否，構成戰爭與否，以及哪些行為是否需要採取相應行動的最終仲裁者，聯合國安理會仍是一切國際關係的最高機構。但安理會內部是如此分裂，又因五大常任理事國必須達成一致意見而如此癱瘓，使得它往往完全無力採取任何行動，防止世界各地持續發生的暴行、種族屠殺及危害和平罪行。

☆

班．費倫茨旁觀著毫無進展的一切。紐倫堡審判終於在一九四〇年代末收場，其後三十年間，他都在努力為生命財產遭受納粹毀壞的人們爭取賠償。他在德國停留數年，隨後返回美國，繼續在美國為受到戰爭影響的人們打官司。儘管累積了許多勝利，但他卻不禁感到有些錯失之處。在紐倫堡那些可怕又充滿希望的日子裡，他不僅夢想著懲治凶手、賠償受害者，也夢想著建立一個「沒有大屠殺的世界」。但當戰爭與暴行仍在全世界繼續發生而不受挑戰，賠償又有什麼用呢？

他因而在一九七〇年放棄了律師工作，決心「奉獻餘生追求世界和平」。他開始參與聯合國的會議與討論，研究國際法的錯綜複雜之處。他開始遊說各國外交官，並撰文批判聯合國的停滯不前。更重要的是，他也開始為了設立國際刑事法庭而奔走，期望紐倫堡的遺產能以某種方式得到重振。

他的奔走又持續了二十年，這段期間裡，他在國際法學社群中獲得了許多盟友。但他們的共同努力卻一再失敗。按照費倫茨的理解，致力於世界和平問題的聯合國各委員會，看來跟挫敗的演練沒什麼兩樣：「他們說著，他們說著，他們說著，並且向前慢慢爬出黏液之外。」同時，冷戰強權們幾乎毫不退讓，簡直當成了原則問題。費倫茨對他自己的政府行徑尤其反感，他相信美國有責任為世界其他地方樹立榜樣。他有一次憤怒地向聯合國的聽眾解釋：「美國花了四十年時間，才批准我們自己支持的防止及懲治種族滅絕罪公約，花了整整四十年！」[33]

一直到冷戰結束，一九九〇年代南斯拉夫和盧安達又發生兩場新的種族屠殺，國際社會才終於開始行動。首先設立了專門法庭，如同紐倫堡與東京的國際軍事法庭，並且再度對於建立常設國際刑事法院的可能性展開討論。短短數年之間，這些討論終於有了成果。國際刑事法院終於在二〇〇二年七月一日誕生，大約在二戰首次凸顯出全世界對這一機構的需求七十五年之後。

在費倫茨看來，這有點像是空洞的勝利。「事件發生後才成立的法院，只是承認失敗而已。」他後來說，「概念是要防止犯罪，而不是讓犯罪發生，再來追究某些人的責任。」令他傷心的還有聯合國許多最強大的會員國，至今仍拒不接受這個法院的權威，包括中國、印度、以色列和美國。儘管如此，他仍不肯灰心。他斷言，國際法體系仍在襁褓之中，倘若事物進展緩慢，我們不應感到意外。「我們在這裡看到的是原型——人類歷史上不曾存在的過程。」要是它看來還不太壯觀，假以時日它就會變得壯觀。最重要的是「我們開始動作了」。

第二次世界大戰及其後的紐倫堡審判，永遠改變了費倫茨的一生。他正是在這些年裡明白了法律的真正價值，以及戰爭所發揮損害法律、貶抑人類精神、取消人權的作用。「我學到了從來沒有、也不會有一場沒有暴行的戰爭。防止這種凶殘犯罪的唯一方法，就是防止戰爭本身。」

本書寫作之時，他仍在奔走尋求療癒一九四五年創傷的實際做法，並推廣著最終能運用普遍法力量制止國際侵略罪行的未來。

☆

如同班．費倫茨的生平所示，第二次世界大戰最偉大的遺產之一，是一種普遍而持久的欲求，想要制止人類某些最惡劣的本能，並創立一個能在人類之中促進和諧與團結的體系。多半是因為二戰，我們有了某些最重要的全球機制，諸如世界銀行、國際貨幣基金、國際刑事法院，以及聯合國本身。這些機制即使有著一切缺陷，仍代表一個理想：倘若戰爭能帶來任何益處，那肯定就是這個了，它創造了改變事物的欲求與意志。

但如同一九四五年興起的其他一切烏托邦遠景，「一個世界」的概念到頭來也只是夢想。一九四五年的一大弔詭之處在於，戰爭的遺緒在創造出團結欲求的同時，卻也創造出了確保團結永無可能實現的障礙。身受創傷的民族還沒準備好為了自己所遭受的傷痛而原諒彼此。首先為了確保主權而拚命奮戰的國家，不願將主權交付給任何更高權威。但最重要的是，誕生於二戰灰燼中的兩大超級強權之間的較量，將會決定二十世紀其後多數時間的國際關係。

第四部

兩個超級強權

Two Superpowers

第十三章 美國

柯德．梅爾（Cord Meyer）是個模範美國人。當美國參戰，梅爾也跟著參戰，他匆忙提前完成大學學業，好加入海軍陸戰隊。梅爾年輕、聰穎、滿腔熱情，渴望為一項事業而獻身。他確信美國有責任對抗法西斯，美國軍隊站上衝突最前線則是完全正確。在他出征的那一天，他在日記裡寫下強烈影響著他的感受：「看來，年輕又強大的我們，就要作為人民的鬥士與捍衛者走上戰場，以及這片廣大國土的每個地方，為了我們抵抗非人侵略者的遺產而戰。」他心裡明白這種感受不完全是真的，只不過是在表達一種永恆的理想，但他還是忍不住受到感動。[1]

戰爭的殘酷現實沒過多久就追上了他。一九四四年七月，在關島戰役期間，梅爾正在散兵坑裡掩蔽，這時一顆日軍的手榴彈落在他身旁。爆炸炸瞎了他的左眼，他的傷勢嚴重到營醫官將他列入「陣亡」名單。不幸的是，一封通知陣亡的電報就這樣發給了他焦急的雙親，他們直到數日後才得知，兒子其實適時獲得輸血而獲救。梅爾被送上一艘醫院船，橫渡大西洋返回美國，獲頒紫心勳章和銅星勳章，並安裝玻璃義眼。梅爾為了更崇高的事業而從軍的第一段冒險就此結束。這時他二十四歲。

終戰時，梅爾應邀加入美國代表團，參加舊金山的聯合國創立大會。正式代表哈羅德・史塔生（Harold Stassen）認為，代表團裡有一位獲頒勳章的參戰退伍軍人對形象有益；於是梅爾伸出雙手把握住這個機會。他相信，舊金山是「從戰爭廢墟中」創造「和平世界秩序」獨一無二的機會，他也渴望在這歷史性的任務中盡己所能扮演任何角色。但他沒過多久就陷入幻滅：

> 厭倦了毀滅、苦難與死亡，我看著聯合國的架構逐漸成形，感到愈來愈擔憂。關於和平的需要有許多夸夸其談……但事情不久就很清楚，美國或蘇聯都不願真正犧牲它們自豪的國族獨立與權力，少了這樣的犧牲，和平就只能是下一次世界衝突之前短暫的武裝停火。戰場上付出這麼大代價贏得的勝利，卻在會議桌上被糟蹋了……我離開舊金山時確信，倘若聯合國未能在不久的將來大幅強化，第三次世界大戰將不可避免。[2]

正是這些憂慮再次喚醒了梅爾的使命感。倘若聯合國無法勝任其目的，他會為了扶持聯合國而奔走。因此梅爾再次獻身於一項事業——這次是「打造更正義、更和平的世界」。[3]他開始撰文評論聯合國的缺點及補強之道。他加入推動世界政府的運動，並發起了該運動最重要的組織之一——聯合世界聯邦黨（United World Federalists）。隨後兩年，他在聯合國不懈地巡迴，進行遊說、募資，並宣講新的美蘇軍備競賽之危險。

梅爾這時最大的恐懼是原子彈的毀滅力量，他想像這種力量會讓世界倒退回新的黑暗時代。他熱烈地相信，美國作為唯一擁有這種武器的國家，有義務帶領全世界遠離一場新浩劫的可能性。「掌握權力的人也要承擔責任。」他寫道。美國必須全心全意支持世界政府原則，「真心誠意而無強制威脅之虞」。唯有如此，蘇聯才有可能受到激勵而報以同樣行動。[4]

又一次，梅爾注定要失望。無論他為自己的論點投注了多少熱情與能量，情況愈來愈明顯，美國政府不可能接納他的運動，美國人民也不會。蘇聯看來也沒有表現出接納

圖28　青年柯德・梅爾在一九四八年拜訪愛因斯坦，討論蘇聯對世界聯邦主義的態度。（圖片來源：Getty Images）

這個運動的任何跡象。實際上，梅爾自己更被蘇聯媒體人身攻擊，他被說成是「美國帝國主義的遮羞布」。[5]到了一九四九年秋天，他開始遭受信心危機。他感到「一事無成」和「了無新意」，並開始懷疑自身論點中「不人道的狂熱主義」。「我對於核子毀滅逼近的反覆警告在我腦中空洞地迴盪，在我許諾一個自己都不再真心相信的聯邦主義救贖之際，我逐漸討厭起自己的聲音來。」幻滅又筋疲力盡的他辭去聯合世界聯邦黨主席一職，退出了公共生活。[6]

往後一年半之內，他的心境再次起了變化。他花時間仔細思量美國與蘇聯之間愈發黑暗的關係，並斟酌史達林主義的本質。他和共產黨人打過一些交道，他們試圖滲透及顛覆梅爾投入的另一項事業——美國退伍軍人委員會（American Veterans Committee），而他不安地理解到這些人可能有多麼堅決。到了一九五〇年代初，他確信如今對世界和平構成最大威脅的是共產主義，而非「自豪的國族獨立」。事後回顧，他帶著一絲怨憤斷言，美國人展現出多少「真誠」從來就無關緊要，共產黨領導人會不擇手段，直到他們支配整個世界為止。於是在一九五一年，他決定「入伍」參加另一場全新運動：他加入了中央情報局，獻身於反共戰鬥。不同於其他那些曾經啟發過他的事業，這項事業注定要持續到他的職業生涯終結之時。[7]

接下來的數十年間，梅爾從維護單一世界的反戰分子成為忠誠冷戰鬥士的轉向過程，會被某些人說成是他背棄了原先的自由主義價值，「他被冷戰同化了。」一位昔日友人說。[8]梅爾本人則寧可認為，這是從理想主義走向現實主義的旅程。他從未放棄過對於世界和平的期望，或對於真誠、民主的國際合作體系之夢想。但他的優先要務是保衛美國，推而廣之，則是保衛整個世界不受蘇聯共產勢力威脅。「我只是逐漸而不情願地得到了這個結論：美國人面對著蘇聯這個大敵。」他在初入中情局將近二十年後寫道：「我如今知道的事，一開始我並不知道。我得吃了苦頭才能學會。」[9]

美國夢與蘇聯的背棄

美國社會總是有種烏托邦特質。這個誕生於朝聖先輩（Pilgrim Fathers）的理想主義中，建立在人人生而平等的真理上，開國以來始終自稱為自由、抱負與公義之「新世界」的國家，一九四一年參戰不是為了經濟或領土利益，而是為了維護一個夢想。美國是自由之地。因此當日本轟炸珍珠港，在美國人心目中，他們不只攻擊了一個國家，更攻擊了自由本身。

在這個「國恥日」之前二十年間，美國外交政策一直由一種幻覺主導：美國能夠孤立地追求它的自由與幸福之夢，不與外國牽扯不清；但戰爭來臨卻把這種信念摧毀得如此徹底，從此再也不曾恢復。就連共和黨參議員亞瑟．范登堡（Arthur Vandenberg）等昔日的孤立主義者也被迫得出結論：當暴政與不義得以在世界其他地方蓬勃發展，美國的自由絕不可能安全。「珍珠港，」范登堡在戰後說過，「讓我們多數人不得不做出結論：世界和平是不可分割的。」[10]因此，當美國拿起武器，它的意圖是要將自由的贈禮傳遍地球每個角落。羅斯福的四大自由：言論自由、信仰自由、免於匱乏的自由、免於恐懼的自由，不只是口號而已，它們也將成為宣言，首先明載於大西洋憲章、隨後明載於聯合國憲章本身。

到了一九四五年，當戰爭勝利，美國因勝利而志得意滿，這個烏托邦夢想似乎至少有一度幾乎伸手可及。美國站在「世界的頂峰」，擁有「人類所能達到的最強大力量與最強大權力」。[11]它的全部敵人都被擊倒，它的盟邦團結一致，在美國領導下建立一系列世界機制，它們宣稱的目標是要促進公民權、人權、經濟改革與民主自由，藉以消除戰爭。

二戰結束前夕，許多美國人仍然期望與相信蘇聯會在這些新國際機制的協助下，同樣接納這些理念。並不只有柯德·梅爾確信只要以寬容與理解相待，蘇聯終將認清美國夢的價值。多數媒體都如此慣於讚揚「我們英勇的盟邦」，使得它們不願採信對蘇聯表達疑慮的外交官。[12]不分共和黨或民主黨，多數政治人物也同樣樂意姑且相信蘇聯。「我們無需害怕俄國，」溫德爾·威爾基在戰時告訴美國，「我們需要學會與她合作。」[13]戰爭部長亨利·史汀生（Henry Stimson）甚至主張與蘇聯共享原子武器機密。「我在漫長一生之中學到了最重要的一課，」他在一九四五年九月致函杜魯門總統，「要讓某人值得信任，唯一的方法就是信任他。」[14]這些話語裡有幾分理想主義，也有幾分幼稚輕信，但又有一絲自負。梅爾和史汀生這樣的人，就只是預設其他國家追求的事物必定也跟美國相同，當情況證明了並非如此，他們真心感到驚訝且惱怒。

☆

不幸的是，蘇聯人卻沒有喚起多少信任。戰爭結束時，他們的極其難以共事早已名聲遠播。蘇聯外交部長維亞切斯拉夫·莫洛托夫（Vyacheslav Molotov）在蘇聯同胞之中的名號是「石頭屁股」（Stone Arse），源自他坐在會議席中數小時卻堅持寸步不讓的頑強能耐；他的下屬安德烈·葛羅米柯（Andrei Gromyko）則在不久後被美國媒體稱為「不先生」（Mr. Nyet）。[15]維也納和柏林的美國官員發現，簡直不可能和蘇聯對口達成任何理解，並且對他們「任意尋找技術性理由，為違背雙方理解辯護」的能力驚詫不已。[16]

即使美國擁有一切財富、軍力、原子支配地位及政治主導權，面對如此的拒不妥協，卻很難不顯得出奇無能為力。比方說，雅爾達的三巨頭會議過後，華盛頓流傳著一個謠言：「羅斯福總統在幾乎所有問題上都向史達林屈服。」羅斯福總統的助理們則費盡心力予以否認。[17]而在布列敦森林會議上，蘇聯人公然實行「承攬一切利益，但外包一切責任及義務」這一方針，每當蘇聯一意孤行，英美兩國就再三退讓的姿態，則激怒了世界各國的代表。其中一位代表，比利時代表喬治·優尼斯（Georges Theunis）忍不住對英國經濟學家們咆哮起來：「太不像話了。美國人每次都對俄國人讓步。你們也一樣，你們英國人，一樣糟糕。你們全都向他們屈膝。走著瞧。你們會看到自己怎麼自食其果。」[18]

第一批意識到蘇聯對全世界構成何等威脅的美國官員，是派駐在美國駐俄國及東歐各國大使館的外交官員。按照美國駐波蘭大使亞瑟·布利斯·連恩（Arthur Bliss Lane）所言，蘇聯人從來不打算信守雅爾達會議的承諾，在波蘭舉行「不受限制的自由選舉」。他從華沙發回國內的公報裡，充斥著「虛假選舉」、「恐怖活動」及「蘇聯壓制言論自由及其他人類自由之舉」的相關記述。[19]美國駐莫斯科大使埃夫里爾·哈里曼（Averell Harriman）說得更直率，「史達林正在毀棄協議。」他在一九四五年四月返回華府述職時警告總統。他甚至預言歐洲即將發生新的「蠻族入侵」。[20]

派駐東歐其他國家的外交官，做出的評估內容也大致相同。在羅馬尼亞，盟國管制理事會（Allied Control Commission）的英國和美國人員抱怨他們「被關起來，近乎監禁」，而蘇聯人則直接介入瓦解羅馬尼亞政府，以共產黨傀儡替代。[21]在保加利亞，美國外交官則抱怨他們「無力」阻止蘇聯幕後支持的恐怖活動；他們沒有發言權、不得接觸任何有意義的資訊，在蘇聯支持的國家警察用於「威嚇及控制人民」時只能靠邊站。[22]同時，捷克外交部長揚・馬薩里克（Jan Masaryk）則向美國對口坦承，他對於蘇聯人不斷威逼他屈服的手法近乎絕望：「你就算跪下，俄國人還是覺得不夠。」[23]

蘇聯人侵害公民權及人權的新消息，近乎無日無之。蘇聯紅軍強暴千百萬德國人婦女、全面洗劫東歐各國財產、組成祕密警察部隊、迫害天主教神父、恐嚇反對派政治人物，處死前抵抗運動領袖、大規模驅逐國民——所有這些主題一再被驚恐的美國官員加以評述，美國媒體的報導也愈來愈多。

事情沒過多久就很明顯，在東歐為自由民主挺身而出的任何人都是標靶。保加利亞反對黨領袖尼古拉・佩特科夫（Nikola Petkov）被羅織罪名逮捕處死。波蘭反對黨領袖斯坦尼斯瓦夫・米科瓦伊奇克（Stanisław Mikołajczyk）最終為免不測而流亡國外；匈牙利總理費倫茨・納吉（Ferenc Nagy）、羅馬尼亞總理尼古拉・勒代斯庫（Nicolae Rădescu）也相繼流亡海外。馬薩里克的生涯則在一九四八年戛然而止，他離奇地從捷克外交部的一扇窗戶「墜樓」身亡。這些類型的事件，正是普通美國人相信自己在歐洲已經終結了的。這一切全都從頭開始的想法，令人忍無可忍。

但最最令人憂心的想法，仍是蘇聯影響力（實際上是蘇聯顛覆）已經開始擾亂美國這回事。震撼北美洲的一連串間諜醜聞，第一波發生於一九四五年。譯電員伊戈・古琴科（Igor Gouzenko）自渥太華蘇聯大使館叛逃，並揭發了為蘇聯充當間諜的至少二十名加拿大人及三名英國人姓名，其中許多是政府公務員。美國政府高層內部同樣潛伏著蘇聯間諜網的謠言不久也流傳開來，其中一些謠言後來證明了完全屬實。一九四八年七月，一位先前曾為蘇聯擔任掮客，名為伊莉莎白・班特利（Elizabeth Bentley）的女性，在眾議院非美活動調查委員會作證，公開點名三十二人是間諜。名單包含羅斯福政府的數名官員，其中包括幕後策劃了布列敦森林會議，決定新國際經濟安排的哈利・德克斯特・懷特。沒過多久，另一位名為惠特克・錢伯斯（Whittaker Chambers）的前共產黨員，揭發了另外幾位高階蘇聯間諜，其中包括創立聯合國、組織雅爾達三巨頭會議時皆為重要角色的阿爾傑・希斯（Alger Hiss）。更多醜聞隨之而來。一九五〇年，朱利烏斯與艾瑟兒・羅森堡夫婦（Julius & Ethel Rosenberg）因竊取原子武器機密並交付蘇聯而被起訴。一時之間，間諜彷彿無所不在。

對於絕大多數美國人，尤其像柯德・梅爾這樣始終想要相信蘇聯人最好一面的人來說，這樣的背叛太過火了。梅爾在希斯審判過後自問：「懷疑的盡頭究竟在哪裡？」[24]其他人則訴諸於謾罵蘇聯人，《紐約先驅論壇報》一則全版廣告的頭條，赫然寫著「俄國人是大說謊家、騙子」。[25]比爾・莫爾丁（Bill Mauldin）戰時在《星條旗報》上的漫畫，象徵著千百萬普通美軍官兵的意見與想法，他為這種無所不在的怨恨感做出總結。「我以為他們或許就只是不懂我們的感受，」事隔多年，他這麼告訴一位訪談者，「要是你在戰時和某人曾是盟友，你對他們的感受會很強烈。俄國人在這個國家享有這麼用之不竭的善意。但他們沒興趣跟你交朋友。他們只想用盡任何方法把你踹個半死。」[26]

這種背叛感在二十世紀往後的日子裡會一直持續下去，並延續到二十一世紀。就連歷史學家有時都不得不加以評述。「從來沒有哪一國從別國偷竊過這麼多政治、外交、科學及軍事機密，」一位美國歷史學家在二〇〇三年寫道，「按照間諜術語，這與納粹劫掠歐洲藝術品類似。只除了我們在那個時代的友善、合作精神之中，邀請他們進門。」[27]

美國的回應

隨著這些事件逐一披露，美國人不得不開始問自己一些令人難受的問題。倘若美國是地球上最強大的國家，為何面對蘇聯挑釁卻似乎如此無能為力？更重要的是，為何它似乎無法阻止共產主義穩步推進？第二次世界大戰過後最初幾年內，大量東歐及中歐國家落入共黨統治之下。中國也是，毛澤東的人民解放軍最終贏得了內戰，於是到了一九四九年底，全世界五分之一的人口都在共產政權統治下——合計超過五億人。[28]要是美國不能從它所見唯有壓迫與暴政的共黨統治下解救世界，它的一切力量和財富又有什麼用呢？要是它不能運用原子武器的威嚇力量推進自己的目標，獨占原子彈又有什麼用呢？

這一切疑問全都不能吻合美國在二戰之後看待自身的英雄觀點，也不符合當時一位政治學家所謂「美國萬能的幻覺」。[29]但許多人並不接受就連美國的力量都有其限度，這個令人失望的事實，而是寧願相信美國的希望與志向之所以受挫，肇因於政府的某種無能——或者更糟，是被人暗算所致。他們開始想像，各種間諜醜聞只不過是某些更深層事物的表徵，也就是美國社會從內部遭受腐蝕。共和黨人尤其如此，他們把這個議題當成撻伐民主黨對手的把柄。一九四六年底的國會選舉期間，共和黨人指控民主黨人放任「心懷異志的激進分子滲透」進入政府，無視「共產主義威脅逼近」，無法將赤色分子逐出工會。印地安納州的一名共和黨候選人，甚至宣稱政府薪資名冊上已知有七萬名共產黨人，這個荒誕的說法四年後得到參議員喬．麥卡錫（Joe McCarthy）更為惡名昭彰的同類指控呼應。[30]

但這種想法也讓美國人直面某些棘手的問題。要是美國真的充斥著共產黨人，那麼何以如此？美國夢還不夠嗎？為何會有任何真正的美國人，為了一個如此明擺著背離美國價值的極權國家，而情願背叛自己的國家？

這些問題暗示著整個一九三〇年代始終困擾著美國社會的一系列問題，二戰一結束，這些問題又連同許多全新的問題再次浮現。多數研究冷戰的歷史學家如此專注於戰後初年的國際局勢，使得他們忘了關照美國境內的事態發展。美國或許像《國家》（*Nation*）雜誌一位論者所言，「如巨人般跨坐在世界之上」，但普通美國人並未感受到自己有多麼強大。[31]事實上，一九四五和一九四六年的美國社會，是一個承受龐大壓力的社會。千百萬男性從軍隊復員，女性從工作場所大量被解僱，經濟由戰時狀況轉回平時狀況——這一切全都造成了難以抑制的緊張。此外，戰時一度休止的政治對立也開始重新浮現。

美國人曾被應許過，戰爭一結束就能享有繁榮與和諧的黃金時代。但他們得到的卻是配給制持續、通貨膨脹加重和住房短缺。一九四五年秋，數萬婦女在成衣店門口排隊購買尼龍，然後在商店完售時群起暴動。同時，工人集體行動對幾乎每一個重要產業都造成威脅：一九四六年，四百六十萬工人參與了將近五千場罷工，兩者都創下新高。離婚率在戰後隔年飆升，尤其是歸國官兵與其配偶的離婚率，性病感染率也飆升（這兩件事未必完全無關）。復員的黑人大兵決心對抗種族隔離，開啟的鬥爭最終將公民權深入美國政治核心。少了戰爭團結整個社會的凝聚力，許多原有的分歧又一次從頭開始——工人與僱主、富人與窮人、黑人與白人、男性與女性、中產階級與工人階級，更不用說各種族裔背景的歸化美國人（hyphenated Americans）之間由來已久的緊張重新開始。[32]

這種全國性挫敗大雜燴的其中一項要素，確實包含了共黨活動增加。終戰時，美國共產黨有六萬三千名黨員；而在產業工會聯合會（Congress of Industrial Organizations）之內，共黨掌控的工會共有一百三十七萬名會員。[33]人們只要用心觀察，公共生活的幾乎每個領域都有共黨相關人士，包括媒體、教育、工業，甚至政府部門。正如柯德．梅爾等人所見證，這當然是個問題，美國共產黨人採用的某些手段也頗為殘忍。但它也只是個小問題。即使在當時，也有許多美國人意識到，聚焦於這個問題而不顧所有其他議題，只不過是迴避無視美國社會另外某些深刻分歧的藉口而已。[34]

共產主義的確是幾乎每個人都關注的焦點，不只是前共和黨眾議員漢彌爾頓．費許（Hamilton Fish）、聯邦調查局局長艾德加．胡佛（J. Edgar Hoover）等等運用赤色分子指控經驗老到的人物，而是公共生活所有領域裡的人物。其中包括參眾兩院、國內兩大黨的政治人物，像是喬治．馬歇爾（George Marshall）和李海海軍上將（Admiral Leahy）等軍方將領，美國商會的法蘭西斯．馬修斯（Francis P. Matthews）等商界領袖，甚至還有美國勞工聯合會（American Federation of Labor）的喬治．米尼（George Meany）和威廉．格林（William Green）等工會領袖。基督新教神學家萊因哈德．尼布爾（Reinhold Niebuhr）在著述中譴責共產主義，天主教廣播節目主持人富爾頓．辛（Fulton J. Sheen）在電台放送裡譴責共產主義，美國猶太委員會（American Jewish Committee）則發起大規模運動，要從各種猶太人社群中清除共黨分子。[35]就連杜魯門總統也不得不公開演說反對共產主義，即使他私下承認，他覺得這整個問題都只不過是「紙老虎」（bugaboo）。[36]同時，媒體不只是評述大眾偏執而已，更竭盡所能煽風點火。大亨蘭道夫．赫斯特（Randolph Hearst）旗下的媒體首先發難，歐戰結束後幾天就刊出了「赤色浪潮威脅基督教文明」這樣的標題。[37]到了一九四〇年代晚期，新聞標題變得更具體也更邪惡：「今日美國的赤色法西斯」、「共產黨徒滲透華爾街」，甚至「赤色分子正在追殺你的兒女」。[38]

美國國內外經常用以描述共黨威脅的語言，其中一個引人注目之處在於，它近似於先前用以描述納粹威脅的語言。「紅色法西斯」是報章、政治人物和聯邦調查局頻頻使用的一個詞，彷彿史達林和希特勒的意識形態可以相互替換。納粹主義和共產主義也經常以同一種方式，被混合在「極權主義」這個單字之中——如此的混為一談至今仍頻頻發生。[39]史達林有時被稱為「俄國希特勒」，政治人物則談論著「姑息」他的危害，如同一九三八年英國人試圖姑息希特勒：「勿忘慕尼黑！」卡爾特伯恩（H. V. Kaltenborn）在一九四六年三月向他的廣播聽眾發出警告。[40]共產黨的宣傳被比擬為戈培爾的宣傳；蘇聯的古拉格勞改營被比擬為納粹集中營；內務人民委員部則被比擬為蓋世太保。美國駐波蘭大使亞瑟．布利斯．連恩說：「同一種夜半有人敲門的恐懼存在於今日，一如納粹占領時期。」他在一九四七年告訴廣播聽眾們，這樣的鎮壓與恐怖「無論是在萬字徽下受到允許，還是在錘子與鐮刀徽章下受到允許」，都一樣可怕。[41]一位日後的美國眾議員甚至將馬克思的《共產黨宣言》與希特勒自傳《我的奮鬥》（*Mein Kampf*）相提並論。[42]不論何處，每個人都把蘇聯和納粹相提並論，就連總統也一樣。「俄國的極權政府與希特勒政府沒有任何差別，」杜魯門在一九五〇年三月的一場記者會上說，「它們都一樣。都是警察國家政權。」[43]

就這樣，對蘇聯的恐懼披上了美國不久前剛打過那場仗的外衣，美國人民則被鼓勵著相信，他們正在重演一九三〇年代。在某些方面，對蘇聯的恐懼其實未必真與蘇聯有關，而是某種稍微深層心態的體現，一種不願重蹈引發戰爭之覆轍的焦慮。正是這樣的焦慮本身，宛如迴圈一般，在其後從韓戰到九一一事件，隨著美國幾乎每次對外衝突而來的援引希特勒前例之中反覆重演。

麥卡錫主義

這種恐懼與偏執氛圍在國內和國際上都會產生重大後果。一九四七年三月，為了消弭指責他對共產主義軟弱的批評聲浪，杜魯門總統發布行政命令，宣布政府全體文職公務員都必須接受忠誠調查。在此時施行的眾多反共措施中，包括體現於《塔虎脫—哈特利法》（*Taft-Hartley Act*）的限制工會權力、好萊塢黑名單、遵照《史密斯法案》（*Smith Act*）起訴共黨領袖等數個例子，杜魯門忠誠調查計畫的鋪天蓋地程度遠甚於其他措施。其後九年間，五百多萬名公務員遭到監控，超過兩萬五千人遭受聯邦調查局的全面實地調查。這些調查並未查出任何一名間諜，即使它們仍造成一萬兩千人辭職，約兩千七百人被免職，其間造成大量苦難。這恐怕是美國歷史上隱私權及公民自由所遭受過的最大規模攻擊。[44]

柯德．梅爾加入中央情報局之後不久，就發現自己遭受全面的忠誠調查，他後來敘述這個過程何其令人不快。他被控與已知的共產黨人勾結，與共黨掩護團體有瓜葛，並發表反美觀點。他所遭受的典型指控，是一名聯邦調查局探員偶然聽見，某個共黨嫌疑人對於他們能否說服梅爾加入高聲

圖29　恐懼擊敗自由。一九四九年「紅色恐慌」期間，一個歇斯底里的美國人試圖撲滅自由之火。（圖片來源：Herb Block Foundation）

表示疑惑。即使憤慨，梅爾仍必須極其嚴肅對待這種傳聞。打從一開始，證明自己清白的責任就在他身上。他始終不被允許知道是誰指控他。他甚至不被允許出席自己的審判。

梅爾被留職停薪三個月，其間被要求寫下完整自傳，說明自己的成長背景、求學過程及政治信念，並提供證明文件。他失眠、損失大量金錢，但最糟的是失去朋友。他認識並喜歡的幾個人刻意無視他，他們害怕自己可能被當成一丘之貉。「在那時的有毒氛圍裡，和某個危險分子嫌疑人交往，需要真正的勇氣。」[45]

最終，梅爾很幸運，他不僅被免除罪嫌，而且只被調查一次。其他許多公職人員，尤其是左派觀點更為明確的人們，則發現自己一再遭受聯邦調查局、政府機關的忠誠調查委員會、眾議院非美活動調查委員會，以及麥卡錫參議員的常設調查小組委員會（Permanent Subcommittee on Ivestigations）反覆審查。[46]或許最嚴酷的試煉是被拖到電視攝影機前面，遭受麥卡錫參議員的訊問——這個場面如此深刻地烙印在美國人的意識之中，使得共黨嫌疑人遭受的殘忍催逼，從此以「麥卡錫主義」（McCarthyism）而聞名。梅爾不時懷疑自己怎能免於這種侮辱，並得出這樣的結論：或許是他的紫心勳章和銅星勳章救了他。麥卡錫跟所有惡霸一樣，「不想跟一個比他上過更多次戰場的海軍陸戰隊軍官當面對質。」[47]

數萬人跟梅爾一樣遭受過這種過程，他們的人生所受的損害無從估量。許多人由於個人生活被如此翻舊帳而嚴重受創，使得他們再也不願把自己的真實感受寫成白紙黑字，但那些還願意留下紀錄的人，則形容他們受到的試煉「令人筋疲力竭」、「灼燒靈魂」，甚至是「地獄」。[48]一位被剝奪了政府部門工作機會的非裔美國人律師，敘述調查過程對她的影響：

我覺得驚恐、不安全、毫無遮蔽。我想起了與政治活動無關的所有個人錯誤，那些我人生中深藏的祕密。我擔心個人親密生活的所有細節都會在紀錄上被傳播出去，供陌生人閱讀、查看、衡量、評估和論斷。[49]

左翼人士堅稱這一切全是共和黨人的好藉口，讓保守價值得以強加在一整代人身上。他們斷言，真正的代價不是從人們受到的創傷，以及被摧毀的職業生涯衡量，而要從「整整十年間不受挑戰的預設、沒被提出的問題，以及被忽視的難題」衡量。反共運動使得整整一代的美國左翼噤聲。自由派被迫遵從更加保守的立場，否則他們自己就會立刻受到懷疑，實際上在許多人心目中，「社會主義者」或「自由派」之類的詞彙，很快就成了「共產黨徒」的同義詞。階級問題和種族問題在無所不包的紅色威脅中遭到排擠，女性社會角色的問題也是一樣。在整個一九五〇年代及六〇年代初期，幾乎任何一個逾越自身社會傳統角色的人，都會自動暴露於危險激進主義的指控之下。[50]

但實際上，這些措施的實行方式也未必符合共和黨人的需求。即使有些人提出確保美國安全，不受世界共產主義威脅作為理由，政府干涉個人私生活，擺布人民生活方式的這幅景象，仍是共和黨對於個人自由的信念所不能接受的。共和黨人很快就指出，紅色恐慌某些最高壓的面向正是民主黨人發起的，例如忠誠調查。

無論站在哪一方立場，這段時期價值觀的向右轉，象徵著美國社會的重大轉變，它的世界觀至少在其後二十年間也將受到影響。

杜魯門主義

共產主義威脅激起的第二個重大轉變，則發生在國際層面。美國國務院絕非間諜溫床，反倒經常站在美國反共鬥爭的最前線。早在一九四六年，國務院就幾乎沒有一個官員對蘇聯有任何好評。[51]當時盛行的心態由美國駐莫斯科大使館的一位外交官員做出總結，他在一九四六年二月發給華盛頓的訊息，成了冷戰形成的決定性時刻之一。喬治・肯楠的「長電報」（long telegram）將蘇聯領導層描寫成「殘酷」、「浪費」，而且「不安全」到了疑神疑鬼的地步，尤其在對美關係上。他解釋，蘇聯人「狂熱地致力於」摧毀美國的生活方式，在美國人之間挑動紛爭，並削弱美國的國際權威。[52]與世界共產主義的「惡性寄生蟲」戰鬥的唯一方法，就是劃清底線。蘇聯威脅必須予以抑制。

肯楠的電報在華盛頓引起轟動，但原因只在於它第一次為國務院所有官員已經在思考的問題做出總結。其後一年之內，肯楠的想法成了新的正統觀念，不僅在國務院內部，政府其他部門亦然。[53]

但隨著時間流逝，消極的圍堵政策被認為已經不再足夠了。世界許多地方仍存在著一個極其真實的威脅：獨立於莫斯科之外的當地暴亂推舉共產黨奪權。其中一場這樣的暴亂正在希臘延燒，自該國從納粹手中獲得解放以來，殘忍的內戰就一直打打停停。當英國宣布他們再也無力支持希臘國民軍政府，國務院決定此時正是由美國接替，開始扮演更加積極角色的時機。

於是在一九四七年三月，杜魯門總統出席國會聯席會議，發表一場意圖「嚇壞美國人民」的演說。[54]他演說的表面理由是要爭取向希臘和土耳其提供四億美元的立即援助，但正如同月之內宣布實施忠誠調查，杜魯門也試圖表明自己已經準備好強硬對付共產主義。即使他當時不可能知道，但他在演說中概括的幾項原則，卻在二十世紀接下來的時間裡成為美國外交政策的基礎。

杜魯門在短短二十分鐘內，援引了美國人最珍視的一切價值：自由、正義、睦鄰，以及扶助弱小的決心。他用了「自由的」或「自由」至少二十四次：如果美國想要生活在和平的世界之中，自稱為「自由國度」還不夠，它也必須支持全世界「熱愛自由人民」的事業。杜魯門召喚出了美國身為孤獨的英雄，挺身對抗「恐怖與壓迫」勢力的形象，如同它在最近一次世界大戰的所作所為。

但更加有效的或許是杜魯門訴諸美國人的恐懼。如果我們不為希臘，或其他受到共產主義威脅的小國挺身而出，其後果「不只對它們，對全世界也將是災難」。為呼應國務院最資深顧問們的意見，他援引「混亂與失序」在整個中東蔓延，從而造成「自由機制瓦解」以及「自由與獨立」終結的可能前景。第二次世界大戰的陰魂既是教訓、也是警告，呈現於演講全文之中。美國先前一度未能挺身對抗極權主義。他說，在希臘迫切需要之時提供援助的開支，相較於美國為了打贏上一場戰爭而被迫花費的三千四百一十億美元，是一筆穩當的投資。

演說的關鍵出現在結尾，在他說出這些為整個冷戰期間的美國外交政策定調的話語之際：

> 我相信，美國的政策必定是支持自由人民，他們正在抵抗企圖征服他們的那些少數武裝分子或外在壓力……全世界自由人民仰賴我們支持他們維護自由。要是我們在領導地位上猶豫不決，我們就有可能危及世界和平。[55]

杜魯門的話語收到了預期效果，提供希臘和土耳其四億美援的請求獲准。但他如此寬泛的用字遣詞，卻也必然意味著美國願意支持所有自覺遭受共產主義威脅的國家。其後數週，迪安・艾奇遜（Dean Acheson）等國務院官員煞費苦心，試圖澄清這段發言並不代表某種開給全世界的空白支票；儘管如此，美國決心不計代價在全世界對抗共產主義的印象仍然存留下來。[56]由此也足以衡量美國在二戰過後變得多麼富裕，使得杜魯門不僅能做出這樣的斷言，還能大致說到做到。隨後數週，國務卿馬歇爾宣布進一步提供大規模配套援助，來協助整個西歐抵禦共產勢力威脅，馬歇爾計畫最終在美國對歐援助之中占了一百二十三億美元。光是一九四五至一九五三年間，美國對全球各地的援助費用就達到四百四十億美元。[57]

往後的年代裡，就連如此龐大的金額都宛如滄海一粟。冷戰在一九八九年結束時，據估計，美國已經為了支持杜魯門主義而花費了將近八兆美元。美國向一百多國提供援助，與五十多國簽訂共同防禦協定，並在三十個國家建立大型美軍基地。它每年平均將一百多萬軍人部署於遍及世界各地的幾乎所有環境，從歐洲城市到太平洋偏遠島嶼，從叢林裡的空軍基地到沙漠營帳，從航空母艦到核動力潛艇，最後甚至到了太空火箭上。杜魯門主義也被運用為中央情報局從古巴到安哥拉再到菲律賓，在世界各地進行的一切祕密行動，乃至韓戰與越戰兩場全面戰爭的正當理由。它提供了顛覆伊朗、瓜地馬拉、智利等國政府，以及資助中美及南美各地右翼獨裁者的理據。這一切全都與二戰前主宰美國人思維的孤立主義政策不可同日而語。美國從二戰，以及杜魯門主義積極參與世界事務取得的遺贈，使得美國自覺有道義責任介入所有這些衝突。[58]

美國直到今天還是自認有道義責任。即使冷戰已經結束，美國捍衛自由民主價值的義務，仍使它介入伊拉克（一九九一年）、索馬利亞（一九九二年）、海地（一九九四年）、波士尼亞（一九九五年）和科索沃（一九九九年），不是為了它自身的立即安全，而是為了捍衛「自由」、「民主」以及「西方文明的結構本身」。就連美國第二次與伊拉克衝突（強度自一九九〇年代末到二〇〇三年間逐漸遞增），也不是作為小布希總統「反恐戰爭」的一環而展開，而是力圖維持世界秩序。不論美國人對這份重擔已經變得多麼厭煩，也不論美國受到不願參戰的國家多大批判，第二次世界大戰和杜魯門主義兩者的遺贈，看來都很有可能延續到未來。正如美國國務院一名資深外交政策顧問在二〇一四年所見：「超級強權不能退休。」[59]

☆

一九四七年，當杜魯門發表他的著名演說時，這一切全都尚未發生。普通美國人只知道，就算他們據說擁有一切財富與力量，他們卻感到焦慮和不安，彷彿整個國家都在等著壞事發生。在戰後待過美國的荷蘭精神分析師亞伯拉罕・米爾盧（Abraham Meerloo）看來，美國似乎受到一種無所不在的「空虛、不明確的恐懼」感受所控制。他提到這種心境背後的理由，是美國對於戰時不得不做的事，包括廣島和長崎原爆在內「隱藏的罪惡感」。他說，要是這個國家無法面對自己所造成的現實，就會持續受困於某種懲罰即將降臨的預感。[60]

從美國當時對於原子彈的焦慮程度判斷，美國人精神之中有些隱藏的罪惡感，看來頗為合理。但這並非全貌。第二次世界大戰肯定殘害了美國的某些部分，也讓美國受到某種程度的創傷，但二戰也給了美國一種目的感。當柯德・梅爾在珍珠港遭受襲擊之後從軍出征，他感受到前所未有的活力。千百萬美國人也和他有同感，為戰爭帶給他們的使命感與團結感而欣喜。美國或許會慶幸戰爭結束，並為美國獲勝而歡欣——但也有這樣的一部分，許多人為了戰爭結束而悲傷。

發現新敵人給了美國人機會，使他們得以放下戰時行為可能帶來的任何罪惡感。它也為人們在戰爭年代裡積累的一切憤怒與攻擊性，提供了新的貯藏庫，並為懷著新仇舊恨的所有人提供了指責的焦點。蘇聯人這個實體可供美國人投射焦慮與恐懼，又因為他們是眾人一致認可的敵人，讓美國人得以再次感受到團結一心。但最重要的是，這個新敵人將目的感還給了美國：身穿閃亮甲冑的騎士要是沒有惡龍可殺，又有何用？不管怎麼說，第二次世界大戰以及其後的冷戰建立了某種心理模板，美國從那時候起就一直在跟這樣或那樣的惡龍格鬥著。[61]

第十四章 蘇聯

一九四九年，惡龍證明了它能夠噴火。當蘇聯試爆了第一顆原子彈，一切都改變了。這個世界頭一次包含不只一個，而是兩個核子強權，核戰這個概念也成了真實的可能性。往後的年代裡，美國與蘇聯展開了軍備競賽，一再將整個世界帶到末日邊緣，最有名的包括一九五〇年代的韓戰，一九六〇年代古巴飛彈危機期間，以及一九八〇年代中期東方與西方緊張關係升高期間。

在這段時期，一位蘇聯核子科學家成了他所效力的國家之象徵。安德烈·沙卡洛夫（Andrei Sakharov）如今以俄國異議人士及諾貝爾和平獎得主的身分被人們記得，但他年輕時更為人熟知的身分則是蘇聯氫彈之父。正是沙卡洛夫這樣的科學家，逐漸象徵著美國政府對蘇維埃國家最為懼怕、但美國人民又最為羨慕蘇聯人民的那一切事物。沙卡洛夫不只在他的國家歷史裡是傑出人物，也是世界史上的傑出人物，他不僅對於促進蘇聯力量發揮了重大作用，到頭來也對於蘇聯垮台起了重大作用。

★

俄國的衛國戰爭爆發時，安德烈．沙卡洛夫年僅二十歲，正在莫斯科大學攻讀物理學位。他的許多同學都立刻志願入伍從軍，但沙卡洛夫由於心臟問題而無法入伍，於是他轉而志願從事技術工作，為戰時努力效勞。完成學位之後，他前往科夫羅夫（Kovrov）一間軍需工廠工作，一開始在車間工作，但隨後就在工廠實驗室工作，發明機器測試該廠出產的穿甲彈和砲彈品質。工作條件極為惡劣，兒童和成人一同工作，孕婦則被迫與其他所有人一同工作。包括沙卡洛夫在內的許多人，同住在爬滿蝨子的宿舍裡，只能靠小米粥混合美國蛋粉過活。但如同他那一代的幾乎所有人，這一切他全都接受：「我們得戰至勝利。」他後來寫道，無論個人犧牲為何。[1]

戰爭過後，沙卡洛夫重新開始學習，在聲譽卓著的科學院物理研究所（Physics Institute of the Academy of Sciences）成為研究生。但在一九四六年底，他正要完成博士後研究時，他察覺到氛圍正在轉變：國家似乎突然對理論物理學家的研究產生極大興趣。他兩度被延攬加入蘇聯核武計畫的最高機密工作，並提供相應的高薪，而他兩次都拒絕。最後在一九四八年夏，他別無選擇。在蘇聯部長會議和蘇共中央委員會共同決議之下，成立了一個特殊研究小組，調查製造氫彈的可能性。沙卡洛夫則是小組的一員。

一如戰時，沙卡洛夫接受了自己的新任務而沒有真正提出疑問，因為他全心全意相信保衛蘇聯安全，抵抗美國侵略的需要。「當然，我明白我們正在製造的武器，本質上是恐怖而不人道的。但最近這場大戰也是野蠻行徑的演練；雖然我並未參與先前的戰爭，我仍認為自己是這場新科學戰爭的一名士兵。」沙卡洛夫和科學家同儕們將他們的工作看成是「英雄事業」，並且懷著真正的熱情投身核子武器研究：「我們被一種真正的戰爭心理支配了。」最重要的是，他寫道：「我感到自己全心投入這項目標，而我認為這當然也是史達林的目標，在一場毀滅性的戰爭過後，讓國家強大到足以確保和平。」蘇聯別無選擇，只能接受軍備競賽，因為這是「面對美國與英國核子武器，提供（蘇聯）安全」的唯一方法。[2]

往後的年代裡，沙卡洛夫協力研發了一系列愈來愈巨大的武器：「喬四號」（Joe 4）、「大炸彈」（Big Bomb）、「超級炸彈」（Extra）和「沙皇炸彈」（Tsar Bomb）。為了表彰他的貢獻，沙卡洛夫三度獲頒「社會主義勞動英雄」榮銜，一九五三年獲頒史達林獎，一九五六年獲頒列寧獎。

但隨著時間過去，沙卡洛夫對蘇維埃國家的奉獻開始動搖了。青年時代的他從未產生過質疑馬克思主義這種「最適於解放人類的意識形態」的念頭。他從不知道共產俄國之外還有任何其他俄國，從小到大都相信蘇維埃國家「象徵著通往未來的重大進展，是一個原型……供所有其他國家效

圖30「氫彈之父」，安德烈．沙卡洛夫，一九五七年攝於蘇聯原子能研究所。

法。」但身為成年人、身為科學家的他，不禁留意到體制的某些危險缺陷。他強烈反對二戰前集體化措施期間使用的暴力，因此拒絕加入共產黨。他公開譴責李森科在蘇聯科學院被授予權勢及地位，此人政治化的遺傳學理論在世界其他地方都成為笑柄。他也支持禁止在大氣層進行核子試爆，這類試爆產生的大量輻射塵，讓他開始視之為「危害人類罪行」。漸漸地，他變得愈來愈批判自己置身其中的體制。[3]

他晚年的決定性時刻在一九六八年到來，受到當時俄國內部及境外事件影響，他決定寫下自己對時代議題的一些看法。成果是一篇論文，題為〈對進步、和平共存與知識自由的反思〉，發表在地下書刊（samizdat）上，但很快就被國外媒體轉載。他在這篇文章中概述自己的理想主義期望：資本主義與社會主義體系將逐漸不再彼此對抗，並最終趨於一致。這種觀點在蘇聯屬於異端，但在西方得到歡迎。這篇文章首先在七月初由荷蘭《誓言報》（*Het Parool*）發表，《紐約時報》則在兩星期後跟進。隔年之內，他的文章在世界各地發行為一千八百萬本單行本，使它真正成了全球出版界的大事。突然之間，沙卡洛夫的名字與索忍尼辛（Alexander Solzhenitsyn），乃至其他國家的異議人士，如波蘭的揚．利普斯基（Jan Lipski）、捷克的伊凡．克里瑪（Ivan Klíma）等人相提並論起來。[4]

沙卡洛夫在餘生之中以異議人士、而非科學家的身分舉世聞名。他因為「反思」事件而被撤職，但仍不顧一切繼續撰寫異議小冊子。他參與了許多次與政府對抗的連署請願，也加入大眾對蘇維埃國家行為的公開抗議行動。他在一九七〇年代獲頒諾貝爾和平獎和另外幾個獎項，大大激怒了蘇聯當局，當局運用媒體無情抨擊他們夫妻。一九八八年，歐洲共同體將人權獎命名為沙卡洛夫獎。

即使經歷過這些，他內心深處仍是科學家，也堅守著自己身為理論物理學家的工作成果。直到臨終之時，他對於協助核子武器研究不曾表示過任何悔意。他在一九八八年說過，核武軍備競賽是「一大悲劇，反映出整個世界局勢的悲劇本質，為了保衛和平，必須做出如此可怕而駭人之事。」儘管如此，「最終結算下來，我們所做的工作仍是正當的，如同我們在另一方的同儕們所做的那樣。」[5]

全國創傷

第二次世界大戰結束後，美國與蘇聯都發現自己置身於僅僅六年前仍無法預期的地位。戰爭不但推動著它們成為軍事強權，也將它們的對手削弱或摧毀到了別無其他國家足以挑戰它們的地步。蘇聯擁有全世界最強大、規模前所未見的陸上軍力，完全支配了歐亞大陸。美國的海軍力量則同時支配了太平洋和大西洋，陸軍與空軍也讓西歐其他強國相形見絀，還獨占了原子彈。不存在任何足以匹敵的對手，使得這兩個強國成了這個世界前所未見的事物：它們成了超級強權。

但至少在一九四五年時，想像這兩個強權平起平坐仍屬荒謬。美國幾乎毫髮無傷地走出戰火，繁榮的經濟使它輕易成為地球上最富有的國家。反之，蘇聯卻被打得跪倒在地：無論軍力多麼強大，它在實體上、情感上和經濟上全都氣力放盡，而且不太有能力將其影響力投射到由它解放的一部分歐洲和東北亞之外。

一直到第二次世界大戰終於結束，蘇聯多數人民才得以盤點自己所遭受的損失。實體上的損失十分驚人。「我們在軍中經常聊到，戰後的人生會是什麼模樣，」記者鮑里斯．加林（Boris Galin）在一九四七年寫道，「我們用虹彩描繪一切。我們從來沒想到毀壞的程度，或是療癒德國人造成的傷害需要多大規模的重建。」[6]官方統計數據令人們得以洞悉加林等人之所見，連同基輔、明斯克、卡爾可夫、史達林格勒等大城市，還有一千七百多個市鎮和七萬個村莊被摧毀。約有三萬兩千家工業企業遭受破壞，六萬五千公里鐵路被拆毀。[7]

在德軍侵襲的區域中，超過百分之五十的城市住房遭受嚴重破壞或摧毀，兩千萬人無家可歸。即使是未被占領的區域，住房條件也嚴重惡化，這麼多資源為了打贏戰爭而被轉用，導致必要的修繕無以為繼。例如在莫斯科，百分之九十的中央供暖系統故障，將近一半的供水及汙水處理系統也是一樣。百分之八十的屋頂、百分之六十電氣設備、百分之五十四瓦斯設備需要緊急修補。沙卡洛夫戰後定居於莫斯科時，他們夫妻和嬰孩每隔一兩個月就得在一連串條件惡劣的公寓之間來回搬遷。他們有時會住在潮濕的地下室，有時會住在跟走廊沒兩樣的房間，還有一次住進莫斯科城外一間沒有暖氣的房屋，他們只能整天蓋著毛皮大衣，以免凍死。沙卡洛夫運氣好，科學院最後撥給他一個房間，處境相同的其他人直到一九五〇年代中期，都只能住在廢墟、地下室、棚屋和防空洞裡。[8]

在這樣的物質破壞之中，人命損失巨大到令人難以理解。死亡人數據估計在兩千萬人至兩千七百萬人之間，但現代學者們通常將數字定在兩千七百萬。[9]除了死者之外，還有傷殘者。一千八百萬人在戰爭中負傷，兩百五十萬人終身傷殘。如同在許多其他國家，傷殘青年在市場和火車站行乞的畫面，成了這個時代的典型特徵之一。[10]約有一千五百萬至一千八百萬人也因戰爭而流離失所，或者是向東逃難躲避德軍，或者是被押送到德國強迫勞動。[11]幾乎每一個蘇聯人都因為戰爭直接造成的後果，而承受某種損失或喪失親友之痛。一九四五年不只是勝利之年，也是哀悼之年。

這一巨大群體經驗造成的心理後果無從估計。無數人在其後許多年裡承受著回憶重現與夢魘，從反覆夢見自己跳傘降落敵後的無線電報務員，到無法擺脫下一場戰爭即將爆發的感受，而拒絕結婚生子的年輕女性。「我心裡明白戰爭結束了，」一位前游擊隊員說，「但我整個身體、整個生命全都記得。」一位前線軍醫在戰後無論去到哪裡，人肉燒焦的味道都揮之不去。另一位女子則被血腥味糾纏著，塔瑪拉・烏姆尼亞金娜（Tamara Umnyagina）在多年後說道：「因為只要是夏天，我就會覺得似乎戰爭要爆發了。當夕陽把樹木、房屋、馬路都染紅時，一切都有了某種氣味，對我來說，都是血腥味。不管吃什麼、喝什麼，我都驅除不了這股氣味！」[12]

這種回憶重現有時是群體性的。末日將至的神祕謠言在戰爭最後階段廣為流傳，尤其在宗教信徒之間。在斯塔夫羅波爾（Stavropol）邊疆區的一個村莊，流傳著這樣的謠言：「往後幾天內，地球將與彗星相撞，當它發生時，就是世界末日。」村民們開始忙亂地做起準備，他們禱告、在聖像前點燭還願、穿上最正式的服裝、雙手抱胸躺在家門前，準備赴死。[13]

這一特殊事件耐人尋味之處在於，它發生於一九四五年初，那時蘇聯還沒有人知道原子彈。換言之，蘇聯人對末日逼近的感受，並非源於對核子末日的恐懼，而是來自他們的戰爭經驗產生的某些更深層因素。

原子彈公諸於世之後，如此這般的感受有增無減。但再一次，它首先並非起因於對原子彈本身的任何具體恐懼。蘇聯人最為害怕甚於一切的，是重演他們才剛經歷的浩劫，原子彈只是威脅而已，因為它開啟了新的權力失衡，從而使新的戰爭更有可能發生。《週日泰晤士報》駐莫斯科特派員亞歷山大・沃斯（Alexander Werth）說明：「（廣島原爆的）消息對所有人都產生了極其沮喪的效應。人們清楚意識到，這是世界政治的新事實，原子彈對蘇聯構成了威脅，而我當天訪問過的某些俄國悲觀人士絕望地說道，俄國歷盡艱辛戰勝了德國，如今卻『跟白費力氣沒兩樣』。」[14]

其後數月間，整個國家都開始體驗一九四一年黑暗歲月的某種集體回憶重現。在莫斯科，開始流傳著「蘇維埃國家陷入危機」、「英美兩國威脅要發動新的戰爭」等謠言。有些人甚至懷抱著新的世界大戰已經開打的恐懼。「我聽說，」一位莫斯科的工廠工人在一九四六年說道，「戰爭在中國和希臘已經開打，美國和英國都介入了。從現在起，它們隨時會進攻蘇聯。」[15]

戰爭浩劫明顯影響了蘇聯社會的每一層面，不只在實體層面上，也在深刻的心理層面上。不論值得與否，蘇聯人在一九四五年感到自己就跟一九四一年一樣不堪一擊，原子彈的發明只是加重了這種感受。此時需要長時間的鎮靜期，某種全國性的休養生息，好讓蘇聯人民感受到戰爭的恐怖已經遠去，可以安全進行重建。不幸的是，他們恰恰得不到這樣的休養生息。

我們與他們

那麼蘇聯領導層呢？他們如何回應這一系列局勢呢？首先必須說明，蘇聯領導層從來不曾感到安全。從他們身為革命者，被沙皇祕密警察追殺的那些年開始，經過內戰的動盪，烏克蘭饑荒和大清洗，史達林和他的親信們始終覺得自己易受攻擊，無論內部還是外部都一樣。但一九四一年的德軍入侵，卻可說是蘇聯共產主義最接近徹底滅亡的時刻，因此共產黨領袖們決心不再讓自己如此脆弱，也就無需意外。喬治．肯楠等西方外交官對他們執迷於「敵對勢力包圍」，以及他們對西方的「疑神疑鬼」多所貶斥，但這種多疑其實有著十分明確的理由，無論政權還是蘇聯人民全都感受深刻。

一九四五年的勝利給了蘇聯人前所未有的機會，讓他們得以保衛疆土從此不受侵犯，他們也全力把握機會。過去曾是俄羅斯帝國一部分的卡瑞里亞（Karelia）、波羅的海三國、西烏克蘭和摩爾多瓦（Moldova）等地，都被收復成為蘇聯領土。曾經作為德國入侵蘇聯跳板的波蘭、匈牙利、羅馬尼亞、保加利亞等地則被占領，受到蘇聯勢力影響。有敵對之虞的政府被推翻，由共黨政權取代；社會被按照共產主義路線重新建構，對於曾經積極與蘇聯交戰的國家，蘇聯則索取賠款。

蘇聯人確信自己有權採取這種行動，就歷史或道德而言皆然。紅軍以蘇聯人的鮮血為代價攻取了東歐領土，蘇聯政治領袖們看不出有任何理由不先確保這些國家繼續效忠就撤軍。同時必須強調，蘇聯理論家們真心相信他們解放了這些被封建體制壓迫了數百年的國家。但最重要的是，蘇維埃國家自認有責任在自身與潛在敵人的領土之間，設置緩衝區。「我們必須鞏固征服成果。」蘇聯外交部長莫洛托夫多年後表示。因此，征服東歐首先無關於傳播共產主義，也無關於舊式帝國主義，而是關於保衛祖國從此不被攻擊。[16]

當西方表示反對，蘇聯人很難對他們的反對照單全收。在史達林看來，他在東歐的所作所為完全是杜魯門和邱吉爾在西歐的所作所為。「這場戰爭不同於過去，」他在一九四四年對南斯拉夫共產黨人米洛萬．吉拉斯（Milovan Djilas）說出這段名言，「任何人占領了土地，也會在土地上推行他自己的社會體系。每個人都會在軍力所及之處推行自己的體系。不可能不是這樣。」[17]

像這樣將歐洲劃分為蘇聯與西方「勢力範圍」，並非由史達林單方面強加，事實上，這正是英美兩國自己也認可的局面。當邱吉爾一九四四年十月在莫斯科會晤史達林，他明確同意將保加利亞和羅馬尼亞留給蘇聯，換取英國掌控希臘。史達林嚴謹地遵守自己這方的條件（不論杜魯門後來在著名的杜魯門主義演說中如何暗示），那麼，當英國官員受到阻撓，無法影響布加勒斯特發生的事件，邱吉爾又有什麼權利抱怨呢？不僅如此，英美兩國也都簽署了與保加利亞、羅馬尼亞和匈牙利的停火協議，其中再次明確規定，這三國在戰爭結束前皆由蘇聯管理。[18]對蘇聯人來說，世界這個角落發生什麼事都與西方無關。

從蘇聯觀點看來，西方政治家的偽善十分無恥。他們在大西洋憲章裡反覆談論著「所有民族選擇他們願意生活於其下的政府形式之權利」，但卻支持殖民亞洲與非洲。他們抱怨東歐的人權侵害，卻故意不起訴西歐的法西斯分子及戰爭罪犯。他們高聲反對東歐人民受到「奴役」，卻對美國黑人在美國南方持續遭受壓制默不作聲。他們談論著共產黨人操弄選舉，卻對右翼分子在直接位於英美兩國勢力範圍之內的希臘、巴拉圭或多明尼加共和國等國的同樣行徑袖手旁觀。一九四八年，美國動用大筆經費及影響力，確保義大利選舉產生出「正確」結果，這和蘇聯操弄匈牙利或波蘭選舉的行為相比又好到哪裡？[19]

在蘇聯盡其所能拓展邊界、提升防禦，面對充滿敵意的世界強化自身之際，美國則似乎不顧一切地暴露蘇聯弱點。在舊金山的第一次聯合國會議中，美國大張旗鼓拒絕蘇聯給予波蘭聯合國會員身分的要求，同時卻極力推動阿根廷成為會員國——蘇聯人確信阿根廷在大半個戰爭期間「援助與我們為敵的法西斯勢力」。美國對世界外交之壓倒性支配的這一展示，即使在美國的某些盟友看來都顯得粗暴。隨後七年間，蘇聯不得不行使否決權五十九次之多，不僅是如同西方多數媒體所指稱的蓄意阻礙，而是由於美國堅持推行危害蘇聯重大利益的決議案。在外交上，否決權是蘇聯手中唯一能用於自保的力量。[20]

美國也讓蘇聯遭受到一系列蘇聯人所見的經濟攻擊行動。一九四五年，幾乎就在歐洲戰事告終之時，美國突然切斷了依據《租借法案》提供蘇聯的全部援助。一九四六年，美國中止了德國的美國占領區一切賠款支付。一九四七年，美國宣布了杜魯門主義，隨後則是馬歇爾計畫。往後年代裡流入歐洲的一百二十億美元帶有嚴格的資本主義附加條件，飢餓又貧困的蘇聯人不可能與之競爭。因此當蘇聯文化部長安德烈·日丹諾夫（Andrei Zhdanov）將馬歇爾計畫說成是「美國奴役歐洲的計畫」時，就連美國人都不感到意外。[21]

同樣令人憂心的還有美國似乎只要時機允許，就決心要展現優越的軍事力量。終戰時，美國空軍的質與量都是全世界最強大的。「我甚至會說美國是不可戰勝的。」赫魯雪夫（Nikita Khrushchev）在回憶錄中宣告，他接著繼續斷言：「美國人則賣弄這個事實，他們派出戰機前往全歐各地，侵犯各國邊界，甚至飛越蘇聯領空，捷克斯洛伐克這樣的國家就更不在話下。美國飛機侵入捷克斯洛伐克領空的事件無日無之。」[22]

最後，或者也最具殺傷力的，則是美國獨占了原子彈。在一九四五年美國所擁有的一切優勢裡，它是最令蘇聯人不安的。蘇聯體制內先前從來沒有人能意識到原子彈的威力有多強大，這不只在物理意義上，也在外交政策意義上。史達林立即對原子彈用於結束戰爭，促使日本無條件投降的力量刮目相看。如此的原始力量為美國帶來了凌駕全世界的戰略優勢，這股新力量對蘇聯的影響無庸置疑。實際上，當時的普遍假定認為，廣島和長崎的原子彈「瞄準的不是日本，而是蘇聯」。[23]

正如英國駐莫斯科大使在一九四五年十二月解釋，廣島和長崎原爆的時機壞到不能再壞。經過這麼多年的鬥爭，歐戰的勝利鼓勵了蘇聯人相信，國家安全終於在他們掌握之中，且更重要的是，蘇聯體制的永續存在最終得到了保證。「然後轟地一聲，原子彈落下。如今看似確定而穩固的平衡，被這一擊猛烈動搖。當一切似乎在她掌握之中，俄國卻被西方阻撓了。」[24]

蘇聯對這一切的回應是採取攻勢。前共產國際特工喬治·安德烈欽（George Andreychin）指出，蘇聯人在一九四五年九月之後攻擊性變得這麼強，主因即在於原子彈發明暴露了他們的相對弱點，正如史達林本人的親信日後承認，弱點正是史達林始終最想隱藏的一件事。[25]往後的年代裡，莫洛托夫和史達林都大張旗

圖31　核子外交。一幅蘇聯漫畫，描繪美國對波斯灣周邊產油國的支配。

鼓表現得不受美國人威脅，並刻意淡化核子武器的效能。「原子彈的用處是恐嚇精神軟弱的人，」史達林在一九四六年秋告訴西方記者，「但它們不能決定戰爭結果，因為原子彈不足以達成這個目的。」[26]

正是在這個圍繞著咄咄逼人、虛張聲勢的脈絡下，蘇聯發動了加速自行製成原子彈的新計畫。沒有任何文獻指出政府曾對此舉正當與否進行任何辯論，這就只是個預設，既然美國擁有原子彈，那麼蘇聯也一定要有。但這個決定對於全世界都造成了巨大衝擊。其後五十年間的整個地緣政治環境，諸如亞洲與非洲的代理人戰爭、發展中世界的革命與反革命、歐洲的核武和平（nuclear peace），就此誕生，或至少有一部分誕生於此時。

藉由展開與美國的軍備競賽，史達林為一項政策奠定了基礎，而這項繼任者們全都無力推翻的政策，最終導致蘇聯解體。一九四五至一九四六年間，蘇聯的科學研究預算增長三倍。到了一九五〇年，軍事支出占了蘇聯國民總收入多達四分之一，就在這個國家迫切需要重建的時候。[27]隨後四十年間，蘇聯將無可估量的龐大財富，耗費在一場他們始終不可能獲勝的經濟與技術戰爭之中。

受阻的重生

沒有任何事物比戰爭更能創造出「我們」與「他們」的意識，甚至冷戰也可以。蘇聯人就這樣在一九四五年接受了自己的新敵人。如同在第二次世界大戰那樣，「他們」為社會的一切群體焦慮與恐懼提供了焦點。也如同在那場戰爭之中，任何措施、任何花費都可以為了保衛國家不受「他們」侵犯的需求而變得正當。就短期或中期而言，「他們」到頭來為蘇維埃國家提供了寶貴服務。

但蘇聯的廣大「我們」群體又是誰？與西方人民習慣看待的方式相反，蘇聯並不是一塊巨大鐵板，而是一個豐富多元的國家，就像美國一樣，由於各式各樣的分歧而四分五裂。自從蘇聯建立以來，傳統與現代化的力量之間、城鄉之間、中產階級與工人階級之間、黨與知識分子之間、軍民之間就充滿緊張；更別提不同區域與加盟共和國之間、不同族裔及宗教少數之間一切歷史悠久的分歧。二戰之前，共產主義試圖以一套統一意識形態取代所有這些分歧，但手法是如此暴力、如此殘酷，實際上只能將這些分歧埋藏在地下；過程中還創造出新的分歧，其中以人民與國家的分歧最為顯著。

第二次世界大戰改變了這一切。它以任何宣傳或強制力都不曾達成的方式，將這些不同群體的多數團結起來。就在一瞬間，「我們」與「他們」的所有不同範疇都被重新定義了：單一的「我們」擴大，將社會上幾乎所有人包含在內，因為每個人如今或多或少都團結在共同目標之下；同理，「他們」成了單一而普遍的敵人——納粹侵略者。在戰爭期間，這個敵人被強烈妖魔化，放大到如此駭人的程度，使得它逐漸在蘇聯人的想像中取得了核心地位。它也在那些危險的年代裡，發揮了維持蘇聯社會團結的重大作用。

一九四五年，歷經這一切創傷與毀壞，許多人強烈希望蘇聯或許能從戰爭中挽回一些正面事物。劇作家康斯坦丁．西蒙諾夫（Konstantin Simonov）日後回憶，人們開始談起「自由化……放縱……意識形態的樂觀主義」。沙卡洛夫說：「我們全都相信——或至少期望——戰後世界會是體面而人道的。怎麼可能不是這樣？」這一切似乎可以肯定地說，正是來自於戰後仍然存在的團結精神。[28]

但有強烈的跡象顯示，這種團結感當時已經開始瓦解，尤其在戰後經濟的損害全貌變得更顯著之後。一九四五年遭逢物資短缺、產業騷動、族群緊張與婚姻崩壞的不只是美國，這些問題也同樣發生在蘇聯，但程度更嚴重得多。當八百五十萬紅軍官兵在戰後三年內復員，蘇聯並沒有《軍人權利法案》讓他們更容易轉型進入平民社會，蘇聯政府就是不具備實行這種措施所需的資源。當美國工人為爭取薪資及工作條件而罷工，奔薩（Pensa）的俄國工廠工人卻在室外及膝的積雪中勞動。[29]當美國婦女為了搶購尼龍襪而鼓譟，圖拉（Tula）的俄國人卻只能缺鞋、缺外套、缺內衣將就度日。[30]當美國人抱怨一九四六年還在持續配給，蘇聯人民卻名副其實地在挨餓。俄國歷史學家維尼亞明．季瑪（Veniamin Zima）估計，一九四六至一九四八年間，蘇聯共有一億人口營養不良，將近兩百萬人死於饑荒。這部分是由於氣候惡劣、部分是政府管理失當，但也是蘇聯農場遭受戰爭破壞的直接結果。[31]

虹彩色的未來之夢與戰後生活實情之間的對比，在全國各地引發一波波不滿。集體農場的農民往往以薪資過少、無以度日為由拒絕工作，在有些情況下，甚至完全領不到薪水。[32]大規模罷工和示威在工業區發生，尤其在烏拉山區和西伯利亞的巨大國防工廠裡。光是一九四五至一九四六年間，蘇聯各地就有五十多萬人上書俄羅斯蘇維埃共和國的內務人民委員，提出生活環境的申訴。「所以這就是我們達到的成果，」一封陳情信如此寫道，「這就是你們所說的國家對工人物質需求的關懷……！」按照這位作者的說法，反叛氛圍正在滋長，工人們開始自問：「我們究竟為何而戰？」[33]

在蘇聯某些地區，全面叛亂已經發生了。反抗蘇聯統治的大規模暴動已經在烏克蘭展開，約有四十萬人積極投入抗拒蘇軍重返烏克蘭。這次起義迅速擴大到近乎內戰規模，並持續到了一九五〇年代。同樣的暴動也在新近併吞的立陶宛、拉脫維亞、愛沙尼亞等共和國發生，數萬人民占領森林地帶抵抗蘇軍。這些注定失敗的行動由一個徒然的期望推波助瀾：「英國和美國（將）對蘇聯開戰。」換言之，在蘇聯西部邊界的許多地區，人們正踴躍期望第三次世界大戰爆發。[34]

蘇聯當局顯然不能容許這種情緒擴散。他們開始遵照老方法，把國家的所有問題全都歸咎於外人。他們對西方的譴責，與美國對共產主義的譴責如出一轍：史達林接受《真理報》（*Pravda*）專訪，直接將邱吉爾比擬為希特勒；他的外交部長莫洛托夫將美國稱作「法西斯化」強權，安德烈．維辛斯基（Andrei Vyshinsky）和格奧爾基．馬林科夫（Georgy Malenkov）等其他蘇共黨內高層則說美國人是「法西斯蠻子的仿效者」。[35]如同美國，蘇聯領導層也將這個新威脅同時運用為口實與轉移注意之物，以及敦促人民一如戰時，再次團結在他們旗下的方法。

同時，與西方有關聯的任何人都立即遭受譴責。戰爭一結束，幾乎就立刻開始獵巫。首先犯忌的人是歸國的戰俘，以及戰時被強押到德國充當奴工的平民。這些人在敵人中間生活了很久，隨後往往又繼續在英國人或美國人中間生活。即使究竟有多少歸國戰俘被送進古拉格勞改營並無精確統計，但肯定多達數萬人；索忍尼辛描述，勞改營在戰後初期充滿了這類人。[36]同時，還有六萬名戰時被德軍俘虜的共產黨員遭開除黨籍。[37]

下一批遭受妖魔化的，則是看起來不再忠於蘇聯理念的民族群體。戰爭期間，幾個族群由於被國家認定為不忠誠，而從他們的家園被驅逐到哈薩克草原，尤其是伏爾加日耳曼人、車臣人、印古什人、卡爾梅克人，以及克里米亞韃靼人。戰後初年則輪到了西部邊界的反叛人口。一九四五至一九五二年間，超過十萬八千名立陶宛人被指為「匪徒」或「匪徒同夥」而被驅逐，還有十一萬四千名烏克蘭人、三萬四千名摩爾多瓦人、四萬三千名拉脫維亞人和兩萬名愛沙尼亞人也被驅逐。這類行動在這些國家裡激起了對莫斯科跡近仇恨的憎惡，其後數十年間只增不減。[38]

隨著蘇聯與西方的緊張對立升高，當局開始針對史達林所謂「崇拜德國人、法國人、外國人和混蛋們」發起暴烈的運動。[39]運動起於一九四六年八月，文化部長日丹諾夫帶頭迫害列寧格勒知識分子。本質上，這跟戰前發生的清洗行動沒有兩樣，只是因為它強調要消除滲入蘇聯社會的「外來」因素，所以看來還算得上體面。

接下來則是針對一切藝術及科學形式的壓制措施。蕭士塔高維契（Dmitri Shostakovich）、哈察都量（Aram Khachaturian）、普羅高菲夫（Sergei Prokofiev）等作曲家，由於音樂中流露出「墮落西方影響」而被列入黑名單。國立現代西方藝術博物館（State Musuem of Modern Western Art）被關閉，尤金·瓦爾加（Eugen Varga）的世界經濟政治學院（Institute of World Economy and World Politics）也被關閉。[40]一九四七年一月，哲學家亞歷山德羅夫（G. F. Aleksandrov）被控貶低俄國對西方哲學的貢獻，並被革除蘇共中央宣傳部長職務。

與此同時，蘇聯官員同步發起運動，提倡俄國藝術、俄國哲學、俄國科學優於所有其他國家。根據沙卡洛夫的說法，這甚至也影響到至關重要的核武計畫，經驗豐富的德國科學家被帶回俄國參與計畫，卻從未真正得到政府官員信任。[41]每一個重要發現都必須是俄國的發現。期刊開始誇大宣揚俄國科學家如何發明了從飛機、蒸汽機到無線電、燈泡的一切事物。沙卡洛夫這樣的「真正」科學家開始反諷起來：「俄國，大象的故鄉。」[42]

所有這些全都是一種醜惡形態的國族主義之一環，它是二戰的重大遺產之一，至今在俄國仍清晰可見。西方政治家、實際上也包括西方歷史學家，往往因為把「蘇聯的」和「俄國的」混為一談，視同一體而惹上麻煩。但這其實與二戰結束後幾年，許多俄國人開始看待自己的方式沒有太大差別。俄國就是蘇聯，一如史達林就是國家。[43]其後的年代裡，俄羅斯族人逐漸支配了蘇聯所有最高機構，從紅軍到政治局皆然，俄語則是蘇聯全境的強勢語言。長期看來，這導致蘇聯其他民族的憎恨逐漸加深（東歐民族就更不在話下），最終成為一九九一年蘇聯解體的其中一個起因。但同時，國族主義卻也是史達林用來替自己迫害蘇聯社會「外來因素」辯解的主要力量之一。

「外來因素」的構成要素究竟為何，其實未必清楚。隨著時間過去，史達林對各式各樣群體接連發起了鎮壓運動，其中包括高階軍人、莫斯科醫師，以及列寧格勒黨委，理由幾乎必定都是他們全部或部分受到外國人影響。這種新的不寬容又以反猶太人（或按照婉曲說法，「世界主義者」）運動為高峰。一九四八至一九五二年間，數萬蘇聯猶太人只因為身為猶太人就遭到逮捕、免職、開除學籍或教職，甚至被趕出家門。官方對這種迫害提出的藉口，是把猶太人說成與美國及其他西方國家有瓜葛的猶太復國主義者，但就連史達林最親近的部屬都承認「純屬胡說八道」。實際上，一如自古至今如此頻繁上演的情況，猶太人只不過是一個象徵，可以用來代稱外在世界裡令史達林懼怕，從而必須自公共生活中除去的一切。[44]

一九四〇年代和一九五〇年代控制了美國的疑神疑鬼，與同樣控制了蘇聯的疑神疑鬼之間，無疑有著可比之處。兩國都運用外敵威脅將分裂的社會凝聚起來，也都動用壓制手段懲治不願聽從的人。要是蘇聯的心態相較於美國，以更極端的方式反映出來，這肯定反映了蘇聯在最近這次大戰中所承受更加巨大沉重的創傷，他們對於滅亡的恐懼幾乎在大戰中成真。但發生在蘇聯的壓制規模及本質都不同於美國，這在很大程度上也是由於當地運行的政治體系所致。美國的壓制或多或少是經由共識而施加，當人們認為壓制太過火，共識就很容易轉變，如同一九五〇年代中期確實發生的狀況。反之，蘇聯的權力如此集中於一人之手，要是史達林一意孤行，施加於社會的折磨就幾乎漫無限制。

到頭來，史達林對於「我們」之構成要素的觀點變得如此狹隘，以至於沒有人能在迫害中全身而退，就連位居權力中心的人們也不能倖免。史達林在這段時期殺害了多位密友和同伴，又對另外數十人加以拷打或流放古拉格勞改。他的親信們經常集合參加沒完沒了、受酒精刺激的晚宴，在宴席上被迫輪流承受史達林施加的各種羞辱。日後的蘇聯總書記赫魯雪夫滿懷驚恐回想這些晚宴。其中一次晚宴結束後，他和布加寧同車回家，布加寧癱坐在位子上，明顯如釋重負。「你和史達林吃飯時是朋友，」他喃喃自語，「但你不知道你會自己回家，還是有人載你一程——去監獄！」史達林在一九五三年三月去世時，再也沒有群體、也沒有個人能在史達林的猜疑下自認高枕無憂。[45]

☆

沙卡洛夫活在這些事件的邊緣。他並未近距離目擊恐怖，雖然他的確見過某些參與其中的人，包括史達林的前任祕密警察首腦拉夫連季．貝利亞（Lavrentiy Beria），他說貝利亞是個「可怕的人物」。[46]但沙卡洛夫這樣的科學家多半能免於社會上其他所有人，都被迫承受的那種日常恐懼，因為他們的工作被認為至關重要。他們的薪資高於社會上絕大多數人，並獲得了多數人不可企及的特權：他們有自己的別墅、自己的座車，還能讀到別處被查禁的文獻。獨立思考能力在全體人口之中被視為可疑，但在製造原子彈的祕密設施裡，卻在科學家之間受到積極鼓勵。

儘管這有可能讓他們與其他人的磨難保持距離，按照沙卡洛夫的說法，這卻也創造出了未來民主的模板。在一九六八年那篇影響深遠的論文裡，沙卡洛夫呼籲將他與科學家同儕享有的知識特權擴展到整個社會。他也建議技術精英應當根據科學方法治理社會，治理方式則應以「關心與掛念一套道德、倫理及個人性質的人類價值」優先於一切。[47]

沙卡洛夫因為這篇文章而立即被剝奪安全許可，此事引人深思。到頭來，沙卡洛夫這樣的科學家得知了蘇聯社會其他許多人早就明白的一件事——他們看待世界的方式與國家看待世界的方式，有著無法調和的根本差異。

國家看待核彈的態度，正是這種差異的實例。沙卡洛夫說了一個故事，關於他在一九五五年參加的一場慶祝核彈成功試爆的晚宴。身為首要負責這種特殊武器之技術基礎的科學家，他感到自己有義務說些話。於是他起身，提議乾杯，祝願蘇聯今後無需在實戰中使用這種武器。沙卡洛夫說，頓時，一片尷尬的沉默立即籠罩了房間。國防部副部長緩慢而不祥地起身答覆。「讓我講個故事，」他說，「有一個老人只穿著襯衫，在聖像前祈禱。『指引我，讓我堅強。指引我，讓我堅強。』他太太躺在炕上說：『禱告求堅強就好，老傢伙，我心中自有指引。』我們來喝酒堅強自己吧。」沙卡洛夫受到恰如其分的訓斥，他喝掉自己的白蘭地，「整個晚上再也不開口」。[48]

蘇維埃國家在對原子彈的不懈追求中，掙得了他們在二戰後渴望的一切，卻也同時失去了這一切。他們曾在一九四一年的軍事潰敗中如此元氣大傷，此時將力量恢復到了超乎想像的地步。但他們的欠缺人性卻播下了異議的種子，最終注定了國家的滅亡。

第十五章　世界兩極分化

戰後初期美國與蘇聯集體心理的相似性十分引人注目。兩國都晉升到了它們還沒完全做好準備的全球強權地位，也還沒有時間加以消化。兩國被戰爭團結起來的方式，也都是任何宣傳、恐怖手段，甚至新政進步主義所無法達成的。但如今戰爭結束，兩國內部的分歧又開始顯露。美蘇兩國能夠各自團結並彼此提攜，都以共同敵人（妖魔）存在為至關重要之因素，但如今妖魔被打敗了，能夠讓它們團結一致抵抗的對象也就不復存在。隨著兩國的關係走向破裂，它們各自用新的美國或蘇聯妖魔，取代過去的德國或日本妖魔，也就再自然不過。「我們」對抗「他們」的熱戰心態，就這樣無縫轉換成了冷戰。

美蘇兩國對於全球事務的支配地位，意味著世界其他國家皆不免捲入它們的紛爭。有了二戰的經驗之後，僅僅著眼於全國團結已經不再足夠，美國開始在它如今所謂的「西半球」，乃至更廣大的「西方」推動團結。同時，一向具有國際主義觀點的蘇聯，也開始催促鄰國及盟國組成一個團結的「共產陣營」。在兩大超級強權的壓力下，多數國家別無選擇，只能選邊站隊。

蘇聯文化部長安德烈．日丹諾夫在一九四七年概括了這個新氛圍，他在歐洲各國共產黨會議上說，世界自此將分成「兩大陣營」。他宣告，一方是「帝國主義反民主」陣營，由美國及其夥伴英國領導，其根本目標在於「主宰世界」及「粉碎民主運動」。另一方則是蘇聯及其盟友，它們如今必須「集結整隊，攜手」對抗西方。日丹諾夫說，這兩個「截然相反」的陣營絕不可能合作。[1]

大致說來，美國人也同意這個觀點，即使他們用了大不相同的語言表述。同一年稍早，美國外交官喬治．肯楠在《外交事務》（*Foreign Affairs*）雜誌上撰寫了一篇影響深遠的文章，其中宣稱兩大超級強權「滿意的共存」絕無可能。他寫道，美國別無選擇，只能試圖「遏制」蘇聯威脅。因此這正是美國人開始「接受歷史擺明了要他們承擔的道德及政治領導責任」之時機。言下之意是（至少，他的話語是這樣受到普遍理解），美國必須在抵抗共產主義擴張的新國際運動中擔任領袖。[2]

但全世界其他國家呢？他們對於超級強權招兵買馬各自組成陣營又有什麼感受？自然，有些國家秉持著實用主義精神，接受了這一國際新秩序。西歐和亞洲許多國家欣然與美國結盟，因為強大的美國看來提供了戰後重建安全與秩序的最佳途徑。美國的金援似乎也是重建這些區域千瘡百孔的基礎建設所不可或缺的。同理，多數拉丁美洲國家別無選擇，只能站在美國這邊，因為它們在經濟上依賴這個北方鄰國，地理上又比鄰，合作是最佳選項。同時，多數東歐國家接受了蘇聯掌控，因為不接受便意味著再度全面開戰；世界各地的共產黨也支持蘇聯，因為它們相信這帶來了在本國實現政治變遷的最好機會。

但世界上還有許多其他地區對於被迫選擇陣營感到不滿，從而盡其所能拒不選邊。它們選用了各式各樣的名稱表述這種姿態。「中立」是用來形容瑞士這類國家的法律術語，它們承諾不參與任何國際戰爭，但其他許多國家也自稱為「不涉入」（disengaged）、「不表態」（uncommitted）、「不結盟」（non-aligned）、「進步中立」（progressively neutral）等等。[3]

這些國家因此希望從冷戰中抽身，但到頭來只不過是讓自己在面臨其他一整套政治、經濟及道德兩難時毫無招架之力。不結盟是否意味著為了保持中立，就不得不拒絕一方或另一方提供自己亟需的援助？是否意味著它們不能批判強權的惡行，要是它們發出批判，會有人聽嗎？要是它們拒絕一切軍事協定，外力入侵時誰會捍衛它們？少了形式上的盟友，它們在國際上能有什麼發言權？最重要的是，要是它們遭受一方或另一方持續施壓，又會怎麼應對？

圖32 聯合國針對朝鮮前途問題的辯論中，蘇聯代表維辛斯基與美國代表小亨利．卡伯特．洛奇（Henry Cabot Lodge, Jr.）兩人之間的冷戰較量。英國代表格拉德溫．傑布爵士夾在兩人中間的反應，勝過千言萬語。（圖片來源：Rex Features）

中立的不可能

安東尼・科文（Anthony Curwen）知道試圖保持中立得面臨何等壓力。身為英國的一位反戰主義者，他始終痛恨「坐在槍桿子這端，瞄準並殺害某人」這種想法。於是，當全世界在一九三九年走入戰爭，科文走上了另一條路：他宣布自己出於良知而拒絕入伍。不願拿起武器的他加入了公誼救護隊（Friends Ambulance Unit），這個公誼會（Quakers，又譯作貴格會）組織奉行反戰與中立原則。一九四三至一九四六年間，科文照顧病人和傷患——首先在英國的醫院，然後來到敘利亞偏遠地區。這項戰時工作具有建設性且完全中立，他後來說，「十分令人滿意」。[4]

當戰爭結束，科文決心延續自己的反戰承諾。他留在公誼救護隊，這時救護隊開始派員到中國，協助在抗日戰爭中飽受摧殘的中國重建。

不幸，新一波內戰已經在中國爆發，由奉行民族主義的國民黨政府對抗共產黨人。公誼救護隊意欲維持中立，但這無法制止科文對局勢產生強烈感受。「我前往中國的時候，在政治上極其幼稚，」他晚年承認，「我還記得我那時想著，內戰是多麼愚蠢的事，就在一場全國動盪的戰爭之後。內戰是多麼愚蠢的事！」

科文在一九四六年三月十四日乘船前往上海，那天正是他的二十一歲生日。他並不真正知道自己投身於何種環境。中國完全不像他所習以為常的世界。這個國家被歷時八年的暴力撕裂，如今充斥著「泥濘、混亂、毀壞與難民」。他駐紮在華中東部的中牟城，位於河南省省會鄭州以東約三十英里處。中牟城有一半被日軍炸毀，另一半則被國民黨政府摧毀，後者在一九三八年為了阻止日軍進攻而將黃河大堤決口，淹沒整個地區。「我們到那兒的時候，」科文說，「頂多只有六間樓房還矗立著。」他的第一項工作是監督建造一間診所和一所學校，將毀壞城牆的磚塊重新利用為建材。他也設立了一系列合作社，協助當地居民自力更生。但面對戰後的巨大混亂，內戰雙方就在不遠處交火，還有數十萬身無分文的難民返回這個地區，他很快就開始覺得不知所措。

重建過程的最大阻礙之一，正是他所遭遇眾多官員的態度。科文沒多久就開始學會憎恨國民黨政府的軍警，他們「邋遢、半官半匪又高壓」，他曾經看到這些人把擋路的人民踢開，或是不買車票卻把人民丟下火車，每次都感到火冒三丈。他發現國民黨政府官員「完全無能」、「徹底漠不關心」，而且腐敗透頂。某些官員很有禮貌，對科文這樣的外國人甚至畢恭畢敬，「但你感覺得出來，他們心裡其實憎恨你。」

就連中國的救援工作者都很腐敗，聯合國的援助沒能送到需要救援的人民手上，通常早就被中飽私囊。「聯合國善後救濟總署送來援助中國的物資，真的全都被拿來變賣。你什麼都買得到。你在全國任何地方的市場攤位上，都能找到聯合國善後救濟總署援助的奶粉。要是你有門路的話，連拖網漁船都買得到，那是聯合國送來建設漁業用的。」

令科文作嘔的是，黑市的經營者正是被託付解救中國最貧窮、最無力人民苦難的那些人。過不了多久，科文就開始質疑自己為何到這裡來。他提供協助的努力看來無力到了毫無意義的地步，他也開始覺得自己的救援工作只不過是在「粉飾」一場全國悲劇。在他看來，中國問題的根源在於「政府的完全漠不關心」、「完全缺乏效能」，以及對待人民的橫暴態度。「我很快就產生了對這個現存政權的憎恨。」

漸漸地，他對於嚴守中立的信念也開始動搖。他對共產主義仍一無所知，也還懷抱著他這個階級的所有英國人從小到大對共產主義養成的偏見。但他對國民黨的反感強大到讓他開始相信，要拯救中國別無他法，唯有掃蕩國民黨——即使這麼做意味著拋棄中立。「對國民黨的民族主義政權心懷憎恨，又對共產黨一無所知，我盼望找到中間道路，卻發現中間路線完全無能為力……沒有中間道路這回事。」

科文第一次和中國共產黨人打交道，是在一九四八年夏天，中共一度占領中牟的時候。他一開始極度害怕這些人，但他們和他遭遇過的幾乎所有國民黨官兵完全相反，顯得禮貌、誠實且行為端正。城內並未發生暴行、也沒被搶劫，事實上恰好相反，當一位同事的套頭毛衣被偷，一名中共官員大張旗鼓揪出竊賊並物歸原主。富人的糧食被徵收，並發放給窮人。當共軍決定撤出中牟城並俘虜他，他的恐懼一度短暫恢復，但他們向他解釋，帶走他只是為了有個證人，以防國民黨回來之後屠殺外國人並企圖嫁禍中共。

其後數月間，內戰戰線來回移動，讓科文得到了觀察交戰雙方的機會。他發現兩者的對比很有啟發性：「我對共產黨人身為群體、身為個人的行為刮目相看；對到處顯而易見的活力與熱情刮目相看；對中國共產黨迅速贏取、且無疑應得的巨大威信刮目相看。北京或上海情況如何，我不得而知……但在鄉間和內陸，共產黨人憑藉著自身行為、支持窮人，以及一切諸如此類的作為，在極短時間內贏得壓倒性支持。」

最令他印象深刻的是共產黨人助長的自我批評文化。在中共統治區內，人民被期望檢視自身行為，坦白過錯，並誓言改過自新。這同樣適用於黨領導（即使並非更加如此），因為他們被期望以身作則。他記得這樣一個場合，在一場改善婦女權利的運動中，當地共產黨領導上台坦白他打過老婆。領導承認這種行為完全不可接受，他向群眾承諾徹底自我檢查並寫成大字報。在國民黨統治下，這樣的誠實、以及這份改變的決心都是不可想像的。

當共產黨人終於在一九四九年贏得內戰，在科文看來，這場勝利帶來了「人民的道德復興，以及人際關係革命」。內戰和共產黨的勝利不但沒有摧毀中國，還把這個國家變得更好。

這段經驗也轉變了他。感受的力量出乎他的意料，挑戰了他先前相信過的一切，不只是保持中立的信念，還有棄絕暴力的信念：「我無法告訴你我從什麼時候開始不再反戰，因為我不知道。但從這個或那個時候開始，我意識到戰鬥有時是必要的……我不知道要是不革命的話，構成中國鄉間人口大多數的窮人還有什麼出路。顯然也沒有一場革命可以不使用暴力……於是我不再反戰，開始批判自己的反戰主義，得出的結論是我錯了。」

如今，每當科文回顧二戰，他都深深懊悔自己曾經出於良知而拒絕入伍。他開始情願自己更早拋棄反戰承諾，這樣才能積極對抗法西斯勢力，與希特勒戰鬥。即使他在公誼救護隊做了這麼多善行義舉，他還是情願自己當初拿起武器來。

當他在一九五四年返回英國，他決心再也不做壁上觀。他加入了英國共產黨，並將餘生奉獻於社會主義。

☆

第二次世界大戰期間及戰後，有許多試圖保持中立的好理由。有些人積極地不偏不倚，因為他們對交戰雙方都不認同；其他人則消極地不偏不倚，只想避免被他們所認定的「別人的戰爭」牽連。許多民族和許多國家都害怕參戰，以免選錯陣營。還有一些人堅守著中立這項道德理念。在科文自己的例子裡，他的反戰姿態是個人原則與「純粹反叛心理」兩者的結合。但這沒有差別，幾乎所有人遲早都不得不選邊站隊；要是他們拒絕主動選擇，那就往往會被迫選擇。

安東尼．科文的情況很罕見，因為他至少還有避免參加第二次世界大戰的選擇餘地。他很幸運能夠生活在一個給他選擇，讓他在戰時不參加戰鬥的社會之中。但即使如此，他還是得兩度接受軍法審判，以證明自己的行動出於良知而非怯懦。在其他大多數國家裡，他這種反戰立場是絕對不堪設想的，不管是因為要求服從的社會壓力強大到無法招架，還是因為他們所生活的社會就是不容許這種立場。二戰歷史裡隨處可見這樣的故事：被占領國家的人民試圖置身於暴力之外，卻被良知、鄰人，或是支配著戰時風景的各種軍隊及民兵所逼，最終不得不選邊站隊。

不只是個人往往無法在戰時維持中立姿態，國家的命運也同樣不幸。挪威、丹麥、比利時、荷蘭、盧森堡在戰前都宣告為中立國，卻完全無法防止它們在一九四〇年被德軍入侵。同理，愛沙尼亞、拉脫維亞和立陶宛這三個中立國也被蘇聯入侵。而在東南亞，泰國的中立宣示無法讓它免於日軍入侵，日本想要經由泰國領土運輸軍隊。泰國威權政府會意，隨後的戰爭期間裡都與日本維持不自在的聯盟關係。在拉丁美洲，阿根廷和智利戰時大多數時間都為了維護中立而提出抗議，但在美國持續施壓之下，兩國最終在一九四四及一九四五年先後被迫放棄中立。殖民統治下的國族，連這個選項都不存在：印度、朝鮮、中東以及幾乎整個非洲無論願意與否，都被逼著選邊站隊。

只有少數幾個國家被容許在整個戰爭期間維持中立地位，其中最著名的是愛爾蘭、瑞典、瑞士、西班牙、葡萄牙和梵諦岡。但就連這些國家也經常被迫採取有利於其中一方的行動。比方說，瑞典被迫允許德軍運兵列車穿越國境開往俄國戰場；葡萄牙被施壓而允許盟軍船艦及飛機使用其海外港口；戰時完全被軸心國包圍的瑞士，則被迫放棄與英國的軍火交易，即使對德貿易同時激增。[5]而這些國家出於良知而破壞中立的極少數情況，則總是顯現出它們真正的政治色彩。瑞典私下為挪威抵抗運動提供基地。西班牙法西斯政府一如阿根廷的同類政府，它們欣然容許納粹間諜活動，梵諦岡則對任何反共人士犯下的罪行視若無睹，即使其中某些人證實了是被通緝的戰犯。最終結算下來，戰時中立充其量只是一種理想抱負，最壞情況下則是虛偽的藉口。[6]

☆

經歷過戰爭的嚴酷教訓，許多國家都拋開了中立意圖。自一八三九年以來一直是中立國的荷蘭，在冷戰開始時重生為北大西洋公約組織（西歐與北美防衛蘇聯威脅，確保集體安全的軍事同盟）創始會員國之一。挪威、丹麥、比利時、盧森堡和葡萄牙也是如此。戰時保持中立的土耳其宣布堅決站在西方陣營，一九五二年成為北約組織會員。同時，先前中立的西班牙則與美國直接結盟。[7]（反過來說，有兩個歐洲國家則在戰後成為中立國，分別是一九五五年的奧地利與一九五六年的芬蘭，即使這兩國都是在蘇聯要求下成為中立國，若不如此，蘇聯就拒絕撤軍。）

世界其他地方也紛紛效法。泰國放棄了中立的嘗試，成為北約在東南亞的同類——東南亞公約組織創始會員國，其總部就設在泰國首都曼谷。在拉丁美洲，第二次世界大戰期間被迫支持美國的智利、阿根廷等國，如今自願經由一九四七年的里約條約（Rio Treaty）加強對美關係——大概不是出於愛，但至少出於對共產主義的共同恐懼。冷戰開始後，拉丁美洲幾乎不可能中立。對美國的反共世界觀沒有充分給予口頭支持的國家，若非被迫遭受政權轉移，如同一九五四年的瓜地馬拉，就是遭受華盛頓如此持續且笨拙的騷擾，而不得不投入蘇聯的懷抱，一如卡斯楚（Fidel Castro）的古巴在一九六一年的選擇。[8]

再一次，就算是冷戰期間維持中立地位的國家，行動也未必總是能夠中立。例如瑞典在經濟上就與西方整合，經常向英美兩國購買武器（卻從來不向蘇聯購買），甚至為北約組織進行對蘇聯的空中偵察任務。[9]同時，瑞士則是極度保守的國家，對共產主義的病態恐懼，使得它與北約訂立密約，向西方大量軍購，甚至一度動念自行打造核威懾武力。[10]除此之外，瑞士聯邦警察更對國民進行醜惡且非法的監控計畫，直到冷戰結束後才被揭露。他們得到成千上萬商人、政治人物、軍方人員、智庫成員及一般「憂國公民」協助，這些人十分樂意監視鄰居，並向當局舉報任何左翼活動。[11]這樣的人物是國家潛意識的重要一環。正如科文面對腐敗又信用破產的中國體制無法保持中立，這些「憂國公民」也無法放下自己對於共產主義的不信任，不論他們的國家是如何自詡中立。

不結盟運動

要是中立概念對於個人和國家往往落得幻夢一場，它在國際層面又表現得如何？戰後年代裡，有兩個重要國際組織自稱是中立的。或者更精確地說，「不結盟」（因為「中立」一詞有相當精確的法律定義）。它們分別是聯合國本身，和一群以「不結盟運動」著稱的國家。這些國際實體的命運會好一些嗎？

聯合國在這方面的失敗人盡皆知。一九四〇年代和五〇年代，聯合國由美國支配，美國供給了聯合國大部分的資金，也提供了總部所在地，還能仰賴聯合國多數創始會員國近乎堅定不移的支持。在這個草創時期，唯有安理會和蘇聯的否決權，才能防止這個組織變得無異於美國外交政策工具。[12]

在此同時，不結盟運動則有不同的問題。這個運動於一九六一年正式成立，但其根源可以追溯到二戰結束之初，眾多亞洲國家即將獨立之時。目睹戰爭帶來的毀壞，印度新任總理尼赫魯認為，唯有「遠離集團結盟對抗的強權政治，它在過去造成了世界大戰，今後還有可能再度引發更大規模的災禍」，才是明智之舉。[13]更重要的是，為了爭取獨立而奮鬥這麼久之後，他看不出有任何理由將印度外交政策從屬於他人的議程之下。「我們與任一強權結盟，」他在一九五一年對印度國會說，「都是交出自己的意見、捨棄自己在正常情況下可以追求的政策，只因為別人要我們追求另一種政策。」[14]結果，印度遵循著嚴守中立的外交政策，開啟了身為獨立國家的新生命。

其他爭取到獨立的亞洲國家也遵循這項原則，例如印尼總統蘇卡諾就認為，冷戰只不過是他的人民才剛掙脫的那套舊帝國主義又一次體現。[15]它傳播到了阿拉伯國家，像是埃及就採用「積極中立」作為「唯一明智的政策」，也傳到了非洲國家，某些非洲領袖堅稱「整個非洲大陸都應該是中立地帶」。埃及總統納瑟甚至將不接觸政策稱為「人類良知的表現」，因為這一政策「反對宰制與不平等，反對軍國主義，反對核試驗，支持各國的和平與獨立。」正如安東尼．科文為了良知而接受共產主義，納瑟也為了國家而採納不結盟運動。16

第二次世界大戰結束後十五年內，不結盟運動成了一種現象。一九五五年萬隆會議上，二十九個亞非國家齊聚一堂，反對強權干預它們的內政。「萬隆精神」迅速在殖民地世界延燒。一九六一年，在貝爾格勒舉行的不結盟運動成立大會上，這個精神也傳播到了歐洲和拉丁美洲。二十世紀結束時，不結盟運動共有一百一十四個會員國，包括三十七個亞洲國家，二十多個拉丁美洲國家，以及非洲每一國。此後它仍繼續擴大：加勒比海數國於二〇〇〇年代加入，斐濟和亞塞拜然則近在二〇一一年獲准加入。17

但對於這個組織實際上究竟有多麼「不結盟」，始終存在著疑問。即使有著這樣一個集體稱號，許多參與國家卻很明顯與任一強權陣營結盟。中華人民共和國受邀參加萬隆會議，即使它是明確與蘇聯結盟的共產國家。六年後，古巴成為不結盟運動創始會員國之一，但僅僅六個月後，它就允許蘇聯在該國領土上興建核彈基地。另一個創始會員國賽普勒斯則為英軍提供基地，沙烏地阿拉伯與巴基斯坦也和美國關係密切。前法屬非洲的幾個國家有意與法國維持軍事合作關係，例如塞內加爾和加彭。許多本該是不結盟的國家都與強權締結軍事協定，而且其中許多國家至今仍維持這樣的協定。這一切全都明顯違背該運動文獻所揭櫫的運動原則。18

不僅如此，運動採取反美立場的次數比反蘇立場更為頻繁許多。尤其在一九七〇年代，它在多數議題上往往與蘇聯站在同一陣線，並指責西方強權，尤其是美國的經濟帝國主義、在越南的暴行，乃至對拉丁美洲的政治及軍事干預。帶頭指控的是與蘇聯關係密切的古巴，共享這種立場的不結盟國家愈來愈多，它們之中有許多也都轉而擁護馬克思主義。19

到頭來，「不結盟」證明了和「中立」同樣是幻夢一場。在一個幾乎每個行動都被任一方主張或反對的世界裡，採取中間路線簡直不可能。緬甸或許是唯一趨近於中間路線的國家，它走上了幾乎與全世界斷絕關係的極端，採取近乎反戰的立場，甚至在一九七九年由於顧慮組織內部偏好日益加重，而一度退出不結盟運動。[20]但對於還想與世界其他國家交往的任何一國來說，其實除了選邊站隊之外別無選擇。而正如安東尼．科文的示範，決定選擇哪一方的唯一指引則是聽從良知，無論它帶著你走向哪一條路。

☆

但這仍然不是故事的全貌。人們很容易忍不住把「中立」、「不結盟」這樣的概念，描述為純屬對戰後興起之強權陣營的回應，但當然，形勢完全沒有這麼簡單。還有其他各式各樣同樣強大的力量在運作著。安東尼．科文成為共產黨員並非對冷戰的回應，而是由於他置身其中十分具體的在地局面。其他來自不同背景、置身不同局面的個人則做出了相反的選擇，與中國國民黨站在一起。同理，國家採用外交政策時也未必總是參考國際環境，最有影響力的往往是國家自身的歷史及其國內問題。比方說，瑞士在一九四五年之後決定繼續保持中立，就與國族榮光關係更大，而與冷戰較無關聯。到了二十世紀後半，中立成了定義瑞士認同的特徵，標記出它與鄰國的差異。弔詭的是，也正是同樣這種國族光榮感，導致瑞士悄悄地拋棄自己的中立，因為該國精英落入了相信自己對歐洲及世界事務的重要性，遠大於實際情況的舊窠臼裡。[21]

同樣的力量也在不結盟運動之中運作著。正如牙買加總理麥可．曼利（Michael Manley）在一九七九年指出：「不結盟運動並不只是因為強權集團而開始的」，還有其他比冷戰更為急迫的理由。[22]運動成立之初的主要目標完全不是美國或蘇聯，而是西歐殖民主義。「意識形態衝突不是，我再說一遍，不是我們這個時代的主要問題。」蘇卡諾在貝爾格勒會議上斷言，「在每一個例子裡，國際緊張對立的起因與根源，都是帝國主義、殖民主義，以及強行分割國族。」[23]因此，運動的第一優先要務是從英國、法國、比利時、葡萄牙、荷蘭等舊帝國手中爭取獨立，對於占了成員國多數的亞非國家尤其是這樣。冷戰之所以被認為重要，其實只是因為它妨礙了獨立鬥爭。

為不結盟運動注入龐大能量的，是歷史上亞洲人、非洲人，最終還有拉丁美洲人遭受白人不公正對待的感受，其中絕大多數白人是歐洲移民。戰後初期一切最強大的神話，在此可謂用之不竭。亞非人民被描述成歷史的受害者，但同時又是國族解放英雄，如今從歐洲帝國崩毀的灰燼中崛起。摧毀了舊世界的二戰，按照蘇卡諾的說法，也開創了「重新建造世界」的契機。[24]

在所有這些關於自由、正義與世界和平的修辭之下，其實是同一股推動著美國、蘇聯及世界多數其他地方的力量：國族主義。正是國族主義驅動著不結盟運動的所有獨立鬥爭，也正是國族主義激勵著它們團結合作，爭取對於世界事務的更大發言權。「究其本質，」突尼西亞首任總統哈比卜・布爾吉巴（Habib Bourguiba）在一九六一年的貝爾格勒會議上說道，「國族主義在各方面上，都是我們所有過去受殖民的民族爭取人類尊嚴的戰鬥。」[25]就這樣，這股因為二戰而一度聲名狼藉的力量，在戰後初年由世界新興國家賦予了新生命。

倘若世界聯邦主義者創造單一世界體系的希望與夢想面臨過什麼挑戰的話，那就是國族主義了。正如團結的動力被冷戰猝然中止，世界體系內在固有的不平等與不公義，也為想要掙脫的人們提供了新的動力。

我將在下文討論的，正是這些由第二次世界大戰釋放出來、並在舊世界固守其日薄西山之殖民勢力的悲劇性嘗試中得到滋長的解放力量、國族主義力量及分裂力量。

第五部

二百個國家

Two Hundred Nations

第十六章　一個亞洲國家的誕生

國家是什麼？它是由某個民族稱之為家鄉的土地所定義的嗎？它是種族、族裔或基因的問題嗎？或者，國家是由更加難以捉摸的其他特徵所界定的，例如共享的語言與宗教、或是共有的文化遺產？國家能以政治信念定義自身嗎？若是可以，它有權利將這樣的信念直接或間接強加於成員身上嗎？

第二次世界大戰過後，數十個新國家宣布獨立，並隨即開始努力解決這些問題。幾乎無一例外，它們迅即發現國家並沒有一個初步定義。國家是一個「想像的共同體」，僅此而已，而且取決於由誰想像而變動。它受到「誰不是國家一分子」決定的程度，往往與「誰是國家一分子」相當；但敵人會變，政治信念、宗教信仰，以及所有其他的文化參照點同樣會變。國家之間的邊界也會變；當一國與另一國之間的分界線僅由地圖上的一條線決定，我們怎能確切指出誰是「我們」、誰又是「他們」？

印尼是一九四五年面臨這項挑戰的第一批新國家其中之一，它所經歷的過程揭示了面對全新開始的煎熬。那年八月宣布獨立的這群人民，擁有任意定義自我的自由，卻遍尋不著足以團結彼此的事物。他們聲稱擁有的疆域橫跨一萬九千個不同島嶼，有些不過是沙嘴和環礁，其他則是人口稠密的大島。他們所代表的人民屬於兩百多個各自不同的文化群體和族裔。他們使用三十多種不同語言和方言，遵守不同習俗、信仰不同宗教，與現代性的關係大不相同。峇里島的印度教徒農民與亞齊的穆斯林油井工人或安汶島的基督徒種植園工人，彼此幾乎沒有任何相通之處。雅加達的都市精英與加里曼丹島的達雅族狩獵採集者也是天差地遠。這些人群之間的唯一關聯，幾乎就只是他們都被荷蘭人征服過，有些直到不久之前才被征服。但除了對殖民主義的同仇敵愾之外，並沒有特殊理由非得把他們結合為單一國家。[1]

但他們還是被結合在一起了。將他們合而為一的過程，既向我們透露了許多第二次世界大戰過後新國家的意義，同時也透露了「自由」本身的危險與隱患。

☆

第二次世界大戰之前，印尼受到荷蘭人統治，當時名為「荷屬東印度」。但在一九二〇年代和三〇年代，一場小而堅定的國族主義運動開始在境內壯大，尤其在爪哇島上。其中一位運動者是一名年輕的教師和記者，名叫特里穆蒂（S. K. Trimurti），她在一九三三年加入了印尼民族黨（Indonesian Nationalist Party）。二戰爆發之時，她已經給荷蘭當局帶來許多麻煩。按照她的說法，她在小學課堂上教導學生「拒絕被他國統治」之後，當局就禁止她教書。後來，她又因為發送顛覆傳單而入獄九個月。日軍在一九四二年攻打印尼時，她又被關進牢裡，這次是因為發表她的丈夫，同為記者的薩尤蒂・梅利克（Sayuti Melik）撰寫的一篇文章，其中宣稱荷蘭人和日本人一樣壞。「荷蘭人和日本人就像老虎和鱷魚，」文章寫道，「兩者都很危險。印尼人自立自強，準備自己爭取獨立才會更好。」[2]

當日軍橫掃爪哇全境，特里穆蒂的許多同胞都熱烈慶祝，他們相信自己終於得到解放了。特里穆蒂在日軍登陸後不久即獲釋出獄。但她心裡明白，她或她的國家都並不真正自由，這時發生的一切就只是一個帝國取代了另一個。她的懷疑在那年八月得到證實，她再次被捕，這次逮捕她的是日本憲兵隊。

她立刻發現荷蘭人和日本人終究大不相同。她記得，在荷蘭統治下，「情況還不太壞。我們可以預見後果，入獄服刑，刑滿就出獄。在監獄裡我們得工作。就這樣。日本人的監獄完全不是這樣。」[3]這一次，審問她的人毫不留情。他們反覆毆打她，直到她半癱在地上，然後帶著她的丈夫進來，看她如何受刑。到頭來他們對她其實毫無興趣，他們只想要逼她的丈夫自白，他被控組織抗日鬥爭小組。他只看了倒在地上的她一眼，就簽名畫押。「這是我第一次看到我丈夫落淚。」[4]

隨後是一段身體與情緒都承受巨大磨難的日子。特里穆蒂的丈夫被關進牢裡，直到戰爭結束；同時她則被軟禁在三寶壠（Semarang）。無法工作的她為了餬口和養育子女，只能一件件出賣她的財產，直到一無所有。

一九四三年，她終於得到印尼最重要的政治領袖之一——蘇卡諾援救，蘇卡諾從特里穆蒂早年參與運動時就認識她。日本人允許蘇卡諾設立一個受到嚴密監控的國族主義政府，原因並非日本人特別支持印尼獨立，而是因為他們想要運用這個傀儡政府。蘇卡諾聽說了特里穆蒂的困境，特地要求讓她前來雅加達為他工作。

其後兩年間，特里穆蒂看到自己的國家轉變了。「幾乎每一天，我都看到新近被徵用的奴工死在雅加達的路邊，或奄奄一息倒在小巷裡。」她後來回憶。她頭一次覺得自己對此無能為力。「我不能在報紙上公開這些事。當時沒有獨立報刊能夠描述國內真正發生的事。所有報紙都是日本人所有，受到嚴密監控。」[5]她唯一能做的是忍耐，坐看戰局進展。

改變終究確實發生了。一九四四年，當戰局終於變得不利於日本，日本軍政府開始做出讓步。印尼人再次獲准懸掛自己的國旗，以及演唱國歌〈偉大的印度尼西亞〉（Indonesia Raya）。一九四五年，特里穆蒂應邀出席一場會議，討論如何為獨立做最佳準備。日本人甚至開始釋放某些政治犯，包括特里穆蒂的丈夫。接著在八月，某種神奇炸彈在日本上空爆炸的消息輾轉傳來。約莫一星期後，日本宣布向同盟國無條件投降。突然之間，戰爭結束了。

從這時候起，事情開始迅速進展。某些更激進的國族主義者決定不等他人允許獨立，他們認為要是自己把握獨立機會，傳達出的訊息就會更正面。蘇卡諾和另一位主要政治領袖，穆罕默德·哈達（Muhammad Hatta）不太願意這麼做，害怕激怒日本人，但在與運動的青壯派進行過幾次極為激烈的爭論之後，他們終於同意了。於是特里穆蒂的丈夫用打字機寫出一篇短短的宣言。特里穆蒂自己則和另一群人一起出發，協助接收日本人的廣播電台。

一九四五年八月十七日，日本投降後兩天，蘇卡諾宣讀了獨立宣言。這篇短短的宣言怎麼看都既不詩意也不浮誇，它只陳述了事實：殖民主義終結，印度尼西亞國家誕生。

今天，特里穆蒂身為少數親眼見證了獨立宣言簽署的人之一而受到紀念。這個凱旋時刻將她與整個國族連結在一起，歷經外國勢力這麼多年的逮捕、囚禁和征服之後，她和她的同胞終於伸出雙手，把握住自由。

自由！

特里穆蒂的故事是一個百折不撓、終獲勝利的動人傳說，人們不禁要將它稱許為和平抗爭戰勝壓迫與暴力的典範。不幸的是，故事並未在此劃下句點。二戰過後的印尼是一片陷入混亂的區域。荷蘭人在上一世紀建立的諸多殖民權力結構，戰爭期間都被日本人一掃而空。如今日本人自己也被趕走了，蘇卡諾草創的國民政府即使原則上獲得了廣大民意支持，實際上卻尚未擁有任何權力。組建國家警察、國家司法部門和國軍都需要時間，建立人人都能接受的合適民主架構就更不在話下。同時，也沒人有能力對一群受自由概念激動而狂熱、又因復仇思想而喜怒無常的人民施加控制。

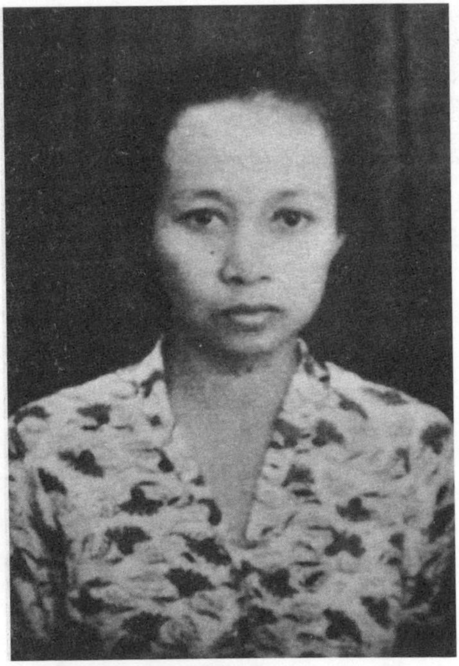

圖33　戰後數年的特里穆蒂。

於是在一段時間裡，全國都陷入無政府狀態：各式各樣的地方民兵、軍閥、革命青年組織和黑幫填補了權力真空。只有一件事能將所有這些群體團結起來，他們都害怕荷蘭人計畫捲土重來收復殖民地，但除此之外，他們彼此之間幾乎沒有共通之處。比方說，在爪哇北部海岸的「三區」，名為「鬥雞」的幫派和當地共產黨人聯手，對地方權力結構展開全面清洗。地方官員和村長在群眾面前受到公然羞辱，歐亞混血兒和其他被懷疑擁護荷蘭的人士則遭到殺害。反觀爪哇中部和東部則由穆斯林民兵帶頭，以傳統宗教價值的名義與左翼勢力戰鬥。在蘇門答臘和加里曼丹沿海，荷蘭統治及日本占領時期仍持續掌權的馬來人蘇丹，這時遭受殘暴攻擊。亞齊的土王也同樣全部遭到殺害，或被左翼團體推翻。印尼群島各地的華商由於曾經通敵、曾經「剝削」人民，或者只因為是華人等各種理由而被攻擊。在雅加達附近的一個地方，太多華人屍體被丟進井裡，導致當地人民無法獲得乾淨的飲用水。同時，歐洲人自一九四二年以來就被關在地獄般的戰俘營裡，即使戰爭在此時照理說已經結束，他們仍被勸告不要冒險踏出營區重獲自由。有鑑於外面世界的報復氛圍，留在日本人看守之下反倒更安全。[6]

特里穆蒂親眼目睹了這樣的騷亂氣氛。一九四五年十月，她被派往三寶壠宣傳獨立（merdeka，印尼語「自由」之意）的消息，然後發現自己被捲入了印尼革命青年組織與日軍的戰鬥。沒過多久，她和丈夫在三區暴動期間被派往直葛（Tegal），丈夫被共產黨叛軍俘虜，幾乎遭到殺害。當她前往日惹向蘇卡諾請求支援，她也被當成「荷蘭間諜」逮捕。她能逃過一死就只因為她恰好認識叛軍領袖，領袖命令屬下放人。這與她和國族主義同志們拚命奮鬥想要實現的美好結局實在相差太遠。

☆

這正是盟軍在一九四五年九月和十月間終於抵達印尼群島時所面臨的局勢。控制殖民地騷亂經驗豐富的英國人知道，他們的首要任務是重建秩序，但他們總預期這是相對直截了當的工作。荷蘭人向他們打包票，他們會被多數人當成解放者歡迎，接著，經過短暫有序的權力轉移，他們就能體面地退下，將注意力集中在東南亞區域的英國殖民地。[7]

荷蘭人想當然耳認為，他們不會遭遇太多困難就能在這個區域重建殖民統治，但他們未能意識到印尼在這四年中有了多大轉變。要說第二次世界大戰轉變了這個區域，還嫌輕描淡寫了。印尼或許沒有經歷過二戰的任何重大戰役，但它歷經了殘暴的占領，令當地人民怨恨又憤怒。數十萬平民被日本人徵用為奴工（勞務者）。數萬女性遭到日本軍人性侵。到處都陷入飢餓，光是在爪哇，一般認為戰時約有兩百四十萬人死於饑饉，或許還有一百萬人在其他島上挨餓，這多半是日本殖民政策的後果。經歷過最徹底的剝削之後，印尼人再也不打算成為任何人的屬國。[8]

二戰也在其他方面改變了他們。歷經蘇卡諾和哈達兩年的統治，印尼人已經習慣了自治這個概念，戰時的政府或許是日本傀儡，卻仍遠勝於荷蘭人給予他們的任何事物。除了草創的政府，他們也有了草創的軍隊。日本人培訓了超過三萬五千名印尼軍人和九百名軍官，將他們編成「鄉土防衛義勇軍」。「要不是日本人的訓練，我軍士兵沒有一個能夠成為士兵。」一位印尼國族主義者多年後回顧，「日本人就是這樣幫了我們，他們真的很殘暴，但他們才是訓練士兵的人。」[9]

受到「亞洲人的亞洲」宣傳影響許多年之後，印尼人再也不想奉承歐洲人優越的神話。他們已經表明了他們再也不要荷蘭人回來，並自信完全有能力管理自身事務。倘若荷蘭人還以為自己可以長驅直入，不受抵抗就取回控制權，他們可就大錯特錯。

☆

生活短期內都不會恢復正常的第一個重大跡象，發生在泗水。一九四五年九月十三日，一小隊盟軍登陸該市，開始和日軍談判。數日後，一些荷蘭人和歐亞混血兒在盟軍下榻的旅館外面升起荷蘭國旗，歡迎他們來到。被此事激怒的一群學童和當地暴徒集結起來，其中一人爬上旗竿，把荷蘭國旗的藍色布幅撕掉，使這面旗幟看來像是印尼國族主義者的紅白兩色旗。雙方爆發大規模鬥毆，日軍不得不派兵驅散，但已有一名荷蘭人傷重不治。[10]

其後數日，緊張對立在全市各處升高。自由鬥士、當地幫派、懷抱理想主義的學生們成群結隊走上街頭，攻擊華人店主、歐洲人、歐亞混血兒，以及任何有擁護荷蘭之嫌的人。數千名歐洲人和歐亞混血兒被圍捕，送往加里索索（Kalisosok）監獄收容。同時，與日軍官兵的衝突也開始加劇。憲兵隊本部遭到圍攻，日本人商店的武器和物資則被洗劫。突然間，印尼戰士們發現自己有了大批軍火。[11]

英軍在十月二十五日大舉開到之時，印尼青年和先前的鄉土防衛義勇軍成員已經組成了一支雜牌軍，他們全副武裝，做好萬全準備保衛城市，防止荷蘭人捲土重來。「我們起義軍，」領袖之一蘇托莫（Sutomo）宣告，「寧願讓印尼倒在血泊中、沉入海底，也不願再度被殖民！」謠言開始流傳：由印度人和尼泊爾廓爾喀人占了多數的英軍，其實是把臉塗黑了的荷蘭人。[12]

原先預期這是維持和平例行公事的英軍，費盡心力要讓局面平靜下來。全城各處都爆發了小規模衝突，最終成了當地戰士大規模進攻英軍陣地。數百名印度軍人被印尼人殺害，還有數百人被俘。情急之下，英國人請求蘇卡諾和哈達前來泗水，談判停火協議。他們達成了協議，但戰鬥沒過多久又再次爆發。激情燃燒得再也無法抑制。

當英軍司令官馬拉比准將（Brigadier A. W. S. Mallaby）本人在試圖安撫一群暴民時喪生，英軍終於沉不住氣了。他們在十一月用了三星期大舉轟炸及砲轟泗水。英軍士兵逐屋巷戰，當驚恐的平民逃往鄉下，英軍戰機從空中掃射他們。這座城市最終還是得到綏靖，但城內大片地區在過程中淪為瓦礫。死亡人數的估計值從兩千五百人到一萬五千人不等，絕大多數是無辜平民。該市多達百分之九十的人口逃亡。[13]

整起事件自始至終都是慘不忍睹的平白犧牲。印尼戰士們在盟軍全力進攻下完全不是對手，但他們拒不屈服，直到被逐出城市周邊為止。他們喊出的口號「不自由，毋寧死」（Merdeka atau mati）似乎得到了認真實踐，許多證言都提到青年戰士撲向英軍戰車，拚死進行自殺攻擊。但即使這次事件是多麼無謂地浪擲人命，印尼人至少向全世界展現了：他們不會束手放棄自己的獨立。泗水之戰象徵著自由是值得為之戰鬥的目標。直到今天，這場戰役仍在每年十一月十日受到紀念，這一天在印尼稱為「英雄節」。[14]

其後數月、數年間，同樣的場面在全國各地到處上演。當盟軍試圖在雅加達成立新的民政當局，擁護荷蘭的自衛隊和印尼國族主義者爆發了夜間戰鬥。在蘇門答臘、峇里和蘇拉威西，數千名青年男女占領叢林，手上的武器只有長矛、大刀，以及從日本人繳獲的手持武器。當國族主義民兵在一九四六年被命令交出萬隆城，他們反倒縱火燒掉城市。他們在蘇門答臘島俯瞰棉蘭的喀羅高原（Karo highlands）也是這樣，放火焚燒五十三個村莊，將整個地區變成一片「火海」。[15]

往後數年是反覆演練的徒勞無功。英軍在抵達、流血、疲乏，最終對整個事態徹底失望之後，才過了一年就從印尼撤離。被英軍留下的荷蘭當局決心不擇手段重新掌控殖民地。一九四六年，他們將行刑隊派往蘇拉威西，進行殘酷的平叛作戰，但除了據統計處死六千人之外，印尼共和國軍仍拒絕降服。一九四七至一九四九年間，荷蘭人發動一系列「警察行動」，表面上以恢復秩序為名，但也是為了重新確保他們掌權。他們成功征服了爪哇和蘇門答臘的大片地區，但只能付出驅逐大量人民的代價。這些事件帶來的巨大破壞，一如二戰期間發生過的任何事件，有四萬五千至十萬名印尼戰士被殺害，至少兩萬五千名平民在雙方交戰中罹難。光是在蘇門答臘和爪哇，就有超過七百萬人流離失所。[16]

到了一九四九年，就連荷蘭人都逐漸認清，如此浪擲人命是無以為繼的。無論他們打了多少仗，他們就是無法擊敗一場拒絕屈服、又得到大半人口支持的運動。他們也承擔不起忽視世界輿論的後果。澳大利亞長久以來一直發聲支持印尼獨立，印度和其他國家也隨之唱和；但美國的介入最終擊敗了荷蘭的殖民野心。當美國揚言撤銷馬歇爾計畫對荷蘭的援助，荷蘭人終於決定停損撤離。那年十二月，在首度宣布獨立四年多之後，印尼成為自由的主權國家。[17]

帝國的終結

不幸的是，印尼並不是一九四五年之後唯一必須靠著戰鬥爭取獨立的亞洲國家，荷蘭也並非唯一對「自由！」呼聲充耳不聞的西方強權。第二次世界大戰過後，同樣的事件在亞洲大陸上到處發生。過去兩百年來定義了亞洲的歐洲殖民主義時代，終於走到了盡頭。

經驗與印尼最為近似的區域，是由越南、柬埔寨和寮國構成的法屬印度支那。一如荷屬東印度，法屬印度支那在二戰開始後不久就遭到日軍入侵。這兩個區域的歐洲領主都被關押了。這兩個區域在二戰末期也獲得了一定程度的獨立自主。日本在越南（由保大皇帝領導）、柬埔寨（由施亞努國王〔King Norodom Sihanouk〕領導）和寮國（由「自由寮國」〔Lao Issarak〕運動領導）都建立了傀儡政權。所有這些傀儡政權的統治者都被勸誘與法國完全斷絕關係，並得到日本人承諾，將在未來某個時間點給予完全獨立。[18]

在印度支那三國之中，越南最為熱烈地擁護獨立自主概念。一個抗日運動在二戰期間組成，名為越盟（越南獨立同盟會），領袖是信奉國族主義的共產黨人胡志明。蘇卡諾宣布印尼獨立兩星期後，胡志明也在河內的三十萬群眾面前宣布越南獨立。他在接連援引了美國獨立宣言與法國人權宣言的動人演說中宣告，「全體越南人民」已經準備好「犧牲生命財產，以捍衛獨立與自由」。[19]

如同荷蘭人在印尼一般，法國人也不打算不經一戰就放棄殖民地。他們重返越南的模式也相去不遠。又一次由英軍打頭陣，這次他們在西貢和越盟爆發血戰。英國人也再一次在法國人重新建立政權之後立即撤出。談判與停火接連達成了又被撕毀，直到殖民者與被殖民者終於全面開戰。如同荷蘭人在印尼，法國人也擁有更優越的火力、更優越的組織、更優越的訓練，但他們仍然敵不過一支獲得廣大人口支持的機動游擊部隊。到了一九五四年法國人終於停戰之時，已有九萬多名法國殖民地官兵，以及或許多達二十萬名越南人喪生。[20]

殖民地戰爭的遺緒毒害甚深。越南被一分為二，北方由越盟統治，南方則是一連串威權政府。隨後二十年間，南北雙方始終處於戰爭狀態。更糟的是，它們的衝突把超級強權也捲了進來。印尼與越南的重大差別之一，在於越南獨立運動的組織者自稱為共產黨人。既然美國誓言要運用一切手段遏制共產主義擴張，它也就或多或少繼承了法國人未完的戰鬥。但美國的努力也不比法國人成功多少。美國的越南戰爭，最終成了美、越兩國歷史上最大的災難之一，到了一九七五年，這場戰爭已經賠上了五萬八千多名美國人，以及大約一百三十萬越南人的性命。倘若這就是「自由」的代價，這樣的代價確實高昂，而且十分血腥。[21]

法屬印度支那的其他地區境況稍微好一些，但也為時不久。柬埔寨和寮國在一九五三年獲准獨立，但兩國都深受鄰國越南的內戰之害，南北越的內戰經常波及柬、寮兩國的領土。兩國不久之後也各自陷入內戰，並在一九七五年先後落入共黨統治。柬埔寨的共黨統治造成了悲慘後果：波布（Pol Pot）領導的赤柬（Khmer Rouge）在一九七〇年代展開了恐怖統治，族群敵人與階級敵人有系統地被屠殺和餓死。他們殺害的人數不得而知，但估計值從一百六十萬到兩百萬不等。[22]

要是法國人決定不再試圖牢牢掌控自己衰亡的殖民帝國，這一切悲劇還會不會發生，實在不可能說得準。很有可能，由於戰爭釋放出來的意識形態狂熱氛圍，某種暴力和騷亂仍不可避免。但法國人在國際舞台上也幫不了自己多少，他們很難在無視聯合國憲章、拒不給予印度支那人民自決權的同時，還把自己描繪成自由、平等、博愛的捍衛者。

☆

不同於法國人和荷蘭人，英國人不曾落入試圖繼續掌控亞洲殖民地的陷阱。即使他們犯過各種錯誤，他們至少看來理解這個世界和亞洲都在變化。英國自己也變了。它不再是過去那樣的強權，被迫仰賴美國人的金援，而美國始終堅持要求英國放棄殖民帝國。

其後數年，英國逐一放棄亞洲殖民地。首先捨棄的是大英帝國王冠上的寶石——印度，它在一九四七年獨立。值得一提的是，英國人如此急切地從印尼的混亂中抽身，理由之一即在於英軍有大量官兵是印度人。指望在本國同樣經歷了獨立運動過程的印度軍人去鎮壓外地的獨立運動，看來是自找麻煩。一定程度上也是如此，光是在泗水戰役過後，就有六百名左右的印度軍人開小差，其中許多人娶了印尼妻子，後半生都在泗水城裡定居。[23]

緬甸與錫蘭很快也跟進，在一九四八年獲得獨立。馬來亞直到一九五七年才獨立，但這只是因為英國人決心首先鎮壓華人共產黨員的起義；不過英國人早已表明，只要打敗共產黨，就會立即交出完整的政治控制權。一九六三年，北婆羅洲和砂拉越（Sarawak）也脫離英國獨立，並加入馬來亞聯邦，成為新國家馬來西亞；新加坡也是如此，而後在一九六五年脫離馬來亞聯邦自行建國。英國保護國汶萊在一九六七年完全獨立。其後三十年，香港成為英國在亞洲碩果僅存的殖民地，最終在一九九七年移交給中國。

這些殖民地全都無需被迫承受漫長的獨立鬥爭。但這並不表示它們能免於暴力。印尼遭遇過的那些政治、族裔及宗教騷亂，同樣也在英國殖民地發生。香港和新加坡在戰後初期都有親日通敵者遭受私刑。復仇風潮席捲了馬來亞，隨之而來的不僅是日後以「馬來亞緊急狀態」而著稱的共產黨起義，還有該國華人少數群體蒙受迫害。錫蘭（今斯里蘭卡）在獨立前夕遭受了一連串暴動和大罷工，僧伽羅人和泰米爾少數族群之間的緊張對立則在其後持續升高。緬甸獲得自由不過兩個月就面臨共產黨暴動，十個月後，該國南部及西南部的克倫族則為了獨立建國而發起另一次暴動。獨立概念釋放出的力量往往難以抑制：人人都同意自決原則，但自決的限度在哪裡？[24]

最慘重的殺戮則在印度發生。在這裡，讓整個國家陷入騷亂的是宗教暴力。戰時及戰後印度教徒與穆斯林之間不可調和的歧異，使得英國人考慮將這兩個群體分隔開來：獨立後的印度將一分為三，南方是以印度教徒占多數的國家，西北和東北則是穆斯林占多數的國家。但在分治過程中，公共秩序徹底瓦解。穆斯林從印度逃向新成立的東巴基斯坦和西巴基斯坦（即今日的巴基斯坦和孟加拉兩國）；印度教徒和錫克教徒則往相反方向逃亡。雙方都發生了大規模屠殺。總計約有一千五百萬人流離失所，遇害人數從二十萬到兩百萬不等——儘管無人能得知確切數字，因為就連這些估計值都受到激烈爭論。家庭遭到拆散，將近十萬名女性被綁架，若非被強暴，就是被迫嫁給綁架她們的人而強行改變信仰。這場人道浩劫產生的怨懟與仇恨遺緒，從那時候起始終毒害著兩國關係。[25]

亞洲最後的歐洲殖民地是葡萄牙殖民地。唯一沒有直接捲入第二次世界大戰的殖民強權，成了掌控亞洲殖民地最久的強權，或許並非巧合。東帝汶直到一九七五年才宣布獨立脫離葡萄牙，澳門則一直到二十世紀末才移交給中國。但就連葡萄牙殖民地也逃不過伴隨獨立而來的暴力。東帝汶的獨立僅僅為期數日，就被鄰國印尼入侵，展開野蠻的占領。這個國家還得再承受二十四年的暴力和暴行，才終於贏得了持久的獨立。

新秩序

第二次世界大戰並未直接造成前述的多數事件，但少了二戰，所有這些事件全都不會發生。正是這場戰爭將歐洲強權削弱到再也無力支配殖民地的程度。正是這場戰爭為亞洲國族主義運動創造出擴大力量和蓬勃發展的合適環境。也正是這場戰爭武裝了這些運動，將它們推上了掌權的地位。

但或許戰爭帶來的最大變化是心理上的。整整一代人初次經歷了暴力體驗，以及激烈變遷能夠經由暴力手段產生的觀念。戰爭造成的種種困難，諸如占領、戒嚴、通貨膨脹、物資短缺、饑饉，讓許多人覺得自己一無所有；但終戰帶來的樂觀氛圍產生了一種確信，認為在這一切艱難困苦過後，嶄新而美好的事物必定要發生。

支撐著這一切希望與絕望的，是對於「自由」概念的信仰。它是整個二戰期間的格言，這時則成了亞洲每一個政治人物和抵抗運動戰士的戰鬥口號。按照昔日蘇門答臘革命者的說法，自由是人人都掛在嘴邊的同樣一個字，「但自由實際上是什麼，我們還不知道，我們不理解獨立。」他們只知道「任何獨立的事物

圖34　齊塔普羅薩一九五〇年的畫作〈別碰亞洲〉，概括了二戰戰後普遍存在於亞洲的一種心態。（圖片來源：Delhi Art Gallery Archives）

都不是被殖民的」。[26]

不幸的是，不同群體對於「自由」的定義各不相同。對宗教及族裔少數而言，它意味著免於迫害的自由，但對他們的某些鄰居而言，它意味著排除外國人和外來者的自由。對胡志明這樣的共產黨人而言，它意味著從帝國主義與資本主義剝削中解放；但對帝國主義者及資本家本身而言，它意味著重建戰前擁有的一切、重新開始賺錢的自由。

實際上，這些群體所談論的全都不是存在意義上的真正自由。他們真正想要的不是「自由」，而是權力重新洗牌，從外來者移交給國族群體，從資本家移交給平民百姓，從「他們」移交給「我們」。過程之中，真正的「自由」概念喪失了。或者更壞的是，它開始與某些頗為駭人聽聞之事扯上關係，一種不受限制的騷亂。隨著舊帝國主義崩解，取而代之的似乎只有暴力與動亂氛圍而別無其他，大失所望的人民不再談論自由，轉而渴望恢復秩序。

但他們未必意識到的是，這同樣得付出代價。

☆

印尼重建「秩序」歷時二十年。它正式開始於一九四八年，蘇卡諾調派新近成軍的印尼國民軍鎮壓茉莉芬（Madiun）的共產黨暴動。他在一場激情的廣播演說中告訴國民，他們面臨了嚴峻的抉擇：要跟隨「將會摧毀印尼獨立理念」的共產黨徒，還是跟隨蘇卡諾和哈達，他們會帶來「免於一切壓迫的自由」。這次蜂起遭到鎮壓，但傷亡慘重（光是茉莉芬一帶就有八千人死亡），還有數萬人被捕。[27]

一如既往，特里穆蒂發現自己被捲入風暴中心，她又被捕了。她因為共黨嫌疑而被關進牢裡，一度確信自己被登記在處決名單上。但這個指控並不屬實，她從未加入共產黨，那時其實是立場更溫和的工黨黨員。儘管如此，這時的創傷在她的餘生中仍揮之不去。

鎮壓茉莉芬的共產黨人意義重大，有幾個原因。首先，它確切無疑地表明蘇卡諾和哈達本人絕非共產黨員，得以安撫美國對他們支持的某些社會主義政策所抱持的恐懼。逼迫荷蘭撤離的外交戰絕對少不了美國支持。其次，它展現出印尼軍隊持續增長的力量，此時軍方已是唯一有能力向全國施加任何一種秩序的機制。最後也最重要的是，它為印尼事務建立了樣板，從這時開始，軍方將會無情鎮壓它的敵人，尤其當這些敵人恰好是共產黨員。

其後數年，又發生了其他許多次清洗。一九五一年，安汶附近各島試圖脫離印尼，蘇門答臘北部的亞齊地區也在隨後跟進。一群抱持不同政見的上校試圖在蘇門答臘另建國家，另一群異議人士也試圖在蘇拉威西建國。而在西爪哇，激進穆斯林拒不接受印尼的多元信仰國家理念，宣布建立一個名為伊斯蘭家園（Daru Islam）的伊斯蘭國家。他們不久就在印尼其他地區贏得支持者，在整個一九五〇年代，直到一九六〇年代，伊斯蘭家園運用恐怖手段進行鬥爭，導致四萬多人死亡，數百萬人流離失所。這場運動的遺緒在今天的印尼仍有影響。[28]

所有這些起義都被軍方撲滅，軍方權力也逐步增長。整個一九五〇年代，軍方將領厚顏無恥地自我標榜為「國家統一的捍衛者」，同時讓所有人清楚知道，任何法律與秩序都只因為軍方介入才能存在。一九五七年，戒嚴令在全國頒行，實際上給了軍方任意行事不受追究的機會。地方首長因貪腐而被罷黜（其中許多人確實貪腐），由軍官取而代之。軍方逐漸接管了國家。[29]

蘇卡諾試圖助長國內唯一能與軍方抗衡的勢力，以限縮軍方力量，那就是印尼共產黨，它在全國幾乎每個地方都有大量支持群眾。但在一九五〇年代和六〇年代的冷戰氛圍裡，這是場危險的賽局。首先，此舉疏遠了美國，美國很快就開始支持反對蘇卡諾的右翼勢力，一九五〇年代末期，中央情報局向許多反政府叛亂團體提供武器、訓練甚至飛機的舉動被當場查獲。[30]其次，此舉開始冒犯了軍方，他們對於宿敵被用來對付自己心懷怨恨。

事態在一九六五年終於到了危急關頭，共產黨人綁架了多位軍方將領，在雅加達近郊一處空軍基地將他們殺害。軍方的反應迅速且殘酷。軍方宣稱綁架將領的行動是意圖發動政變，在全國各地對共產黨人展開大規模鎮壓。印尼共產黨總書記艾地（D. N. Aidit）及其他多數共黨領袖都被逮捕處死。煽動宣傳戰隨之展開，婦女運動成員被控參與了瘋狂性愛派對，而被綁架的將領就在她們面前，被她們的共黨同志拷打及肢解。

突然間，針對共產黨人的自發性攻擊在全國各地爆發。不只共產黨人被攻擊，他們的親人和朋友也受到株連，實際上，任何抱持可疑左派觀點的人都是標靶。嚴格說來，婦女運動完全不是共產黨，但由於煽動誹謗的內容如此，婦女運動的成員也就特別成了攻擊對象。某些這樣的攻擊演變成了全面屠殺。在東爪哇，伊斯蘭青年團將共產黨人排成一列，割開他們的喉嚨，再棄屍於河中。在蘇門答臘，大聲疾呼要求改善工作條件的種植園工人遭到屠殺，死者數以千計。峇里則陷入內戰狀態，全村被殺得雞犬不留，而後付之一炬。

策劃這些事件的正是軍方將領，他們在屠殺進行時袖手旁觀，有時甚至將名單提供給地方民兵。當殺戮逐漸衰減，例如在爪哇，或是局面逐漸失控，例如在峇里，最終就由軍官們接手，更有秩序地實施清洗。共產黨人會被圍捕，送交拘留所，然後押上巴士載往鄉間，以便處死並扔進萬人坑。[31]

一九六五至一九六七年間席捲印尼的大清洗，可說是印尼歷史上最為創巨痛深的事件。它至少奪走了五十萬人的生命。還有數十萬人被捕，往後十五年間，被捕人數可能多達一百五十萬人。共產黨遭到查禁，批評軍方的報館被關閉。一旦軍方完全控制全國，蘇卡諾就逐漸被排除在政府之外。領導軍方實行清洗的蘇哈托取而代之，並逐步鞏固地位，直到實質上取得絕對權力。[32]

此後三十年間，異議在印尼幾乎不復存在。即使發生了孤立的騷動，例如在亞齊、或在東帝汶的事件，也遭到凶殘鎮壓。蘇哈托就這樣達成了二十年來的動盪與爭執所未能實現的成就：他統一了國家。事實上，他在某些方面定義了戰後時期新國家的構成要素：締造統一印尼的並非共同語言、共同目標，亦非共同價值或理念——而是威權。印尼就是軍方所定義的模樣，簡單明瞭，因為再也沒有人能跟軍方爭辯。

這在某種程度上令人如釋重負。至少，如今在公共事務上會有某種秩序；實際上，蘇哈托的新體制甚至自稱為「新秩序」。那個曾在一九四五年如此激勵全國的概念——「自由」，已被悄悄晾在一邊。

第十七章 一個非洲國家的誕生

亞洲在一九四五年經歷過的許多過程，數年後又在非洲重來一遍。在這裡，國族主義者同樣把握住第二次世界大戰帶來的契機，但由於非洲的戰爭經驗與亞洲十分不同，通往獨立的路徑因此也不同。

沒有哪一個人的故事有可能表現出二戰過後非洲經驗的方方面面。但有個故事涵蓋了那些動盪歲月裡產生的諸多國族主義命題，那是來自肯亞山腳下的基庫尤（Kikuyu）族人瓦魯希烏・伊托蒂（Waruhiu Itote）的故事。

伊托蒂是農民的兒子。[1]他受過有限的教育，懷著不小的個人野心，但也有著一種強烈的焦躁感，二戰爆發之前，他對這種感受無以名狀。一九三九年，年輕的他前往奈洛比（Nairobi）闖蕩，卻立刻發現自己所到之處都寸步難行。比方說，他想和幾位朋友合開一家小店，卻幾乎無法取得執照，城裡的商人階級絕大多數是華人，歐洲統治者們看來情願保持這種態勢。他也發現自己被排除在一長串其他活動之外。身為非洲黑人，除非作為僕役，他不能走進奈洛比任何一家大飯店。他在火車站也必須與亞洲人和歐洲人使用不同廁所。他甚至不得飲用某些種類的啤酒。這樣的禁制使他憤怒又憎恨，不只因為它們看來毫無意義地不公平，也因為他不知道自己該怎麼抗拒或改變它們。

戰爭爆發時，殖民政府試圖招攬人民從軍。他們將義大利人和德國人說成「地球上最可怕的妖魔」，隨時準備入侵肯亞。伊托蒂最終也入伍了，但與其說是為了打倒這些妖怪，更多是為了逃避待業的乏味與困境。他在一九四二年一月加入了英王非洲步槍團（King's African Rifles），就在二十歲生日前不久。在鄰近的坦干伊喀受訓一段時日後，他被派往大洋彼端的錫蘭，最後在印緬邊界正式參戰。

他這一路上接觸到了在家鄉不可能遇見的各色人等。與這些人的對話令他大開眼界，見識了先前不曾思考過的無數政治與個人可能性。例如在一九四三年，他遇見一名英軍士兵，對方指出印度與緬甸都是大英帝國的一部分，正是這個大英帝國征服了他的家鄉——伊托蒂何以這麼熱心地為了保衛壓迫者的世界而戰？他尷尬地承認，他對這個問題想不出好的答案。他在加爾各答休假時遇見了受過教育的印度平民，他們告訴他，印度和英國談妥了戰爭一結束就獨立的交換條件。他們問他，肯亞人效忠英國想要得到什麼回報，但伊托蒂又一次陷入尷尬，因為就他所知，肯亞人並未提出任何要求。[2] 他甚至第一次遇見了黑人美國大兵，他們動人地述說自己在母國爭取民權的渴望。其中一位名叫史蒂芬森（Stephenson）的人警告他，英國人不太可能對於伊托蒂的戰時貢獻心存感激。「現在戰鬥著的白人在他們的國家永永遠遠都是英雄，」他預言，「而你們非洲人只會當一天英雄，然後就被遺忘。你們想當英雄的話，何不為你們自己的國家而戰？」[3]

但他最重要的政治課程可說是從激戰中學到的。在緬甸叢林裡，和他並肩作戰的白人士兵把鞋油塗抹在臉上，好讓自己的樣貌更近似於伊托蒂，因為日軍狙擊手習慣對任何與眾不同的人開槍。他的所有同袍，不分白人、黑人或亞洲人都一樣懼怕日本人，他們的恐懼則創造出一種他從未體驗過的同志情誼。「在槍林彈雨中沒有驕傲，沒有優越氣息從我們的歐洲戰友那兒傳來。我們喝同樣的茶，用同樣的水和廁所，說同樣的笑話。沒有種族辱罵，也不說『黑鬼』、『狒狒』這樣的話。戰爭的白熱使得那一切全都煙消雲散，只留下我們共有的人性和共同的命運，非死即生。」[4]

戰爭及其無差別本質，似乎將伊托蒂從小到大在非洲習以為常的一切全都倒轉了。當他在一九四五年返回肯亞，他很難重新適應平民生活，原有的不滿過不了多久又被激起了。他試著開始從事木炭生意，卻不被允許在獲利最多的市場裡販售木炭，因為那些市場保留給了亞裔商人。他在鐵路局獲得一份工作，卻只因為膚色，而不得不接受比亞洲人、歐洲人擔任同一職位更低的薪水。

見識過世上的這一切之後，伊托蒂再也不打算忍受這樣的歧視。因此他加入了人生中第一個政治團體，他成為肯亞非洲聯盟（Kenya African League, KAU）的一員，聯盟領袖喬摩・肯雅塔（Jomo Kenyatta）過去二十年來，大半時間都為了爭取更多民權而奔走。但伊托蒂很快就對整個肯亞非洲聯盟大失所望，主導者似乎都是些謹小慎微、太過害怕而把握不住改變機會的老人。當他意識到這些長者除了肯雅塔本人之外，幾乎全都不曾像他一樣遊歷海外或體驗戰爭，他的挫折感也隨之加重。「他們何時才會明白，整個世界都跟肯亞不一樣，」他哀嘆，「實際上，肯亞是封建主義、種族主義、少數特權與宰制最後的據點之一？他們何時才會理解，一切都可以改變，而且在我們有生之年就能改變？」[5]

約莫在同時，他也加入了運輸工人聯合工會（Transport and Allied Workers' Union），這是一個好戰的工會，不僅為工人權利而奔走，也為了更大規模的社會及政治變遷而奔走。運輸工人聯合工會由佛瑞德．庫拜（Fred Kubai）領導，他是全國最強的煽動家之一，只要能達成目的，使用暴力手段也毫不畏懼。庫拜在一九五〇年發出了著名的宣告：要是人民團結起來對抗政府，不出三年就可以強行實現獨立。受到這份激進新精神鼓舞，伊托蒂熱烈參與示威和罷工，就算得到的回報似乎只有警察暴力和政府加緊鎮壓。

伊托蒂加入的第三個組織，可說是所有這些組織裡最為激進的，這是一群退伍軍人的團體，名為四〇團（Anake a Forti），得名於一九四〇年，他們多數人加入英軍的年份。晚年的伊托蒂強調這個團體的政治性質，他們針對那些與政府合作開發基庫尤族保留區的人施以威嚇。但這個團體在奈洛比的行動，也是直截了當的犯罪。和伊托蒂一樣幻滅的二戰老兵，往往被排除在更為合法的就業或事業形式之外，轉而開始從事竊盜和勒索，因為這看來是唯一的謀生之道。伊托蒂自己也開始闖入商店偷竊槍支和金錢，不只為了自己，也為了資助團體的政治活動。在黑暗複雜的奈洛比黑社會中，暴力、犯罪與政治之間的界線變得愈來愈模糊。

隨著一九四〇年代進入尾聲，伊托蒂參加的眾多團體全都開始合併為一個運動。好戰的工會開始接管肯亞非洲聯盟，罷黜更溫和的前任領導層。同時，他們也開始和奈洛比的黑社會建立聯繫。伊托蒂自己就是其中一名聯絡人，他很享受自己新近獲得的重要意義。

要是有哪個時刻鞏固了他對獨立志業的奉獻，大概就是一九五〇年的那一天，他參加了祕密儀式，正式宣誓獻出生命為國犧牲。數萬名基庫尤族人也在全國各地立下同樣的誓言。按照伊托蒂的說法，這份莊嚴的誓言帶給所有宣誓者一種「神聖」感，令他們感覺自己與某種意識形態上的宏大事物有所關聯——在最近一次世界大戰期間，像他這樣的非洲人顯然缺少了這種事物。「我們手持真理、愛與正義的武器戰鬥，」他晚年寫道，對抗的是「名副其實的大量對手，它們喬裝成基督教、忠誠、財富與權力。」[6]神話中的妖魔與英雄終於活了過來。

一九五二年夏，就在緊急狀態宣布前夕，伊托蒂和其他一些人前往喬摩．肯雅塔在加屯杜（Gatundu）的農場，拜訪這位精神領袖。肯雅塔明白自己即將被捕，他警告這群訪客，他們在未來的日子裡恐怕也會被捕、甚至被殺。「世上的一切都得付出代價，」[7]伊托蒂記得他這麼說，「我們必須用鮮血買來自由。」

伊托蒂對這位精神領袖在那個午後的描述，流露出的不只是尊敬而已，肯雅塔預言自己即將被捕，他指示追隨者們保持信念，以及他承諾即使死後也將與他們同在，都令人想起了基督被釘十字架之前的最後晚餐。隨後，當暴動真正爆發，非洲人戰士會吟唱基督教讚歌，用「喬摩」的名字替代歌詞裡的「耶穌」。[8]但對伊托蒂來說，最能鼓舞他的不是宗教，而是國族主義。在他看來，肯雅塔與獨立肯亞密不可分，他無法單獨想像其中一方而不顧另一方。[9]獲得肯雅塔的祝福，因此就成了他邁向鬥爭高潮階段之前所需的最後儀式。

數日後，伊托蒂退入肯亞山的森林中。他選了「中國將軍」（General China）這個代號，開始訓練一群群志願者叢林作戰之道。在此同時，史丹利．馬坦吉（Stanley Mathenge）、德丹．基馬蒂（Dedan Kimathi）等其他肯亞退伍軍人和暴力激進人士，也轉進到了森林裡。

日後被稱為「茅茅」（Mau Mau）的這場反叛運動就此開始。

戰爭英雄，革命英雄

肯亞的茅茅起義根源於多種多樣由來已久的不滿，其中許多都比瓦魯希烏・伊托蒂在奈洛比經歷的瑣碎種族歧視更加嚴重。其中最重大的是歐洲移住民逼迫非洲黑人離開他們定居的土地；但除此之外，還有實施爭議性的政府租稅、移動限制及就業限制，以及試圖禁止一夫多妻、女性陰蒂割除等部族習俗。至於在任何社會都能引發衝突的一切部族間及部族內的內鬥，就更不在話下。[10]

但如同印尼，肯亞人所有不滿的根源，仍在於國內平民百姓普遍感受到的無力感。不論非洲黑人為了土地權、就業權抗議得多麼強烈，他們的聲音都很難被聽到，因為他們幾乎沒有任何實質的政治代表。在一九五一年，即使非洲黑人人口在肯亞遠遠多過歐洲人，比例大於一百七十比一，立法議會的三十七席卻只有四席非洲人。不同於歐洲人議員，這四席都不是選舉產生，他們是從一份獲得許可的人選名單裡任命產生，這些人正是因為不會惹出多大麻煩才能登上名單。[11]

一如在亞洲，非洲領袖們多年來也一直奔走，要求改變這套不公平的制度，但第二次世界大戰為他們的訴求注入了新動力。在純粹抽象層面上，自由、平等、人類尊嚴等概念突然浮上了檯面，戰爭正是以這些概念之名而進行，肯亞人也不禁留意到，它們在自己的國家裡有所欠缺。非洲臣民加倍要求自行選擇政府的權利，英國人對此不該感到意外，因為這正是英國人自己在一九四一年起草大西洋憲章時，所擁護的基本權利。

受到戰爭經驗刺激，類似的理想主義與不滿氛圍在整片非洲大陸滋長。一九三九至一九四五年間，超過八十萬非洲黑人加入盟軍或被盟軍徵兵，其中有五十萬來自英國殖民地，可能還有三十萬來自法屬非洲。[12]這些人退伍返鄉為各地殖民政府帶來了麻煩。例如在坦干伊喀，退伍軍人是社會上懷抱最多不滿的一群人，其中許多人一開始根本不想上戰場，卻被腐敗的非洲人官員為了補滿員額而強行編入英軍。[13]在戰後的奈及利亞，失業退伍軍人參與了一連串反對殖民政府的憤怒示威：一九五〇年，他們甚至在烏穆阿希亞（Umuahia）發動全面反叛。[14]一九四八年在黃金海岸，退伍軍人走上街頭，抗議官方對於他們戰時的犧牲缺乏表彰。警方的暴力應對和歷時五日的暴動，被認為啟動了該地的獨立進程。[15]

在非洲法語區，返鄉老兵也經常帶頭發動反對殖民權力的抗爭。例如在比屬剛果，前盟軍官兵經常對他們參與的戰爭之核心弔詭抒發怨恨，儘管他們奮戰令母國重獲自由，他們在自己的土地上卻仍然並不真正自由。[16]在法屬幾內亞，士兵們打出「同樣犧牲＝平等權利」的旗號，展開運動爭取同等薪資。當地的軍方老兵在戰後的抗議中帶頭對抗殖民機制，同時挑戰自身族長的傳統權威。[17]同時在象牙海岸，退伍軍人為了廢止強迫勞動而奔走，經常為爭取平等而示威，有些示威以暴力收場。在全國各地，象牙海岸人民要求著一個「非洲人的新非洲」。[18]

強調這點很重要，絕大多數返鄉軍人並未大舉加入革命者和政治不滿分子的陣營。事實上，也有整個區域，實際上是整個國家，退伍軍人在當地爭取獨立的過程中幾乎毫無作用，波札那（Botswana）就是一個典型範例。[19]但歷史學家把退伍軍人輕忽為非洲各式各樣獨立鬥爭的邊緣參與者，卻是錯失了更大的意識形態重點。非洲人官兵以英雄之姿返鄉，那份英雄主義的某種神話意義被帶進了後來的獨立運動裡，也並不令人意外。在非洲人的群體記憶裡，軍人們是否積極為獨立而戰並不重要，重點在於，他們成了新發現的平等意識之象徵。[20]

這肯定是他們的某些文化及政治領袖當時看待他們的方式。正如烏干達作家羅伯・卡肯波（Robert Kakembo）在一九四六年所言，非洲軍人已經「向歐洲人證明，他絕不低等」，如今，他終於值得受到平等對待。[21]法屬西非參議員維克多・比亞卡・博達（Victor Biaka Boda）同樣指出：「非洲人像白人那樣死去，他就有了同樣權利；他是公民，正與另一人相同。」[22]實際上，在某些退伍軍人心目中，二戰將非洲人抬舉到了高過前殖民主子的地位。「只有法國人知道我們為他們做了什麼，」一位象牙海岸二戰老兵多年後回憶，「我們解放了他們。你還能為他們做什麼更偉大的事？」在這樣的情況下，非洲人在歐洲人面前畏縮就再也不適當了。[23]

平民的經歷

第二次世界大戰期間亞洲與非洲的一大差別，在於非洲絕大多數地區不曾被入侵：非洲平民在戰時體驗到的連續性，因此遠大於亞洲平民。但這不表示非洲人能輕易度過。第二次世界大戰對世界經濟造成了如此破壞，使得世界各地平民全都不得不在極短時間內禁受生活的巨變。這將對整個非洲產生巨大影響。

再一次，肯亞為這種影響了一般人民生活的動盪提供了鮮明例證。該國的經濟變遷帶來了巨大混亂。戰時榮景為各行各業、部族首長及持有土地的人們帶來龐大利益，他們全都忽然發現自己能以高漲的戰時價格出售商品與服務。相對來說，貧民卻深受其害。隨著物價飆漲，糧食變得稀少，肯亞某些地區不得不承受饑荒，中部及南部各省尤甚。成千上萬人民被徵用到歐洲人的農場和瓊麻園工作，薪資往往低得不足溫飽。還有成千上萬人民移居城市尋求工作。這些人民生活在平行世界裡，他們不久就開始與土地失去聯結，反倒不得不摸著石頭過河，進入不確定性更大的工資勞動新世界。因此，二戰十分突然地讓肯亞初次經歷了現代性危機，同樣的危機在二十世紀早些時候已經侵襲過世界其他地區。[24]

在此同時，新的種族緊張關係也在鄉間形成，尤其在歐洲人地主與占有土地的非洲人農民之間——後者被稱為「占地農民」（squatter）。這些緊張也有著經濟面向。一九三九年之前，多數白人移住民欠下大筆債務，被迫仰賴非洲人占地農民在他們的土地上工作。但戰時榮景，以及依照《租借法案》從美國進口的農墾機具，讓他們富裕了起來。結果，許多白人農民再也不需要或不想要占地農民留在自己的土地上。當占地農民一年一簽的契約在一九四五及一九四六年換約時，白人農民對佃農獲准耕種的土地面積做出新的限制，並逼迫佃農將飼養的牛隻全部出售。拒絕接受新規定（新規定有時將他們的收入削減多達四分之三）的占地農民家庭就被趕出他們的土地，強行「送還」基庫尤族保留區。就這樣，十萬多名基庫尤族占地農民從占居數十年的土地上被連根拔除，許多人早已將土地當作是自己的。這些事件引發了如此強烈的怨恨，又如此大幅增加了貧民和失去財產者的數量，使得某些歷史學家將數年後的緊急狀態詮釋成農民暴動，反倒完全不是獨立鬥爭。[25]

同時，肯亞的城市也因戰爭而轉變。奈洛比的人口在一九三九至一九四五年間增長了一半以上，蒙巴薩（Mombasa）則從五萬五千人增加到十萬人，近乎倍增。[26]奈洛比的新住民大多一起被擠壓在嚴酷的市立住宅裡，以及城市東面擁擠不堪、犯罪猖獗的棚戶區裡。數萬人在這裡競爭著領低薪的非技術工作。這些地方正是城內工會最完美的招募場所，許多人隨之加入，其中包括瓦魯希烏．伊托蒂。27

隨著階級意識在弱勢者與失去財產者之中增長，一連串大罷工在全國各地蔓延。它們一九四七年始於蒙巴薩，並迅速影響到奈洛比及其他地方。尤其在奈洛比，罷工很快就把工會直截了當的訴求，與終結殖民統治的更廣泛呼籲混合在一起。到了一九五〇年，這些抗爭行為已經成了一套模板，受到日後成為緊急狀態時期之特徵的更激進行動仿傚。因此，茅茅反叛既是國族主義起義和農民暴動，也是直截了當的階級鬥爭。28

☆

內戰或國族主義起義、種族衝突或經濟危機、農民暴動或都市階級鬥爭，或甚至是現代性危機——不論人們如何分類肯亞的各種緊張，都必須根據二戰所造成的巨大動盪來看待它們。的確，潛在衝突的一切因素在戰前就已經存在，但戰爭讓它們全都變得迫在眉睫。也正因戰爭過後未能處理這些問題，才導致了數年後的緊急狀態。

儘管非洲其他國家並未陷入即將侵襲肯亞的那種暴力，它們仍與肯亞一樣經歷過許多相同的煎熬。比方說，農民與農場主遭受剝削之事，戰時在整個非洲大陸都發生過。非洲各地的政府都設立了銷售委員會，實施物價控制，補助大型農場的機械化，即降低成本、提高產量的任何措施。但不幸的是，物價控制即意味著絕大多數非洲農民無法參與戰時榮景，只有銷售委員會和大農場的外國主人，才能享有現金作物在國際市場銷售所得的龐大利潤。雪上加霜的是，許多政府也採行或擴大徵用，以確保勞力供給。在坦干伊喀，一如在肯亞，成千上萬農民被迫在瓊麻園工作，勞動條件近乎奴工。[29]在奈及利亞，十萬人被徵用到錫礦工作。[30]徵用也普遍盛行於法屬西非。整個區域的農民都被迫自行花費達成辦不到的配額，整個社區則遭受違背自身意願的大規模迫遷。[31]這種在戰後往往持續的做法，結果造成了鄉村抗爭在非洲全境發生。一九四六年，傑濟拉灌溉計畫（Gezira Scheme）的蘇丹佃農罷工，抗議政府剝削。兩年後，黃金海岸農民和商人、參戰老兵共同抵制歐洲人擁有的事業。坦干伊喀、南羅德西亞、莫三比克和南非也發生了程度不等的農民暴動，以上僅舉數例。[32]

都市及產業工人抗爭也是同樣道理。戰後年代不只在肯亞發生了大規模的總罷工，同類事件也發生在英屬東非其他地區，以及埃及、阿爾及利亞、摩洛哥和法屬西非全境。在塞內加爾，被迫在鐵路工作的充員兵，勞動條件連他們的將領都承認是「某種國家奴隸」，他們在一九四六年險些譁變。[33]在南非，七萬五千多名礦工和鋼鐵工人於一九四六年發動罷工，但他們的抗爭被警方鐵腕鎮壓，造成多人喪生。[34]在奈及利亞的礦業城鎮埃努古（Enugu），煤礦工人一九四九年的罷工也同樣遭到警方屠殺。[35]雙方不同程度的暴力通常伴隨著產業工人行動而發生。

終戰前夕，一位剛果人將一封慷慨激昂的信件，送交給駐金夏沙（Kinshasa）的美國陸軍武官，信中總結了非洲人的沮喪：「我們受到的對待，就像狗跟著主人去打獵，卻連一杯羹都分不到。」[36]非洲大陸全境的方言報刊與政治演說，也全都表述著同樣的背叛感。將在一九五〇年代晚期和一九六〇年代吹拂非洲全境的變遷之風，其實在一九四五年就已經吹起。忽視或試圖阻擋這些風潮的人們，只能風險自負。

緊急狀態

一九五〇年代初期席捲了肯亞的流血殺戮，產生出非洲殖民帝國終結之時某些最令人震驚的圖像。起先是殖民當局在一九五二年十月宣布緊急狀態，並逮捕喬摩．肯雅塔及另外五名重要政治領袖。茅茅戰士則以一連串殘暴凶殺展開報復。第一位遭到殺害的歐洲人是深居簡出的鄉村店主艾瑞克．博克（Eric Bowker），就在緊急狀態發布後數日，他躺在浴缸裡泡澡時被人砍死。一個月後，海軍退伍軍官伊恩．梅可強（Ian Meiklejohn）和妻子桃樂絲（Dorothy）在鄰近阿伯德爾森林（Aberdares Forest）邊緣的家中吃過晚餐，坐下喝咖啡時遇襲；桃樂絲獲救生還，但她的丈夫身受多處刀傷，不久即傷重不治。隔年一月，一對青年夫婦全家在基南戈普（Kinangop）附近農舍裡遭到滅門的消息震驚全國。家主是三十出頭、受人喜愛的男子羅傑．魯克（Roger Ruck），他被自己農場的工人誘騙出門，然後被大刀砍倒在地。他的年輕妻子艾絲梅（Esme）聽見他的慘叫連忙衝出來，同樣也被砍殺。行凶者接著進屋洗劫，當他們在樓上臥室發現這對夫婦的六歲兒子麥可，也把他砍死。小男孩血跡斑斑的臥室，以及玩具散落一地的照片，刊登在肯亞和國外的報紙上。[37]

這些事件，連同往後六個月內三十多起攻擊事件，令肯亞的歐洲人社群為之顫慄，他們對於這些凶殺案背後顯而易見的種族動機深感憂慮。不出所料，他們自身的種族恐懼迅速浮上了檯面。他們開始想像茅茅不是一場獨立運動，而是某種原始崇拜，驅動它的只不過是對暴力的愛好。他們的神職人員開始說起一種「卑鄙、殘忍邪惡的撒旦力量，在這片土地被釋放出來」，茅茅入會儀式包含喝人血的謠言也傳開了。[38]許多人開始吐露恐懼，他們說叛軍不把基督宗教摧毀，不把歐洲人全部趕出肯亞絕不罷休。作為回應，有些移住民也開始不僅要求消滅「黑暗」和「邪惡」的茅茅勢力，更要求全面滅絕基庫尤族。[39]

但不論歐洲移住民變得多麼驚恐，也不論歐洲人被殺害引來了多大關注，移住民卻從來都不是茅茅恐怖行動的真正焦點。絕大多數的暴行對象完全不是歐洲人，而是效忠英國的非洲人。在整個緊急狀態期間，只有三十二個移住民被茅茅運動殺害；相較之下，約有一千八百名非洲人以同樣殘暴的手法遇害，即使得到的報導並不那麼多。[40]

這場戰爭最大規模的暴行——拉瑞（Lari）屠殺，最完整地揭示了這點。茅茅叛軍將當地的國民兵（Home Guard）從這個地區引開，然後縱火焚燒效忠英國的非洲人家屋，並在婦女和兒童試圖跳窗逃生時砍殺他們。當國民兵回來發現自己的村莊被焚燒殆盡，他們立即出動追擊叛軍，以圖報復。涉嫌同情茅茅運動的當地人被拖出家門，第二次屠殺隨即展開。天亮之時，至少發現了兩百具屍體，死亡人數可能多達四百人。少數歐洲人警官涉入了後半段的報復屠殺，但自始至終，這主要還是非洲人的事。在拉瑞，一如在肯亞其他地方，茅茅起義既可說是獨立戰爭，也同樣是一場內戰。[41]

英國當局為了將這個仇恨充斥的混亂局面控制下來，採用了嚴厲措施。當局做出了一些象徵性努力，好讓歐洲移住民知所節制，制止他們以暴制暴。軍警部隊中，尤其英軍內部某些種族歧視及施虐傾向最甚的人員遭到懲處。大量兵力被派往森林邊緣，試圖更有效地圍困茅茅叛軍。但當局所採用最具成效的措施，則是英國人五十多年前在南非首創，最近又用來對付希臘的共產黨和馬來亞暴亂分子的那套辦法：將叛軍與支持群眾隔絕。自一九五四年起，他們開始包圍基庫尤族人，將族人驅趕進了嚴密監控的軍營和要塞化村莊之中。往後數年間，至少十五萬基庫尤人生活在鐵絲網後方，可能多達三十二萬人被收容在一整套營區系統之中，這套系統被稱為「英國古拉格」，其實不無道理。這種解決辦法儘管殘忍，卻使得反叛分崩離析。他們接著透過一套線民與通敵者網絡，攻入森林裡的藏身處，獵殺剩餘的叛軍。到了一九五六年底，茅茅起義實際上已經結束了。[42]

☆

瓦魯希烏·伊托蒂在所有這些事件中都參與甚深。暴動第一年，他的部下從大約三十名烏合之眾，增長成了七千五百名戰士的兵力。[43]到了第一年年中，他已經能夠對幾處不同的國民兵據點同步發動攻擊。他在尼耶利郡（Nyeri）焚燒學校和教堂，破壞公路橋阻止追兵，並在該區大舉殺害效忠英國的人士。偶爾在極少數情況下，他會襲擊移住民的農場和公司，通常是企圖偷竊槍支和金錢。一九五三年四月底，當他的部下在切赫（Chehe）襲擊一處鋸木廠時，遇見一位名為納瑞娜·梅倫切利（Nerena Meloncelli）的義大利婦女，他們揮刀砍死她和她的兩名子女。[44]伊托蒂日後與這些攻擊劃清界線，他堅稱自己始終「完全拒絕」無差別殺害婦孺。儘管如此，他也堅稱某種類型的暴力始終有其必要：「我們的人民絕不可能光憑和平手段就贏得獨立。」[45]

儘管擁有戰鬥的決心毅力，但伊托蒂仍然是個有能力妥協的人，有些人甚至會說這是背叛。他在一九五四年一月被俘，標誌著茅茅運動開始走向終結。即使回憶錄裡隻字未提，但伊托蒂在審訊期間向訊問官供出了大量情報——正是經由他的證詞，英國人才終於理解茅茅運動在基庫尤人口中間得到何等程度的支持。[46]他在隨後的審判中由於勾結恐怖分子而被判死刑，但在他同意嘗試居中牽線，安排與昔日戰友的和平協議之後，就被減刑為監禁。和平協議破裂，但伊托蒂保全了性命。往後九年他都在監獄服刑。

當他終於在一九六二年獲釋出獄，肯亞成了不一樣的地方。暴動早已結束——隨著最後一位叢林戰領袖德丹・基馬蒂死去，實際上結束於一九五六年。國家正在獨立邊緣，大英帝國在非洲剩下的大部分領土也即將獨立，伊托蒂的導師與偶像喬摩・肯雅塔，也即將成為新國家的首任總統。當他回到家鄉尼耶利，成千上萬人吵吵鬧鬧地歡迎這位基庫尤英雄。但在肯亞也有許多人反對這樣的慶

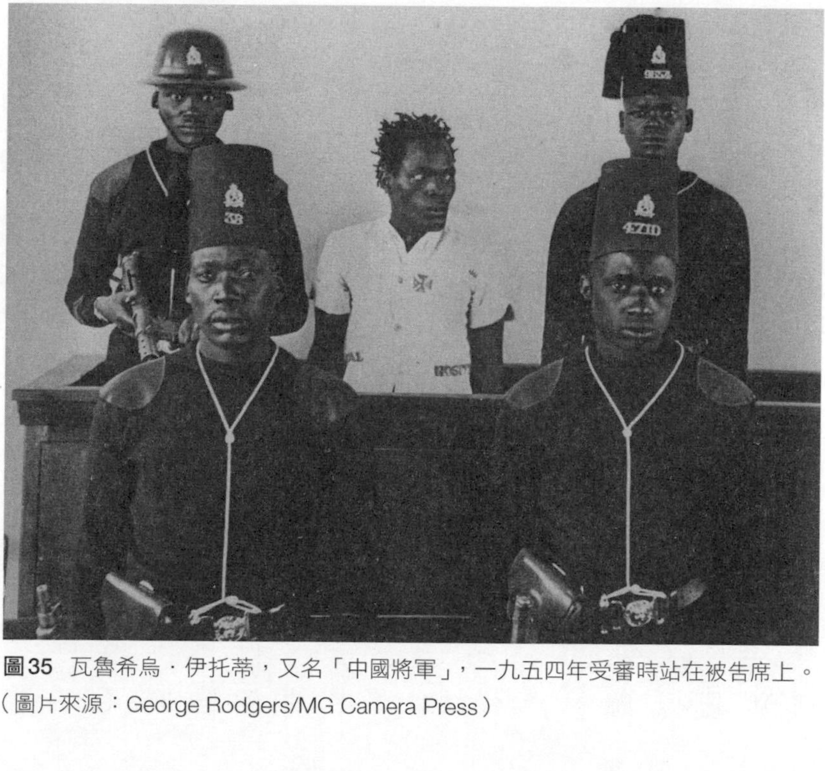

圖35　瓦魯希烏・伊托蒂，又名「中國將軍」，一九五四年受審時站在被告席上。（圖片來源：George Rodgers/MG Camera Press）

祝，對他們而言，茅茅運動的記憶仍是恐怖的源頭。

伊托蒂將自己的餘生奉獻於某種和解形式。他在回憶錄裡（這部回憶錄很快就被重新整理成了茅茅戰爭進行方式的某種「官方版本」）強調一件事：他不是為了基庫尤人的權利而戰，而是為了將肯亞全體人民團結起來的「黑人性質之共同底蘊」而戰。[47]一九六四年，他加入了全國青年服務隊（National Youth Service），這個多族群機構致力於培育理想高遠、道德價值強烈、懷抱愛國情操的青年。他用接下來二十年的時間，將基庫尤族、盧歐族（Luo）、坎巴族（Kamba）和梅魯族（Meru）青年塑造成「肯亞人」。當他在一九九三年去世時，他本人已經從基庫尤英雄轉變成了某種國家寶藏，「一位真正的肯亞之子，」他在喪禮上獲得了如此敘述，「在肯亞英雄殿堂中的崇高地位歷久彌新、無可取代。」[48]

虛無縹緲的「自由」

正如印尼獨立是亞洲一系列相同運動之一環，肯亞也同樣代表了在非洲其他地方發生的事態。第二次世界大戰之後數十年間，非洲殖民地一個接一個為了獨立而鬥爭。或許不出所料，首先實現獨立的是利比亞，它在戰前是義大利殖民地。義大利在與盟軍簽訂的和約中聲明放棄對利比亞的一切權利，該國在一九五一年正式獨立。接著是突尼西亞和摩洛哥，它們在一九五六年脫離法國獨立。隔年，英國殖民地黃金海岸成為獨立國迦納。其他多數殖民地也如骨牌般倒下：一九五〇年代晚期和一九六〇年代，三十多個新的民族國家建立，到了一九八〇年代，非洲大陸上再也沒有任何一個歐洲國家的殖民地。

其中多數國家相對和平地獲得獨立；但有些國家經歷了更為暴力的過程，像是肯亞。阿爾及利亞是個典型的例子。打從一開始就很清楚，阿爾及利亞向獨立過渡的任何過程絕非易事。就在歐洲的第二次世界大戰結束當天，塞提夫（Sétif）的穆斯林示威者在歐戰勝利慶祝活動中，舉起了一面國族主義的白綠兩色旗。本應是慶典的場合很快就淪為屠殺，示威者和警察互相開槍射擊（至今仍無法完全確定是誰開了第一槍）。隨後數日，數百名歐洲人慘遭殺害，其中有些人還被強暴和肢解，但在報復行動中遇害的穆斯林也多達數千人。這是即將發生的事態之預演。九年後，就在茅茅起義令肯亞殖民地驚恐之際，阿爾及利亞爆發了野蠻的內戰，最終奪走七十萬條人命，並使數百萬人流離失所。阿爾及利亞人對於更大自由、平等與民主的訴求，淪為一場大屠殺：暴力、極端主義與政治分裂的遺緒，直到二十世紀末還能感受得到。[49]

同樣暴力的獨立戰爭，也發生在歐洲移住民占了人口多數的多數非洲國家，不只肯亞和阿爾及利亞，還有盧安達和蒲隆地、安哥拉和莫三比克，以及過了一段時間的南羅德西亞。在每一個例子裡，歐洲移住民享有的特權都大於非洲人口；每一個例子也都如同肯亞，種族、族群、社會及政治暴力的致命混合也隨之產生。葡萄牙殖民地安哥拉和莫三比克的血腥殺戮尤其慘痛。兩國在漫長的公民不服從運動之後，終於在一九六〇年代爆發內戰，導致數十萬人死亡。獨立過後，將近五十萬葡萄牙人及其他歐洲人逃亡，讓兩國陷入比先前更為劇烈的政治及族群動盪。莫三比克繼續被內戰撕裂，直到一九九〇年代中期為止。安哥拉直到二十一世紀之初才重獲和平。[50]

就連那些在相對平靜的轉型中實現獨立的國家，也未必躲得過日後的暴力。我不願將非洲刻劃成一個由衝突定義的地方，因為這種描述無法公正地呈現這片大陸上經驗的多樣性，而非洲大陸數十年來始終承受著全世界媒體稀少卻又負面的報導。儘管如此，內戰、族群衝突、軍人政變及經濟崩潰，卻在獨立後成了非洲的普遍現象。光是一九六〇年代，非洲新近獨立的國家就發生四十次成功的叛亂。[51]到了二十世紀末，非洲成了一片流亡的大陸，世界上國際難民來自非洲的人數最多。它也是全世界最不民主的區域之一：一九九〇年，非洲有二十五個軍人獨裁政權和十九個平民獨裁政權。伴隨一九四五年的自由訴求而來的議會民主之夢，只不過是遙遠的記憶。[52]

本書無意細述非洲在二十世紀後半陷入不穩的所有原因，這些原因的多樣性一如非洲大陸本身。我們只需指出，歐洲各國在十九世紀瓜分非洲時，歐洲人任意劃出的邊界，幾乎不與生活在當地的人民之部族及族群分界相符。歐洲人的民族國家概念在他們離開後遺留給了非洲人，它也未必是組織這樣一片多元、多族群大陸的適當方式。歐洲人精英在讓非洲人做好準備接管自己的國家這方面表現拙劣，他們對非洲人的機會所強加的限制，主動阻止了非洲人累積熟練治理所需的經驗。但非洲的問題也未必全部都能歸咎於歐洲，獨立後接掌政權的許多非洲人精英，結果變得跟過去的歐洲人一樣腐敗和剝削。正如茅茅運動老兵穆罕默德・馬杜（Mohamed Mathu）在一九七〇年代憤恨地說過：很難擺脫這種感覺，人民戰鬥和受苦實現獨立，「就只是為了讓非洲人取代我們以前的歐洲主子。」[53]

☆

美麗新世界的夢想，一個以平等、自由、正義為特徵的世界，結果在獨立之後的非洲，變得跟一九四五年時的世界其他地方同樣虛幻。沒有一個非洲國家真正實現了獨立，或至少說，不是他們的領導人自稱能夠實現的那種獨立。它們或許擺脫了歐洲的直接統治，卻仍依賴歐洲貿易和歐洲公司，其中某些公司施加的經濟力量，巨大到它們得以或多或少強制實施自己的貿易條件。因此，許多非洲人在理當從外國統治解放很久之後，仍然繼續感到自己被剝削。這種經濟剝削感是如此強烈，使得獨立迦納首任總統夸梅·恩克魯瑪（Kwame Nkrumah）甚至為它創造出一個新詞——「新殖民主義」（neo-colonialism）。[54]

非洲國家也無法真正自稱政治獨立。二十世紀後半的非洲政治充斥著無數外力干預的實例，其中有些甚至非常嚴重，從剛果民主選舉產生的首任總理帕特里斯·盧蒙巴（Patrice Lumumba）在一九六一年遭到暗殺，到英國與以色列在一九七一年烏干達政變期間及其後支持伊迪·阿敏（Idi Amin）。[55]更重要的是，美國人和蘇聯人開始把非洲當成遊樂場，各自進行代理人戰爭，尤其在安哥拉和莫三比克，但也在非洲大陸各地以較小規模進行。獨立過後，幾乎每個非洲國家都不得不與這個或那個外國強權結盟，不是前殖民母國的話，就跟至少一個新興超級強權結盟。

或許最令人沮喪的是，許多非洲國家都無法擺脫它們在心理上對西方強權的依賴。這或許不令人意外，因為幾乎所有非洲新國家的領袖都接受過歐洲人的教育，他們所領導的機制也多半由歐洲人建立。但他們的依賴遠比這一層更深。歐洲，推而廣之則是整個西方，被許多人當成了某種妖魔，它的有害影響隨處可見。起初，恩克魯瑪、尼雷爾等泛非洲理想主義者還能運用這個想法，作為團結非洲人對抗共同敵人的方法。後來，羅伯·穆加比（Robert Mugabe）之流的腐敗獨裁者則運用這個神話，轉移外界對他們在國內慘不忍睹的倒行逆施之關注。但當事情出了差錯，非洲人往往還是求助於歐洲和美國：例如一九八〇年代的索馬利亞饑荒，或是二〇一四年的伊波拉病毒危機；或是二十一世紀的馬利與獅子山內戰。

二〇〇六年，坦尚尼亞知識分子戈弗雷・姆瓦基卡吉爾（Godfrey Mwakikagile）絕望地寫道，某些非洲人在對連年貧困、暴力與貪腐幻滅之後，開始以一種扭曲的懷舊之情回顧殖民時代的過去。他描述加彭的某個政黨甚至在一九九〇年代為了尋求回歸歐洲統治而奔走，因為他們自己的非洲領袖如此慘痛地辜負了他們。他說，整個非洲大陸的人民都在乞求幫助，他們告訴西方記者：「只有你們白人能拯救我們。」[56]按照姆瓦基卡吉爾的說法，非洲大陸的廣大區域都對西方捐贈者及全球機構施捨的未來聽天由命，它們全都不是依照非洲人的議程運作：「某方面來說，我們……被再征服、再殖民了；我們對他國的永久依賴，是對我們自詡真正獨立最強烈的譴責。我們痛恨承認這點，但我們知道這是真的。」[57]

非洲人或許只能用這個想法自我撫慰：在他們尋求獨立之真正意義（實際上是自我之真正意義）的渴望中，他們基本上與任何其他人並無二致。第二次世界大戰過後，每個國家都努力重新定義自身，結果每個國家都遭逢程度不等的內部衝突。倘若非洲人受苦更甚於多數人，這只是反映了他們一開始的處境。要擺脫意圖控制你的人們所施加的宰制並不這麼容易，初次打造穩固的民主、發展經濟、轉變社會、在敵對部族之間建立團結，或是與鄰近的諸多全新國家建立關係，也都不容易。要同時做好所有這些工作，對任何一個國家都是苛求。

在我們的戰後全球化世界裡，沒有任何事物，也沒有任何人能被認為是真正獨立的——不論我們或許多麼想要。

第十八章　拉丁美洲的民主

我們許多人的生命中總有些時候，面臨人生的分叉路，我們太晚才明白自己遭遇了某種危機，不同路徑之間的差異，巨大到我們無論如何抉擇，都必定永遠改變自己和身邊的人們。對於卡洛斯·德爾加多·查爾沃德（Carlos Delgado Chalbaud）來說，這樣一個時刻在一九四五年秋天來臨。他做出的抉擇，以及降臨在他身上的命運，象徵著第二次世界大戰戰後初期，發生於整個拉丁美洲的過程。

德爾加多是委內瑞拉陸軍的一名軍官，也是一名教師。自一九四三年以來，他一直在卡拉卡斯（Caracas）軍校擔任教育長。他博覽群書、喜愛古典音樂、熟諳多國語言，包括道地的英語和法語，但他真正的專業領域，是他熱情講授的軍事工程。總體而言，他深受軍官同僚的愛戴，他們認為他嚴肅、坦誠、務實、保守——簡言之，是個可靠的人。但他也是個局外人。德爾加多和同僚們不同，他的成長過程流亡在法國，因為二十世紀早些時候，他父親試圖推翻委內瑞拉的軍事獨裁者未果。從四歲開始，他真正知道的委內瑞拉就只是個概念，是個失去的家鄉。直到第二次世界大戰爆發前夕，國內氣氛初次顯現出轉變跡象，他才能返國永久定居。[1]

一九四五年九月的某一天，德爾加多被迫面臨兩難。有個友人找上他，把他拉到一旁，十分嚴肅地對他說，有一大群軍官正在策劃政變。當時統治委內瑞拉的，是一連串軍人獨裁者的最後一位——以賽亞斯・梅迪納・安加里塔（Isaías Medina Angarita）將軍，而他的專制行徑已開始讓渴求改變的人民離心離德。一大群聲勢高漲的反對勢力在全國各地增長，由一個名叫民主行動（Acción Democrátia）的新政黨領導。這時看來，軍方也轉而反對獨裁了。青年軍官對於自己被迫忍受的貧困處境尤其憤怒，他們指控梅迪納與他們脫節，也與國民的需求脫節。他們計畫把他推翻，扶持民主的新政府。他們已經確定獲得民主行動合作，這時想要德爾加多參與行動。

德爾加多當下大吃一驚。他對友人說，他「在心理和道德上，對這種性質的事都毫無準備」，請求給予四十八小時的思考時間。他承諾自己身為紳士，會對聽說的事守口如瓶。[2]

隨後兩天，他聚精會神權衡加入密謀的利弊。政治上，他傾向於給予支持。和多數同胞不同，他在民主原則薰陶下成長，認為民主是唯一正當的政治體系。但他無法完全信服軍人政變是實現民主的最佳途徑。此外，他比多數人更清楚，要是計畫失敗會有什麼後果。他的流亡生活就是因為父親發動政變失敗而開始的，他自己則在二十歲時橫渡大西洋，和父親再度嘗試政變。這次企圖以災難收場：德爾加多的父親被殺，他自己千鈞一髮才得以逃命。這些記憶在他盤算的過程中，必定讓他感受到了沉重負擔。重複一次這樣的嘗試，肯定不是個能夠輕易做出的抉擇。

儘管如此，德爾加多也有著雄心勃勃的一面，令他不能輕易放過這樣的機會。這個陰謀顯然是條理分明的，也很有機會得到廣大群眾支持。能置身於重大事件的核心，能最終屬於一個關係緊密的群體、能有機會達成父親的未竟之業——所有這些因素對他的最終抉擇必定也起了作用，因為當政變就在數週後發動，卡洛斯·德爾加多·查爾沃德已是政變領袖之一。

★

一九四五年十月十八日發動的那場叛變，很大程度上得歸功於德爾加多。正是他首先採取行動；他親自逮捕了國防部長，控制了卡拉卡斯軍校。他同時將消息傳達給全國各省，並通知民主行動黨主席羅慕洛·貝坦庫特（Rómulo Betancourt）革命已經開始。

接下來二十四小時，他的共謀者們設法攻占了總統府，以及委內瑞拉其他地區的多處港口和兵營。海軍叛變人員控制了卡貝略港（Puerto Cabello），空軍叛變人員則攻取了馬拉凱（Maracay）的最大空軍基地。所有這些行動絕非兵不血刃就能達成：死亡人數估計在數百人到兩千五百人不等。[3]同時，獨裁者梅迪納則前往仍然效忠於他的其中一處兵營——安布羅西歐·普拉薩（Ambrosio Plaza）營區尋求庇護，但在他明白自己陷入圍困、寡不敵眾，即將遭受空軍炸射之後，這位獨裁者決定投降。十月十九日，政變在發動不到三十六小時後大功告成。

當天晚間，德爾加多與其他叛變領袖在總統府集會，組成新的「革命政府執政團」。此前數週的多次討論之中，密謀者們已經達成協議，執政團將由七人組成——五位平民、兩位軍人。擁有廣大群眾支持的民主行動黨主席貝坦庫特獲得一致同意，出任代理總統，還有三位民主行動黨員（簡稱民行〔Adecos〕）和一位無黨派人士。到了選擇軍方成員的時候，德爾加多把握了機會。他說，軍方最受擁戴的人選是馬利歐·巴爾加斯上尉（Capt. Mario Vargas，代表低階軍官）和他的哥哥胡立歐・塞薩爾・巴爾加斯少校（Maj. Julio Cesar Vargas，代表中高階軍官）。但兩兄弟同時加入執政團恐有攀親引戚之嫌，因此德爾加多認為後者應當讓位給另一名高階軍官，而他機巧地提議由自己擔任替代人選。他的提案獲得通過。

這歷史性的一刻為德爾加多完成了一段不同凡響的歷程。加入政變推翻梅迪納的那個痛苦抉擇才剛過了一個月，帶來的收穫卻遠遠超乎想像。直到政變為止，他不過是個教育長，在軍校裡講授兵工學。如今轉瞬之間，他成了新政府中最高階的軍方人員。往後三年，他都是這個國家的國防部長。

委內瑞拉的「三年期」

這樣的個人野心時刻，在革命者之中或許在所難免。但值得稱許的是，包含德爾加多在內的新執政團盡其所能，堅守自己樹立起來的革命精神。他們宣布，他們所領導的政府只是臨時政府。首要目標在於「召集全國舉行普選，經由直接、普遍及祕密投票，讓委內瑞拉人民得以推選自己的代表，自行制訂人民想要的憲法，並選出共和國將來的總統。」為確保執政團無人濫用職權，他們立下嚴格規定：選舉一旦公告舉行，執政團成員一律不准競選總統。民主的新委內瑞拉絕不能受到他們奪權時的非民主手段玷汙。[4]

大致說來，執政團言行一致。政變後不出一個月，它就組織委員會起草新憲法，但執政團並不像過去的做法那樣，在委員會裡塞滿民行黨員或軍方人馬，而是確保委員會代表了廣泛的政治意見，包括前政權的支持者在內。歷經諸多爭論，委員會將選舉權給予全體公民——女性與男性一體享有，不識字的人與識字的人一體享有，並引進比例代表制。反對黨獲准組成，包括共產黨、基督教民主黨，甚至與梅迪納將軍相關的團體。奪權剛過一年，執政團舉行了一系列選舉的第一場，美國觀察員宣稱這次選舉「大致公正誠實」。僅僅一年後就要接著實施總統選舉。興高采烈的委內瑞拉得以初次嘗試有意義的民主。這段時期自一九四五年持續到一九四八年，這三年的體驗從此被稱作「三年期」（Trienio）。[5]

新執政團不僅在全國範圍實施變革，他們也將自己的民主自由原則應用於地方層級。他們在一九四八年五月實施市政選舉。他們也鼓勵人民組成群眾組織，像是勞動工會和農民運動：十月政變後兩年間，政府就正式認可了七百四十個工會，比過去十年獲准成立的總數還多了兩百四十個。此外，一如世界上其他地方，建制工會的會員人數開始大量增長，有時增加五到六倍之多。這些工會也首度獲准結盟。一九四八年時，新成立的委內瑞拉工人聯合會（Confederation of Workers of Venezuela）大約擁有三十萬名會員（共產黨人控制的其他工會或許還有五萬名會員）。同樣新成立的委內瑞拉農民聯盟（Peasant Federation of Venezuela）又有十萬名會員。考慮到當時委內瑞拉的人口只有四百二十萬人，這代表了很大比例的勞動力積極參與了公共生活。[6]

三年期政府也在經濟上做出變革。委內瑞拉以石油儲備為立國基礎，但這些儲備泰半為英國和北美公司所用。二戰期間開徵了一連串新稅，並實施新規範，以確保石油產業的利潤由石油公司與國家平均分配。結果，三年期政府此時擁有大筆石油收益：一九四七年，政府取自石油的收益比戰前多出六倍以上。[7]

突然之間，委內瑞拉得以開展其他國家大致在同一時間實施的中央集權宏大計畫。一九四六年，政府將住房預算提高四倍，隔年再加一倍。前任政府在戰時已經核准一系列住房計畫，如今住房計畫遍及於全國各地。建築熱潮在卡拉卡斯上演。到了一九五〇年代，這個首都已經從一個由傳統紅瓦單層樓房構成的城鎮，轉變為一座現代主義高樓大廈的城市。[8]

隨著建築熱潮而來的是學習熱潮。教育預算從一九四五年的三千八百萬玻利瓦（bolivares，委內瑞拉貨幣），提高到一九四八年的一億一千九百萬玻利瓦，此外又撥給公共工程部五千三百萬，興建數十所小學和中學。同時開始了減少成人文盲的大規模運動，三年之間，全國各地共有三千六百所成人識字中心。[9]

國家的衛生預算也增長了四倍，醫療設施首次延伸到了許多鄉村地區。按照羅慕洛·貝坦庫特的說法，三年期政府在下水道及公共飲用水的支出，是過去的政府先前一世紀以來支出總額的三倍。他們也開展了消滅瘧疾的大規模運動。滴滴涕殺蟲劑在戰時獲得成功之後，委內瑞拉從一九四五年十二月開始噴灑殺蟲劑，最終將瘧疾從全國廣大地區清除。[10]

最後也是最重要的，陸、海、空三軍都獲得了新兵員、新武器、更精良的訓練、更好的糧食與衛生、更好的醫療器材、新的圖書館、新的技術學校、新的船舶及造船學院，飛行員增加百分之二十五、特種技術人員增加一倍，文化與娛樂設施更是全面翻新。擔任國防部長一年後，卡洛斯·德爾加多·查爾沃德已經可以信心十足地談論該國武裝部隊的「重生」。[11]

★

人們很容易會忍不住想要把委內瑞拉十月政變後的變化說成是一片光明。如同印尼的情況，民主的到來無疑是該國平民百姓的一大勝利。但也一如印尼，改革的步調太快、太無章法，使得更具保守傾向的人們無所適從。商人、天主教會和軍方某些部門都開始對正在進行中的社會劇變表示憂慮。尤其令他們擔心的是勞動工會，工會頻頻罷工，使得經濟不斷陷入停滯：光是在一九四七年，就發生了五十五次大罷工，比一九四四年的罷工次數增長了將近十四倍。[12]有些守舊人士憎惡工人階級新近獲得的權力，將民主行動黨主導的新政府蔑稱為「穿草鞋的農民政府」（el gobierno de los alpargatudos）。[13]天主教會憎恨教育世俗化、並由公部門掌控的嘗試，他們大力宣揚政府是無神論者機構的形象。[14]反對黨指控政府試圖強化民主行動黨的權力，並舉出民主行動黨支持者恫嚇、甚至襲擊反對黨員的事件。例如在梅里達（Mérida），民主行動黨與主要反對黨基督教社會黨雙方的支持者爆發衝突，造成五人死亡。[15]貪腐和效能低落也引起疑慮，大筆新編公款的實際流向也受到質疑。[16]

國外的情勢也令人憂慮。代理總統貝坦庫特大方承認，他的政府和委內瑞拉的某些鄰國之間有些緊張，尤其是尼加拉瓜和多明尼加共和國，這兩國的軍人獨裁者都很樂意鼓動陰謀，對付這個民主的新政權。按照貝坦庫特的說法，與阿根廷的胡安・裴隆（Juan Perón）之間的關係也是「疏離、冷漠、無話可說，有時還咄咄逼人。」[17]但他對於自己與美國之間的某些困難就不這麼樂意透露了，美國對於他和他的政府試圖做到的事，有著各種不同意見。比方說，財金界人士對於委內瑞拉政府宣布對美國石油公司開徵新稅的反應是「震驚出乎意外」。[18]某些軍方觀察者開始對於石油工會內部的疑似共黨活動驚恐起來，一九四八年總統選舉過後，五十位美國商人聯名致函美國駐卡拉卡斯大使館，指控民主行動黨政府勾結共產黨徒。[19]另一方面，任何委內瑞拉事務的內行人也都知道，新政府並沒有特別令人擔憂之處：美國駐卡拉卡斯大使館官員將它比作英國的工黨政府。代理國務卿艾奇遜一度向戰爭部的同僚提交一份措施頗為嚴厲的備忘錄，警告他們不要誇大委內瑞拉的共產主義威脅。他說，石油業罷工頻傳與共黨無關，這只不過是「勞工的合理訴求」。[20]

但漸漸地，委內瑞拉國內的氛圍開始起了變化。隨著冷戰到來，國內不滿持續累積，對於新民主政治的熱情逐漸變質。一如在美國，對共產主義的疑心病開始加重，許多人開始指控政府有共黨傾向。全國反共陣線（Frente Nacional Anticomunista）等邊緣團體湧現，開始煽動軍方推翻民主行動黨政府。同樣這類團體也開始在委內瑞拉軍方建制內部展現力量。一九四八年中，一個自稱為反共軍事組織（Organización Militar Anticomunista）的團體組成，它們散播謠言指稱「民行黨員都是共產黨，他們要摧毀國軍。」[21]

也正如一九四五年的情況，許多軍官開始抱怨軍方不被允許在國家的生活中發揮其正當作用。其中最重要的人物是參謀總長馬可斯・佩雷斯・希門內斯（Marcos Pérez Jiménez），他的追隨者們開始對政府發出各種指控，從貪腐到叛國不一而足。政府正在自組政治民兵對抗軍方的謠言開始流傳。這些傳聞刻意模仿東歐同類民兵當時正在協助共產黨人奪權的相關報導，如此一來，就算不曾明白提到共產黨，它的存在仍是不言自明。[22]

★

卡洛斯・德爾加多・查爾沃德在這段時期裡始終擔任國防部長。很長一段時間裡，他成了政府裡的激進改革者與軍方不滿分子之間唯一真正的橋梁。他持續磋商力求鎮靜，反覆堅稱軍方並非政治組織，應當「對於共和國總統以最高統帥權做出的決策，隨時隨地提供完整而有力的支持。」[23]但在一九四八年夏天，軍方內部的陰謀氛圍已是根深柢固。

如同一九四五年那樣，一群密謀者又找上了德爾加多，詢問他是否願意加入他們的第二次政變。也一如先前的情況，他試圖拖延時間，好讓自己有機會思考。德爾加多其實很同情軍方的挫折感。身為軍人，他們全都習慣了相當程度的效能：命令下達、執行命令、完成任務。結果證明，民主未必是這樣。但他也擔心第二次政變成為對第一次政變原則的背叛，這次政變推翻的不是獨裁政權，而是民主選舉的政府。不僅如此，還牽涉到個人背叛的層面：當選不久的總統羅慕洛·加列戈斯（Rómulo Gallegos）是他的朋友，德爾加多流亡海外的時候，甚至在巴塞隆納跟他合住過一間房屋。

但這次，密謀者們不給他任何時間思考：他們告訴他，他若不加入就是反對他們，不管怎樣都得自行承擔後果。在壓力下，德爾加多選擇加入密謀。

於是，他又一次發現自己捲入政變。如同前一次，他也居於行動中心。一九四八年十一月二十四日，下令軍方接管政府的正是德爾加多。不同於前一次政變，這次幾乎完全兵不血刃。儘管如此，卻造成了重大後果。執政黨民主行動黨立即被宣告為非法，黨員在全國各地被捕，一網打盡。貝坦庫特日後宣稱，有多達一萬人被捕入獄。特別是由學生和工會發起的少數抗議遭到暴力鎮壓，民主被中止了。[24]

如今，軍方的三人領導小組取代了民選政府掌權，這三人包括德爾加多、馬可斯·佩雷斯·希門內斯，和一位名叫路易士·菲利普·略韋拉·派茲（Luis Felipe Llovera Páez）的中校軍官。但身為三人中最高階的軍官，德爾加多當上了委內瑞拉的新總統。

第二次世界大戰之後的拉丁美洲

一九四五至一九四八年間委內瑞拉政治的動盪性質，反映了當時該國國內巨大的內在壓力——保守派與激進派之間、平民與軍人之間、業主與勞動者之間、神職人員與教育改革者之間，以及互相爭鬥的各色政黨之間。但委內瑞拉並非存在於真空之中。與這些內在壓力一同存在的，是從四面八方壓迫著這個國家的國際力量。這些國際力量不只是近鄰，包括歐洲各國殖民地、高壓的獨裁政權，以及其他相似的民主政體，還有北方巨大的超級強權，對整個西半球都施加龐大影響。在這樣的脈絡下，委內瑞拉的許多事件受到外部影響的程度，與內在影響的程度相等。

圖36　一九四九年的卡洛斯．德爾加多．查爾沃德。

德爾加多兩次政變的日期都很有啟發性。第一次政變發生於一九四五年十月，就在第二次世界大戰終戰後僅僅數週，在浸潤了世界其他地方的希望與期待浪潮同樣浸潤了拉丁美洲之時。德爾加多自己承認，十月政變是以「自由、平等、博愛的偉大理想」之名實行的，發生於席捲全世界的「現代社會正義氛圍之內」。[25]隨後三年支配了委內瑞拉的民粹浪潮、民主改革與工會行動主義浪潮，全都是同一種現象的一部分。

第二次政變發生在截然不同的氛圍中，在一九四八年十一月，這時全世界的人都在猜測新的全球戰爭即將爆發，所有人又得被迫選邊站隊。從渥太華到布宜諾斯艾利斯的美洲各國政府，愈來愈受到顛覆的恐懼支配，這時都在壓制一切形式的異議。按照德爾加多的說法，十一月政變是要將某種秩序感，或者他所謂的「社會紀律」，回復到委內瑞拉社會。「國家絕不能退回大眾騷亂的氛圍，」他隔年對一位哥倫比亞報紙的記者表示，「也不能退回政治激情變本加厲，對社會需求和災禍也不該有所臆測。」一九四八年氛圍的重點是不再有自由與平等，只有穩定。[26]

在這個脈絡下，委內瑞拉與拉丁美洲其他國家的相似之處格外引人注目。第二次世界大戰結束時，在全世界重生的意識引領之下，這一區域爭先恐後奔向民主。不只是委內瑞拉的獨裁者被推翻而已。厄瓜多一九四四年的民眾起義，罷黜了卡洛斯・阿羅約・德里奧（Carlos Arroyo Del Río）的高壓政權，促成了隔年的選舉。瓜地馬拉的另一次民眾反抗，則推翻了荷黑・烏維科（Jorge Ubico），建立了該國歷史上第一個代議制民主政府。玻利維亞不得人心的獨裁者瓜爾韋托・比利亞羅埃爾（Gualberto Villaroel）在暴力反抗中被私刑處死，屍體被吊在燈柱上，呼應著墨索里尼在義大利的下場。新任執政者立即承諾在一九四七年一月舉行選舉。其他國家實現民主的方式則並不這壓暴力。秘魯在一九四五年舉行該國歷史上第一次自由選舉。阿根廷、巴西和古巴的獨裁者們，也在這段時期被說服實行自由選舉。墨西哥在一九四六年進行了一些有限度的選舉改革。就連整個拉丁美洲區域最頑固、最高壓的兩位獨裁者——尼加拉瓜的安納斯塔西歐・蘇慕薩（Anastasio Somoza）和多明尼加共和國的拉斐爾・萊昂尼達斯・特魯希略（Rafael Leónidas Trujillo），也不得不至少對民主的新氛圍應酬幾句。二戰結束後的一項年度調查顯示：「一九四四及一九四五年為多數拉丁美洲國家帶來的民主轉變，或許更多於（十九世紀）獨立戰爭之後的任何一年。」[27]

隨著各國奔向民主而來的，是同樣由二戰促成的各種經濟與文化改革。如上文所見，委內瑞拉由於擁有戰略地位重要的石油儲備，在終戰時比先前更為富裕，但其他國家在一九四五年也獲得了龐大的美元盈餘，尤其是阿根廷、巴西和古巴。[28]在美洲大陸全境，巨大的基礎建設新建計畫、新的學校、新的大學、新的公共住宅都得到投資。隨著工業化增長，都市化也增長。到處建立了新郊區和新區域，由中央規劃者按照國際上的最新樣式設計。其中一兩處日後還會登上聯合國教科文組織的世界遺產名錄，例如墨西哥市的大學校園。一九四七年，柯比意應邀前往哥倫比亞，受託監督波哥大的重新規劃。整個南美洲都忙著轉變。

在這樣的氛圍中，勞工的鬥爭性到處增長。委內瑞拉工會的大規模擴張過程也在其他國家重複發生，一九四六年時，整個拉丁美洲有三百五十萬到四百萬名工會成員。社會及產業騷動也增加了。例如在智利，罷工次數從一九四二至一九四六年間增長超過七倍，最終將近十萬名工人參與。秘魯的罷工次數也在一九四五至一九四八年間穩定增長。同時，巴西則見證了超過二十五年來最大的一波罷工潮：一九四五年五月，當歐洲戰場宣布獲勝，光是聖保羅就發生了三百次罷工，十五萬工人加入。各地的工會運動者全都滿懷信心。[29]

☆

毫無疑問，鄰近國家的所有這些事件都會彼此強化，拉丁美洲工人聯合會（Condeferación de Trabajadores de América Latina）等跨大陸組織的組成，以及各國政府對其鄰國施加的直接壓力，全都是明證。拉丁美洲少數最民主的國家（烏拉圭是典型的一例），十分直言不諱地譴責犯下侵害人權罪責的任何國家。[30]但在一九四五年，民主最強大的捍衛者，力量遠勝於其他國家的仍是美國。二戰期間，美國各機構將大量文宣傾瀉於拉丁美洲，其中將美國描繪成了民主的捍衛者和美好生活的提供者，它們還資助當地媒體進行同樣的宣傳。有些時候，它們還會為了提倡更大的民主而直接干預拉丁美洲各國政府，即使這種做法也包括對共產主義更加寬容。[31]

當美國在冷戰之初開始改變語調，拉丁美洲各國政府也隨聲附和。共產黨在一個又一個國家遭到查禁。巴西早在一九四七年五月就將共產主義宣布為非法，智利在一九四八年四月跟進，然後是哥斯大黎加，在一九四八年七月。在共產主義還不成氣候的國家裡，其他左翼政黨則成為替代標靶，例如秘魯的美洲人民革命聯盟（APRA）就被迫退出地方及中央政府，遭受的壓制與委內瑞拉的人民行動黨並無二致。美國國務院不但不譴責這種行徑，大致上似乎還全心全意予以認可。[32]

隨之而來的是整個拉丁美洲區域民主倒退。委內瑞拉並非唯一將初次實驗自由選舉的成果推翻的國家：秘魯（一九四八年）、古巴（一九五二年）、哥倫比亞（一九五三年）和瓜地馬拉（一九五四年）也發生了軍人政變。到了一九五〇年代中期，大多數拉丁美洲共和國再度由獨裁政府，而非民主政府統治，這些獨裁統治的性質又以軍人及威權占了大多數。二十世紀稍後，更多軍人政變又在巴西（一九六四年）、烏拉圭（一九七三年）和智利（一九七三年）發生，每一次都推翻了先前的民主政府。冷戰結束時，唯一在戰後保持民主統治紀錄不曾間斷的拉丁美洲共和國是哥斯大黎加，重要原因之一在於，它是唯一在冷戰開始時解散了全部軍隊的拉丁美洲國家。同時，那些未曾在戰後享有真正民主復興的國家，例如尼加拉瓜、薩爾瓦多、宏都拉斯和多明尼加共和國，如今則面臨高壓統治重新緊縮。美國國務院一度直率地批評這些政權，如今卻出奇沉默。在疑神疑鬼的冷戰氛圍裡，民主似乎遠遠不如西半球團結那樣重要。[33]

大多數情況下，美國並未對這些事件發揮直接作用。但它也不需要，按照美國外交官斯普呂爾．布萊登（Spruille Braden）的說法：「我們忍住不說的任何話，忍住不做的任何事可能也會被當成干預，程度不亞於我們做的事或說的話。」[34]但隨著冷戰日益激烈，美國也表現得愈來愈有意願要手段。間接證據顯示，一九四八年的美國駐委內瑞拉武官愛德華．亞當斯（Edward F. Adams）上校在十一月政變中發揮了某種作用；當時從未得到證明，但許多歷史學者一致認為，他出現在核心密謀者中間就是有些不對勁。[35]相形之下，美國在一九五四年瓜地馬拉政變中扮演的角色就確鑿得多。不但有大量文獻足以證明國務院和美國商業利益，深入參與了顛覆瓜地馬拉政府，中央情報局的多名特工也公開承認參與顛覆行動。即使布萊登當時已從國務院離職，但他在這整起不堪入目的事件中又一次位居核心。[36]

其後數年，美國在各式各樣的拉丁美洲國家裡破壞自由與民主，它不僅公開承認軍人獨裁者的政權，更表揚軍人獨裁者。[37]它直接干預選舉，祕密資助右翼團體，散播黑色宣傳對付哪怕是擁有溫和左翼觀點的任何團體。[38]它扶持高壓政權，培訓行刑隊人員，並且在最極端情況下，例如在瓜地馬拉或尼加拉瓜，蓄意挑起野蠻的內戰。[39]這一切全都記載於文獻中，除了至今仍在中央情報局和國務院檔案裡尚未解密的記載，肯定還有更多。這實在不足以支持美國在一九四八年所承諾的，與鄰國攜手促進「正義、自由與和平」，或美國向全世界反覆承諾的不插手干預他國內政。[40]

壓制的代價

事後看來，美國的行徑顯然既不合法又不民主。但在當時的氛圍裡，卻並不這麼顯而易見。美國國安部門沒有一個人是為了破壞民主，而批准在拉丁美洲採取行動；恰好相反，他們相信自己是在「強化」民主。整個冷戰期間，真正的妖魔始終是共產主義，而不是獨裁。打倒這個妖魔的戰鬥幾乎就足以為任何事辯護，包括鼓勵人權紀錄最為駭人聽聞的政權在內。

卡洛斯．德爾加多．查爾沃德同樣相信自己是以民主的名義行動。當他在一九四八年成為委內瑞拉總統，他就面臨了外國政治家同儕，以及委內瑞拉某些鄰國的報刊和外交當局提出的嚴厲質問。他要怎麼解釋自己既參與了建立民主的政變，又參與了推翻民主的政變？倘若他真心相信委內瑞拉變得不穩定，他為何不早點行動，而是等到人民都參與了選舉之後？羅慕洛．貝坦庫特等委內瑞拉同胞不禁要指出，德爾加多似乎在這兩次政變裡都平步青雲。墨西哥、古巴、瓜地馬拉和烏拉圭政府全都宣告將要「無限期」暫停承認這個新的軍人政府。[41]

但德爾加多本人始終堅稱自己是純粹遵照原則行事。他宣稱，自己唯一真正的動機，是要拯救國家脫離將它推向更大不和的強大力量。他在一九四五年十月介入，是為了遏制委內瑞拉傳統寡頭統治的反民主動力；在一九四八年十一月，則是為了遏制民主行動黨內「煽動家」的革命衝動。[42]因此，至少在德爾加多心目中，這兩次政變都是相同過程的一部分。「社會現象就像這樣，」他在一九四〇年代尾聲對一家哥倫比亞報紙表示，「它們構成了歷史鏈的一環。如同我們先前說過的，（一九四五年）十月和（一九四八年）十一月的事件，都是國家向上邁進的強健一步。」[43]最終，德爾加多真正想要的，是引導自己的國家走向介於秩序與改變、介於個人與社會、介於自由與歸屬之間的中間道路；或者照他的說法，「在公民的自由、端莊生活與社會紀律之間」尋求平衡。[44]

他錯在相信這一切有可能以某種武力手段達成。不只參與一次、而是參與兩次政變，使得他實際上支持了這個概念：最終只有軍方才有權決定國家的是非對錯。這種信念一直以來都是委內瑞拉軍方文化的一部分，實際上也是許多拉丁美洲國家軍方文化的一部分，在二十世紀往後的日子裡，還會繼續支配拉丁美洲大陸的政治思想。因此，德爾加多同樣是「歷史鏈」的一環，這條歷史鏈包含了他的軍人同僚、他的許多同胞、整體上的拉丁美洲精英，最終則是整個西半球的協同安全機構。

軍人最有權威的這種觀念，對拉丁美洲造成了重大後果。但它也對德爾加多個人帶來了重大後果。在二十世紀統治過拉丁美洲國家的所有軍人領袖中，德爾加多無疑是最溫和的一位。從他掌權那一刻起，他就堅稱自己完全有意願盡快重建民主，只要「寧靜與真正和諧的風氣」獲得恢復。[45]「當軍方承擔了它必須承擔的責任，」他在奪權後不久的一次記者會上表示，「它就不應違背民主原則行事，而是相反，要保守民主原則的存續。」選舉最終排定在一九五二年實施。[46]

但軍方乃至全國內部的其他派系不願放棄自己的控制權，隨著新選舉的承諾逐漸逼近，他們之中有人策劃自行發動政變。一九五〇年十一月十三日，德爾加多正要離開寓所，卻被一群武裝人員捉住，押進一輛車內。他們將他載到卡拉卡斯的新開發區梅賽德斯（Las Mercedes），在那兒殺害了他。直到今天仍未能查明綁架是由誰幕後主使，或者確切動機為何。殺害他的凶手是一名政治不滿分子，名叫拉斐爾·西蒙·厄比納（Rafael Simón Urbina），但他始終未能供出自己可能是受誰指使：他自己稍後就在警方羈押中遭人殺害。

德爾加多之死意味著委內瑞拉對民主的一時興起到此結束，以及整個拉丁美洲政治氛圍的變化。委內瑞拉還得等到一九五〇年代末期才能恢復民主。而在拉丁美洲大陸其他地方，軍人統治則維持得更久、更深，對這一區域的民主帶來了悲慘後果。

☆

不同於印尼或肯亞，委內瑞拉無需在第二次世界大戰過後創造出自己。它的邊界大致安全，撕裂前述兩國的語言、族群、宗教之深刻分歧，它也沒有承受多少。委內瑞拉的不同之處，還在於數十年前它就已經掙脫殖民統治，長久以來已經確立了印尼和肯亞不得不如此拚命爭取的國家主權。但第二次世界大戰在此喚醒了與其他地方相同的許多激情。委內瑞拉在一九四五年與過去一刀兩斷的嘗試，其革命性完全不遜於印尼和肯亞：這三個國家的人民本質上全都在追求同一件事——更大的民主。伴隨終戰而來的理想主義高漲，幫助了這三個國家接納新觀念，但同時也釋放了強大的動盪，顯現於困擾這三國的大規模示威、工人罷工，以及暴力加劇之中。一如印尼和肯亞，委內瑞拉最終也不得不在自由與秩序之間做出選擇，並承受選擇的後果。

過程中，委內瑞拉也和肯亞或印尼一樣，被迫遭遇獨立帶來的挑戰。這三國都經歷了外力對其自身事務程度不等的干預，有來自原先的殖民主子，新的冷戰超級強權，或同時被這兩者干預。這三國都屬於「全球南方」，隨後的年代裡也都在控訴全球北方發展更好的國家剝削它們獲利，通常都有充分理由。在這樣的環境裡維持一國的獨立，是一場沒完沒了的戰鬥，這些國家全都無法認真說自己總是能夠獲勝。

最後，至關重要的是，委內瑞拉也被迫與戰後肯亞和印尼所面臨的同一個問題搏鬥：國家是什麼？一九四五年和一九四八年的兩場政變都以委內瑞拉的名義實行，但「委內瑞拉」是什麼？在一個與周邊許多國家共享相同語言、宗教和祖先的國家裡，除了區區地理位置之外，還有什麼事物既能將它與鄰國區隔開來，又能將全國團結在一起？國家有沒有共同文化，要是有，又由誰來決定這套文化的內容？是由傳統精英、教會、人民、工人，還是軍隊決定？倘若這些不同群體彼此意見相左，有時還激烈對立，委內瑞拉還能不能真正稱得上是一個統一國家？

這些國家之中的每一國經由想像自我而構成單獨的統一群體，都能獲得許多重大益處——一種共同目的的意識、一種免於外來威脅的安全感、一種歸屬感。有時這些事物不只令人寬慰而已，更是維繫社會秩序所不可或缺。但它們都有代價。正如世界聯邦主義之夢對國族自由施加限制，國族之夢也同樣剝奪更小群體或個人的自由。認同任何群體並遵守其規範的人，沒有一個是真正自由的：合作需要妥協，而執迷於追求自身烏托邦的人們未必能接受妥協。特里穆蒂、伊托蒂，以及德爾加多三人都不得不明白，光靠理念是不夠的。奪取控制權，或者收回個人原則並達成協議，有時也是必要的。

第十九章 以色列：典型國家

「生命是永恆的戰爭。」二〇一六年我在耶路撒冷他的住家採訪他時，阿哈隆．阿佩菲爾德（Aharon Appelfeld）這麼說，不久即顯而易見，他這句話的意義既是字面上的、也是隱喻上的。「第二次世界大戰來臨時，我在歐洲。在以色列這裡，我是獨立戰爭時的童兵。然後是西奈戰爭，接著六日戰爭，接著贖罪日戰爭——我在所有這些戰爭中都是士兵。」但他也談到自己融入以色列社會、學習語言，以及逐漸接受兒時所經歷諸多恐怖的努力。「不管你去哪裡、做什麼，生命都是永恆的戰爭。」[1]

阿佩菲爾德初嘗戰爭，是在入侵俄羅斯的德軍穿越他所在的中歐一角之時。那是一九四一年夏天，當時他才九歲。他和家人離開了位於羅馬尼亞北部邊境切爾諾夫策（Czernowitz）的家，前往附近喀爾巴阡山區的祖父母家度假。「我因身體不適躺在床上睡午覺。突然槍聲大作。我呼喊我的父母。槍聲更密集了。我奪窗而出，躲進屋後的玉米田裡。藏身在田裡的時候，我聽見德國人對我美麗的母親施加酷刑。我聽見母親淒厲的尖叫。我聽見德國人殺害我祖母和我母親。」[2]

第一波殺戮過後，他和父親被趕進一處猶太人區，然後押上運牛列車，驅逐到聶斯特河沿岸（Transnistria），最後被逼著行軍，來到烏克蘭一處廢棄集體農場裡的臨時集中營。這時是秋末，他們在泥濘和傾盆大雨中走了兩星期。「我運氣好。我父親很強壯，他把我扛在肩上。多數孩童和老人死在半路上。」

他在集中營和父親分開，父親和其他男人一起被帶去做工。獨自待了幾天之後，身邊只有體弱和垂死的人，他憑著直覺理解到，要是繼續待在這裡一定活不成。於是他決定冒險：他鑽過籬笆逃走。

他在森林裡找到第一個藏身之處。他靠著吃爛蘋果和漿果度過一陣子，但當雨勢愈來愈大、夜晚也愈來愈長，他明白自己得找個地方遮蔽。他開始在村莊裡挨家挨戶敲門，請求工作機會，直到一位妓女終於收留了他。那一整個冬天，他都為她充當僕役，替母牛擠奶、打掃屋子、到當地村莊為她和恩客購買食物。到了晚上，他會看著她喝伏特加、服侍當地農民，然後在對方需索無度或拒絕付款時和他們打架。「我只讀完小學一年級。這就是二年級。」

當她的其中一名恩客指控他是猶太人，他知道離開的時候到了。於是他再次逃進森林裡，得到一幫盜賊庇護。「他們利用我幫他們偷馬。我個子小，所以他們能讓我爬進馬廄窗戶裡，由我為他們開門……有時他們分我一片麵包吃，有時香腸、有時起司。通常他們都無視我。我就像他們養的兩條狗——不過是另一隻小動物。」

但這幫盜賊不久也開始問他的事，所以他再次離開。他在森林裡找到另一些願意收留他的農民，「但他們不比罪犯好到哪去。」兩年之間，這個矮小又營養不良的孩子到處遷移，幾乎就只靠著機智和純粹好運才能活下來。既然身為猶太人意味著必死無疑，他學會了把自己蒙混成基督徒。他有一頭金髮，烏克蘭語說得流利，戰前他們家的女僕說的就是烏克蘭語。但他多半只是保持沉默，學著觀察身邊的世界。「這也是學校的一種。我學到很多關於生命的事。以及關於人類的事。他們有時可以很體貼，但其他時候也可能徹頭徹尾是頭禽獸。戰爭結束時，我看到一個人就可以立即知道他危險不危險。」

一九四四年，紅軍席捲了烏克蘭，阿佩菲爾德也被紅軍帶著走。他說服一支補給部隊讓他當廚子，並且看著他們逐村推進，一路上恣意姦淫殺戮。「俄國軍隊是一支醉漢大軍，從早喝到晚。咒罵、喝酒、姦淫、唱愛國歌曲：這是我的小學三年級。」那時他還只有十二歲。

最終，英軍猶太旅的一些士兵找到了阿佩菲爾德，帶著他前往義大利，又到了南斯拉夫，最後夾帶著他橫渡地中海，來到海法。他很高興自己再次置身於猶太人之中，但這並不表示他覺得自己徹底安全了。當他在一九四六年終於抵達巴勒斯坦，他對避風港這個觀念早已信心盡失。就他所知，巴勒斯坦只是他逃亡路上的又一站。

在這片新的土地上，還有新的戰爭要打。隨後兩年間，巴勒斯坦陷入了阿拉伯人與猶太人的血腥內戰。一九四八年，當猶太人宣布以色列國獨立，這個新國家立刻遭到鄰國圍攻。阿佩菲爾德不但沒有獲得新生命，看來還只會再次經歷同樣的遭遇：「歐洲發生過一場戰爭，殺了很多人。這時在以色列又有一場戰爭，殺了很多人。」他領到一支步槍，奉命協助保衛他所在的吉布茨（kibbutz）。

還有隱喻的戰爭要打。阿佩菲爾德被要求忘掉德語，那是殺害猶太人凶手的語言。說烏克蘭語、俄語和羅馬尼亞語也受到勸阻，但這些語言幫助了他在歐洲存活。如今，一切都必須以希伯來語進行。他也被要求改名。他的父母親叫他埃爾溫（Erwin），這是個很德國的名字——如今他成了阿哈隆。但最重要的是，他被要求學習一種新的心態。「我們來到了以色列，就像俗話說的，『來建造，並被重建』。這被我們多數人理解成了消滅記憶、個人徹底洗心革面，完全認同於這片狹長的土地。」簡言之，阿佩菲爾德被要求「抹除我的過去，在過去的廢墟上建造新生命。」[3]

他以自己所知最好的方式著手進行。他勤奮地學習希伯來語。他開始跑步、登山和舉重。他想讓自己變得高大、粗獷、曬黑，外貌像個軍人。但不論他多麼努力，他仍然矮小、體重過輕又蒼白；很長一段時間裡，他講話都會口吃。夜裡他會夢見自己被某種無以名狀的巨大邪惡追趕，或是將要墮入深

圖37 以色列小說家阿哈隆·阿佩菲爾德，攝於二戰六十年後。（圖片來源：Rex Features）

坑，許多看不見的手要拉他下去。他反覆告訴自己要忘記過去，融入新家園。他感到自己彷彿踮著腳尖走在深淵邊緣。「我在歐洲的一切經驗變得有如一個地窖，一個深埋在我心底的黑暗地窖。你不需要成為佛洛伊德，就可以理解這種地窖是危險的東西。」

學習寫小說的方法拯救了他。他二十多歲的時候就讀於希伯來大學，這時他逐漸明白，假裝自己不是戰爭所造就的那個人是沒有意義的。他理解到，自己體內將會永遠背負著大離散（Diaspora）——但即使四面八方都施壓著要他否認，他的記憶裡卻有著豐饒與意義，其價值一如他同樣接納的新生活。他開始在耶路撒冷的咖啡館尋找其他大屠殺倖存者作伴。他開始領會他們彼此之間的沉默，這遠比看似成為以色列社會其他部分之特徵的千言萬語，更加意味深長。他也開始寫作。「其他人就只是發瘋了，形式各自不同。我運氣好。我是個作家。」

阿佩菲爾德在一九六二年出版了第一部短篇故事集。從那時候起，他又寫了四十多本書，幾乎每一本都是關於二戰對於倖存猶太人的生命所帶來的影響。他的故事裡充滿了娼妓、孤兒和黑市商人，全都以他在戰時及戰後所遇見過不同面向的人為基礎。他早已放棄了抗拒這段時期記憶的嘗試，這些記憶似乎銘刻在他的靈魂深處。他反倒學會了接受它們原來的樣貌——部分是生命之美，部分是生命的永恆戰爭。

英雄的國度

一九四六年接納了阿哈隆·阿佩菲爾德的這個國家，對自我的觀點十分獨特。早在沙特寫下存在主義命題之前，復國主義猶太人就意識到自己衣不蔽體地站在宇宙面前，要想在充滿敵意的世界生存，就必須把握住開創自身命運的責任。[4]在對祖居地的嚮往與社會主義價值共同驅動之下，他們來到巴勒斯坦，決心在他們所見的祖先家園裡開創出自己的新生命。他們抽乾沼澤，讓沙漠開花。他們創立了吉布茨與莫夏夫（moshavim）——奠基於集體主義精神的農場與合作社。他們建造了新城市特拉維夫（Tel Aviv），潔白閃耀於地中海之濱。要不是被迫與阿拉伯人共享這片土地，要不是英國人控制了中東這一區域，他們的歷史將能擁有不可限量的進步與和諧。思路是如此推演的。[5]

第二次世界大戰爆發之時，伊舒夫（Yishuv，巴勒斯坦猶太人社群）並未袖手旁觀、坐視命運演變。他們挺身而出，為自由而戰。猶太傘兵奉命前往敵後，向游擊隊和抵抗運動戰士提供援手。猶太間諜網在瑞典、西班牙、土耳其等國組成，開闢從希特勒歐洲逃生的路線。三萬名猶太人志願在敘利亞、北非和義大利與英軍並肩作戰。但這並不表示他們一直被動聽從英國命令——他們同時還組織了特別突擊隊，對抗英國在戰前即已實施的移民禁制，將一船船猶太難民偷運到安全地帶。[6]

這種掌握自身命運的決心，在二戰告終之後仍然持續。一九四六年，猶太人「抵抗運動」展開暴動，要把英國人趕出巴勒斯坦。一九四七年，猶太人領袖說服聯合國給予他們一片家園。當巴勒斯坦阿拉伯人群起抗爭，猶太防衛軍將他們驅散。當英國終於決定撤離，伊舒夫不等聯合國信守承諾，而是自行宣布獨立。當以色列就在隔天遭到侵略，遭受埃及、約旦、敘利亞、黎巴嫩四面圍攻，這個新國家不但趕走了入侵者，還擴張了邊界。他們不是娘娘腔的小鎮猶太人（shtetl Jews），一位伊舒夫領袖說，那種人「寧可像鬥敗之犬那樣苟活，也不願光榮犧牲」。他們是年輕的開拓者，「新猶太人」，這是英雄的國度。[7]

多年來，全國都投入了單一一項群體任務：開創未來。以色列在方方面面都是個新國家。它擁有全新的邊界、新的國會、新的國家銀行、新的貨幣、新的最高法院，以及新的公民軍隊。這個國家支持戰後世界的一切價值：根據獨立宣言，以色列以「自由、正義、和平」立國；它承諾「全體居民無論宗教、種族或性別，社會及政治權利一律平等。」[8]大衛．本－古里昂組成的第一個政府，尤其著重於「女性的完整公民平等權……並廢除明載於土耳其法及強制法中一切既有之女性歧視。」[9]以色列將成為美麗新世界的出眾典範。就連國名都是新的：直到本－古里昂宣布獨立，還沒有人能夠確定國名要叫做錫安（Zion）、猶地亞（Judea）或伊夫利亞（Ivriya），還是其他各式各樣可能的

圖38「生命就是戰爭」，猶太教律法學校學生接受軍訓，一九四七至一九四八年。（圖片來源：Tim Gidal Collection, The Israel Museum, Jerusalem）

名字。[10]

往後的年代裡，整個國家一派緊張忙碌。這段不同凡響的時期擘劃與開展的方案清單，看來雄心勃勃得令人難以置信。新的大規模水利計畫啟動，例如雅孔—內蓋夫水道（Yarkon-Negev water pipeline）與國家輸水系統（National Water Carrier），試圖從加利利海一路運水到內蓋夫沙漠。國家也實施發展高速公路與鐵路的政策，包括從內蓋夫沙漠到紅海的新路線，以及死海西岸的公路。龐大的全國造林計畫展開，在全國各地提供了一系列國家公園。國家航空公司（以色列航空〔El Al〕）和國家海運公司（以星〔Zim〕）一同成立。學校與醫院的建設是國家另一項優先事務，獨立後十五年間，以色列的學校用地增加三倍以上，醫院病床數則增加四倍。[11]

建立新農場、新定居點是猶太復國主義由來已久的傳統，此時更是加速進行。一九五〇年和一九五一年，以色列鄉間建立了一百九十處新的吉布茨和莫夏夫，平均每四天新建一處。它們不只建立在以色列肥沃的河谷和海岸平原上，也建立在內蓋夫的偏遠地帶，包括約巴他（Yotvata）吉布茨，以及隱亞哈夫（Ein Yahav）新的實驗農場。除了新的村莊，還建立了三十個新城鎮，規劃了一處龐大的新海港。在既有的城市裡，新郊區以建築所需的最快速度湧現。例如在耶路撒冷，整片國民住宅區在短短數年之間規劃及興建，例如卡塔蒙諸鄰里（Katamons）、禧年村（Kiryat Hayovel）和伊爾加寧（Ir Ganim）。[12]

獨立過後數十年間，發展優先於一切。為了支付所有這些學校、醫院、住宅區的建設開銷，也為了供應新近對科學技術的癡迷，這份癡迷最終將以色列建設成了中東區域第一個核武強權，這是他們不得不做出的妥協。一九五二年，以色列接受了西德支付的三十四億五千萬德國馬克（八億六千五百萬美元），「以賠償猶太人在納粹手中遭受的物質損失」。政府試圖將這筆款項呈現為某種歷史正義形式：當年企圖消滅全世界猶太人的民族，如今出資協助猶太國家建設。但在許多人看來，這就像是以色列出賣國家名譽換取金錢。即使國會門外爆發激烈抗爭，這筆款項仍被接受，發展得以繼續推動。[13]

有這麼一段時間，國家似乎參與了人民生活的所有面向。一九四八年的混戰迫使全國多數阿拉伯人逃亡之後，國內百分之九十的土地被收歸國有，該國的水資源、電力供應及煉油廠也是如此。國家住房公司（Amidar）成立，興建大片新住宅區，並且新設了全國職業介紹所，協助新移民求職。到了一九五〇年代中期，政府部門占了全國經濟的百分之二十。另外百分之二十則由以色列總工會（Histadrut）持有及經營。這兩個組織皆由同一個政黨主導——本—古里昂遵行社會主義的以色列地工人黨（Mapai）。[14]

同時營運這麼多重大計畫與方案，需要巨量的即興發揮與理想抱負。過勞的公務員抱怨沒時間睡覺，但也讚頌這一切活動的振奮人心。其中一位這麼說：「誰在這種時候還能睡著，誰不會多做些什麼，好讓自己更清醒、更加集中、更加密切、更專注且投入地活在這時候？」[15]政府領導人無視經濟學家和專家對於國家財力能否負擔這麼多計畫，甚至計畫是否可能實現表示疑慮的建議，因此而聲名遠播。比方說，當一個顧問委員會做出結論，認為政府在貝爾謝巴（Beersheba）一帶興建一座新城市的計畫不可行，本—古里昂索性解散委員會並另行任命。七年之內，就有兩萬名猶太移民定居於貝爾謝巴。再過十二年，這座城市增長四倍，擁有八萬人口，成了內蓋夫沙漠最大的定居點，擁有自己的火車站和醫院，不久以後還有自己的大學。[16]

就連以色列的小說家，也被這個國家對於自身的英雄概念所吸引。以「一九四八世代」著稱的他們寫下了紀錄片式的故事，其中主角幾乎一定是「刺梨」（Sabra）——當地出生的阿兵哥，外表強悍但內心溫柔，沒有一絲大離散的焦慮與擔憂，而是如同培育了他的國家一樣「誕生於海中」。[17]他們的小說裡充滿猶太復國主義開拓者、吉布茨、軍方和新生以色列國的價值觀，鋪天蓋地的氛圍則是團結、自我犧牲與審慎樂觀。[18]英雄為國捐軀。[19]小說結局總是新生兒誕生。[20]這是向前看的一代人，過去的恐懼能在烏托邦新未來的希望中得到超脫。[21]

在阿哈隆．阿佩菲爾德的記憶中，這一切有些令人寬慰之處，但也有些令人不堪忍受的壓抑。國家看顧自己的公民：它給予工作和住房，它保障老人的養老金、病人與傷者的保險、婦女的育嬰假，最重要的是，它給了人民一片能夠稱作自己所有的土地，它也會拚盡全力捍衛這片土地。但它要求的回報是忠誠奉獻。個人主義在這個社會裡幾乎沒有空間，消極者或弱者也不被容忍。「其實，整個國家都像是軍隊，」他回憶，「每個人都知道自己的位置和責任。你應當成為英雄。你應當為國而戰。你應當是個社會主義者。各式各樣的命令。但只有上帝有權力說這些話。慢慢地，你被踐踏在腳下。」所有這些狂熱行動後面的背景，仍是滅猶大屠殺。「每件事都是對抗過去的鬥爭，對抗猶太人的過去，對抗猶太人的命運。」整個國家似乎都踮著腳尖走在深淵邊緣，猶如阿佩菲爾德自己的這段年輕歲月。

☆

猶太人「他者」

不幸的是，阿哈隆．阿佩菲爾德這樣的人卻是問題的一部分。過去十年間，英國人始終在巴勒斯坦維持著嚴格的移民限額。但隨著獨立來臨，這些限制突然解除了。門戶開放政策在一九五〇年隨著《回歸法》（*Law of Return*）而正式實施，該法給予世界上無論任何地方的猶太人前來這個國家，取得以色列完整公民身分的權利。幾乎在一夜之間，猶太移民的穩定流動就成了滔滔巨流：僅僅三年半之間，約有六十八萬五千名外國猶太人抵達，多過全國人口兩倍以上。人潮的湧入是如此巨大、如此突然，使得農業部長平哈斯．拉馮（Pinhas Lavon）稱之為「不流血革命」。[22]

對於伊舒夫來說，它所象徵的挑戰與至今為止所經歷過的大不相同。一方面，對於移民有許多同情，他們多半都是像阿佩菲爾德一樣的難民，不僅來自被戰火蹂躪的歐洲，也從伊拉克、葉門，乃至北非部分地區最新發生的反猶風潮中避難而來。敞開雙臂歡迎這樣的人當然重要；畢竟，這不正是以色列存在的全部理由嗎？但另一方面，伴隨著這些人道考量而來的，是一大堆更加矛盾的情緒。接收數十萬新來者的現實，讓許多人滿懷擔憂：他們都要去哪裡？他們要怎麼找工作？誰會提供他們食物和住房？更難以捉摸的是，這麼多外國人湧入，會對以色列的自我感知造成什麼影響？這些移民絕大多數都不是受到猶太復國主義神話如此喜愛的「新」猶太人；他們是「舊」猶太人，他們是大離散的猶太人，他們並不特別想要來到這裡，如今之所以到來，就只是因為「他們沒別的地方可去」，正如一位《國土報》（*Haaretz*）記者輕蔑的說法。在一個才剛開始確立某種國族認同的國家，「驟雨」般的新來者威脅著刺梨理念本身的存續。[23]

那麼，阿哈隆・阿佩菲爾德這樣的移民幾乎一下船，就面臨巨大壓力要求他們遵從伊舒夫的規範，或許也就無需意外。他們被要求以學習希伯來語為當務之急。許多人和阿佩菲爾德一樣，被催逼著放棄自己原有的認同，並另取一個與新環境更相稱的名字。最重要的是，他們被迫接受新國家文化裡不可遏抑的正面積極、信心與魄力。

對某些新來者而言，過去可以像舊披風那樣拋棄，人們下定決心就能翻新和壯大自我，這樣的想法有著極其誘人之處。許多人都把自己來到以色列記憶成某種重生，他們說自己獲得了「全新身分」；「我的新生命在此展開」；他們被捲入了包覆住「整個人格」的「新現實」中。[24]有朝一日將成為以色列最高法院首席大法官的阿哈隆・巴拉克（Aharon Barak），或許最為言簡意賅地表述了這樣的體驗。他將自己在一九四七年到來描述成天啟：「我不會說這裡的語言，我不了解這塊土地。但當我脫下舊衣服，就擺脫了過去、大離散、猶太區。當我穿著卡其襯衫、卡其褲子和涼鞋站在阿塔服裝店（Atta store），我就是全新的人。一個以色列人。」[25]

但對其他人而言，他們過渡到以色列社會的方式，卻似乎嚴厲地毫無必要。歷史學家湯姆・塞格夫（Tom Segev）詳細敘述了某些在滅猶大屠殺中成為孤兒的孩子，抵達這個國家時遭受到何種對待。那些在學校或吉布茨不願加入其他人的孩子，往往被貼上了「腐化」、「反社會」、「怪異」、「不知感恩」、「弱智」或「歇斯底里」等等標籤。有個孩子被精神科醫師診斷為「過度依戀母親」；他的母親在戰時遇害。另一個孩子被標籤為「精神障礙」，因為他講了太多波蘭語，還有個孩子因為沒有能力好好聽人說話而遭受指責，因為他只會說匈牙利語，而他身邊的人們只說希伯來語。阿哈隆．阿佩菲爾德也因為喜歡說德語而經歷過同樣的歧視。在他的新同胞看來，德語是試圖消滅世界猶太人的妖魔說的話，但阿佩菲爾德無法拋棄德語，因為對他而言，那是他在戰爭中喪生的母親說的話語。[26]

諸如此類的偏見盛行於整個以色列社會，當然也盛行於全國所有重要機構。因此，來自歐洲的前抵抗運動戰士加入以色列總工會之後，因為說意第緒語，不說希伯來語而受到申斥。[27]迷失方向的難民被送到吉布茨定居，卻被指責為「開小差」或指望「特殊對待」。[28]應徵參軍的移民在任何戰鬥中幾乎都不會被派上前線，即使對戰士的需求孔急。他們在一九四八年戰爭中多半作為支援部隊使用，並被指揮官批評為「難搞、頑固、懦弱的人」，有著「在緊要關頭」逃亡的傾向。[29]

倖存者一次又一次被問到：你們為何不反抗？歐洲猶太人為何俯首帖耳走上死路？這些問題或許是由於真心想要理解而提出，卻隱含著控訴之意：軟弱、娘娘腔的歐洲猶太人成了自己遭受滅絕的共謀。伊舒夫就是無法想像這種事有可能在戰時巴勒斯坦發生，正如本—古里昂所言：「沒有人能夠在猶太會堂裡屠殺我們；每個男孩和女孩都會槍殺掉一個德國兵。」[30]

還有其他更殘忍的問題。「幾乎每次跟這個國家的居民打交道，」一位倖存者寫道，「都會提到這個問題：我們是怎麼活下來的。這個問題問了一次又一次，而且未必總是以最小心的方式提出。我感覺到自己因為活著而被責怪。」[31]這類問題部分是出自傷痛，伊舒夫的多數人都有摯愛的人死於滅猶大屠殺，而他們對那些倖存的人忍不住感到怨恨。但這類問題也出自歧視，許多本地刺梨懷疑，那些在大屠殺中倖存的歐洲猶太人，只是因為做出了某種道德妥協才能活命。一九四五年以來對於大屠殺倖存者的不變描寫，出自〈我在海灘上的姊妹〉，這個著名的故事出自精英武裝突擊隊——帕爾馬赫（Palmach）創建者伊茲哈克・沙德（Yitzhak Sadeh）之手。故事中，一群年輕、強壯的突擊隊戰士，拯救了一名衣衫破爛又順從的落難姑娘，她哭喊著自己不值得他們奮勇相救。她的皮肉上被烙印著「軍官專用」。[32]

在這種人道關懷與幾乎不加掩飾的厭惡之怪異混合之下，則是一種一知半解的恐懼氛圍。伊舒夫害怕它的英雄社會遭受它尖刻批評的所謂「大離散心態」（Diaspora mentality）感染，這裡指的是讓這麼多猶太人在歐洲被消滅的那種娘娘腔態度和消極順從。感染的意象開始在整個社會出現。工人黨代議士對於這麼多受到創傷的人湧入，可能會讓整個巴勒斯坦變成「一個大型瘋人院」表示憂心。衛生官員擔心傷寒或肺結核等傳染性疾病可能蔓延開來。當小兒麻痺爆發流行，謠言開始傳播，指稱移民難辭其咎，因為在象徵上，小兒麻痺這種疾病的症狀包含身體衰弱和癱瘓，正是刺梨理念的反命題。[33]

隨著愈來愈多移民來到這個國家，用來形容他們的語言也變得更嚴厲、更強硬。事隔多年，身為「一九四八世代」一員的小說家耶胡迪・亨德爾（Yehudit Hendel）敘述這種撕裂了以色列社會的分歧：

> 我可以不客氣地說，國內幾乎有了兩個種族。其中一個種族的人認為自己是神。這些人享有出生於德加尼亞（Degania，以色列第一個吉布茨）或吉夫阿塔伊姆（Givataim）的伯羅霍夫（Borochov）國民住宅區（以色列勞工運動根據地），所帶來的榮譽與特權……還有一個，我們可以肯定地說，是劣等種族。那些我們認為劣等的人，他們有某種缺陷、某種駝背，他們是戰

> 後才來的人。我在學校裡學到，最醜陋、最卑鄙的不是流亡，而是來自流亡的猶太人。[34]

伊舒夫的「眾神」對於不同種類的移民幾乎不做區別，許多移民完全不是從歐洲來的，而是來自中東及北非其他地區，尤其在一九四九年之後。他們被聚攏在一起，成了龐大的群體「他者」，其存在威脅著伊舒夫所珍視的一切。這些人「不適合以色列」，右翼報紙《晨報》（*HaBoker*）發出警告。他們正在「破壞伊舒夫的健康、心理與道德平衡」，左翼報紙《文字報》（*Davar*）也發出警告。就連身為大規模移民政策主要設計師之一的本—古里昂自己，也將他們視為「一群烏合之眾，人類塵埃，欠缺語言、教育、根源、傳統或國族夢想。」他確信，這類人的唯一希望，就是將他們重新鑄造成「新猶太人」，在正確的以色列生活方式裡重生。[35]

總理本人都把移民稱為「人類塵埃」這件事，暗示著一九四〇年代晚期及一九五〇年代初期以色列社會一股令人憂慮的暗流。其他工人黨官員則毫不猶豫地把大屠殺倖存者叫做「人渣」，將他們說成「肥皂」的罵人話也流行起來（這源自滅猶大屠殺期間，納粹熬煮死去的猶太人製作肥皂的傳說）。[36] 一位參加過二戰的以色列退伍軍人，曾在空降敵後時親眼見證歐洲的境況，他道出了自己對於戰後以色列看待大屠殺倖存者之氛圍的失望：

> 我每到一處，都會問自己這個問題：猶太人為何不反抗？他們為何像羔羊那樣任人宰殺？我突然意識到，我們以那些被凌虐、被射殺、被燒死的人為恥。有一種普遍的共識，認為大屠殺的死者是沒有價值的人。不知不覺間，我們接受了納粹的觀點，把猶太人當成次等人……歷

史開了我們一個慘痛的玩笑：我們不也把六百萬人放上了被告席嗎？[37]

受害者的國度

不需要太多想像力就能看出，對於大離散猶太人所謂軟弱、消極、癱瘓傾向的這種蔑視，與伊舒夫對其自身內部已經存在同樣傾向的恐懼有關，戰後時期的精神分析與女性主義分析也正是如此論證。[38]即使伊舒夫擁有自己的二戰英雄神話，諸如間諜網、救援行動、傘兵空降敵後，但他們的戰時努力實際上多半成效不彰。歐洲猶太人游擊隊領袖表示，空降敵後的大約三十名傘兵，到頭來多半沒能幫上忙，反倒成了累贅。[39]間諜工作也沒好到哪去，就連猶太事務局（Jewish Agency）自己的間諜首領都不得不承認，他們救出的人數「微乎其微」。[40]與納粹談判的各種計畫全都一無所獲；讓英國人允許大規模移民的努力也徒勞無功；甚至在大屠殺最高潮的那些年，猶太防衛軍（Haganah）本身能夠偷運進入巴勒斯坦的猶太人數量更是聊勝於無。[41]實際上，戰時的伊舒夫就跟當時的大離散猶太人一樣無能為力。要是巴勒斯坦猶太人面對這個事實，就很難繼續維持他們英雄之國的假象；但在他們面對現實之前，每一個大屠殺倖存者都是對他們的警告。有些倖存者自己並不怯於指出這點。一位波蘭猶太人社群領袖犀利地評論：「你們跳圓環舞（hora）的時候，我們在焚屍爐裡被燒掉。」[42]

多年來，歐洲移民與以色列刺梨之間存在著一種緊張的沉默共謀，部分是因為移民不願談論他們的痛苦經驗，部分是因為刺梨們不願傾聽。但也有部分原因在於大屠殺倖存者們還沒能找到自己的聲音，尤其在一種還沒上手的語言裡。比方說，阿哈隆．阿佩菲爾德直到一九五〇年代中期才開始表達自己，一九六二年才出版第一部短篇故事集。但這並不表示滅猶大屠殺這個主題被埋沒了。絕非如此。它在整個一九五〇年代始終處於政治意識的最前沿。[43]但在多數刺梨看來，「六百萬人」或「滅絕營」這些反覆重提的言詞，無法觸動他們的靈魂。即使恐怖，但對伊舒夫而言，這仍然是發生在「他們」大離散猶太人身上，而不是「我們」身上的事。[44]

要是有哪個事件能夠改變這一切，或在最低限度上象徵著以色列社會開始發生轉變，那就是一九六一年的阿道夫．艾希曼審判。艾希曼是參與滅猶大屠殺的最高階納粹官員之一。以色列特工在一次大膽的任務中（有些人甚至會說是「英雄」任務）前往阿根廷捉拿了他，把他帶回耶路撒冷面對司法審判。指控他的書面證據排山倒海，因此他的罪責不曾被人認真懷疑。但他的審判不只是要證明他有罪，它也要教育全世界（尤其以色列青年），猶太人贏得自己的家園之前遭遇過何等劫難。「這不是一場尋常的審判，甚至不只是一場審判。」本－古里昂總理聲明：

> 在這裡，猶太人歷史上第一次，歷史正義由擁有主權的猶太民族伸張。許多個世代以來，受苦、受虐、被殺的都是我們——受審判的也是我們。我們的敵人和殺害我們的凶手也是審判我們的人。第一次，殺害猶太民族的凶手由以色列來審判。站在這場歷史性審判被告席裡的，不是某個人，也不只有納粹政權，而是自古至今的反猶主義。[45]

這場審判成功地團結了猶太民族，以色列幾乎沒有其他事件能做到這樣的程度。正當數十位倖存者站上證人席，細述他們在納粹手中承受的非人待遇之全貌，以及他們的試圖抵抗（因為檢察官急切想要呈現出大屠殺倖存者們也是英雄），全國則在電晶體收音機前收聽。漢娜・鄂蘭等評論者批評這些證詞與艾希曼案件本身不相干，但最能引起全國關注的正是這些故事。刺梨們第一次感到，滅猶大屠殺不是發生在「他們」身上，而是發生在「我們」身上的事。

其後數十年間，儘管以色列仍繼續自視為英雄國度，但它也同時養成了殉難者的國度這一平行認同。滅猶大屠殺再也不是發生在不同大陸上不同世代人身上的事。突然間，它有了普遍的關聯性。因此當新的戰爭在一九六七年爆發（六日戰爭），被滅絕的恐懼前所未有地控制了全國，不只在那些親身經歷過大屠殺的人們之間，也在全國人口之間。「人們都相信要是打了敗仗，我們就會被消滅，」戰爭結束後不久，一位青年士兵這麼說，「我們從集中營得到了這個想法——或繼承了它。這對於任何在以色列長大的人都是具體概念，即使他並未親身經歷過希特勒的迫害，而只是聽過或讀過。種族滅絕這個想法完全可行。」[46]

當戰爭在六年後再度爆發，這種共享的受害者意識進一步加強。一九七三年，當埃及和敘利亞在猶太曆最神聖的一天——贖罪日當天進攻以色列，以色列完全措手不及。贖罪日戰爭是一九四八年以來，以色列第一次在多數時候陷入被動，這讓全國徹底受到震撼。再一次，新的滅猶屠殺看似迫在眉睫。「我們覺得被完全孤立了，」一位上校軍官日後回想，「國家就要被毀滅了，沒有人挺身而出（幫助我們）……直到那時為止，我們都相信大屠殺與英雄行為這兩個字的配對，把我們自己和英雄行為相提並論。這場戰爭讓我們明白大屠殺的意義和英雄行為的限度。」[47]

阿拉伯人「他者」

創造出英雄與殉難者文化的問題在於，社會若不同時相信妖魔的存在，就無法相信這些事物。對於新一次大屠殺的恐懼，必然意味著以色列的敵人就是新納粹。既然以色列最直接的敵人是阿拉伯各國，那麼只需要再多一點想像，就會開始把所有阿拉伯人，包括生活在以色列國內的阿拉伯人在內看成潛在的殺人凶手。表面看來，這種做法並不新奇，因為猶太人自從二戰開始之前，就把阿拉伯人跟納粹相提並論。但在一九四五年之前，這種對比並不包含任何在往後的年代逐漸產生的刻毒與恐怖感。[48]

一九四〇年代和五〇年代分割了以色列社會的眾多事物之一，是社會各個不同部分都有不同的敵人。對於在歐洲戰爭中倖存的移民來說，納粹德國是邪惡的頂點。同時對塞法迪猶太人（Sephardi Jews）來說，德國從來不是真正的敵人：他們是在阿拉伯人的暴力和歧視之下逃離伊拉克、葉門、埃及或摩洛哥的。但對於在巴勒斯坦長大，從襁褓中就吸收著猶太復國主義意識形態的猶太人來說，納粹和阿拉伯人，或者實際上也包括他們在這世界上面對的其他許多敵人之間，並沒有真正的區別，它們全都是同一套反猶主義普遍邪惡的化身。正如大衛·本—古里昂在一九四七年所表述，滅猶大屠殺「只不過是我們許多世紀以來所遭受的不間斷迫害之高潮」。或者正如阿里埃爾·夏隆（Ariel Sharon）將近六十年後更簡明扼要的說法：「我們知道誰都不能相信，只能相信我們自己。」[49]

在這樣的氛圍之下，納粹與阿拉伯人被熔合成了單一一個萬能的敵人，或許並不令人意外。以色列自獨立以來的歷史，只不過是強化了這個過程。每一次以色列與鄰國開戰（獨立建國之後每十年都有戰爭），它都乞靈於大屠殺的記憶。例如一九四八年內戰期間，本—古里昂將傷亡的猶太人說成「第二次滅猶大屠殺受害者」。[50]一九五六年西奈戰役期間，以色列報紙將埃及總統納瑟描繪成了「東方希特勒」的可能人選。[51]一九六七年和一九七三年戰爭都伴隨著對於生存的恐慌，令人想起了滅猶大屠殺時期；一九八二年以色列入侵黎巴嫩，則由總理梅納罕・比金（Menachem Begin）提出這樣的說法辯解：「這次行動的替代選項，只有特雷布林卡滅絕營（Treblinka）。」[52]一九九〇年代初期，當伊拉克在第一次伊拉克戰爭期間發射飛毛腿飛彈攻擊以色列，以色列媒體充斥著將海珊比作希特勒的文章。[53]而在二〇〇六年，總理班傑明・納坦雅胡（Benjamin Netanyahu）又一次試圖說服全世界猶太人，新的滅猶大屠殺迫在眉睫，他這麼說：「現在是一九三八年，伊朗就是德國。」[54]

以色列再也不是它一度渴望成為的英雄國度。它反倒成了永恆的受害者，「萬國中的猶太人」，注定了永遠都會是全世界仇恨，特別是阿拉伯人仇恨的焦點。任何危險（以色列實際上也面臨許多危險）都自動被詮釋成了生存危險。任何批評（不可否認，以色列也受到了極其不成比例的批評）則立即被重新想像成了迫害。

這樣一種世界觀不僅對於該國的幸福感，也對於整個區域的地緣政治穩定產生了嚴重後果。既然以色列是世界猶太人最後的避風港，逃跑和躲藏當然不是選項；不管怎麼說，歷史都教導了他們逃跑和躲藏毫無用處。因此，在許多以色列人心目中，唯一對他們開放的行動方針只有挺身戰鬥，用盡一切手段。

以色列最大的恐懼正在於此，而這種恐懼甚至幾乎沒人敢承認。倘若生命真如阿哈隆・阿佩菲爾德所言，是一場永恆的戰爭，那麼它幾乎不免會包含犯下某種程度的暴行在內。生存戰爭不可能打得三心二意。當一個國族面臨的不只是戰敗、更是滅亡，它就必須決心無所不為。

妖魔的國度

一九四八年，正當猶太民族籌劃他們的美麗新社會，渴望成為全世界正義與希望的燈塔之際，猶太軍隊已經開始侵入阿拉伯人村莊，恐嚇定居當地的阿拉伯平民，並將他們驅逐。這麼做有著充分理由：存在於猶太人定居點附近的任何阿拉伯人口都自動成為威脅。這種做法也並不特別，其他許多國家也都恰好在同一時間，對他們認為具有敵意的少數族裔做出同樣的事，例如在東歐全境，或是印度和巴基斯坦。但這絕非理想主義者所想像的生命新開端。

以色列歷史上這暴力一章的官方版本，是宣稱阿拉伯人並未正式被驅逐，而是為了躲避內戰自願流亡。但就連當時參與了軍事行動的人都承認，阿拉伯人是被蓄意驅離的，極端暴力和殘忍的氛圍刺激他們離開。[55]數百個村莊被清空，而後夷為平地。不可避免地，暴行也發生了。在盧德（Lydda），一門反戰車砲蓄意向一座清真寺開火，那是驚恐的平民在戰鬥期間試圖藏身之處。[56]還發生了多起冷血屠殺事件，其中最有名的是代爾亞辛（Deir Yassin）屠殺，至少一百名男女和兒童被猶太軍殺害，有些死亡人數的估計值更高得多。[57]在達威梅（Dawaymeh），根據以色列政府自己的原始資料，猶太軍殺害了數十名戰俘，將巴勒斯坦婦女活活燒死在屋裡，還把巴勒斯坦兒童的頭顱砸碎殺死他們。[58]

自一九四八年以來，還有許多、許多其他罪行。一九五六年，阿拉伯平民也在加西姆村（Kafr Qasim）遭到屠殺。[59]一九六七年六日戰爭之後，以色列軍人有時會談到他們親眼所見的非法殺害戰俘行徑。[60]一九九一年，第一次巴勒斯坦大起義（First Intifada）期間，《國土報》記者亞瑞·沙維特（Ari Shavit）揭露了加薩以色列拘留營對於阿拉伯人囚犯例行的酷刑拷打。[61]二〇一四年，人權觀察（Human Rights Watch）指控以色列犯下戰爭罪，因為該國「無差別」且「違法、比例失衡地」砲轟加薩走廊平民區。[62]這份清單還可以一直列舉下去。

當人們將這些暴行逐一記錄下來，如同一九八〇年代以來一整代歷史學家的做法那樣，很容易就能看出以色列並不是它所自以為的英雄國度；它也不是受害者的國度。班尼·莫里斯（Benny Morris）、亞維·施萊姆（Avi Shlaim）、伊蘭·帕培（Ilan Pappé）等作者（他們被稱為「新歷史學者」）十分嚴謹地論證，以色列有能力既保衛自己，同時自身又犯下暴行。研究大離散的猶太學者，以及可想而知力求拆解以色列歷時多年打造而成、為自身利益服務之神話網絡的巴勒斯坦歷史學者，見解也和他們相同。[63]但如此關注以色列罪行的結果，卻也讓觀點擺向另一個極端。如今產生了一種新神話：以色列不再是英雄或受害者的國度，而是加害者的國度。

再一次，用以表述這種新神話的語言，仍是第二次世界大戰的語言。今天常常聽得到這種說法：以色列是「法西斯」國家，犯了「種族清洗」甚至「種族滅絕」罪行。稱呼一九四八年大驅逐的阿拉伯文詞彙——浩劫（Nabka），如今經常被描述成滅猶大屠殺的巴勒斯坦同義詞。[64]自從新千禧年以來，反以色列示威在全球各地發生，遊行中高舉的標語牌將以色列國旗與納粹萬字旗並置。[65]就連主流政黨都開始將以色列人跟納粹聯結起來，例如在英國，工黨不得不在二〇一六年請求黨員停止再把以巴衝突和滅猶大屠殺相提並論。[66]

提出這些類比的不只外國人，就連以色列國內也一樣，有些猶太人知識分子從一九八〇年代開始，就把自己的國家稱作「猶太—納粹」國家。[67]就連對這種類比極度失望的人們都承認，鑑於猶太人的歷史，如今已經幾乎不可能不做這種類比。例如，亞瑞．沙維特在一九九一年揭露以色列監獄營的報導中明確表示，將以色列與納粹德國的類比毫無歷史基礎可言——以色列沒有毒氣室、沒有對人類進行醫學實驗、沒有組織化的大規模殺戮。「問題是出在兩者沒有足夠的不相似之處。缺乏相似之處不足以一勞永逸地弭平邪惡的回音。」[68]

分裂的國度

援引滅猶大屠殺與理解滅猶大屠殺不同。阿哈隆．阿佩菲爾德用了一輩子思索第二次世界大戰的情緒後果，他始終拒絕接受如此頻繁地在他的國家浮現的非黑即白歷史觀點。他的小說裡沒有任何一個人物是英雄、殉難者或妖魔——他們只不過是些被損害的人，「用盡一生思索自己該怎麼生活、該做些什麼。」他相信，以色列可以向這樣的人學習。「有時在我看來，在一個意識形態如此氾濫的國家裡，不可能從事文學創作。如此複雜的生命本身，並不是我們真正會去思考的。」[69]

國際社會也可以從這些人物身上學習。我們同樣應該小心，不要把我們對英雄、殉難者和妖魔的想像代入真人，而是要承認我們的現代戰後社會中生命的複雜性。每個國家都相信自己在某些層面上是英雄或曾經殉難，而且有一張清單列舉它確信為妖魔的其他國家。以色列經常在那份清單上。沒有哪一個面積和重要性相當的國家，曾在全世界報章上產生過數量相近的報導，或在我們的電視、廣播和電腦銀幕上得到過程度相似的關注。全世界的政黨都會宣告自己的「以色列政策」，這在關於任何其他國家的事務上都是難以想像的。比方說，幾乎沒有哪個全國性政黨有一套「印尼政策」、「肯亞政策」或「委內瑞拉政策」。以色列與巴勒斯坦的問題作為全球問題（而且永遠是如此），就是其他地緣政治對峙所無法企及的。[70]

我們需要捫心自問的是，為何應當如此？我無意輕看以色列犯下的任何罪行與誤判，這類行為繁多且重大，在世界各地都合情合理地受到譴責。但我想要了解它們的來龍去脈。一九四八年的阿拉伯人大驅逐，發生在一場殘酷的內戰期間，但冷血程度其實比不上全歐各地發生於同一時間、且殘暴程度往往遠甚的同類驅逐行動。將近一千兩百萬名德意志人在第二次世界大戰理應結束之後，從東歐各地遭到驅逐。同樣地，有將近一百二十萬波蘭人被逐出立陶宛、烏克蘭和白俄羅斯，將近五十萬烏克蘭人也被逐出波蘭。匈牙利人被逐出斯洛伐克，義大利人被逐出克羅埃西亞，阿爾巴尼亞人被逐出希臘，土耳其人被逐出保加利亞。同時，一九四七年印巴分裂波及了雙方多達一千兩百萬至一千五百萬難民，死亡人數可能多達一百萬人。倘若其他這些驅逐全都被接受、遺忘或埋藏（即使牽涉其中的國家未必如此，國際社會也肯定如此），為何巴勒斯坦人的驅逐直到今天仍是全球議題？[71]

以色列反覆犯下侵害人權行徑；話說回來，它的阿拉伯鄰國也全都如此，卻沒有在國際上引發程度相近的義憤。以色列往往惡劣對待國內的阿拉伯裔穆斯林公民，但全世界其他國家也將穆斯林少數人口妖魔化並加以迫害，尤其從二〇〇一年以來，激怒世人的程度卻不到以色列的一半。以色列被控犯下的最大罪行——占領約旦河西岸和加薩走廊，激起了全世界反覆且持續增強的抗爭。但世界上許多其他國家自從二戰結束至今，也對較小的國家開戰，並予以占領和壓迫，聯合國安理會的每一個會員國全都有份。倘若對以色列施加壓力，逼它放棄對巴勒斯坦領土的控制是正確的，其他更強大的國家必然也應當被迫接受同樣目不轉睛的審視才對。

事實是，大眾對以色列的反對，往往不只展現出他們要如何對待以色列，也同樣展現出反對者本身的樣貌。在那些了解以色列，提出充分、合理的理由批評它的人們身旁，還有許多為了幾乎與以色列毫無瓜葛的理由，而跟這個議題扯上關係的同路人。比方說，有些美國人對以色列的攻擊，是一種針對美國在中東外交政策，尤其是二〇〇三年之後極其失敗且代價高昂的伊拉克占領更籠統的洩憤方式。在歐洲，對以色列的批評多半來自左翼自由派，每當以色列選出右翼政府執政，批評就會顯著增加。實際上，對於自由派歐洲人來說，反猶太復國主義是對總體上的國族主義表達反感的一種好方法。同時在東南亞，對以色列表示仇恨的穆斯林，非常難得有誰對以色列的實情有任何認知：他們只不過是在運用這種仇恨宣示伊斯蘭主義團結。牽扯在所有這些觀點之中的，則是大量誤傳、歷史謬論，以及針對猶太人、阿拉伯人，或同時針對兩者的古老歧視；這一切全都造成了一個不幸後果：對以色列及其鄰國的真誠批評因而減損了價值。

在中東本身，仇恨以色列是各國政府將國內外關注，從自身內部問題轉移開來的方便法門。第二次世界大戰過後，整個中東區域的人民都盼望著美麗新世界誕生。他們為了掙脫殖民主義的枷鎖

而欣喜不已，懷抱阿拉伯統一的夢想，並且在為了自由、民權、生活條件改善，乃至自身無數烏托

邦願景而打的仗必須一再重新來過時感到失望。在所有這些國家裡，一如在以色列，生命也是永恆

的戰爭。以阿衝突只是眾多戰爭其中之一，這段時間還發生過伊朗革命、黎巴嫩內戰、兩伊戰爭、

伊拉克入侵科威特、阿拉伯之春、敘利亞內戰，以及葉門的幾場內戰，以上僅舉數例。

只要猶太人和阿拉伯人的眼光能夠超越彼此的差異，他們將會意識到彼此其實有著大量共通之處。這兩個民族都有被當成劣等民族對待的漫長歷史，都不被世界上更強大的國家喜愛或尊重，當然更不被信任能對自身命運負責。第二次世界大戰之前，他們被英國人操弄著彼此對抗；第二世界大戰之後，他們又被超級強權操弄著彼此對抗。中東區域的所有國家都被迫為了獨立而戰，也全都在戰後時期花了大半時間，試圖建立治理自身的新機制和新方法，同時抵抗外界干預它們內部事務的企圖。

世界其他地方隔岸觀火，譴責其中任何一方都很容易，但我們同樣也是問題的一部分。我們耽溺於英雄與惡人、妖魔與殉難者的敘事，因此而永續長存的那種世界觀，讓平凡、缺陷、人性全都變得不可能。我們全都不得不戰鬥，一如阿哈隆·阿佩菲爾德書中的人物們，才能找到方法艱難度過一生。中東的每個國家都是這樣（或許世界上每個國家其實也是這樣），但以色列尤其如此，它的歷史總是將它拉回到第二次世界大戰。

第二十章　歐洲國族主義

倘若國族只不過是想像的共同體，那麼，阻止我們對它再想像的因素為何？與其只向生活在我們自身群體裡、或我們自己國內的人們表示忠誠，我們難道不能轉而與全人類聯合？二戰過後，這正是世界聯邦運動的論點。蓋瑞・戴維斯、柯德・梅爾等運動者，以及艾默里・里夫斯、愛因斯坦等影響卓著的思想家都提議，只要透過想像，世界和平終將成為現實。我們只需要捨棄自己對民族國家的情感依戀，開始把全人類當成統一整體來對待。

但正如前文所見，世界上沒有幾個地方採用這樣的新觀念。在超級強權看來，它們似乎沒有理由捨棄國族主義：國族主義在戰時大有助益，為它們帶來了勝利。在印尼、肯亞、委內瑞拉這樣的國家，人民在一九四五年開始主動採用國族主義，作為爭取民主與自由的新力量。同時在以色列，猶太復國主義被標舉成了拯救世界上殘存的猶太人不受反猶主義危害的唯一方法。在整個世界上，戰爭似乎強化了、而非削弱了民族國家的觀念。

要是這個規律有一個可能的例外，就是在歐洲了。歐洲是世界上唯一一個這樣的區域：大量人民積極支持「揚棄國族主義理想」這樣的觀念。這裡的人民親自目睹了國族主義若是失控所能引發的重大破壞；結果，其中許多人渴望一種新的意識形態，以求將他們從摧殘了歐洲大陸數百年之久的無限戰爭輪迴中解脫。

因此，歐洲成了這樣的夢想首先立足之地，而不是世界上其他任何地方。日後以「歐洲方案」著稱的這個概念，遠比世界聯邦主義更為可行。不同於規模更大的表兄弟，歐洲方案從來不需要克服如何將蘇聯包含在內的問題。它也有機會從一個只有少數國家參與的小型運動開始，而後隨著時間逐漸增長。它的成就因此遠勝於世界聯邦主義所能做到的，往後數十年間，它將催生出全世界最大、最有力量的超國家組織。

☆

這個聯邦歐洲之夢的主要設計師之一，是一位名叫阿爾提艾羅．斯皮內利（Altiero Spinelli）的義大利記者。他的故事在歐洲眾所周知，但它既然是戰後歐洲大陸變遷的關鍵所在，那麼仍有必要在此重說一遍。[1]

斯皮內利在第二次世界大戰開始時是一名政治犯，被監禁於距離義大利海岸二十五海里的文托泰內島（Ventotene）上。他在一九二〇年代晚期由於密謀推翻墨索里尼的法西斯政權而被捕，過去十二年都在不同的監獄和拘留營度過，除了研讀政治哲學，夢想人類解放的新方案與綱領之外無事可做。

一九四一年，他和獄友埃內斯托．羅西（Ernesto Rossi）開始起草新歐洲的藍圖。他們在其中

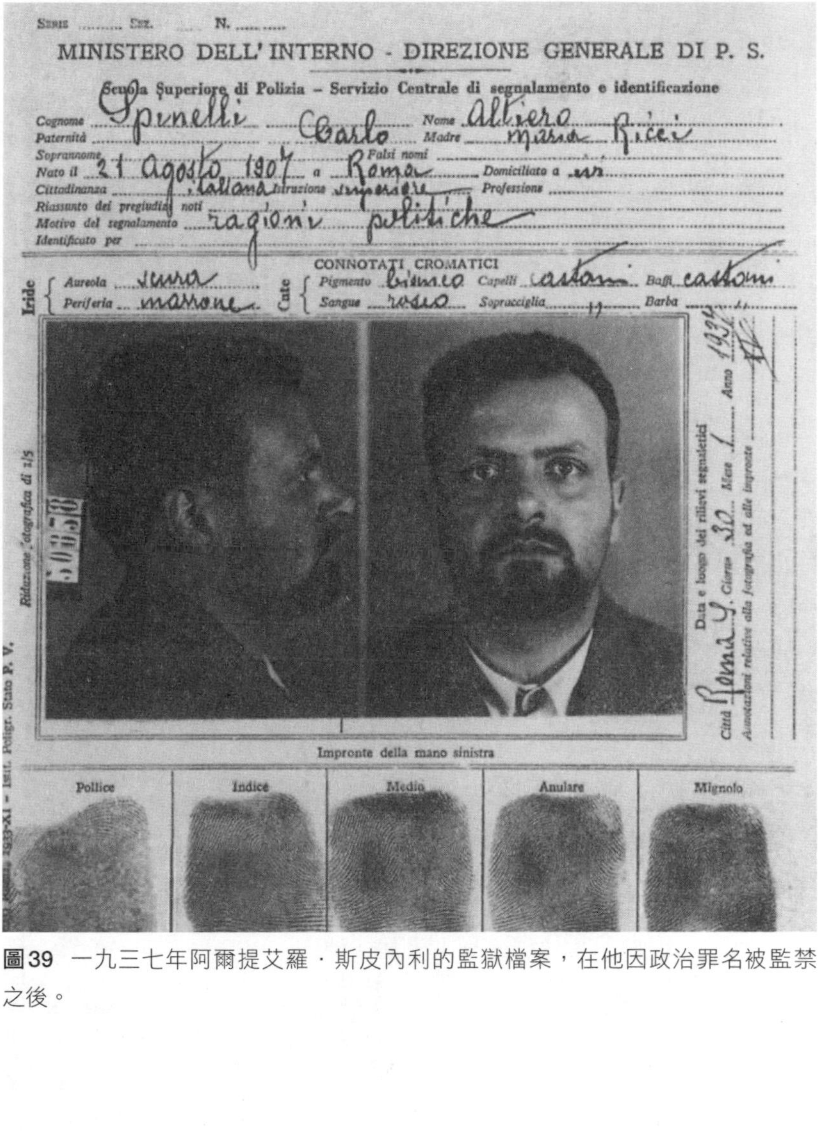
Serie .... Sez. .... N. ....

MINISTERO DELL' INTERNO - DIREZIONE GENERALE DI P. S.

Scuola Superiore di Polizia – Servizio Centrale di segnalamento e identificazione

Cognome Spinelli Nome Altiero
Paternità Carlo Madre Maria Ricci
Soprannome .... Falsi nomi ....
Nato il 21 agosto 1907 a Roma Domiciliato a [illegible]
Cittadinanza italiana Istruzione superiore Professione ....
Riassunto dei pregiudizi noti ....
Motivo del segnalamento ragioni politiche
Identificato per ....

CONNOTATI CROMATICI

Iride { Aureola scura / Periferia marrone
Cute { Pigmento bianco / Sangue roseo
Capelli castani Baffi castani
Sopracciglia " Barba "

Riduzione fotografica di 1/5

Data e luogo dei rilievi segnaletici
Città Roma Giorno 30 Mese 1 Anno 1937
Annotazioni relative alla fotografia ed alle impronte

Impronte della mano sinistra

Pollice	Indice	Medio	Anulare	Mignolo

圖39　一九三七年阿爾提艾羅．斯皮內利的監獄檔案，在他因政治罪名被監禁之後。

預言，戰爭最終將由盟軍贏得勝利，但若不採取行動改變歐洲大陸的政治結構，這場勝利就是空洞的。「全體歐洲人民……並不確切知道自己想要什麼或如何行動。」他們寫道，「千鐘轟鳴於耳際。千百萬人心令歐洲無法確定方向，分解為眾多傾向、潮流與派系，它們全都彼此鬥爭。」斯皮內利和羅西確信，除非歐洲人民在戰後有一個新目標能夠彼此團結，否則他們終將復歸舊有的國族競爭與妒忌，屆時距離整個歐洲再次被衝突吞噬，就只是時間問題。[2]

他們寫道，終結這一惡性循環的關鍵，在於讓人民得以致力於更崇高的目標。讓歐洲人民遭受剝削、分裂、征服，並且最終彼此爭鬥的是國族主義。實際上，民族國家是「自由的根本之敵」。因此，終結戰爭及其他剝削形式的唯一方式，就是歐洲各民族將權力從個別政府收回，另行建立一個不同的更高實體。倘若這能被催生，就能讓戰爭成為明日黃花，歐洲大陸就可以最終成為「自由而統一的歐洲」。[3]

他們在捲菸紙上撰寫宣言（戰時很難取得書寫用紙，尤其在拘留營裡），並將它藏進另一位獄友的妻子所攜帶的袋子裡，偷運到了歐洲大陸。當盟軍在一九四三年攻入義大利南部，斯皮內利終於獲釋。他立即著手在義大利國內及歐洲其他地方的抵抗運動之中，散播自己的宣言。但進展緩慢。隨著一九四五年到來，事情很快就很清楚，他對歐洲的願景在隨著終戰而來的巨大樂觀潮流中，並不會自動如願實現。它也不會在和平會議過後由同盟國按部就班地實行。同盟國在西歐對於戰後的新政治理念並沒有興趣，它們的能力僅僅足以維持法律與秩序。

於是斯皮內利不得不修正計畫。他和國際主義者同儕們必須費時費力，透過協商與妥協實現新的聯邦歐洲，而非一蹴可幾地創造。其後四十年間，他將在各國之間的國際條約逐條爭執之際持續奔走不懈。即使他內心深處始終是個共產主義者，但他對於與社會主義者、自由派和基督教民主黨人合作毫無疑慮。實際上，他再也不相信左翼與右翼之間的意識形態分歧。在斯皮內利看來，唯一真正的分歧存在於仍舊獻身於國族主義的人們，與願意將信念寄託於超國族國家的人們之間。

第一個重大進展是一九五一年歐洲煤鋼共同體（European Coal and Steel Community, ECSC）成立。六年後，歐洲經濟共同體（European Economic Community, EEC）在羅馬條約（Treaty of Rome）中成立，這是比利時、法國、義大利、盧森堡、荷蘭與西德等國之間的共同市場與關稅同盟。它又逐漸擴充，在

圖40 歐洲夢。賴恩・狄爾克森（Reijn Dirksen）一九五〇年的海報，起初是為了推廣馬歇爾計畫而設計。（圖片來源：George C. Marshall Foundation）

一九七三年涵蓋了丹麥、愛爾蘭與英國，希臘在一九八一年加入，葡萄牙和西班牙則在一九八六年加入。最終目標始終應當是國家之間的完全整合：不僅經濟整合，還有單一立法機構和統一的外交政策。

一九七九年，全歐人民頭一次參與了歐洲議會議員直選，斯皮內利當選為代表義大利中部選區的議員。他運用這個新地位聲援開放國界、取消護照查驗的理念，協助說服歐洲議會表決這個過程的下一步——完整的歐洲聯盟。

斯皮內利逝世於一九八六年，就在《單一歐洲法案》（*Single European Act*）於海牙簽署前幾個月。他未能親見柏林圍牆倒塌，及其後東歐國家爭相加入歐洲聯盟（European Union）的熱潮。他不曾見證馬斯垂克條約（Maastricht Treaty）與單一歐洲貨幣的創造；或是強化了歐洲議會作用的里斯本條約（Lisbon Treaty）。但他如今被銘記為一位對於這一切的造就發揮了重大作用的人物。一九九三年，為表彰他的成就，布魯塞爾歐洲議會園區中最大的建築物以他為名。

國族主義存續

歐洲聯盟可說是全世界最成功的超國家機構，也是唯一從它的眾多會員國攫取了重大主權的機構。這得歸功於第二次世界大戰。歐洲的毀壞與人命損失是如此龐大，使得歐洲政治家變得以更加開放的心態，看待斯皮內利這樣的人提出的前瞻性概念，也願意以這種世界其他地方無法想像的方式共享主權。

表面看來，如此的合併十分成功：二〇一二年，歐盟由於將歐洲「從戰爭大陸轉型為和平大陸」，而獲頒諾貝爾和平獎。[4] 但對於戰後歷史的這種樂觀看法，有些顯而易見的問題。第一個問題出在歐洲始終處於和平狀態的想法。任何經歷過二十世紀後半的人都知道，東歐與西歐不但不處於和平狀態，更幾乎始終面臨著第三次世界大戰爆發的威脅。歐盟及其前身的創立避免了真實的衝突，但衝突是藉由互相保證毀滅的設想才能避免。許多歷史學家都表明，讓歐洲得以維持和平的不是歐盟，反倒是西方國家經由建立北大西洋公約組織而構成的更大規模防禦協定。[5]

第二個問題則出在全歐統一，志在消滅民族國家這個概念上。即使有許多人為了國族合併而喝采，其他大多數人卻仍對這個概念深感不適。他們投身第二次世界大戰不是為了國際主義理想，而是要從納粹手中解放自己的國家。他們最看重自身的國族獨立——就這方面而言，他們與一九四五年之後的印尼或肯亞人民沒有多大差別。如今應當自願放棄艱苦奮戰而來的主權，這種想法在他們看來很荒唐。要讓他們背棄在戰爭最黑暗的時刻支撐住他們的信念，這遠遠不是一份寫在捲菸紙上的宣言所能做到的。

實情是，倘若第二次世界大戰在世界各地都強化了民族國家概念，那麼它在歐洲也產生了同樣效果。戰勝的英國和超級強權一樣，不認為有理由把自己的主權與任何人共享。它從一開始就對歐洲之夢心存懷疑：英國在一九五一年拒絕加入歐洲煤鋼共同體。法國人在戰後忙亂地力圖重建國族榮光，他們往往也同樣懷疑。英、法兩國有時非得被美國逼迫著才會合作，倘若它們不表現出更合作的態度，美國就威脅要撤回金援的承諾。[6] 就連義大利人多半也不響應斯皮內利的號召。右翼人士繼續將國族視為最高理想；左翼人士認為國際主義的前提，唯有在共產黨人掌權於歐洲大陸全境之後才能達成。斯皮內利的願景滿足不了這兩個群體，歐洲其他地方的情況也大多相同。

斯皮內利不用等太久，就看見自己的方案首次遭受重大挫敗。一九五四年，他和其他親歐派人士（Europhiles）呼籲建立一支共同的歐洲軍，但他們的計畫即使原則上獲得同意，法國國會卻拒絕批准。產生這種結果的理由很多，其中最重要的是第二次世界大戰的黑暗記憶。如同戴高樂的譏評：「既然戰勝的法國有軍隊，戰敗的德國沒有軍隊，我們就來壓制法國軍隊吧。」[7]法國國會無法支持任何在選民看來彷彿允許西德再武裝的提案。

其後的年代裡，歐洲計畫與條約持續遭受國族主義的諸多反對，就連最熱烈擁護歐洲方案的國家內部也不能倖免。一九八四年，丹麥國會否決了《單一歐洲法案》，八年後，丹麥人民也公投否決馬斯垂克條約。一九九〇年代，英國迅速否決了採用單一歐洲貨幣，其間不斷有人宣稱背後的貨幣政策是「德國意圖接管全歐的詐騙行徑」。[8]二〇〇五年，法國與荷蘭的全民公投否決了歐洲憲法。二〇〇九年，捷克共和國拒絕簽署里斯本條約，原因又是國族主義者對於德國意圖的恐懼。在上述每一個時候，親歐派都不得不對牽涉其中的個別國家做出重大讓步。其中有些例子也顯示，第二次世界大戰的記憶始終揮之不去。二〇一六年，英國人民還會投票決定退出歐盟，對歐洲方案做出最終的否決。

☆

要是國族主義始終不曾遠離西歐，它在東歐甚至不曾被挑戰過。不同於西方，東方集團國家始終沒有機會反思自身國族主義在戰時的越軌行徑，因為對於其中許多國家而言，戰爭從來不曾真正結束，對他們來說，納粹占領只不過是在一九四五年由蘇聯占領取而代之。[9]因此，烏克蘭與波羅的海三國直到一九五〇年代還在繼續進行國族解放戰爭，整個一九六〇年代、七〇年代和八〇年代也持續消極抵抗蘇聯。反對蘇聯權力的其他國族主義起事，也發生於東德（一九五三年）、匈牙利（一九五六年）、捷克（一九六八年）和波蘭（一九八〇年代初期）。

當鐵幕終於在一九九〇年代初期倒下，東歐國家蜂擁加入歐盟，但這不表示他們想要放棄自己的國族主義。情況恰好相反，加入歐盟被許多國家視為一項保險政策，用以抵禦今後莫斯科對他們新得到的獨立所發動的任何攻擊。正如波蘭總統亞歷山大・克瓦希涅夫斯基（Aleksander Kwasniewski）所言，成為歐盟會員國將會「為波蘭，為每個波蘭城市和村莊，為每個波蘭家庭提供安全保障。」拉脫維亞總統甚至召喚了第二次世界大戰的記憶，宣稱加入歐盟敲響了一九三九年德蘇互不侵犯協定的喪鐘。[10]

在這樣的氛圍下，歐洲方案的國際主義精神從未真正深入人心。一如在西歐，東歐國家可能必須將他們新得到的部分主權讓給一個更高實體，這種想法喚醒了令人不快的過往記憶。只需斟酌一下疑歐派（Eurosceptics）在多次全民公投過程中使用過的某些口號，就可以看出某些人對於歐洲方案有多麼懼怕。「昨天是莫斯科，明天是布魯塞爾。」波蘭保守派警告；「歐盟等於蘇聯」，拉脫維亞的海報如此宣告，捷克共和國的疑歐派則製作了一個與蘇聯的錘子與鐮刀標誌重疊交錯的歐盟符號。除了蘇聯的記憶之外，國族主義者還乞靈於納粹的記憶。二〇一六年一月，波蘭新聞雜誌《直接》（*Wprost*）最新一期的封面是一張全版照片，將德國總理梅克爾描繪成新的希特勒，身邊圍繞著身穿納粹軍服的歐盟其他重要人物。對於懷有這種想法的人們來說，歐盟並非民主自由的燈塔，反倒勾起了壓迫與奴役的記憶。[11]

國族主義反撲

在對於主權的永恆爭論之中，親歐派或疑歐派都未必總是能表現得全然理性。深沉的集體恐懼潛藏於雙方縝密思考的論證之下。親歐派喜歡自我表現為充滿希望、眼光向外、歡迎外來文化；但他們內心裡也懼怕被排除在一個俱樂部之外，懼怕被迫與他國競爭，或許甚至與他國開戰。第二次世界大戰的記憶如此困擾著他們，使得對於歐盟有可能崩潰的任何暗示，都會自動迎來戰爭「將在一代之內」復發的預言。[12]同時，疑歐派則喜歡將自己呈現為自由意志論者，為了個人權利而奮鬥，但他們同時也受到這樣的焦慮所驅動：一群外國人可能會奪走他們的工作、權利與自由，要是屈從於同化的壓力，恐怕就要在群體裡毫無差別的大多數之中喪失自我。這些恐懼並無新奇之處，它們都是人類境況普遍且永恆的徵狀。但第二次世界大戰及戰後的記憶，使得親歐派與疑歐派兩者的這些恐懼都得以聚焦，讓他們能把這些恐懼說得多少有些道理。

第二次世界大戰如何以這種方式受到運用，最為極端的表現或許就發生在二〇一六年夏天，英國舉行公民投票決定是否續留歐盟之時。這次公投是英國國族主義者奔走了二十五年，將歐洲議題強行推上政治議程之首的結果。這二十五年來，國族主義者總是慶祝第二次世界大戰的勝利，以此證明英國是一個英雄的國度，歐洲則在妨礙英國。這套敘事與始終強調二戰是悲劇而非勝利的歐洲神話背道而馳。因此，當英國投票決定自身歐盟會員國資格的時刻到來，這兩種版本的歷史也就不得不正面衝突。

突然之間，第二次世界大戰似乎成了頻頻見報的新聞話題。例如，首相大衛·卡麥隆（David Cameron）在對國民演說時，援引了第二次世界大戰陣亡將士墓園的意象，藉此暗示英國若脫離歐盟，戰後歐洲和平也將隨之終結。[13]在公投期間訪問英國的美國總統歐巴馬，也提起英國與美國「在戰場上一同流血」的歲月，請求英國人投下「續留」的一票。[14]在此同時，「脫離」陣營則求助於一九四〇年的「敦克爾克精神」，彷彿脫離歐盟的戰鬥與逃出納粹包圍的戰鬥是同一回事。英國獨立黨（UK Independence Party, UKIP）領袖奈傑爾·法拉吉（Nigel Farage）甚至養成了習慣，在他的宣傳巴士上播放戰爭電影《第三集中營》（*The Great Escape*）的主題曲。[15]

在這場爭奪英國對於二戰文化記憶的怪異戰鬥中，一切細微差異全都喪失了。情況荒謬到何等地步的一個完美實例，是媒體對於英國的戰時首相邱吉爾倘若在世，將會如何投票的公開爭論。「脫離」陣營迅速將他引為同道，表示讓英國再度成為「歐洲英雄」的，正是如他一般的精神。「續留」陣營的回應則是指出，邱吉爾在戰後支持過「歐洲合眾國」（United States of Europe）的理念。接著「脫離」方宣稱他們握有一九五〇年代的「證據」，證明邱吉爾厭惡歐洲整合這種想法；「續留」方則反駁說，他在一九六二年公開支持歐洲經濟共同體。沒有人停下來思考，這種爭論對於英國在二十一世紀應當如何看待自身究竟有什麼意義，要是有任何相關性可言的話。[16]

不出所料的最後一步，發生在雙方陣營開始互指為納粹之時。英國獨立黨推出一款將移民妖魔化的造勢海報之後，「續留」陣營立即將它與一九三〇年代的納粹宣傳影片相提並論。「脫離」要角們不干示弱，也將對手比擬為納粹宣傳部長戈培爾，對方的經濟專家則是納粹科學家。[17]前任倫敦市長鮑里斯．強森（Boris Johnson）只是將歐盟的戰後團結神話顛倒解讀的許多人之一，他宣稱整個歐洲方案不過是納粹統一歐洲計畫的現代化身。[18]

共產主義也被提及了，即使是在公投結束之後。當歐盟領袖在英國公投過後集會於文托泰內島，這是為了讓他們回想阿爾提艾羅．斯皮內利和他的宣言而精心選定的場所，《每日電訊報》（*Daily Telegraph*）刊出一篇文章，將斯皮內利斥為策劃「祕密」接管歐洲的共黨分子。其中完全不提斯皮內利是一名非比尋常的共產黨人——他自始即迴避史達林主義，冷戰期間支持美國，終其一生捍衛個人權利。再一次，一切細微差異全都橫遭踐踏。[19]

☆

身為英國公民，我懷著與日俱增的絕望，看著這些事件展開。令我最生氣的是辯論進行的氛圍。雙方關於民主、工作機會、經濟與歐盟官僚體制的理智顧慮，迅速流失於雙方以誇大、混淆和公然扯謊捲起的滔天巨浪中。其中最出名的是「脫離」陣營宣稱，脫歐將為英國省下每星期三億五千萬英鎊，即使英國國家統計局（UK Statistics Authority）予以駁斥，仍在該陣營的宣傳巴士兩側大書特書。但「續留」陣營同樣做出了誇大的情緒性發言，尤其是關於投票給脫離必將導致新一次經濟衰退。在這種氛圍下，理性辯論變得幾乎不可能。[20]

我的歷史學者同儕也不能免於這樣的氛圍。一群歷史學者，三百八十位國內最重要也最著名的歷史學家寫了一封公開信給全國民眾，信中同樣借助於第二次世界大戰的記憶。他們警告，英國脫離歐盟之舉，將會激勵其他國家為了追求一己之私而挾持整個歐洲。分離主義必然增長，不僅僅是國族分離主義，還有蘇格蘭、加泰隆尼亞等地的區域分離主義，整個歐洲大陸也將陷入動盪。「鑑於當前面臨的危險，歐洲禁不起這樣的分裂，以及隨之而來的，一九四五年之前困擾著歐洲歷史的國族競爭與不安全之虞。」[21]一時之間，我考慮過加入這個團體。我熱切相信英國應該繼續留在歐盟，即使歐盟的缺陷顯而易見；但我卻步了，因為他們這封信的二元對立語氣，違背了我一直以來支持的每一件事：他們所宣傳的訊息，正是「續留」陣營何以被廣泛指稱為「投射恐懼」的主因之一。

二〇一六年六月二十三日，英國以將近百分之五十二比百分之四十八的差距，公投決定脫離歐盟。隨後幾天，我體驗了各式各樣的情緒：震驚、不信、失望、害怕。我終於屈服在數月以來看似掌控了全國其他每一個人的那股狂熱之下，花了好幾小時向朋友和鄰居憤怒地抱怨我的同胞是多麼愚蠢——但既然我的朋友和鄰居多半也投票給「續留」，他們也同樣震驚。強烈的末日感開始影響著我們。我責罵自己不加入其他支持歐盟的歷史學者行列，這不是因為我愚蠢地相信這麼做會產生任何差別，而是我內疚於自己不曾為了防止我所見的災難發生而竭盡全力。

唯有在數日之後，我才能振作起來。我對自己說，我做了蠢事。身為歷史學者，我知道歷史的潮流極少在這樣的單一時刻轉向。我也知道，預測未來是不可能的事，歷史裡充斥著不曾實現的毀滅預言（實際上，還有同樣不幸的和平與和諧預言）。沒有理由認為疑歐派必定不對，或許英國與歐盟分開了終究對彼此更好。我坐下來，做了一件早在幾星期前就該做的事——我拿出紙筆，試著編寫一份關於脫離歐盟利弊的確切事實清單。我很快就明白這是不可能的任務。既然今後與歐洲的關係走向不得而知，也就無從判斷情況會比英國所拋棄的一切更好或更壞。

那麼，究竟是什麼讓我反應這麼強烈？是對英國重要性的誇大認知嗎？我是否真心想像，整個歐洲體系少了我的國家就有可能瓦解？或者，我只是在對自己方才目睹、歷時數月的分歧與怨恨做出遲來的反應，並且放大想像了這些分裂？

我的想法愈來愈將我拉回一九四五年，以及我支持歐盟的歷史學者同儕們撰寫的那封信上。我終於明白，脫歐本身並不是問題，真正令我如此焦慮的是脫歐所代表的事物。投票的脈絡與投票本身同樣重要。公投前幾年，我目睹了一次經濟危機、全歐激進民粹主義興起、復興的俄國展現地緣政治實力，以及聯合國、歐盟等國際機構日益失能。任何歷史學家要是看不出這些事件與引發第二次世界大戰那些事件的相似之處，肯定是瞎了。相較於這樣的發展，脫歐公投其實並不那麼壞，但它既然逆轉了我的國家在過去五十年的大半時間裡確立的一項政策，它也同樣看似朝著過去倒退一步。

由於這樣的脈絡，我的反應如此差勁或許也就不足為奇。即使我們試著理性抽離，歷史學家還是情緒性的生物，就跟其他人一樣。

濫用歷史

受到令我們想起過去的事件影響是一回事，但為了影響他人反應的明確目的而刻意乞靈於過去，則是大不相同的另一回事。為了政治目的而利用第二次世界大戰的象徵，絕非英國特有的情況。我在本書各處簡單介紹過戰爭記憶為了可疑目的而受到操弄的許多事例，但讓我再用一個例子說明這樣的過程有多麼陰險，以及它會將我們引領到何處。這個例子幾乎與歐盟毫無關係，除了展現出歐盟的目標對於多數國族主義者是多麼無關緊要。

二〇〇八年，波蘭政府委託新建一座博物館，用於展示第二次世界大戰。他們任命一位歷史學教授擔任館長，指示他規劃一個以波蘭的戰爭經驗為核心的展覽。他們這麼做十分正當，因為即使波蘭是二戰在歐洲的主要戰場，但在多半由蘇聯、美國、英國敘事主導的二戰歷史中，波蘭觀點卻始終不曾獲得應有的顯著地位。

他們任命的館長帕維爾・馬切維茲（Paweł Machcewicz），是一位自豪的波蘭人，但他首先是一位自豪的歷史學家。他知道，這個籌劃中的博物館若要具有意義，就不能僅僅專注於波蘭的經驗，畢竟，主題是世界大戰，而不只是波蘭大戰。於是他構思了一個概念，類似於我自己在寫作本書時嘗試採用的取徑：他會運用波蘭平民在二戰期間的經驗，具體而微地呈現出更重大的事物，並在每一點上比較與對照波蘭發生的事件和歐洲及世界其他地方發生的事件。波蘭觀點在他的展覽裡始終會是核心，但他想要確保來自全世界的參觀者也能來到這裡，認出他們自己的戰爭經驗。為了達成這個目標，馬切維茲組成了一個顧問委員會，成員不只是波蘭的歷史學者，更有來自美國、俄國、英國、法國、德國及以色列各機構的歷史學者。值得讚揚的是，波蘭政府全心全意支持他的遠見。[22]

但在二〇一五年，新政府當選了。奉行激進國族主義的法律與正義黨（PiS）將波蘭描繪成遭受過去和現在的敵人圍攻的高貴受難者，藉此輕易獲勝掌權。新任文化部長彼得・葛林斯基（Piotr Gliński）要求展覽反映他所屬政黨的世界觀，更加強調波蘭在戰時的英勇與殉難。他說，這個博物館「不夠波蘭」。

二〇一六年秋天，就在博物館預定開幕前不過幾個月，葛林斯基宣布該館將與另一座展示一九三九年西盤半島（Westerplatte）戰役期間，波蘭軍人歸於失敗之英勇奮戰的博物館合併。這次合併是顯而易見的詭計，既然西盤半島博物館甚至在文件上都幾乎不存在，這只不過是設立新機構的藉口，好讓葛林斯基驅逐馬切維茲和他的團隊，逆轉他們八年來的工作成果。隨後數日，包括我在內，世界各地數十位歷史學家致函葛林斯基，請求他重新考慮。接著，波蘭政府的監察專員質疑合併案的合法性，將它移交法院審理。

我在二〇一七年一月二十二日，隨同一群被選定的歷史學者與新聞記者參觀了展覽。馬切維茲和他的團隊想要在那天向我們預先展示他們的工作成果，因為他們不確定自己還能不能獲得再次展出的機會，波蘭最高法院隔天就要對即將進行的合併做出判決。整個展場令人沉痛得幾乎不堪承受。不僅由於展覽本身是很強烈的情緒體驗，它對於光榮戰爭概念的矯正，比起我在其他博物館看過的更加包羅萬象，且對於展覽前景的不確定，更疊加在情緒之上。

在我造訪的隔天，最高法院維持了政府變更博物館策展焦點的決定，但沒過多久，另一個法院給予帕維爾・馬切維茲暫緩執行令。本書寫作之時，馬切維茲能否保住職位，他與他的團隊一同組織的展覽，是否會為了符合波蘭政治光譜一小部分的狹隘觀點而遭到竄改，仍然有待觀察。

這個故事一如英國脫歐過程的爭論，表明了歷史很重要。正如小說家喬治・歐威爾在一九四九年所言：「誰控制過去，就控制了未來。」不僅如此，作為戰後歐洲文化的基石，第二次世界大戰的歷史尤其重要。整個歐洲大陸上的政治人物憑著本能知道，誰控制我們對戰爭的理解，就掌握了強大的政治工具。

帕維爾．馬切維茲這樣的歷史學家，試圖將戰爭呈現為群體經驗，是以不同方式影響世界不同地方，卻仍影響了全人類的一場全球悲劇。這是兼容並蓄的歷史觀，由歐盟這樣的機構共享與推廣，讓人們有空間思索一個事實：沒有人能毫髮無傷、毫無汙點地度過一場世界大戰。反之，激進國族主義者只想要凸顯整體之中一小部分的苦難與英勇，彷彿只有他們的經驗才重要。他們僅僅歸咎於外國人，並推廣一套確保國族不受玷汙的聖潔得以維持的神話敘事。在這樣一種世界觀裡，國族是唯一重要的群體。更完整的樣貌，連同昔日敵人彼此和解的機會，都為了國族統一而自願犧牲掉。

這類空想家往往無法意識到，「國族統一」本身就是神話。波蘭意見一致的程度並不比英國、法國，或歐洲任何其他國家更多。唯一讓他們得以將自己想像成單一共同體的，是波蘭人、英國人或法國人定義上有著一定程度的彈性。強加單一觀點的任何企圖，必定都會導致衝突。

在此隱含著危險，因為倘若國族只不過是想像的共同體，那麼它就可以被重新想像——不只像歐盟那樣想像成更大的群體，也可以想像成從整體分裂出來的一連串更小群體。正如阿爾提艾羅．斯皮內利在《文托泰內宣言》寫下的，當千鐘轟鳴於歐洲人民耳際，該怎麼阻止他們分解為「傾向、潮流與派系，全都彼此鬥爭呢？」

今天如同一九四五年，不僅是歐洲陷入危險的分裂，英國、波蘭等國也是如此。第二次世界大戰一度為歐洲各國帶來合而為一的靈感，如今則同樣成了國族主義者與區域分離主義者的靈感——實際上也是任何別有用心之人的靈感。戰後的歐洲方案歷經七十多年，終於開始裂解了。

第六部

一萬片碎片

Ten Thousand Fragments

第二十一章　創傷

我在前一部探究了促使國族從帝國或其他超國家實體分裂的某些理想與夢想。這經常是個暴烈的過程。許多殖民地不但必須為了獨立而戰，隨著信奉不同意識形態的團體為了控制政府而互相鬥爭，其後還會陷入內亂。然而今天生活在這些國家的人，卻幾乎不會否認這樣的過程終究值得。他們說，自由值得一戰。

但當一個民族從另一民族分裂並非出於自身選擇，又會發生什麼事？要是分裂違背了他們的意願呢？第二次世界大戰過後，分崩離析的不只是帝國，還有國族、社群和家庭，而這樣的分裂往往並非他們自行決定，而是被強加在他們身上的。

有一個國族在這方面蒙受了比多數國家更大的苦難，那就是朝鮮。朝鮮在第二次世界大戰之前被日本殖民，受到無情剝削，一九四五年終於由盟軍解放。但從日本魔爪中獲救卻沒有為它帶來和平。它反倒被解放者瓜分了，蘇聯控制著北部、美國控制著南部，他們對這個國家迥然不同的願景，最終暴烈地將它永久一分為二。

崔明順這位年輕女子親眼目睹了其中許多事件，結果自己也蒙受內心分裂。她的故事象徵著面對剝削及分割自身國家的非人力量，個人是如何注定無能為力。

☆

崔明順一九二六年生於京城（今首爾）郊外的貧民區。即使在第二次世界大戰之前，她就在一種無以名狀的憂慮籠罩下成長。八、九歲的時候，她美麗動人的大姊突然失蹤。接下來兩三年，沒人知道她出了什麼事，母親終日哭泣。然後有一天，姊姊又出現了。她看來一塌糊塗，「像個乞丐……只剩皮包骨。」沒有人告訴崔明順發生了什麼事，但她知道日本警察某種程度上脫不了干係，她也無意間聽到鄰居說，任何美麗的女人命中注定都會「遭遇不幸」。其後數月，崔明順看著姊姊因為某種不明病症而日漸消瘦。不到一年後姊姊就死了。[1]

崔明順日後回想，第二次世界大戰爆發時，家中的其他人很快就開始四散：「我和二哥特別親，但他剛過二十歲就被徵兵了。沒多久，我大哥帶著大嫂和家人搬到滿洲找工作，留我一個人和父母同住。我很想念二哥，雖然他會從廣島寫信回來。我變得愈來愈厭倦我們的貧窮生活。」到了一九四五年一月，只剩她和母親獨自生活，唯有母親的收入能支持生活所需。

有一天，一位町內會幹部找上了崔明順，問她想不想去日本工作。他說，要是她留在朝鮮，就有被女子挺身隊徵召的風險，這是日本人強迫朝鮮女性為軍需工業從事義務勞動的一項計畫。但她如果自願前往日本，就可以獲得理想工作和高薪。

崔明順考慮了幾天，她愈是思考，就愈喜歡這個主意。她想為了家中經濟狀況做出貢獻；要是去了日本，她甚至有可能見到二哥。她把町內會幹部說的話告訴母親，但母親哀求她不要去。母親似乎被某些事嚇壞了，但究竟是什麼她卻沒說。無論如何，崔明順都決心不顧母親的憂慮。隔天趁著母親出門工作，她收拾好行囊，向町內會報到。二十四小時後，她就搭上了開往日本的船。

但工作和她的想像完全不同。崔明順沒有被帶去工廠或辦公室，而是被帶到一位高階軍官的住宅。一開始她並不明白自己要做些什麼，因為那一家已經有了女僕和廚師。她被帶到一個房間裡，給了她一些食物，叫她待命。她直到那天夜裡才明白了自己的功用，那名軍官來到她的房間，強暴了她。後來才知道，那位軍官的妻子臥病在床，崔明順被找來純粹是為了滿足他的性需求。

接下來兩個月的幾乎每一夜，崔明順都被迫經歷同樣的磨難。白天軍官出門上班時，她會跟他的家人一起度過很長時間。她哀求他們放她走，但他們充耳不聞。她直接向軍官的妻子求助，對她說家中要是沒有情婦，丈夫就會更愛她。「兩個多月下來，我一直纏著他們，太太開始對我厭煩了。她變得尖酸刻薄，但我繼續從早到晚不停煩她。」

最後，軍官的妻子似乎軟化了，要崔明順打包行囊。她欣喜若狂地收拾好物品，跟著軍官的兒子來到火車站，被轉交給兩個陌生人。她以為他們會帶她搭上回家的船，但其實，他們把她帶到了一處慰安所。她又一次被出賣了。

往後五個月，崔明順被迫承受她所謂的「人間地獄」。她被囚禁在一座倉庫模樣建築的小隔間裡，由武裝衛兵看守。她每天被迫服務多達二十名士兵，經常還更多，他們可以隨心所欲地對待她。她唯一接觸到的人類，只有她服務的男人、衛兵，以及偶爾為她送飯的日本女人。即使這座慰安所裡還有其他女性也在工作，她卻始終不能和她們交談。她們全都被關在不同房間裡，難得撞見彼此也沉默不語，害怕遭受懲罰。

「我不肯聽話，所以常常挨打。我常被打暈，暈過去之後就被注射，讓我甦醒過來……我太常被打，因為我躺下時會用衣服蒙住臉，因為他們命令我口交而我不要，因為我說韓語不說日語，等等。我被打得太重，靈魂彷彿出了竅。我只是像死人那樣躺著，眼睛睜開，眼神卻完全渙散。」

數月不間斷的虐待終於造成了損害。她的陰道變得刺痛而腫脹，開始發出惡臭，但她仍然被迫工作。一位外科醫生前來診察，給了她許多藥丸，並為她注射，但她的狀況持續惡化。最後她的病情嚴重到慰安所再也無法使用她。她終於被送上船，返回朝鮮。

崔明順在七月抵達京城，一貧如洗，病得幾乎走不了路。當她蹣跚回到家門，母親流下淚來。她從來不問女兒去了哪裡，但她似乎全都知道。她經常流淚，哭喊著兩個女兒都同樣被毀掉了。崔明順被送醫治療，醫院發現她懷孕了，但胎死腹中。她病得這麼嚴重是因為死胎在體內腐爛。

那年夏天，朝鮮從日本手中獲得解放。在國家尋求自立的同時，崔明順也努力重新開始生活。她嫁給一位鄰居，生下一個兒子；但新婚丈夫開始毆打她，最後將她趕出家門，他說自己被她傳染了梅毒。隨後她再婚，生下四名子女，但家庭境況始終不幸：「三十歲時，我開始躁動不安，出現情緒困擾。我會開始憎恨丈夫，身體忽熱忽冷，大發脾氣，咆哮著趕他走……我遇到人會害怕，聽到任何巨響都會發抖。我足不出戶三十年，跪在地上爬行。」她不敢對任何人說起自己的過去，懼怕他們會因此而如何看待自己和子女。

到了一九八〇年代中期，崔明順和自己的長子同住，長子這時已年過四十。他的精神狀況突然惡化，被送進精神病院接受檢查。直到不久前才能重新學著直立行走的崔明順，被召喚到醫院和醫師面談。他們問她是否罹患過梅毒：她的兒子看來是在子宮裡從她身上感染了梅毒，此時病毒正在侵蝕他的腦部。她低頭哭泣，說不出話來。

☆

根據精神分析理論，人類心智就是無法應對崔明順被迫經歷過的那種創傷。面對重大威脅的正常反應若非逃跑、即是戰鬥，但當我們不能這麼做，例如當我們面對可能的強暴或酷刑，卻無能為力時，我們的心智就會充滿生存恐懼。經驗本身擾亂了心智通常用於自我調節的精細過程。日常生活中保護我們免於過度刺激的心理屏障，突然崩塌了。我們至今為止理解生命的細心方式，我們權衡理性與無意識欲望的方式，或是被封存的美好記憶與壞記憶，在面臨威脅時這一切突然都變得毫無意義。[2]

這樣的創傷有時足以產生嚴重的長期後果，尤其當創傷持久且持續之時，如同崔明順的遭遇。倖存者喪失了區分真實與記憶、過去與現在的能力——他們經歷了回憶重現，在其中體驗了真實的感覺，彷彿創傷全都從頭來過。最壞情況下，他們有可能遭受嚴重的人格崩潰，變得完全失能。

崔明順體驗的許多徵狀，都屬於今日廣為人知的創傷後壓力症候群（post-traumatic stress disorder, PTSD）。她從日本返國之後，數十年不曾提起自己的遭遇——令人猜想，部分原因在於她不堪面對它的恐怖全貌，但也是由於她無法相信任何人能夠理解。她無力應付外在世界這點，從嚴重的廣場恐懼症（agoraphobia）顯現出來。她和他人的一切關係，全都被她的遭遇所毒害。她試著服用鎮靜劑關閉痛苦，直到成癮，但既然服藥無用，她變得開始殘酷攻擊自己。她被丈夫虐待的夫妻關係持續多年，因為她覺得這就是自己應得的，由此產生的心身症，使得她名副其實地手腳並用爬行了數十年。這正體現了安娜．佛洛伊德（Anna Freud）所謂的「認同攻擊者」：她在懲罰自己，如同其他人在戰時懲罰她那樣。

她的故事最令人心碎的一幕，或許是尾聲——她發現自己在懷孕時將梅毒傳染給兒子。一九八〇年代晚期，當一個調查戰時性奴役罪行的韓國非政府組織採訪她，她對於自己的兒子只能這麼說：「是我的錯。我毀了我兒子的一生。」她心裡覺得，她對兒子做出了別人曾對她做過的事——傳染他，毀了他的一生。她成了加害者。

創傷與無力感

要是崔明順回到一個穩定的環境，她或許會更容易康復，但朝鮮也經歷了它自己的創傷。一九三九至一九四五年間，至少七十五萬朝鮮男性被強迫徵用到日本工廠勞動，還有七十五萬男性被動員為「志願兵」。崔明順的二哥也是其中一名志願兵。女性也定期被徵用從事各項工作。日本殖民地法律規定，所有十四歲到四十五歲的女性，每年都必須參加國民勤勞報國隊兩個月。到了戰爭末期，她們也被強制徵召參與為時更久的「女子挺身隊」，崔明順正是想要避免這種服務而選擇前往日本。被婉曲地稱為「慰安婦」的這群女性受到徵用，只不過是冰山一角，這僅僅是更廣泛許多的殖民奴役體系最殘酷的一部分。[3]

不幸的是，終戰和日本統治終結，並未讓朝鮮的無力感就此告終。不同於印尼或越南人民，又或者世界另一端的法國或義大利，朝鮮人始終未能參與自身解放而獲得滿足。他們在日本統治下的屈從，一直持續到第二次世界大戰最後一刻，接著另一群外人前來接管——蘇聯人從北方而來，美國人從南方而來。朝鮮人自己似乎無從掌控自身命運。

在北方，蘇聯人的到來從一開始就是不祥之兆。根據當時的新聞報導和外交文件，蘇聯紅軍的先頭部隊凶暴又缺乏紀律。他們一路向南劫掠，所到之處將所有商店和貨倉洗劫一空，拆卸工廠並將機具運回蘇聯，並且無差別攻擊當地婦女。再一次，慰安婦的命運似乎成了象徵。被迫在滿洲慰安所工作的朝鮮女子文必琪，把自己的解放說成一場持久創傷中的僅僅另一段經歷：「既然日本人走了，俄國人就想要強暴我們。」她被迫逃離蘇聯人，徒步返回漢城。[4]

朝鮮人在南方的經驗也同樣令人喪氣，又一次，「慰安婦」遭受的待遇不言自明。被監禁在福爾摩沙（台灣）慰安所的朝鮮女子朴頭理說，她在理應獲得解放之後，又被美國人多留了三個月。服務日本兵和服務美國兵只有一個真正的差別，就是美國人給的小費更多。倘若這就是「自由」，這對她的國家真是不祥之兆。[5]果然，當美軍在一九四五年抵達朝鮮南部，他們並未立即清除這個國家的日本人及親日派，而是為了維持法律與秩序，或多或少讓局面維持原狀。親日通敵者未曾接受審判，日本時代的警察則完全保持原狀、未被肅清。美國人對待戰敗日本人的熱誠、甚至友好方式，迎來了多半無能為力的普遍憤怒。[6]

歷史學家經常對照蘇聯人與美國人各自在朝鮮占領區的表現。整體而言，蘇聯人殘忍卻有效率，美國人則懷著良善目的，卻沒有明確的行動計畫，使得美國控制的大片區域陷入混亂邊緣。但這樣的對比卻忽略了至關重要的一點：在多數朝鮮人看來最重要的，還是他們繼續受到外國支配。

這個事實在一九四五年底被明確表達出來，同盟國宣布計畫，將朝鮮交由英國、中國、蘇聯和美國四國監督下的託管委員會治理。消息一公布，北緯三十八度線（美蘇兩國占領區分界）南北兩邊都爆發抗爭。在北方，此時仍與蘇聯合作的溫和派及國族主義政治人物集體辭職。蘇聯人的回應是將他們全部逮捕，包括朝鮮全境最受愛戴的領袖之一——曹晚植在內，他堅定不移的節操使他獲得「朝鮮的甘地」之稱。他從此下落不明，有傳聞指出，他在韓戰爆發時被處死。同時在南方，則爆發了激烈的示威和罷工，學校和工廠、商店、鐵路紛紛關閉。有些抗爭是暴力的。例如，當美國向一名當地政治人物施壓，要求他支持託管計畫，他隔天被發現頭部中彈，陳屍於家門外。[7]

大大激怒朝鮮人的是，這兩個超級強權看來都執意要把自己的權力及控制體系安裝在朝鮮，如同數十年前的日本人那樣。

在北方，蘇聯建立了一個史達林主義的親蘇政府，由他們的傀儡金日成領導。所有抗拒這個新政權的人，或者就算是表達溫和反蘇觀點的人，全都被逮捕或撤職。到了一九四五年底，北方的許多人已經屈服於絕望之下，難民開始以平均每日六千人的比率湧向南方。一九四七年七月，據《紐約時報》報導，已有將近兩百萬人逃到美國占領區。[8]

同時在南方，美國人則支持由海外歸國朝鮮人、右翼國族主義者，以及其中部分人士曾積極勾結日本人的富裕地主們組成的一個保守主義聯盟。脫穎而出的領袖是殘忍的獨裁者李承晚，他主持了針對共產主義者、社會主義者、左翼人士及溫和派一體展開的全面鎮壓，統治期間則因無辜平民一再遭受屠殺而劣跡斑斑。

到了一九四八年，美國與蘇聯終於撤軍之時，這個國家已經徹底兩極分化，而且持續被攔腰分斷。共產主義北方與國族主義南方尋求共同基礎的一切努力全都失敗，南北兩方的臨時政府也拒絕考慮任何種類的權力共享協議。此時，統一開始看似不用武力就無法實現。韓戰就這樣萬事俱備，這是二十世紀後半最殘酷的衝突之一。

內戰

歷史學家傳統上將韓戰描述成新冷戰的超級強權之間第一次公開衝突，少了超級強權的介入，它的進展方式肯定會大不相同。北韓從一開始就任用蘇聯顧問，在戰爭最初階段過後，大約二十萬名中共軍人也為北韓而戰。同時，南韓則強烈倚賴其他五十七國史無前例的同盟，其中最重要的國家當然是美國。[9]因此在某種意義上，韓戰具體而微地呈現出一九四五年過後摧殘了全世界的緊張對立。分裂了朝鮮的意識形態分歧，與分裂了歐洲的是同一套，二十世紀其後多數時間裡還會繼續分裂整個世界。但這種詮釋忽略了一個事實：它也是一場內戰，進行戰鬥的主要是朝鮮人。這種詮釋也無法解釋暴力的純粹殘酷程度，且往往以平民為對象，而非軍人。

戰時釋放的仇恨遠深於能以理性解釋的程度，它們與第二次世界大戰的關聯，一如與冷戰的關聯。交戰雙方的大量軍官都曾受日軍訓練，吸收了日軍的暴力國族主義精神。有些人曾在一九四五年之前的朝鮮當過警察，已經有過任意施暴而不被追究的經歷。有些人曾在中國及東南亞的日本占領區服役，已經參與過當地發生的暴行。就連未曾受過日軍訓練的人，內心深處也還是存有日本占領的記憶。在北韓還多了一個政治領導人階層，他們過去三十年來生活在蘇聯，直接經歷過史達林主義的恐怖行徑。無論如何，多數朝鮮人都有一套無情征服的心理樣板，驅使他們盡其所能做出殘酷行徑的，部分正因懼怕淪為這種征服的受害者。

自始至終，韓戰都以出奇殘暴為特徵。北韓軍第一次南侵時，南韓政權的反應是殺害十餘萬名左翼嫌疑人，他們幾乎全都是無辜平民。當戰局逆轉，韓軍開始北進，北韓也採取同樣回應。共軍撤退時犯下最為惡名昭彰的屠殺事件是大田監獄屠殺，集體處死的人數介於五千到七千人之間，但這種場景在朝鮮全境到處發生。在美國人看來，這立即挑起了第二次世界大戰的記憶，《華盛頓郵報》甚至將其中一處屠殺現場稱為「赤色布痕瓦德」。[10]

正如第二次世界大戰之時，女性再次成為剝削的對象。與日本體系令人毛骨悚然地如出一轍，南韓軍方也為官兵設立了「特別慰安所」，被俘虜的北韓女性在其中被迫承受的待遇，正是崔明順這樣的人在一九四五年被迫經歷的同一種性奴役。唯一的重大差別在於，日本人奴役的對象主要是外國女性，但南韓人如今卻將這種行徑施加於同一國籍的女性身上。[11]

韓戰歷時三年，大約造成一百二十五萬人死亡，其中很大一部分是平民。當戰爭終於在一九五三年七月結束，新的停戰線距離雙方開戰的三十八度線並沒有多遠。這場戰爭什麼問題都沒解決。從心理學觀點來說，這場戰爭真正做到的，是強化了為求生存必須殘忍的觀念：在只有加害者與受害者的黑白分明世界裡，雙方都學到了當加害者更為有利。

這同樣也是第二次世界大戰與日本帝國統治時期的遺緒。北韓與南韓在一九四五年之後皆由高壓獨裁者統治，這點很有啟發性。兩個政權都蔑視過去導致他們被日本人征服的軟弱，也都決心懲罰令他們記起那種軟弱的任何行為。包含在這種心態之中的弔詭令人痛苦。一九六〇年代及七〇年代，南韓的軍人獨裁者朴正熙譴責國人對強大外國人的「奴隸心態」，即使他本人正以殘酷壓迫制壓人民。同樣地，北韓的金日成也譴責人民對外國人的「卑躬屈膝」心態，同時又要求人民對他卑躬屈膝。

這樣的態度直到一九八〇年代仍主導著南韓官方的思維；在北韓則持續至今。其中牽涉的自我懲罰很令人心碎：一如崔明順，國家也學會了讓自己跪在地上爬行。12

回憶重現

被日本人征服的經驗，在朝鮮人的集體記憶裡留下了深深的創傷。對這點有任何疑問的話，只需要看一看第二次世界大戰之後這些年，每隔一段時間就會有影響全國的恐懼及反日情緒爆發。

例如一九四八年，當美國人找來少數日本官員協助穩定韓國經濟，「日本重新武裝，獲准收回朝鮮」的瘋狂謠言立即開始蔓延。突然間，韓國報紙上充斥著憤怒的評論。「我們的敵人日本人，又要踏上我們的土地了嗎？」《朝鮮日報》憤然質問。六月二十四日，二十六個不同政治團體的聯盟發表共同聲明，宣稱「掀起第二次世界大戰的日本帝國主義分子」正「試圖武裝起來，再次占領朝鮮。」金九等政治人物立即開始呼籲「三千萬朝鮮人民奮戰不懈，將日本剝削者全部趕出朝鮮。」這樣的宣言不只是政治修辭，它們也反映了一種不理性卻真實，對於朝鮮可能再度落入日本支配的潛意識恐懼。13

其後數年發生的事件壓抑了這些恐懼，但在一九六五年又爆發漢城街頭的一連串龐大反日示威。這次的主要導火線是韓國與日本為了雙方關係正常化而新近簽訂的條約。日本是亞太區域正在成長的強權，美國也是一樣，韓國最近開始將自身利益與這兩國重新結盟的舉動，引發了強大的怨恨。

同時，韓國對美日兩國重新開始卑躬屈膝，則體現於新興的龐大性產業受到推廣，其服務對象為日本觀光客與美軍基地的官兵。韓國女性（以此類推，韓國本身）持續遭受剝削，激起了令人難受的過往記憶。[14]

到了更晚近的年代，第二次世界大戰經驗還有許多次類似的重現。其中最強烈的是在一九九〇年代首先發生的重提「慰安婦」議題。韓國這時方才擺脫了漫長的軍人獨裁，在嶄新的民主氛圍中，某些前慰安婦終於覺得能夠揭露自身遭遇。崔明順就在此時首先站出來講述自己的故事。

再一次，這些揭露在韓國各地釋放出強烈情緒。一九九二年日本總理大臣訪問韓國期間，漢城日本大使館外舉行了一場示威，抗議人士要求日本道歉。不久，這樣的示威就成了每週例行事件。二十多年來的每個星期三，群眾都會聚集在日本大使館外，崔明順這樣的前慰安婦，成了韓國國族受害活生生的象徵。二〇一一年，一座獻給這些慰安婦的紀念碑豎立起來：這是一座少女跪地的銅像，她雙拳緊握、眼神堅定直視日本大使館。對應所有這些壓力，日本政府終於軟化了。二〇一五年十二月，他們同意捐出十億日圓（當時約值八百萬美元）新設一個基金會，致力於療癒前慰安婦的心理創傷。[15]

在某些方面，近年來的這些事態發展，象徵著韓國向前踏出了健康的一步，它終於開始面對自己的女性在戰時的某些遭遇了。著重於療癒心理創傷，也是承認了她們以前承受過、目前仍繼續承受著的創傷。但朝鮮人應對這個議題的方式，掩蓋的事實卻和揭露出來的一樣多。只要看一看慰安婦自己的故事，就會知道她們的創傷還有許多方面沒被處理到。首先把崔明順出賣到奴隸生活的不是日本人，而是町內會的朝鮮人。其他女性也提到了蘇聯人的強暴和美國人的剝削，在第二次世界大戰結束許久之後仍在持續。所有這些女性在晚年全都蒙受巨大痛苦，不僅由於最初的創傷，也由於韓國社會施加在她們身上的汙名。

還有其他更廣泛的議題。女性主義者指出，韓國社會對女性的暴力猖獗，在全國製造出令人震驚的性暴力及家庭暴力數字。[16]其他學者也讓人們注意到二戰之後韓國政權自身的高壓本質，不僅殘暴對待女性，也殘暴對待整個社

圖41「日本政府！向日本軍『慰安婦』受害者正式道歉！」一名女子在首爾日本大使館外的週三示威現場高舉標語。照片攝於二〇一三年，已是這項每週抗議活動開始二十一年之後。（圖片來源：House of Sharing/Museum of Sexual Slavery by the Japanese Military）

會。一位學者甚至將一九六〇年代的韓國軍人獨裁稱為「死亡政治」（necropolitical）政權：意思是這個政權把人民當成物體，從他們身上榨乾最後一絲生命力而後拋棄，藉此得以繁衍。它看待慰安婦的態度，乃至性交易對於韓國國內生產總值的重大貢獻，都是死亡政治的終極象徵。所有這一切也都是第二次世界大戰的遺緒。[17]

倘若崔明順的故事，乃至整個韓國的故事能夠透露什麼，它們透露的是創傷的影響力有多麼普遍。韓國至今仍處於面對過去的初步階段，尤其在面對朝鮮人回應日本占領期間所經歷的無力感，而對其他朝鮮人做出可怕行徑這一方面。至今仍由野蠻高壓政權統治的北韓，則連這樣的過程都還沒開始。

分裂的國族

相當程度上，朝鮮在戰時及戰後的故事，正是我們所有人的故事。第二次世界大戰是全球性的創傷，在全世界釋放出無人能夠控制的巨大力量。戰時有許多國家如同朝鮮一般，對自身命運無能為力。就連英國、美國、蘇聯這些無可爭議的戰勝國，也被捲入了違背自身意願的暴力之中，生命財產蒙受重大損失。當然，個人與國族之間的經驗有著巨大差異，但沒有人能完全不受影響。崔明順等人承受的那些創傷，成了我們群體經驗的一部分，不論我們是不是朝鮮人，她的故事都在全世界引起了共鳴。[18]

戰後初期，一種殉難文化在朝鮮興起，這將是戰時曾被占領的每一國人民，以及在戰後年代掙脫帝國枷鎖的每一個國家所熟悉的。如同世界上多數地方，朝鮮在一九四五年盼望得到重生，以及在自由、平等、進步原則上打造新國家的機會。最重要的是，他們盼望統一——不是柯德・梅爾或蓋瑞・戴維斯等人所夢想那種宏大的全球統一，而是簡單的國族統一，讓國家的南北兩方得以合而為一。南北兩方的朝鮮人都盡其所能強行推動這個議題，卻只能再次發現這由不得他們做主。

朝鮮並不是唯一被外人分裂的國族。越南也有許多年時間被分割成在冷戰中對立的兩國。伊朗遭受過數年的相同命運，直到蘇聯被勸說撤軍。歐洲的情況就更壞。東方與西方的分裂，表現在整個歐洲大陸的分割之中，其後四十多年都被一道隱喻意義上的「鐵幕」分隔。國族層面的表現則是德國被一分為二，如同朝鮮。甚至在更小規模上表現於維也納、柏林等城市的分斷。將資本主義西柏林與共產主義東柏林隔開的那道圍牆，將會成為二十世紀最強而有力的象徵之一。

帝國瓦解產生了同樣的分裂。當英國在一九四七年撤出印度，他們將印度分割成南方以印度教徒為主體的印度，以及東北和西北以穆斯林為主體的巴基斯坦。數千萬人的命運因此不是由自決行動決定，而是由英國官僚的輕率決議所決定。分割所產生的地緣政治斷層線，在其後數十年間未曾減輕波動，印度與巴基斯坦投入了在地版本的冷戰，連同各自配備的核子武器在內。

巴勒斯坦的分裂也產生了同樣令人憂慮的結果。一九四七年，聯合國提出了一套未經阿拉伯人參與或認可的分治計畫。內戰隨後爆發，以色列攫取了更大比例的土地。此事在巴勒斯坦阿拉伯人心中引發的無能感，一直都是至今仍困擾著中東區域的衝突之根源。

第二次世界大戰所引發的創傷性劇變，為害最深的遺緒在於這些劇變所引發的無助羞辱感。這適用於戰時及戰後「殉難」的所有人，就連那些情願以為自己早已康復的人們也不例外。當群體或國族遭受侵害、生存本身面臨威脅，受侵害的記憶就存留於它的集體心靈深處。但一個民族經歷的暴力與羞辱若是曠日持久，這個民族又始終得不到康復所需的穩定環境，那麼，創傷得以化解的機會也就蕩然無存。

人們在思考戰時及戰後遭受如此暴力拆散的任何國族社會時，最好別忘了崔明順在一九九〇年代初期，對韓國挺身隊問題對策協議會（Korean Council）訪員說出的這段話。「我外表看來正常，但精神錯亂，」她說，「誰能猜得到這恐怖的故事埋在心裡，帶給我多大的內心煎熬？」

第二十二章　損失

葉甫根妮婭．季謝列娃（Evgeniia Kiseleva）曾經幸福過。戰爭爆發前，那時她還不滿二十五歲，住在烏克蘭盧甘斯克州（Lugansk）的採礦小鎮五一城（Pervomaisk）。她嫁給了一個名叫加夫里爾（Gavriil）的英俊男子，他是鎮上消防隊的隊長，他們非常相愛。她每天都會到食品店裡賣魚給鎮上的婦女；每天晚上她都和丈夫一起回家。他們有了一個兒子，一九四〇年底，她懷了第二個兒子。

對於葉甫根妮婭，二戰是她永遠無法康復的創傷。「我和我先生過得很幸福。但戰爭在一九四一年開始，永遠拆散了我們。我的苦難從此開始。」[1] 加夫里爾入伍參軍，正在哺育新生兒的葉甫根妮婭則搬去跟父母同住。

沒過多久，第二次世界大戰的巨大力量就席捲了他們。她父母的住家被德軍的砲彈擊中，母親被炸死、父親重傷。她的長子因為爆炸而一度失明。葉甫根妮婭突然發現自己得負責照顧全部家人。為了避難，她不得不把死去的母親扔在房屋廢墟裡而未能埋葬。她將負傷的父親放上推車，推著他前往一處德軍野戰醫院——但她還沒找到援手，父親的腿已經壞死。父親最後在她眼前死去。其後數日，她拖著兩個孩子流轉於一處又一處避難所，恐懼著敵軍來襲，以及「砲彈、戰車、迫擊砲、機關槍」和「畏懼神明」所構成的十足末日。她晚年敘述戰爭時，認為戰爭近似於「最後審判」。[2]

終戰之後，葉甫根妮婭動身去尋找丈夫加夫里爾。有段時間，她害怕最壞的結果，但結果證明，在戰爭中失去丈夫的方法不只一種。當葉甫根妮婭在一九四六年終於找到他的下落，她發現在兩夫妻分離的漫長時日裡，他愛上了另外兩個女人，他似乎跟這兩人都結了婚，兩人都為他生下孩子。他們的重逢至少可說是不自在的。他不情不願地帶著葉甫根妮婭回到他的新公寓，她度過了難受的不眠之夜，與他和其中一位「新妻子」同房。隔天她動身回家，一敗塗地。「我哭得幾乎看不到路。」[3]

從那天起，葉甫根妮婭始終不曾找回愛情。她回到家鄉，和一位名叫季米特里・丘里契夫（Dmitri Tiurichev）的戰爭傷殘軍人同居，他是一名礦工，但他到頭來是個酒鬼和色鬼，經常對她和她的孩子們施暴。她斷斷續續地對抗了他二十年，直到一九六六年終於離開他。在這些日子裡，她始終不曾和加夫里爾離婚。實際上，加夫里爾在一九七八年終於去世時，按照法律，她仍是他的配偶。

她和其他親人的關係也始終不理想。兒子們長大並且各自娶妻，但她沒完沒了地與兒媳爭吵，偶爾甚至和她們動手動腳。全家人都有酗酒問題，可是話說回來，她認識的每個人都酗酒：她將自己的時代稱為「伏特加世紀」。[4]

晚年的她一人獨居，成了滿懷怨恨的老太太，唯一的伴侶是電視。回顧自己的一生，她將自己後來的遭遇歸咎於戰爭，但跟崔明順又不太一樣。困擾著她的不是她所經歷過的創傷記憶，而是失去了曾經擁有的事物。失去初戀加夫里爾尤其令她傷心。「他是這麼英俊，性格也不壞，」他死後，她在日記裡寫道，「他愛我，但戰爭永遠拆散了我們。要是沒有戰爭，就不會發生這種事。」

個人損失

損失要怎麼量化？估算戰時的死亡人數已經夠困難了，歷史學家與人口統計學家往往為了要如何更精準地確認傷亡人數而爭論不休。但每一條生命的喪失，也讓在世親友的生命蒙上了陰影。每一個死亡都像是將石子投入池中。一切悲痛、孤獨和夢想落空，漣漪般擴散到家庭及社群所造成的效應，或是這些漣漪是如何與全國其他家庭及社群感受到的喪失碰撞與結合，全都無從衡量。

葉甫根妮婭·季謝列娃故事裡的每個人，全都以某種方式受到戰爭影響。葉甫根妮婭自己看見雙親在她眼前喪生。她看見自己的家被摧毀，與丈夫分離，並遭受到其他許多創傷。沒有一種方式能夠衡量她的人生要是沒有戰爭會變成怎樣，因此她自己的衡量方式（失去的愛）看來也就跟任何其他方式沒兩樣。無從判斷要是戰爭不曾爆發，加夫里爾會不會留在她身邊。或許他終究還是會離開她；但就算是這樣，她或許還會有父母安慰、有家可回、有更穩固的社群支持，要談新的戀愛也有更多男性可供選擇。當她哀悼自己婚姻的死滅，她同時也在哀悼這一切事物的喪失，少了這些，她原先可能的人生就成了區區碎片。

葉甫根妮婭的故事象徵著千百萬蘇聯女性在戰後的命運。她無法再次找到愛人，主因之一在於大量適婚男性死於戰火。千百萬其他女性也落入了同樣處境。按照蘇聯的統計數字，戰後數十年間，國內女性人數比男性多了兩千萬。結果，所有在二戰爆發前十年成人的蘇聯女性，有三分之一至少在往後二十年間始終未婚。因此應當將葉甫根妮婭的失望，看作是令蘇聯西部地區所有女性的人生蒙上陰影的孤獨蔓延之一環。[6]

相應而言，蘇聯也應當被看成是更大局面的一部分。在大半個歐洲、中國、日本，乃至美國與澳大拉西亞部分地區，整整一代年輕男子名副其實地遭受大量殺戮。在德國，當時的一位目擊者說：「最為突出的一個事實是，十七歲到四十歲之間的男性完全消失了。」[7]那些從戰場歸來的男性也往往被戰爭轉變了，如同葉甫根妮婭的丈夫。全世界的女性都承受了如此損失，她們往往從那時候起都不免疑惑：要是戰爭不曾發生，她們的人生會是怎樣？

葉甫根妮婭故事裡的男人呢？乍看之下，他們似乎成了贏家，少了其他男人跟他們競爭，意味著他們能夠做到戰前不可想像的事而無需顧慮後果，無論是同時娶三個妻子（如同加夫里爾），還是公然與小鎮上其他許多女人外遇（如同她的第二任丈夫）。共產主義的兩性平等夢想即使在戰前都岌岌可危，戰後蘇聯社會生活的現實更給了它一記重擊。對於世界其他地方的性別平等在戰後同樣停滯的情形，亦可做如是觀。整整一代男性從社會上被移除，置身於全都是男性的環境中，被告知自己是社會階序中的特殊群體，當他們在戰後返回社會，就不太可能平等看待女性。

但如果某些男人在戰後行為惡劣，人們卻必定不能忽略他們離家在外目睹之事所造成的影響。就以葉甫根妮婭第二任丈夫季米特里的故事為例。她不曾提及他戰時在軍中的見聞與行動，但她的確說過他是戰爭傷殘軍人，因此可以合理假定，他的某些經驗想必帶來很大創傷。按照蘇聯統計數字（即使不可靠），還有一千五百萬名男子也在戰爭中嚴重傷殘。[8]許多官兵在外地學會了喝酒（人人都說，蘇聯紅軍是支醉漢大軍），還有千百萬人不僅目睹了極端暴力，自己也參與其中。我們無從得知季米特里是否始終注定要成為社會病態者，但他所表現的行為在戰時退伍軍人中間卻毫不出奇。酗酒、勃然大怒、無力體驗親密關係、家庭破碎，這些全都是發生在長久承受戰鬥壓力的退伍軍人之間，得到大量文獻記載的疾患。

在其他國家，這些徵狀表現為今日所謂創傷後壓力症候群的一部分。光是在西歐，英軍和美軍的逃兵就超過十五萬人，還有十萬人由於無法應對戰鬥壓力而必須脫離戰場。這些人同樣必須應對他們一度自信成為的樣貌之喪失。[9]

倘若二十世紀後半戰爭中的創傷後壓力症候群比例可供參考，那麼第二次世界大戰的心理衝擊可能會很驚人。[10]但有證據顯示，戰爭的創傷完全不以這種方式呈現，在蘇聯尤其不是如此。在一個自我反省不被允許、個人被要求為集體犧牲、任何種類的心理疾病或軟弱都是禁忌的國家，男性不會求助，而是變得麻木。蘇聯退伍軍人（實際上是全體人民）從未正視過他們在二戰期間經驗的深遠影響。他們反而將自身經驗掩埋在勤奮工作、諷刺，以及最常見的，如同葉甫根妮婭第二任丈夫一般的暴飲爛醉之中。[11]

人口劇變

倘若個人與家庭對於施加在自己身上的暴力感到麻木，那麼，整個蘇聯社會也是如此。直到今天，無人知曉戰時死亡人數究竟有多少。冷戰時代第一位蘇聯領袖赫魯雪夫，在一九五六年提出的官方數字是兩千萬人；最後一位領袖戈巴契夫（Mikhail Gorbachev）在一九九一年提出的數字則是兩千五百萬人。歷史學家與經濟學家估計的數字介於一千八百萬到兩千七百萬之間，即使多數人一致認同，只取一個的話，某些更高的數字其實更有可能。[12]

即使這些數字或許駭人，它們仍不足以反映蘇聯所經歷的損失之全貌。許多喪生的人都還來不及彼此相遇、來不及相愛、來不及生下自己的孩子。倘若再考量到由於戰爭而不曾出生的嬰兒數量（從蘇聯統計資料取平均出生率，就有可能計算），那麼，真正的損失程度更加巨大。一位人口統計學家估計，要是戰爭不曾發生，到了一九七〇年，生活在蘇聯的人數至少會多出五千萬人。因此，就連學者偶爾也不禁要為失去的可能性哀悼。[13]

這樣的損失在家庭生活某些最親密的面向上，觸發了大量其他轉變。千百萬蘇聯兒童因戰爭而成為孤兒。歐洲其他地方也同樣如此，根據紅十字會一九四八年的一份報告，全歐各地約有一千三百萬兒童在沒有父親的情況下成長。許多兒童在家庭中完全沒有男性楷模，他們也被戰爭剝奪了傳統的家庭生活。[14]

在蘇聯，由於住房短缺，一九四五年之後同住一個屋簷下的大家庭數量也急遽攀升。尤其年老的寡婦往往前去投靠子女，而非獨自面對人生；正因如此，老大媽（babushka）成了二十世紀末俄國家庭中的核心角色。[15]儘管葉甫根妮婭晚年時多半獨居，她的兒子和孫子們通常和自己的姻親們生活在大家庭裡。就在去世前不久，她本人搬去跟一位孫子同住了一段時間，但這時孫子也開始酗酒，當她再也無力應付他，就不得不再度搬走。因此，隨著戰爭的效應持續擴散到後續的世代，戰爭造成的變遷也影響了戰後數十年才出生的子女人生。

還有更加出人意表的其他後果。歷經戰時及戰後初年的一切動盪，葉甫根妮婭這樣的家長開始建議子女不要浪費時間，而是要盡快結婚生子。結果，人們初次結婚的年齡在戰後顯著下降，並且持續降低。戰後初年，女性平均在二十五歲時結婚，但在蘇聯時代結束時，女性平均不到二十二歲就結婚。

在大半個西方，戰後急忙彌補失去的時間，同樣導致了結婚年齡下降，以及出生率突然攀升。包含大部分西歐、北美、日本、澳大利亞及紐西蘭在內，許多國家在戰後都歷經了「嬰兒潮」。出生人數像這樣突然竄升，不僅對於有了孩子的家庭，也對孩子生長的社會產生了巨大後果。正是這一代人在長大之後，成了過剩的青少年和青年，導致了一九六〇年代的理想主義與行動主義，而後又成了一九七〇年代、一九八〇年代和一九九〇年代支撐著公共部門增長的大量納稅人，以及二十一世紀將使健保體系與年金體系不堪負荷的過多退休人員。第二次世界大戰結束帶來的人口劇變，在全世界都造成了巨大後果。[16]

喪失的認同

戰爭並不以同等程度影響蘇聯的每一部分。在烏拉山以東，或是哈薩克、烏茲別克等中亞共和國，生活並未受到嚴重擾亂。但在戰鬥中首當其衝的蘇聯西部各共和國，毀壞程度則超乎人們所能理解。多數歷史學家一致認為，葉甫根妮婭所定居的烏克蘭，恐怕是殺戮最慘重之處。再一次，統計數字無從確定，但我們要是採信七百萬人到八百萬人死亡這個最普遍的估計，那就意味著每五個烏克蘭人就有一人死於戰爭中。[17]即使在烏克蘭境內，不同社群受到的影響程度也各有不同。某些地方喪生的人數極少，其他地方則被全村屠殺，舉目所見空無一人。一如歐洲其他地方，猶太人遭受不成比例的巨大苦難。烏克蘭全部猶太人約有一半在戰時遇害，絕大多數倖存者唯有逃亡才能生還。當德軍終於在一九四四年被驅離，烏克蘭已經宛如一幅被剝除了大塊內容的織錦，其中一兩種特定色彩的絲線更被完全去除。

但殺戮並未到此為止。即使在與德國人的戰爭進行之際，烏克蘭游擊隊與波蘭人少數族裔之間也另外爆發了內鬥。波蘭人被全村屠殺的事件，與滅猶大屠殺如出一轍，又有十萬多人因此遇害。蘇聯對這場野蠻族群衝突的解決方法，是從烏克蘭共和國西部將八十萬左右的波蘭人驅逐到國界彼端的波蘭。如此一來，猶太人已被清空的烏克蘭西部，這時又清空了波蘭人。[18]

但烏克蘭的苦難還是沒有結束。第二次世界大戰的影響之一，是再度喚起了烏克蘭的國族主義想望，而且又是以共和國西部為甚。該地的烏克蘭游擊隊抗拒蘇聯捲土重來，展開了一場漫長卻注定失敗的獨立戰爭，一直持續到一九五〇年代。數十萬人民被捲入戰火，光是在一九四五至一九四七年間，就有五萬五千多名烏克蘭游擊隊員戰死，十萬多名游擊隊員家屬被驅逐到蘇聯帝國的偏遠地區。於是，烏克蘭在戰後不僅被族群清洗，也被政治清洗。實際上它遭受的不是一場、而是四場衝突——世界大戰、國族獨立戰爭，以及至少兩次全面種族滅絕的嘗試。[19]

當一幅織錦一再被撕走一小塊，一次次遭受破壞，到了何等地步，剩餘的部分就再也不是原來那幅織錦？一九四五年，烏克蘭所有的城市都被摧毀，大部分基礎建設也崩潰了；它有了新的邊界，人口被挖開了大洞；它失去了大多數猶太人和幾乎全部波蘭人，短暫地被戰爭重新喚起的國族願望則被無情粉碎。

烏克蘭的多數居民再也不知道要不要自認為烏克蘭人。葉甫根妮婭．季謝列娃雖然幼時就讀烏克蘭學校，但她認為自己是俄羅斯人。她在後半生不僅接受蘇聯文化的主導，更欣然擁抱它。在兩段婚姻崩毀、家庭緩慢而痛苦地解體之後，蘇聯國家成了她生命中唯一能帶來任何一種穩定的部分，它給了她工作、住家、年金和歸屬感。她沒能親眼看到這個國家同樣分崩離析，或許是一種福氣。

當烏克蘭在一九九一年贏得獨立，像她這樣的千百萬人被遺落在一種令人不快的懸而未決狀態。他們在後蘇聯世界裡既不是真正的烏克蘭人，也不是真正的俄羅斯人，不知道該向哪一方投入忠誠。認同危機直到今天還是糾纏著烏克蘭，該國持續在懼怕蘇聯時代復辟與渴望重返蘇聯時代的不同人群之間撕裂。

那麼，整個蘇聯呢？藉由放逐民族、鎮壓獨立運動並強制施行國家價值觀，蘇聯當局確信蘇聯因此變得更強大、更統一了。被壓迫的不只是烏克蘭民族，同樣情況也發生在其他許多被重新征服的領土，諸如西部邊界的立陶宛、拉脫維亞、愛沙尼亞和摩爾多瓦，以及南方的克里米亞和高加索山區各共和國。儘管這種做法在短期內收效，卻也種下了日後騷亂的種子，來自其中任何一個地區的人民，都會滿腔怨恨地記得自己在戰後初年遭受的待遇。史達林在一九五三年逝世時，蘇聯差不多就只能靠著強制力結合在一起了。

這樣的國家不可能維持下去。其後數十年間，追求個人自由及國族自由的不可遏抑衝動，將持續動搖蘇聯統治。最終，如同在它之前的其他所有歐洲帝國，蘇聯終將解體。

第二十三章　流亡者

馬蒂亞斯．孟德爾（Mathias Mendel）出生在國族興起之前的時代。他在喀爾巴阡山腳下的德語村莊海德維希（Hedwig）長大。儘管他和家人都是德意志人，但這個地區的其他多數人都是斯洛伐克人，而他在學校的老師只會說匈牙利語。這時是奧匈帝國的末年，國籍既是一切，卻也毫無意義。不管怎麼說，馬蒂亞斯總是理所當然地認為，他和他的社群屬於這裡。德意志民族在歐洲的這個地區已經定居了五百多年。[1]

第一次世界大戰過後，捷克斯洛伐克成為獨立國家，但他的村莊幾乎沒變。他長大成人，娶了一位名叫瑪利亞的女子為妻，她有一半的斯洛伐克血統。一九二四年，他們生下了女兒瑪吉，三年後生下次女，跟著母親取名瑪利亞。往後十三、四年間，他們又生下五名子女：四個兒子（恩斯特、理查、埃米爾、威利）和小女兒安娜莉絲。

即使他們很窮，但通常還是很快樂。他們在自己的田裡勞動，種植馬鈴薯和穀糧，擁有幾隻家畜。每年春天，馬蒂亞斯都會遠赴德國的大貴族農莊工作，直到十月收成之後才回家。他從這些遠行掙得的工資，是他們僅有的財產。

二十世紀最初四十年間，這就是馬蒂亞斯和家人的生活方式。這麼多年來，沒有任何重大政治事件，對這個村莊恆久不變的節奏產生重大變動。但隨後第二次世界大戰來臨，一切從此不復舊觀。

首先改變的是圍繞著國籍的氛圍。數百年來，馬蒂亞斯的社群一直生活在斯洛伐克人中間，彼此維持著互助合作的精神；但在納粹崛起之後，卻產生了新的緊張對立。突然間，唯一最重要的政治議題似乎成了族群議題，以及誰有權擁有土地的問題。事情又快又密集地發生。德國在一九三八年併吞蘇台德區，一年後進軍捷克斯洛伐克。斯洛伐克在一九三九年宣布獨立，但匈牙利立即入侵該國邊境。鄰居之間數百年來的寬容迅速分崩離析。

馬蒂亞斯不再當農工。他在戰時參加築路工作，也在化學工廠任職。一九四四年，他被徵召進了國民突擊隊，協助保衛自己的村莊：蜂起反抗斯洛伐克政權的斯洛伐克游擊隊，此時正在攻擊任何與德國有關聯的人。斯洛伐克人和德意志人看來再也不是朋友了。

結局在一九四五年來臨，蘇聯紅軍從東方節節逼近。德國最高統帥部懼怕紅軍即將進攻斯洛伐克，下令所有說德語的少數族裔全部撤離。

孟德爾一家還沒意識到，就被拆散了。首先離開的是兩個男孩，九歲的埃米爾和七歲的威利，他們被主管疏散兒童的兒童下鄉計畫（Kinderlandverschickung, KLV）送往蘇台德區，和陌生人一同居住。年紀較大的孩子接著走，他們和朋友、鄰居向西前往德國。馬蒂亞斯的妻子瑪利亞當時身懷六甲，她帶著五歲的安娜莉絲前往奧地利。她在逃亡路上生下了第八個孩子迪特曼。

很快地，馬蒂亞斯成了唯一留下的人。身為國民突擊隊的一員，他為了保衛村莊而留下來一段時間，但他們沒過多久也被疏散。部隊前往布拉格，但很快就被蘇聯紅軍俘虜，監禁在一處先前關押猶太人的集中營裡。馬蒂亞斯最後獲釋，但他不准返回海德維希。他反倒和捷克斯洛伐克的所有德意志人一同被逐出這個國家。他終其一生再也看不到自己的家鄉。

☆

馬蒂亞斯直到一九四六年夏天才能和家人團聚，他終於在德國南部海爾布隆（Heilbronn）附近的默赫米埃爾（Möckmühl）小鎮找到他們。他們來到的這個國家處於一片混亂。孟德爾一家只是逃離蘇聯紅軍的四百多萬德國難民之中的一小撮人。這些人絕大多數逃離了舊波蘭邊界沿線的第三帝國東部，但有些人就像孟德爾一家那樣，也從中歐其他國家逃難而來。

難民人數實在太多，很難找到哪個地方能收留他們所有人。歷經盟軍

圖42　馬蒂亞斯・孟德爾，攝於被逐出捷克斯洛伐克之後不久。（圖片來源：Dittmann Mendel）

多年轟炸，德國大多數城市都成了廢墟：全國一千九百萬間房屋，約有三百九十萬間被摧毀。難民被迫在任何具備屋簷之處棲身：防空洞、穀倉、兵營、廠房，甚至過去的戰俘營。孟德爾一家相對幸運，他們得到一位農民庇護，這位農民提供他們兩個小房間，也給了馬蒂亞斯工作。四個大孩子也設法在當地的農場找到工作。[2]

當時尋找著住處的，不只是孟德爾一家這樣的家庭：德國當時擠滿了各式各樣的難民。人數十分驚人。除了從東方逃難而來的四百萬德意志人，還有四百八十萬人左右為了躲空襲而逃離城市。因戰爭而流離失所的也不只有德意志人，納粹強迫千百萬外國勞工來到德國，其中多半違背其意願，終戰時約莫還有八百萬人滯留於德國。多數外國勞工來自蘇聯、波蘭和法國，但還有為數眾多的勞工來自義大利、希臘、南斯拉夫、捷克斯洛伐克、比利時和荷蘭。盟軍和聯合國善後救濟總署努力將這些人盡快遣送回國，但仍有數十萬人不願返鄉，因為他們懼怕自己回到祖國可能面臨的下場。許多人寧可過著流亡生活，也不願在共黨統治下生活。

就這樣，即使盟軍盡了最大努力，難民人數仍舊居高不下。要是再加上二十七萬五千名左右的英美兩國戰俘，那麼一九四五年在德國流離失所的總人數將高達一千七百萬人以上。可能除了戰時同樣有大量人民在國內流離失所的中國之外，這在當時可說是全世界僅見最大量集中的難民與流離失所人口。[3]

雪上加霜的是，難民還繼續前來。戰爭結束後，歐洲其他地方的人民持續湧入德國。其中有些是逃離東方反猶主義復發的猶太人。有些是逃避母國報復的親德通敵者或通敵嫌疑人。但絕大多數都是從東歐及中歐其他地方被趕走的德意志人。正如馬蒂亞斯·曼德爾所察覺的，戰後沒有一個國家願意讓德意志少數族裔繼續生活在國內。海德維希的社群不過是戰後被一掃而空的數千個社群之一。

一九四五至一九四八年間，捷克斯洛伐克的三百萬蘇台德區德意志人全都被逐出國外。東普魯士、西利西亞、波美拉尼亞等地的幾乎全部人口也一樣，這些原屬德國的領土，在一九四五年分別被波蘭和蘇聯併吞。其中許多人在戰爭末期已經逃亡，就像孟德爾一家，但根據德國官方統計數字，戰後三、四年間，又有四百四十萬人從這些地方被強行驅逐。最後，其他歐洲國家也群起效尤：一百八十萬德意志人也被逐出了匈牙利、羅馬尼亞和南斯拉夫。[4]

這些大規模驅逐的實施過程都大為殘酷。說德語的捷克斯洛伐克公民被名副其實地驅趕出邊界，身上只帶著隨身財物。在布拉格及其他城市，德意志人被圍捕並強行關進拘留所等待驅逐，其中許多人在等待過程中遭受酷刑拷問，以確認他們在德國占領時期所扮演的角色。全國到處發生了大規模屠殺，最著名的一次發生在拉貝河畔烏斯季（Ústí nad Labem，原名奧西格〔Aussig〕），但也發生在波斯托洛普蒂（Postoloprty）這樣的小鎮，根據捷克與德國雙方記載，至少七百六十三名德意志人遭到屠殺，並被埋在城鎮周圍的萬人塚。針對德意志人的同樣暴行也在波蘭發生，掌管拘留營的官員刻意效法納粹某些最凶暴的行徑，對他們關押的德意志平民遂行報復。東歐和中歐驅逐德意志人是如此殘暴，一般認為至少有五十萬人在過程中喪生。[5]

要是把所有這些人和一九四五年已經流離失所的人數一併計算，那麼一九四五至一九五〇年間通過德國的難民總數約有兩千五百萬人。考量到當時的德國人口不到六千七百萬人，這象徵著一股在歐洲後無來者的人間苦難潮流。

圖43　戰後初年的德國難民人數，多到各政黨直接向他們提出訴求。這張為了一九四六年巴伐利亞憲法公投而製作的海報，訴諸難民們對於德國重新統一的願望。

民族涇渭分明

東歐及中歐驅逐德意志人，不過是一九四五年發生在整個歐洲大陸的現象之一例。馬蒂亞斯·孟德爾成長的那個世界，那個斯洛伐克人、德意志人、匈牙利人比鄰而居，不太考慮彼此差異的世界，正在急速消逝。

匈牙利人也因為該國決定與德國結盟而遭受同樣苦難。終戰之後，斯洛伐克政府官員要把他們趕出國外——六十萬人全部驅離。盟軍看到了德意志人的遭遇，拒不允許這種行動，最終只有七萬名匈牙利人在人口交換中被「推」回匈牙利，另外四萬四千人則被逐出世代居住的村莊，被迫與國內其他地方的斯洛伐克人社群同化。[6]

其他國家也在戰後驅逐他們不想要的人口。例如波蘭不只驅逐德意志人，也清除了四十八萬兩千名左右的烏克蘭人，其中多半是從該國東南部的加利西亞（Galicia）地區被驅離。當烏克蘭邊界在一九四七年關閉，不再接受驅離人口，波蘭當局想出了其他辦法清除這個少數族裔。烏克蘭人的村莊整個被清空，社群被拆散，小群烏克蘭人被分散於國土彼端的波蘭人村莊之間。即使不能移除烏克蘭人，還是可以強迫他們同化：正教及東儀天主教（Uniate church）被查禁，任何人說烏克蘭語被查獲就會受懲罰。為防範烏克蘭人返回他們一度稱為家園的地方，他們曾經居住的許多村莊都被燒成焦土。[7]

到頭來，歐洲東半部幾乎每一國都恣意從事這類行徑。立陶宛、白俄羅斯、烏克蘭等蘇聯加盟共和國在一九四五年之後驅逐了約一百二十萬波蘭人，多數是從它們透過多項和平條約向波蘭取得的邊境地帶驅離。同樣地，二十五萬芬蘭人也在卡瑞里亞（Karelia）西部割讓給蘇聯之後被逐出該地。保加利亞強迫十四萬名左右的土耳其人和吉普賽人越界進入土耳其。還不只這些。羅馬尼亞驅逐匈牙利人，匈牙利也驅逐羅馬尼亞人。南斯拉夫從邊境地帶驅逐義大利人，烏克蘭驅逐羅馬尼亞人，希臘驅逐察姆阿爾巴尼亞人（Albanian Chams）。戰爭結束後，東歐每個國家看來都決心盡可能排除外來影響。[8]

結果是整個歐洲大陸規模的種族清洗。僅僅數年間，這些國家的少數民族比例減少了超過一半。馬蒂亞斯．孟德爾從小到大視為理所當然的古老帝國大熔爐，被永遠地摧毀了。[9]

後殖民驅逐

歐洲的各式各樣驅逐行動，背後的理由全都與恐懼有關。第二次世界大戰讓捷克等國的人民明白了，他們不能信任生活在他們中間的少數外國人，因為這些少數人可能被利用，在國家內部挑撥離間，令國家分崩離析，並加以支配。納粹在一九三八和一九三九年利用捷克斯洛伐克的德意志少數族群為藉口入侵，捷克人和斯洛伐克人的反應是責怪少數族群，加以懲罰並放逐，因此也就無需意外。被逐出家園是馬蒂亞斯．孟德爾這樣的人，為了納粹德國擴張的貪欲而必須償付的代價。

亞洲和非洲國家境內也有外國勢力的少數殘餘。朝鮮的日本人、印度的英國人、印尼的荷蘭人、阿爾及利亞的法國人——他們全都是外國人群體，同樣涉入了殖民與支配文化，結果，這些國家的原住民在一九四五年之後也力圖驅逐他們。

當然，英國人定居於印度的理由，與馬蒂亞斯．孟德爾一家生活在斯洛伐克的理由大不相同，他們不是在這個國家內部有機生長的，而是特意前來遂行支配的。印尼人對於荷蘭人的仇恨首先也無關於族群，他們要鏟除的是帝國主義文化。儘管如此，但結果還是一樣。這些外國勢力殘餘必須排除。

首先被送回母國的是日本人。第二次世界大戰終結了大日本帝國，因此生活在海外的所有日本人都必須離開，就連那些已經在朝鮮、滿洲、福爾摩沙（台灣）居住了兩代到三代的日本人家族也是一樣。超過六百五十萬日本人在戰後四年被遣送出境，其中略多於一半是軍人及其他軍方機關人員。但剩下三百萬人則是平民，有商人、交易商、行政官員及其眷屬。如同馬蒂亞斯．孟德爾，他們也被迫捨棄家園和所有財產。[10]

這些人被驅逐的情況，與歐洲既相似又有所不同。如同在歐洲，戰後初期的亞洲也發生了一些嚴重暴行。在滿洲和朝鮮，日本平民經常被襲擊、凌虐、姦淫，有時更被屠殺。終戰一年後，仍有五十多萬日本僑民下落不明，一般認為光是在滿洲，就有將近十七萬九千名日本平民和六萬六千名軍人死於終戰後的混亂與冬季嚴寒。但在日本帝國的其他地區，日本人倒是沒有遭遇被驅逐的德意志人所經歷過的那種磨難。部分原因在於日本人的遣返（引揚）由盟軍執行，不是由渴望自行執法的當地人實施。但還有其他理由。亞洲遣返過程的氛圍，與歐洲的氛圍大不相同，幾乎沒有關於種族或族群清洗的有毒意識形態，導致波蘭和捷克針對德意志人的那種殘酷行徑發生。所有話題反倒都集中在帝國本身。日本戰敗了，日本帝國瓦解了，日本人也該是時候回母國了。整體而言，就連日本僑民自己都承認這點，他們大致上都願意離開。[11]

他們返回的母國也一如德國，在毀壞中陷入一片混亂。六十六個大城市在戰時遭受嚴重轟炸。東京所有住房被摧毀了百分之六十五，大阪是百分之五十七，名古屋則是百分之八十九；廣島和長崎則被原子彈夷為平地。將近三分之一的日本城市居民在終戰時無家可歸，他們不太願意在這個生活水準完全瓦解的國家多收容六百五十萬人。不同於被驅逐的德意志人，海外歸來的日本人得不到多少母國同胞的同情，因為他們再怎麼受苦受難，都比不上經歷過原爆的人。[12]

如同在歐洲，日本帝國的瓦解也是雙向的：涉及海外日本殖民者的遣返，也涉及外國人離開日本。根據當時美國軍政府的檔案資料，在日本的外國人約有一百五十萬人，絕大多數是朝鮮人、台灣人和中國人。後來的學術研究將人數估計得更高，超過兩百萬人。其中許多人在戰時被帶來日本，他們急切想要回家；但有些人出生於日本，他們主張自己身為帝國臣民有權留下。終戰後一年內，將近一百萬人返回祖國，多數回到朝鮮。拒絕離開的人也以朝鮮人占多數，總計約六十萬人。

這些人在一九四五年並未得到妥善考慮，此後則受到嚴酷的歧視。不幸的是，去殖民過程導致了這種結果。當日本人正式放棄對朝鮮的統治權，他們也同時放棄了對國內少數朝鮮人的責任。結果，留在日本的朝鮮人無權投票、無權領取戰時年金、無權參與國民健保及社會安全保障，也無權申辦護照。直到今天，在日本居住了好幾代的朝鮮人，若不首先放棄南韓或北韓國民身分，仍無法與日本公民享有同等權利。過了這麼多年，許多日本人還是把他們當成「外國人」。但日本人多半忘記了這件事：他們起初是以日本帝國臣民的身分被帶來日本的。[13]

亞洲的日本帝國瓦解之後，歐洲殖民帝國也走上了漫長而緩慢的解體。這個過程也涉及了去除帝國精英，以及歐洲人大舉退出先前統治的殖民地。例如，一九四七年印度與巴基斯坦獨立之後，十多萬英國人離開了印度次大陸。[14]英國人也陸續離開了緬甸、馬來西亞、新加坡，隨後又離開了多處非洲殖民地。到了一九九〇年代之初，出生於這些國家、隨後返回「母國」英國的白人已超過三十二萬八千人（即使「歸國者」的真正人數無疑更高，因為出生於英國的歸國者並未顯示在統計資料上）。[15]即使這些人全都自豪地以英國人自居，但大多數歸國者其實從來不覺得自己回到了家。他們在殖民帝國習慣了享受特權的生活；回到英國，他們得在戰後配給與撙節的氛圍中自力謀生，沒有僕人侍候。兩百年殖民冒險結束得令人極其沮喪。

荷蘭帝國的解體則相對產生了更直接的後果，帶來的創傷更大。荷蘭人與印尼獨立運動進行了凶殘的戰爭卻落敗，因此別無選擇只能離開。一九五〇年代之初，約有二十五萬至三十萬荷蘭國民離開印尼。這些人的處境比起離開殖民地的英國人更為艱難。其中許多人在日本拘留營裡待了好幾年，而後歷經殘暴的內戰，但他們返抵荷蘭時，卻幾乎不被母國同胞同情，同胞們想像他們安逸地曬著太陽度過戰爭年代。結果，荷蘭殖民者多半受到廣大社會忽視與輕蔑，其後多年也持續承受著巨大痛苦。二十世紀末的心理社會學研究指出，相較於荷蘭主流社會的其他同類群體，來自荷屬東印度的歸國者呈現出更高的離婚、失業及健康問題比率。[16]

二十世紀後半葉返回法國、比利時和葡萄牙的其他殖民者，可說也有同樣的遭遇。阿爾及利亞戰爭過後，約有一百萬法國殖民者（稱為黑腳法國人〔pieds noirs〕）逃往法國。他們在一九六〇年代的反殖民精神中，始終得不到多少同情，反倒成了法國殖民計畫失敗的替罪羊。十年後，三十多萬葡萄牙殖民者從安哥拉逃往葡萄牙，逃離莫三比克的人數也大致相同。他們返回的母國忙著應對長期獨裁統治的餘波，沒有餘力考慮他們。[17]

歐洲人返回歐洲的這一運動，不難想像成某種清除碎片的重組過程：植入全世界其他國家的一小群歐洲人，被送回了屬於他們的地方。但其中許多人完全感受不到自己是「回歸」的國家一分子，也發現適應歐洲生活極其困難。當然，他們歸國的形勢與馬蒂亞斯．孟德爾等人的經驗完全不同，人們或許可以說，他們的剝削與特權文化早該結束。但他們的失落感卻不容否認：在兩百年的殖民主義之後，一整套生活方式被終結了。

國際回應

第二次世界大戰以來的這段時期，通常被稱為難民與流亡時代（age of refugees and exiles）。一九四五年以來，人道危機接踵而至。帝國瓦解、冷戰開始、世界各國內部權力鬥爭、饑荒、水災、內戰——所有這些和其他事件，使得人間苦難的潮流大致上毫無間斷。

戰爭結束後，設立了許多機構應對這些問題：在前文提過的聯合國善後救濟總署之後，是國際難民組織（International Refugee Organization, IRO），以及一九五〇年代初期成立的聯合國難民事務高級專員辦事處（即聯合國難民署〔United Nations High Commissioner for Refugees, UNHCR〕）。最後一個機構原本應該只是臨時性的，因為太多國家對於成立一個常設機構的政治影響感到憂慮，使得他們最初設立辦事處時只以三年為期。但難民就只是不斷出現。第二次世界大戰導致的流離失所，結果證明了並非暫時現象，反倒是這個世界如何改變的跡象。[18]

隨著新的緊急事態產生，聯合國難民署的授權不僅獲得更新、而且擴充了。它協調因應了一九五六年匈牙利的難民潮，以及一九五〇年代晚期阿爾及利亞的難民潮。它應對了一九六〇年代非洲去殖民之後的難民潮，一九七〇年代則照顧越南、柬埔寨和孟加拉的難民。一九八〇年代，它協助人們逃離中美洲的內亂和衣索匹亞的饑荒，一九九〇年代則試圖為逃離盧安達和南斯拉夫種族清洗的人們提供救援物資。[19]

近年來的一長串危機，使得全世界難民數量大幅增加。僅舉數例：伊拉克和阿富汗都有大戰，中非和非洲之角（Horn of Africa）發生內亂，阿拉伯之春過後產生了巨大動盪，為禍最烈的則是敘利亞曠日持久的內戰。按照聯合國難民署的資訊，二〇一四年又有一千三百九十萬人因戰亂或迫害而流離失所，是二戰以來創紀錄的最多人數。全世界難民與離散人口的總數，據估計為五千九百五十萬人，這又是一個史無前例的數字。問題正在惡化，而非改善。[20]

在所有這些時候，德國始終是對難民最慷慨的國家之一。根據一九四八年起草的德國《基本法》，「受政治迫害者，享有庇護權」——其後四十年間，這項權利無條件適用於所有尋求庇護的人。[21]於是西德在一九六一年柏林圍牆完工之前，又收容了來自共產東德的三百萬難民。一九五六年匈牙利革命失敗後，西德是首先收容湧出匈牙利國界數萬難民的國家之一。東德共產主義崩潰之時，德國向數十萬來自東方的尋求庇護者敞開大門，光是一九八八至一九九二年間就有將近六十萬人。往後三年，德國也接待了三十四萬五千名逃出南斯拉夫內亂的難民。一九九九年，德國國內的難民和尋求庇護者已超過一百二十萬人。[22]

二〇一五年，因應敘利亞新近發生的戰爭，德國宣布對所有逃離敘利亞危機的難民實施門戶開放政策。其後數月間，數十萬移民橫渡地中海，許多人身上攜帶著德國總理梅克爾的照片，他們告訴電視記者：「安琪拉說我們可以過來。」那年年底，德國境內尋求庇護者的人數增加四倍，達到將近一百萬人。[23]

其他許多歐洲國家都不曾如此慷慨，尤其不曾在二〇一五年難民危機裡如此慷慨。有些國家沿著邊界築牆，將難民拒於門外。其他國家則指出（多少有些道理），許多流進歐洲的人完全不是難民，而是經濟移民。幾乎每個國家都批評德國敞開門戶。它們說德國人不過是想要抵償歷史罪責，他們犯下了「專橫地展現德國價值」，甚至「道德帝國主義」的罪行。[24]

在馬蒂亞斯．孟德爾的第八個兒子迪特曼．孟德爾看來，德國的難民政策有個更簡單的解釋。他在一個深知被逐出家園意味著什麼的社群裡長大。他的家人得再次從頭開始建立家園，同時仰賴陌生人的善意；他經常聽見父母親和來自老家的朋友哀傷地說到他們被迫捨棄的那個世界。「那裡對於世界難民問題的理解，或許比別處更多，」他說，「部分是因為我們自己經歷過那種命運。」[25]

第二十四章　民族全球化

第二次世界大戰帶來的不只是悲痛與創傷。它也不一定總是導致民族的兩極分化。某些國家上演的過程恰好相反：戰爭帶來的大量離散人口，隨著難民群體成為新少數族群的基礎，為它們帶來了多元化的益處。

所有這些在戰時及戰後移動的人，絕非全部被迫，事實上許多人是自願搬遷的。對這些人來說，從原有的生活流離這一觀念，所代表的並不是損失，而是契機。戰爭給了他們機會，得以觀看世界、體驗新觀念、學習新技能，或許還能為自己打造更好的生活。其中一個這樣的人，是加勒比海蕉農的兒子山姆．金恩（Sam King），他的故事揭示出戰爭帶來的最大社會變遷之一：戰後移民潮。

☆

二戰爆發時，山姆．金恩還是個青少年，但他的父親已經為他規劃好了前程。身為長子的金恩要在父親退休時，繼承父親在牙買加神父河（Priestman's River）的農場。這個前景讓金恩完全開心不起來。他看到父親年復一年戰鬥，對抗乾旱與水災、颶風損害、黃葉病侵襲香蕉，以及黃化病將椰子徹底摧毀。他看過國際市場訂單突然中斷時，在田地裡腐爛的收成。像父親這樣的生活除了困苦，似乎一無所得。「我決定了……這樣的不幸我會很難承受，因此最好自求出路。」[1]

戰爭恰好給了他期待已久的機會。在他十八歲的某一天，《每日集錦報》（*Daily Gleaner*）刊出一篇廣告，招募志願者加入英國皇家空軍。母親對他說：「兒啊，母國在打仗。去吧！你能活著回來就好了。」於是他參加了皇家空軍的測驗，以高分通過。一九四四年，他搭上古巴號輪船（*SS Cuba*）橫渡大西洋。[2]

隨後數月，他體驗了許多不曾想像過的經驗。首先是戰爭本身。「我知道戰爭，」他在多年後回想，「但當你真正看見戰爭，那很可怕。」那年十一月抵達格拉斯哥時，他震驚地發現大半個城市被炸毀了。他所經過的每個城市也都是這樣，尤其是當時仍在V1和V2火箭襲擊下的倫敦。

他也被寒冷所震撼。他抵達的時候，英國的氣溫只有攝氏四度（華氏

圖44 身穿英國皇家空軍制服的山姆・金恩，攝於一九四四年離開牙買加之後。

三十九度）：「我還以為我會死掉！」但他的教官們要他和其他牙買加新兵脫光衣服，踢一場足球。當他們跑來跑去踢完了球，發現自己在流汗，他們也就明白了在這個國家的生活不至於那麼糟。

皇家空軍將金恩訓練為一名飛機裝配工，派他裝配蘭卡斯特轟炸機。他的工時很長，但他很開心。「我有幸與從挪威到蘇丹，來自四面八方的人們一起工作。我們全都必須通力合作打敗納粹德國。」由此產生的強烈群體意識吸引了他，「成為英國的一分子，感覺真好。」[3]

金恩熱切地把握了呈現在他眼前的機會。他在英國的時候開始參加函授課程，得以彌補兒時在牙買加錯失的學校教育。他報名了皇家空軍的木工課程，好讓自己學會新技能。只要放假，他就在建築工地度過，才能賺些小錢儲蓄起來。前途看來比他曾經想過的可能性更加光明。

「戰爭給了我離開自己村莊的機會。」他在去世前不久的一次訪談中坦承，「我不會說戰爭是好事，但我把握了機會。沒有戰爭的話，我父親會把鎖鍊綁在我腳上。但我不打算跟他一樣種香蕉。」[4]

西歐的多元性

英國人口在一九三九至一九四五年間歷經轉型。隨著納粹在歐洲乘勝長驅，軍隊和難民逃離歐洲大陸，在倫敦落腳。挪威海軍航行到蘇格蘭。法國海軍的殘部以普利茅斯為基地，波蘭空軍的殘部則在倫敦附近和林肯郡編成十多個中隊。成千上萬猶太人也逃到英國，包括喬治娜・桑，她的故事為本書做了開場。倫敦尤其成了自由法國政府、自由比利時政府、捷克與波蘭流亡政府、荷蘭女王和她的政府，以及各式各樣歐洲官方及非官方組織的總部所在地。他們與來自英國殖民地及自治領的人們混合在一起，尤其是加拿大人、澳大利亞人、西非人，以及像山姆・金恩這樣來自加勒比海的人。超過十七萬愛爾蘭人在戰時前來英國工作。加入這個混合體的最大一群人，或許是身為美國陸軍及陸軍航空隊官兵，駐紮於英國的數十萬美國人。戰時的英國是一個多元程度前所未見的國家。[5]

這些人幾乎全都不是長期移民。他們多半是男性或女性戰鬥人員，或是來自歐洲的難民，絕大多數只在戰爭期間停留。一九四五年勝利消息宣告之後，挪威海軍即可自行返回奧斯陸峽灣（Oslofjord）。自由法軍返回法國，各國流亡政府也動身返國重建家園。龐大的美軍部隊登船，橫渡大西洋返國。一九四七年，山姆・金恩也復員，並被送回牙買加。

但人們要是想像英國就要恢復戰時的原貌，那就錯了。就在一群外國人離開的同時，又有一群外國人陸續來到。數萬波蘭難民在戰後初期來到倫敦，落腳於倫敦西部及其他地方。他們是戰時為英軍作戰的人，但這時由於蘇聯併吞了母國而無國可歸。英國容許史達林併吞波蘭，因此虧欠了他們一份責任。一九四七年，英國國會通過《波蘭移民法》（*Polish Resettlement Act*），十多萬波蘭移民隨之而來。[6]

英國需要這些人。全國都在重建，戰後初年對工人的需求極大。福利國家的新機制需要員工，尤其是全國健保，日後更將成長為全世界最大的僱主之一。英國的基礎建設受到嚴重破壞，尤其住房存量迫切需要重建。職缺開始到處出現，各種產業彌補多年忽視的需求，所需要的工人多過英國一國所能供給。

如此的差額多半由愛爾蘭勞工填補，這人數多到愛爾蘭自己的人口迅速流失。一九四五至一九七一年間，三十歲以下的愛爾蘭人口有將近三分之一出國求職，多數前往英國。英國政府也開始從其他國家招募人力。他們設立了歐洲志願工人（European Volunteer Worker）方案，隨後是規模更大的「西進呵！」（Westward Ho!）方案，試圖從歐洲其他地方吸引多達十萬名工人。[7]

同樣的過程多半也在整個歐洲大陸發生。如同英國，其他歐洲國家也設立方案吸引外國工人前來。最早採取這類措施的國家之一是比利時，幾乎在戰爭一結束，它就僱用了五萬名離散人口在煤礦及鋼鐵廠工作。法國開設了國家移民局（Office National d'Immigration）組織招募鄰國工人事宜，隨後德國也經由聯邦勞工部開辦了外籍工人方案。

沒過多久，為數龐大的人民就從歐洲更貧窮的地區，移動到有大量職缺的地區。戰後十五年間，每年平均有超過二十六萬四千名義大利人離開義大利，多數前往德國、瑞士及法國求職。同樣地，也有數十萬西班牙人和葡萄牙人移動到法國。土耳其人和南斯拉夫人移動到德國，芬蘭人移動到瑞典，諸如此類。

因此，就在東歐驅逐少數族裔，力圖創造單一文化民族國家的同一時間，西歐則近乎前所未有地混雜。到了一九七〇年代初期，西北歐工業強國幾乎成了將近一千五百萬移民的家園。[8]

來自殖民地的移民

山姆．金恩不情願地返回家鄉。回到父親的農場，他聽見各種傳聞提到英國正在發生的一切轉變，又開始覺得坐立難安。他在牙買加過得不快樂。這個島嶼在他離開的時候變了。如同世界上其他許多地方，它也正在與戰後動盪、獨立訴求、罷工和普遍失業搏鬥。新的焦躁感到處瀰漫著。

金恩也變了。自從他回來之後，他發現自己飄忽不定。「我試著安撫躁動的心，查看我可以申請的各種方案，但它們全都變得幽暗而空洞。我看不出在社會上或財務上，我能在神父河還是牙買加取得任何進展……我焦急又渴望，我承認，但我覺得自己快沒時間了。」[9]

有一天，他在《每日集錦報》上看到第二篇廣告。一艘名為帝國疾風號（Empire Windrush）的運兵船預定在那年五月停靠京斯敦（Kingston），任何想要搭船到英國找工作的人都可以便宜買到船票。他馬上就知道自己該做什麼。他去找父母親，獲得了他們的同意——但雙親非常悲傷，因為他們感覺到他這次回到英國，恐怕就一去不返了。父親賣了三頭牛為他支付船票。一九四八年五月二十四日，山姆．金恩再次搭上了航向「母國」的船，這次是以公民身分回去。

☆

金恩那時當然不知道，但他一九四八年橫渡大西洋的旅程，其實不只是他個人的里程碑：他在一場讓英國完全措手不及的革命裡成了先鋒。

戰後的英國政府相信自己能夠控制移民。為了吸引歐洲移工而設立的方案，都有嚴格的限額和分類。在英國政府看來，理想的移民是能夠天衣無縫地融入英國社會的人——年輕、身心健康、中產階級、清教徒，以及最重要的，必須是白人。正因如此，他們才如此積極地透過歐洲志願工人方案招募波羅的海各國難民，他們是政府認為最有可能融入的人。

但他們的計畫有一個明顯的漏洞。與歐洲工人不同，來自大英帝國內部的移民並未受到限制，山姆・金恩這樣的人身為「聯合王國及其殖民地公民」，自動享有入境英國，在英國工作、生活，甚至在選舉中投票的權利。這些權利一直適用於大英國協全體公民，直到英國政府從一九六二年開始予以廢除。當他們來到，他們相較於某些歐洲競爭者已經有了許多優勢：他們會說英語，熟知英國文化的許多面向。正如金恩所言：「我們是基督徒，也會玩板球。」[10]即使他們必須經過漫長旅途，他們的國家與英國既有的關係，仍讓旅途變得更容易許多——他們就只是走著歷史悠久的貿易路線。

這一切移民的結果，使得英國城市迅速從一九三九年的單一文化，轉變為今天的多元文化、多元種族大熔爐。到了一九七一年，定居於英國的西印度群島人已經超過三十萬。此外還有來自印度的三十萬人，來自巴基斯坦的十四萬人，以及來自非洲的十七萬多人。這些群體在往後的年代裡，構成了後續移民潮的核心基礎。

按照牙買加出生的詩人路易絲・班奈特（Louise Bennett）與高采烈的說法，這正是「逆向殖民」。[11]

☆

大致相同的事件也在西歐全境發生。隨著歐洲大陸內部民族流動而來的，會是來自更遙遠地方的移民。第二次世界大戰過後二十五年間，法國本土不僅成了義大利人、西班牙人和葡萄牙人的新家，也成了來自前法國殖民地數百萬人的新家。將近一百萬名「黑腳法國人」（出生於阿爾及利亞的法國人），在一九五四年開始的阿爾及利亞獨立戰爭過後逃離北非。隨著他們而來的則是將近六十萬名追尋更好生活的阿爾及利亞原住民。接著有十四萬摩洛哥人和九萬突尼西亞人透過國家移民局在法國找到工作，還有二十五萬左右來自瓜地洛普（Guadeloupe）、馬丁尼克（Martinique）及留尼旺島（Réunion）等海外省份及屬地的法國公民。今日法國的多樣性正是根源於戰後這段時日。

荷蘭也有三十萬荷蘭國民從新近獨立的印尼「歸來」。三萬兩千名摩鹿加人隨著他們而來，其中多數是不願與印尼國家扯上關係的安汶島基督徒。隨後又有大約十六萬人來自蘇利南、荷屬安地列斯等其他荷蘭殖民地。從安哥拉、莫三比克到葡萄牙，從剛果民主共和國到比利時，也發生了同樣的人群流動。[12]

在全球規模上，這些前往歐洲的人口流動，成了全球南方國家前往北方富裕國家的更廣泛移民潮流的一環。不只是向北遷移到歐洲「母國」的前殖民地人口，還有前往波斯灣國家求職的索馬利亞人和斯里蘭卡人，前往香港或日本的菲律賓人和印尼人，以及前往美國的墨西哥人和波多黎各人。歷史學家和政治學家經常論述戰後來到英國的西印度群島人，但到了一九七〇年代中期，光是紐約市的加勒比海移民，其實就比整個西歐還要多。殖民關係很重要；但移民所追求的機會更加重要。[13]

第二次世界大戰過後三十多年間，發生在拉丁美洲的轉變很能說明問題。二戰之前，就有一波歐洲人移民到阿根廷和巴西闖天下，如同他們遷移到亞洲和非洲殖民地那樣。第二次世界大戰一結束，這個模式又重新開始：數十萬歐洲難民及經濟移民再度開始到來。但隨著歐洲的長期經濟繁榮持續到一九五〇年代及六〇年代，移民人數很快就開始下降。拉丁美洲的富裕國家轉而開始仰賴拉美內部的移工：巴拉圭人、智利人和玻利維亞人來到阿根廷；數十萬哥倫比亞人湧入委內瑞拉，在該國的農場和油田工作。最後，當整個拉美區域在一九七〇年代陷入債台高築的惡性循環，大半個拉丁美洲也開始跟隨著其他全球南方國家的相同遷徙模式：人們為了尋求在本國不可能實現的機會而向北流動。他們不只前往美國。阿根廷人也開始向義大利、西班牙等國移民：這是一種反向的經濟移民。[14]

在某些方面而言，這毫無新奇之處。這不過是某種持續了一世紀的趨勢有所進展而已——鄉間貧民向富裕的城市移動，只是以國際規模進行。新奇之處在於人群遷徙的總量，以及他們湧入的比率；兩者皆因二戰而大幅提高。受到近代性展開與戰爭的全球影響所撼動的整整一代人，固著於自身社群的程度比起父母和祖父母更低得多；一如山姆・金恩，他們看到了追求更好生活的契機，想要全力把握。驅動著全世界殖民地獨立的同一種衝動，同樣驅動著千百萬人自力更生，前往他處尋求成功機會。

不僅遷移的衝動增強，機會也增加了。一九四五年之後建立起來的貿易、經濟與國際合作全球體系加速了一個趨勢，少了這個全球體系，趨勢形成還會費時更久。航運業在這些年間蓬勃發展；新興的空運業繁榮昌盛，空運業以戰時建造的大批機群為基礎發展起來。我們今日所知的全球化，其實是從二戰結束後開始迅速發展的。

特別是在西歐，這開啟了一場革命。彷彿印度或加勒比海的一部分脫離開來，嵌入了英國那樣。突然之間，一小片北非被移植到了法國，土耳其和黎凡特的碎片則散布在德國與荷蘭。經濟學家、藝術家和美食家很快就指出這場革命帶給歐洲的巨大益處，但不可否認，代價也同樣存在。其中一個代價即是東道主的疏離感日漸增強。蒙受分裂之苦的不只是移民人口而已，他們的到來也會導致他們所加入的社群出現裂痕。這在往後的年代裡也將產生重大後果。[15]

疾風世代

山姆．金恩在一九四八年搭上帝國疾風號運兵船的時候，完全不知道自己正要進入什麼樣的境地。戰時他身為盟友而在英國受到歡迎。他難得看到露骨的歧視，而他看過的極少數歧視往往並非來自英國人民，而是來自其他外國人，像是在曼徹斯特試圖毆打他朋友，並帶走友人女友的美國大兵，或試圖讓他的住處與白人地勤人員分開的南非軍官。英國人在這兩個場合都插手幫助他。

一九四八年他回來的時候，情況有些不同了。顯然黑人暫時在英國協助作戰是一回事，但他們平時來到這裡，甚至可能永久定居，又是完全不同的一回事。

甚至在他還沒下船之前，針對他到來的反感就已經開始，並由英國社會的最高層表達出來。聽聞帝國疾風號帶著四百九十二位西印度移民來到倫敦，勞工大臣喬治．伊薩克斯（George Issacs）向國會發出警告：「為數眾多的這些人未經計畫安排就來到，必將導致不小的困難與失望。」[16]殖民事務大臣亞瑟．克里奇．瓊斯（Arthur Creech Jones）承諾，這幾乎肯定是單一事件，牙買加移民「另一次近似的大規模移動」不可能再次發生。[17]沒過多久，十一位工黨下議院議員聯名致函首相，要求制訂新法防止這些人今後前來：

英國人民有幸得享強大的團結，而非整齊劃一……並受賜於缺少膚色種族問題。有色人民湧入並定居於此，恐將損害我國公共及社會生活的和諧、實力與團結，並在所有相關人士之間導致不和與不幸。[18]

沒過多久，媒體也加入戰局。比方說，就在帝國疾風號停靠於提伯利（Tilbury）當天，《每日畫報》（*Daily Graphic*）的一則頭條將他們的來到稱作「入侵」開始。它警告，山姆・金恩這樣的人只不過是先頭部隊：一支「失業勞工大軍」正要從牙買加來到。[19]

人們不禁要將這些擔憂斥為種族主義無稽之談。四百九十二人的到來幾乎不足以構成「入侵」或「大規模移動」，尤其比不上政府在同一時間積極招攬的數十萬白人移民。可儘管這樣的言論無疑是種族主義，卻也還是有些

圖45　英國政府在戰時呼籲團結。對於前來為國效勞的人民多元性之自豪，在一九四五年後未能延續很久。（圖片來源：Imperial War Museum, London）

其他考量在內。即使英國官員暗藏偏見，他們卻是真心擔憂戰後的社會團結問題，而他們懼怕來自加勒比海的黑人工人就是無法融入社會。歐洲移民至少看起來像是英國人；反之，黑人工人不論走到哪裡都會很醒目。[20]

山姆．金恩來到倫敦時，他開始親自察覺了這點。他從帝國疾風號下船時受到良好照顧。他在倫敦南部一處閒置的防空洞獲得下榻之處，也受到當地教會的會眾們歡迎。但在往後數月，他開始注意到歧視無處不在，有些隱微、有些則毫不遮掩。當他前往一處勞工介紹所登記成為木匠，他被告知，他這個牙買加人的表現不可能達到英國標準。只有在他出示接受過英國皇家空軍培訓的證書之後，他們才難為情地向他提供就業選擇。住所很難找到，寄宿住房的窗口貼出標示：「不收黑人與狗」。當他和弟弟申請購屋貸款，他收到貸款經紀人的回函，不但拒絕他們申請，還建議他們回牙買加去。後來，他在郵局工作時，經常被白人員工叫囂「送他們回去！」還有個主管公開對他說：「要是我可以做主，你甚至別想在我的郵局裡當郵差。」[21]

金恩堅定拒絕讓這些言論和姿態阻礙他。他始終自認為英國人，而且自豪地如此。他加入了工會。他加入了工黨。他開放自己的住家，收留找不到其他地方可去的牙買加同胞。他協助成立了一個儲蓄互助社為移民夥伴提供服務，並催生了英國第一份黑人報紙《西印度群島公報》（*West Indian Gazette*）。倫敦諾丁丘在一九五八年發生種族暴動之後，他協助友人與同事克勞蒂亞．瓊斯（Claudia Jones）組織了一場西印度群島嘉年華，試圖展現出加勒比海文化的正向一面。這場嘉年華最終發展成了全歐洲最大的年度街頭慶典之一，也就是今天的諾丁丘嘉年華（Notting Hill Carnival）。一九八二年，金恩當選為南華克（Southwark）當地議會的議員，一年後成為這個市鎮的第一位黑人市長。他立即開始接獲恐嚇電話，來電者揚言要割斷他的喉嚨、燒掉他的房屋。他的住處由警察常駐守衛。即使這些事令他憤怒，他卻從來不讓自己的判斷因此受到混淆：「消極只會帶來消沉和氣餒。」

他在二〇一六年以九十歲高齡逝世之前，他曾經服務過的市議會在他的舊居豎立一塊藍色紀念牌，表彰他一生的成就，以及他對於社區的一切貢獻。22

反撲

山姆．金恩遭遇到的心態，深植於英國文化之中。經過兩百多年的殖民主義，英國人民對於黑人種族已經建立了各式各樣的假定，認為他們落後、懶惰、低等：因此當金恩這樣的人來到，不只受過教育，而且勤奮、雄心勃勃、有學問又熟練，他們的假定就被打亂了。有些人從經驗中學到教訓，包括早年折磨過金恩的其中一人，日後陷入困境時轉而向他求助；但其他人始終只關心金恩的膚色。

倘若英國在一九四〇年代及五〇年代罕見有組織的反移民運動，原因並不出在缺乏敵意。英國人民一如英國政府，這段時間多半活在否認之中：他們就只是假定黑人和亞裔移民不久就會回家。弔詭的是，英國首度試圖限制移民的舉動最終揭露了實情。一九六二年的《大英國協移民法》（*Commonwealth Immigration Act*）對於初次移民設下了嚴格限制，使得此後到來的人們再也不會是尋找工作的單身男女，而是已經抵達英國之人的家眷。山姆．金恩的家族就是實例，「我母親生下我們九個孩子，」他後來透露，「其中八個來到了英國。」像這樣擴充家族，絕非有意返回牙買加的人會採取的行動。金恩這樣的人是要留在英國的。[23]

英國社會這時開始意識到，他們的生活方式正在歷經永久變化。保守黨政治人物以諾・鮑威爾（Enoch Powell）發表一系列著名演說，談論英國人如今覺得自己彷彿生活在「異域」。[24]一個名為國民陣線（National Front）的種族主義新政黨成立，其政綱包含「遣返全部有色移民及其子孫」。[25]倫敦、哈德斯菲爾德（Huddersfield）、布拉福（Bradford）、萊斯特（Leicester）、奧爾德姆（Oldham）及全國許多其他地方都發生了種族主義者遊行，往往造成了與警方和反示威人士之間的暴力衝突。[26]

同樣的騷亂也在全歐各地上演。一九七〇年代，荷蘭人民聯盟、德國人民聯盟等新法西斯政黨開始在各國出現。此外還有法國的國民陣線（Front National）、丹麥與挪威的進步黨等激進右翼民粹政黨。義大利的北方聯盟、比利時的法蘭德斯集團（Flemish Block）等區域分離主義者也一窩蜂跟進。所有這些政黨的民意支持度在一九七〇年代及八〇年代都激增，他們全都採用了仇外的拒斥移民主張作為核心政策。更主流的政黨也從中看到了機會。最明顯的例子是奧地利自由黨，它在一九八〇年代從溫和保守主義立場轉向強硬反移民，得票率隨之從百分之五上升到百分之三十三。二〇一六年，自由黨候選人以些微差距未能當選奧地利總統，導致年底必須重新舉行總統選舉（他在這次補選中仍以些微之差落選）。[27]

本書寫作之時，激進右翼在歐洲的勢力，是第二次世界大戰以來最強大的。由右翼青年民主主義者聯盟（青民盟，Fidesz）支配的匈牙利政府，其威權統治和妖魔化外來者，經常遭受全世界政治人物和報刊批判。批評者們唯一的安慰，只在於青民盟的極端程度遠遜於公然宣揚種族主義的尤比克運動，該黨在二〇一四年的得票率超過百分之二十。[28]波蘭的法律與正義黨在二〇一五年上台執政，它同樣也是一個激進右翼政黨，國內更溫和的群體、甚至該黨過去的某些黨員皆避之唯恐不及。[29]在法國，國民陣線的支持度二十年來持續穩定增長，而英國獨立黨在二〇一五年英國大選中贏得三百八十萬票，使它成為英國第三大黨。所有這些政黨都有一個共通點：它們全都激烈反對移民。

而在全世界其他許多富裕的工業國家，對待移民的態度也大抵依循著相同軌跡。澳大利亞就是一個實例。一九四五年之後，澳大利亞第一任移民部長亞瑟・寇威爾（Arthur Calwell）發起了「增加英裔人口或等著被稀釋」運動，「我們必須填滿國家，否則就會失去國家。」他宣告，「我們需要保衛自己，抵擋北方來的黃禍。」第二次世界大戰戰後初期，亞洲仍然只能被當成威脅，因此寇威爾只試著鼓勵歐洲移民，最好是來自英國的移民。這項「白澳政策」直到一九六〇年代才解體；但往後的年代裡，絕大多數來自亞洲的移民，卻從未完全受到接納。一九九〇年代，政治人物寶琳・韓森（Pauline Hanson）成立「一族黨（One Nation）」，其政策與歐洲及美國激進右翼政黨極為類似。她要求完全停止移民，終結多元文化。「我確信我們有被亞洲人淹沒的危險。」她在國會首次演講時這麼說。從那時候起，移民就成了澳大利亞最能激起情緒的話題。澳大利亞對亞洲移民的反感是如此強烈，從二〇一二年起，移民都被收容在密克羅尼西亞或巴布亞紐幾內亞的境外營區。[30]

恐懼與自由

那麼，這些人究竟都在害怕什麼？工業國家仇外情緒最常見的理由和辯解之一，是在地人民害怕工作被搶走。移民經常因為對傳統勞動力削價競爭和壓低工資而受到指責。但不論這個說法是否屬實，它卻似乎並非多數人最主要的憂慮所在。倘若多數人真的擔心這點，那麼在高失業率時期，應當可以預期針對外國人的敵意會升高；但西歐的歷史資料顯示，仇外與就業率之間的關聯並不明確。[31]

移民對已開發世界的社群所構成的真正威脅，似乎未必關於工作，更多是關於文化。如同以諾・鮑威爾在一九六〇年代的英國明確指出的，這是數字遊戲。當黑人移民的比例在某些城市達到四分之一或三分之一，他稱之為「入侵」：「在我國自古至今的歷史上，從未遭遇過更嚴重的危機。」他寫道，英國人民正在「他們唯一的國家裡，流離失所」。[32]往後的年代裡，同樣的情緒在歐洲各地、澳大拉西亞和北美都被表達出來：人們懼怕的不只是他們的工作，還有他們的社群。

這有一部分是偏執，一部分是偏見，但其中也包含了不只一點點實情。社群確實遭受侵蝕。人民也確實開始感到疏離。國家確實被轉變了。當然，這不完全都是移民的錯，但既然移民是（至今還是）自從二戰結束以來，已開發社會變遷最為顯著的體現，他們也就成了這份疏離的強大象徵。

我們這個世紀的移民數字十分驚人，在大英國協的富裕國家中尤其如此。一九四七年，澳大利亞人口只有百分之十出生於海外，其中將近四分之三是英國人或愛爾蘭人。到了二〇一五年，海外人口比例上升到超過百分之二十八，來自亞洲的移民成長最多。[33]紐西蘭和加拿大也可以看到同樣的模式。在上述每個國家，一九四〇年代及五〇年代看來如此穩定、如此整齊劃一（而且如此白種）的社群，都轉變得面目全非。[34]

如今歐洲許多國家也可以發現比例相同的移民。根據經濟合作暨發展組織（Organization for

Economic Cooperation and Development, OECD）統計，二〇一三年時，瑞士人口已有超過百分之二十八出生於外地。移民在該國成了政治敏感議題，要求重新實施更嚴格限制的人們，得以迫使政府公投決定是否採用移民限額，並且贏得了公投。[35]

乍看之下，歐洲其他地方的數字似乎並不那麼戲劇性。荷蘭的外國出生人口比例，在二〇一三年只有百分之十一點六，法國是百分之十二，德國將近百分之十三，奧地利則接近百分之十七。但這些數字並未將二戰過後首先來到這些國家的移民子孫列入計算，這些人往往因為膚色而容易識別出來。在拒絕順應社會變遷的人們看來，這些人永遠都提醒著他們，國家經歷過何等變化。

同時在美國，超過百分之十三的人口出生於外國。成長最快的人口是西班牙裔，實際上，西班牙語很快就成了美國的第二語言。怪不得白種盎格魯撒克遜美國人自覺成了「自己土地上的陌生人」。[36]

英國的文化構成也經歷類似變遷，尤其在城市裡。倫敦可以認真自詡為全世界最多元的城市。這裡使用的語言超過三百種，至少有五十個不同的非本地群體人數達到一萬以上。幾乎每五個倫敦人就有一名黑人或混血。幾乎每五人就有一人是亞裔。二〇一三年，倫敦市長鮑里斯・強森宣告（這可能有誤導之嫌），英國首都實際上是法國「第六大城」，定居倫敦的法國人多過波爾多（Bordeaux）的法國人。[37]

儘管這讓倫敦成了充滿刺激的生活之處，對於產生歸屬感卻沒有多大幫助。倫敦人的更迭程度很高，使得任何群體感都往往只是暫時，得在友人與鄰居離開換新之前，享受僅有的群體感。倫敦人如今習慣了這點。像我這樣在倫敦住了一輩子的人，學會了捨棄從小到大的傳統，追逐著不斷滾過這座城市的新觀念潮流；但這不表示他們這麼做就沒有遺憾，或是不會偶爾對於青春時期熟知、如今卻蕩然無存的事物，產生一種痛苦的懷舊感。

近年來，移民的新戰線從倫敦的城市，轉移到林肯郡的波士頓（Boston）等小鎮，二〇一六年的波士頓鎮，成了英國移民政策一切錯誤的象徵。在這個六萬人口、關係緊密的社群裡，大規模移民帶來的突然變化，應對起來更困難許多。二〇〇五至二〇一六年間，將近七千名波蘭移民來到這個小鎮，人們很快就開始懼怕他們的社群與傳統喪失。到了脫歐公投舉行時，波士頓成了「英格蘭最分裂的地方」，也是英國獨立黨的一大據點。此地對外國人的恐懼，其實完全不是懼怕外國人，而是懼怕失去寶貴的事物——歸屬感。[38]

☆

當然，人們的恐懼還有其他解釋。大規模移民威脅到的不只是歸屬感，還有權利感。殖民帝國剝削全世界而產生的歐洲文化，並不願意被「逆向殖民」。同理，十八至十九世紀征服了澳大拉西亞、南非、加拿大和美國的民族，相信自己有權驅除比他們更早生活在這些地方的人，但當他們發現自己輸入的文化受到相應挑戰，就開始抱怨。

美國或許是這種行為的最佳範例，這個國家完全靠著移民建立起來，儘管如此，移民在美國卻經常遭受政治建制妖魔化。反移民話語至少從一九八〇年代以來就在美國增長，但在二〇一六年總統選舉期間卻可說達到極致，唐納．川普出了名地指控墨西哥移民是「強姦犯」和「毒品走私者」，同時誓言不但要把一千一百萬名非法移民遣返拉丁美洲，還要在美墨邊界築牆。[39]他的競選口號「讓美國再度偉大」按照某些美國人的解讀，是近乎毫不掩飾的要求「讓美國再度變白」。[40]

美國的少數族裔或許不禁要從移民浪潮淹沒白種美國，就算有了川普的話語，無疑仍將繼續湧入這點看見某種歷史正義，這麼做或許還很令人滿足。但為了白人工人階級的不幸而欣喜，不僅令人不悅，更錯失了大局中的細微差異。許多投票給川普的人自己就是移民或移民後代，他們一無所有來到這個國家，想要憑著努力與決心發達起來。這樣的人一度正是美國夢的化身。

但自從美國真正是個「偉大」國家的一九四〇年代和五〇年代以來，世界的變遷已經一去不復返。大規模移民僅僅是更大全球化過程的一小部分，數十年來，全球化一直侵蝕著美國工人的前景。如今威脅要搶走美國人工作的不只是新來者，就連職缺本身就已經遷移到海外，海外的勞力還比美國移民的勞力更加廉價。機械化也變革了職場，一九四五年許諾了美國人休閒生活的那些技術，如今威脅著要奪走他們的生計。

亞莉・羅素・霍斯柴德（Arlie Russell Hochschild）指出，覺得自己被全球化遺棄的人們投票給川普，是因為他們對那些坐視美國夢凋萎衰亡的傳統政治領袖徹底失去信心。白人工人階級未必妒忌移民的致富機會，他們更感到憤怒的是自身地位在過去這些年來的暴跌。一九四五年及其後數十年間如此充足的機會，如今似乎已經萎縮到了美國工人光是為了生存，就得跟移民一樣拚命的地步。

再一次，他們有時表現出的仇外情緒，其實完全不是仇外，而是憤恨於自己面對全球力量卻無能為力，以及慘痛地意識到，自己一度相信就在眼前的未來，早已不復存在。[41]

新的「他者」

隨著二十一世紀開始，所有這些恐懼全都結晶為一種超恐懼，成了支配我們這個時代的特徵。二〇〇一年九月十一日，伊斯蘭極端主義者對美國發動一系列攻擊，其中最著名的行動是劫持客機撞毀紐約世貿中心雙塔。其後數年，伊斯蘭恐怖分子還爆破了馬德里的通勤列車（二〇〇四年三月）、倫敦地下鐵系統（二〇〇五年七月）、布魯塞爾國際機場（二〇一六年三月），並在法國與德國發動一連串襲擊。突然間，已開發世界的富裕工業國家多了一個理由恐懼他們的移民人口：如今受到威脅的不只是工作、社群和歷史上的特權，更是整個西方文明。實際上，這樣的恐懼並不新奇。這正是人們曾經對納粹感受到的同一種恐懼，其後對象轉為共產黨人，自冷戰結束以來一直都在找尋新的對象。

反移民遊說團的既得利益在於只要有可能就挑動這種恐懼，因為它質疑我們自從第二次世界大戰以來的移民政策。情勢似乎證實了他們一直以來的論調：西方各國政府自從一九四〇年代以來允許如此大量的穆斯林進入社會之中，等同將敵人引進了家門。

川普在二〇一六年美國總統選舉期間承諾禁止穆斯林移民，理由正是如此。匈牙利也因此在同年拒絕收容敘利亞戰爭的穆斯林難民。可望當選荷蘭總統的候選人海爾特．維爾德斯（Geert Wilders）也因此在同年呼籲荷蘭「去伊斯蘭化」，從而將他的「自由黨」推上了民調領先，即使他同時也因煽動種族仇恨而面臨警方起訴。[42]穆斯林如今在歐洲人想像裡占有的位置，正與二十世紀初的猶太人相同：極少數人的行動為整個宗教遭受妖魔化提供了機會。

弔詭的是，只有另外一群人會從這種思考中獲利，那就是伊斯蘭恐怖分子自己。既然恐怖行動的首要目標是散播恐懼，基地組織（al-Qaeda）和伊斯蘭國等極端主義團體也就可以為了任務圓滿達成而慶祝了。他們在二〇〇一年及其後的行動，激起的反應超乎他們想像。他們引發了美國領軍攻打眾多恐怖分子基地所在的阿富汗，這場戰爭迅速成了聖戰，成了吸引各地不滿穆斯林的燈塔。他們也挑起了美國與伊拉克的第二場戰爭，使得中東又一個區域陷入動盪。其間，一連串殉難者與英雄受到全世界主流媒體大肆宣傳。伊斯蘭極端主義自從冷戰結束以來的節節高漲，乃是以他們刺激西方反應的能力為基礎。

但伊斯蘭極端主義者也很害怕。他們要推翻西方自由民主的理由，是西方自由民主危害了他們的傳統、他們的文化，以及在他們想像中千百年不變的一套生活方式。他們看到沙烏地阿拉伯、約旦等穆斯林占多數的國家政府，似乎都在隨著西方調子起舞。他們看到大規模移民的影響，來自整個南亞的工人湧入波斯灣國家尋找工作。他們看到伊斯蘭價值受到西方新價值及資訊科技的成長侵蝕。他們看到男性與宗教領袖專有的古老特權逐漸衰退。而他們知道，這些轉變不可避免將會持續下去，除非他們採取某些戲劇性、毀滅性的巨大行動——除非他們能創造出自己的全球革命。

西方富裕國家某些部分的新來穆斯林人口也是如此。如同山姆．金恩，這些群體也在二戰過後為了追尋更好生活而來。如同山姆．金恩，他們必須在英國、德國或美國社會奮鬥以取得一席之地，而他們不得不為了融入移居的家園而做出妥協。但他們的子孫面臨的情況又不同了。比方說，出生於法國的穆斯林擁有一種權利感，這是他們的父母不曾有過的；他們認為自己跟任何同胞一樣都是法國人，這完全合情合理；但針對他們的歧視仍在持續。他們覺得自己受到兩面夾擊：既被社會拒斥，同時又承受著更徹底同化的壓力。

正如沙特在一九四四年的觀察，這些人面臨不可能的選擇：倘若他們完全同化，就是否定自我；倘若他們不同化，就是接受了自己永遠都是局外人，是「他者」。難怪有一小群人發現這種選擇引起的內在衝突太難面對，轉而選擇接受拒斥，滋養拒斥，並背離他們所生活的社會。[43]

☆

我在本書開始時說過，在某種意義上，我們全都是難民和移民。對於我敘述過生平的某些人物來說，確實是這樣。作為本書開篇的喬治娜．桑，或是阿哈隆．阿佩菲爾德、山姆．金恩等人永遠離開了他們出身的國度，餘生都在外國生活。對於其他許多人，像是安東尼．科文或瓦魯希烏．伊托蒂來說，人生轉折點則發生在戰時或革命時代的外國。但本書的每一個人物生命中都體驗了大規模的劇變，這是第二次世界大戰的直接後果。即使他們沒有去過其他國家，他們曾經熟知的世界，也被他們經歷的事件及身處的時代轉變得面目全非。在二十世紀的重大變遷中存活下來的多數人也是如此。

二戰釋放出的力量在一九四五年改變了我們的世界，直到今天仍持續影響著我們的生活方式。首先，它產生了大量創傷，從那時候起始終糾纏著人民與社會。戰爭也創造了超級強權，以及往後四十五年間定義了世界的東西方緊張對立。它掃除了歐洲帝國和日本帝國，讓數億人得以自由選擇命運——或至少試著自由選擇。它帶來了科學與技術、人權與國際法、藝術、建築、醫學及哲學等各方面的進步。它為新政治及新經濟體系開拓了道路，並為我們今天所知的全球化奠定了基礎。戰爭開啟的民族動盪使得異質文化比鄰而居，如今改變的速度變得這麼快，我們愈來愈少人能夠絕對肯定我們明天的鄰居會是誰，或我們自己在世界上歸向何處。

不論我們怎麼希望，這些變遷都不能一筆勾銷。隨著二十一世紀進展，我們面臨了選擇。我們要不就接納世界的變遷，乘著進步之力，努力讓它對我們產生助益；要不就抗拒改變，試圖將它中止，好讓我們守護住我們如此珍惜的舊有生活方式之殘餘。根據歷史經驗，我猜想我們大概會同時採取這兩種行動方式，無法完全滿足任何人，卻還是將就應付過去。

還有第三種選擇：我們可以推翻整個體系，試著從頭來過。今天的世界充斥著信誓旦旦要做到這件事的人。他們很憤怒，對世界變遷的方式幻滅，比以前更想要找個對象責怪。這與其說是第二次世界大戰的遺產，倒不如說是恢復了首先引發戰端的同樣那些思考方式。

今日控制著全世界的挫折，在研究一九三〇年代戰爭開端的任何人看來，都會很眼熟。現在一如當時，世界上大部分地區遭逢高失業率、貧困加重與經濟停滯。對於貧富差距的憤怒增強、對於外人的不信任增強，最重要的是，對於過去稱為現代性、如今卻成了全球化的一切也加深了恐懼。

一九四五年時，這些是我們相信自己能夠解決的問題。如今我們若不再度開始著手解決，煽動家和革命者就會插手為我們解決，一如他們在二十世紀中葉的做法。

結語

第二次世界大戰不只是另一個事件而已——它改變了一切。隨著軍隊從地球這一端向彼端橫掃，沿途吞噬整個經濟體、同等輕易地犧牲平民與軍人，就連那些投入暴力的人們都看得出來，某些最根本的事物被摧毀了。「你要明白，一個世界正在死去，」美國戰地記者艾德．蒙洛（Ed Murrow）在一九四〇年觀察到，「舊價值、舊偏見，舊的權力基礎和威望都在消亡。」大西洋兩岸和太平洋兩岸的盟軍投入對德國與日本的戰爭，堅信自己正為了捍衛一種生活方式而戰。實際上，他們卻在那種生活方式消逝之時成了旁觀者。[1]

崛起於一九四五年的世界，與投入戰爭的那個世界完全不同。一方面，它身體傷殘、心理受創：整個城市被摧毀、整個國家被吞噬，而在大半個歐洲和東亞，整個群體遭到殺害或被迫遷徙。數億人民承受了超乎想像的暴力。另一方面，一九四五年的世界，團結程度可說前所未見。友誼在戰火中鑄成，有一段時日，人們真心期望這些友誼能一直持續到和平時期。終戰也帶來了將使世界各地人民終生不忘的解放感。恐懼與自由這兩股力量，將是創造戰後世界最重要的兩股動力。

本書試圖記錄第二次世界大戰及其物質與心理後果，是如何形塑了我們的生命。我在開頭幾章說明，世界各地人民採納了新的思路，以應對他們方才目睹的暴力與殘酷。呈現在他們眼前的，是一個充滿英雄、妖魔與殉難者的宇宙。他們將戰爭想像成善惡之間的巨大鬥爭。他們創造出一套神話，藉以理解不可理解之事，安慰他們自己的犧牲有價值，為他們帶來黑暗已被永遠驅散的希望。

正是這樣的思維讓這個世界得以盡快復原。我們的英雄繼續表現英勇，承擔起責任推行秩序、建立新機制，並照料支離破碎的國家，直到它們恢復健康。我們所認定的妖魔被摧毀、繩之以法、噤聲、馴服，有時更被改造。只要有可能，戰爭受害者就退下療傷。世界各地的每個人都開始有了信心，覺得新時代來臨了。

一個理想時代就此誕生。我在本書第二部說明，這些理想是如何在決心讓人類記取戰爭教訓的人們中間，激發了烏托邦之夢。科學家夢想的世界不僅由新技術（因戰爭而產生的噴射機、火箭和電腦）提供動力，更充滿了科學思考方式：理性、開明、和平。建築師夢想著光采奪目的新城市如浴火鳳凰般從瓦礫中誕生，所有人最終都能獲得光線、空氣與健康生活。社會規劃者和哲學家看見了讓人們和解、消除彼此歧見，讓世界變得更公正、更平等的契機。他們想像的不是恐懼的未來，而是自由的未來。

在這樣的氛圍下，每個夢想都應當是普世之夢，解決我們問題的每個方式都應當是普遍適用的解答，看來就很理所當然。我在第三部說明，戰後的政治家、律師和經濟學家是如何努力想要建立一套體系，讓整個世界作為一體採取齊一行動。他們在第二次世界大戰戰後初期設置的全球機制，包容性遠大於先前任何機制，而且更加強健；但在某些理想主義者看來，它們仍然有所不足。這些有遠見的人們主張，要讓全人類都擁有相同的自由、權利與責任，就應當讓全人類生活在同一體系之下，對於體系運行擁有同等的發言權。他們想要的不外乎一個單一的世界政府。

正是在這樣的觀念之中，戰後年代的夢想開始失敗。有多少人將世界政府看作實現永續和平的機會，就有多少人將它想像成一種永續奴役形式。在戰後的人們爭相追逐的一切幻象之中，最不可企及的肯定是絕對普遍性的概念。於是，就在這個世界試圖團結起來的同一時間，它也開始裂解了。

如同我在第四部所呈現的，第二次世界大戰最重大的遺緒之一，在於它不只創造出一個超級強權，而是兩個，這兩個超級強權都以愈來愈深的不信任，看待對方支配全世界的意圖。美國人知道，要是世界政府真的成立了，那未必會是個民主政府：他們要阻止世界落入史達林手中的決心，一如先前阻止世界落入希特勒手中那樣堅定。同時，蘇聯人也一樣決心要阻止美國勢力擴張，並且開始運用他們在二戰期間學到的同一套英雄、妖魔、殉難者語言，敘述他們與西方的意識形態新衝突。隨著世界各國被引誘、哄騙和逼迫選邊站隊，東方與西方的這一分裂也將在全球各處複製。

對世界合一理念構成挑戰的還不只是超級強權。我在第五部說明，第二次世界大戰所激發的自由之夢，是如何在世界各地造成了國族主義復興。亞洲、非洲及中東人民開始高聲疾呼，要求脫離統治它們數百年之久的歐洲殖民帝國獨立；但他們的自決激情，有時導致國族分裂成了更小單位。在發展中世界許多地區，威權政府與獨裁政權以恢復秩序的名義掌權：倘若派系之間的協議未能自然產生，它遲早也會被強制實施，且往往以自由為代價。

歐洲是國族主義一度受到擱置的唯一一個區域，但即使在這裡，國族主義偶爾也會在第二次世界大戰的回憶重現中迸發。歐洲聯盟的設立乃是試圖讓歐洲各國之間不再有可能發生戰爭，但這個機制本身到頭來反而激發了國族自由之夢。本書寫作之時，歐盟本身也開始分裂，國族主義再度開始在整個歐洲大陸增長。

我在第六部探討第二次世界大戰為害最甚的某些遺緒，它們將這些分裂傾向推到了極致——分裂國族、分裂群體與家族，造成的創傷感與喪失感，直到今天仍深深鑽入許多社會的核心。我在全書結尾思索社會最終分裂為最小的組成部分——個人，他們從各自的群體被切割開來，有時與其心願相違，為了尋求工作、機會或安定而四散於全球各地。民族的全球化是另一個被第二次世界大戰大幅加速的過程，它在富裕國家內部造成了新的緊張，而這些國家本身也變得破碎和原子化。更大自由並未帶來更大幸福。

個人也有可能分裂。有些在戰時遭受嚴重創傷的人，發現自己無法將自身經驗與他們自認為和想要成為的身分調和。他們發現自己被其他人都在奮力追求的光明新未來給切割，反倒注定了永遠都只能重溫過去。我在本書中介紹過的幾個人承受了這樣的命運——不只是奧圖．多夫．庫爾卡、阿哈隆．阿佩菲爾德、葉甫根妮婭．季謝列娃、崔明順等戰爭受害者，還有某些戰爭中的「妖魔」，例如湯淺謙。就連戰爭的某些英雄，像是班．費倫茨、蓋瑞．戴維斯等人，也無法將戰爭忘卻。他們見過的事物、學到的教訓，終其一生都將持續揮之不去。

本書中的許多個人也發現自己以其他方式被撕裂，他們受到戰時及戰後置身的處境產生的內在衝突與兩難困境所撕裂。漢斯．畢哲浩特和柯德．梅爾兩人，都被迫重新評估他們對於戰前及戰時曾經熱情信奉的理念之奉獻。畢哲浩特不情願地拋棄了共產黨，轉而追隨他新近發現的靈性；梅爾則拋棄他的世界團結之夢，展開了對抗蘇聯的新運動。反之，安東尼．科文在整個戰時都是反戰主義者，其後卻被驅動著接受共產主義，甚至暴力革命。所有這些人全都被超出他們掌控的形勢所逼而做出這樣的決定。他們的決定都不是輕易做出的。

同樣地，尤金．拉賓諾維奇和安德烈．沙卡洛夫兩人，都不得不調和看似互相衝突的不同信念：他們都曾參與研發核子武器，但他們也都在各自所屬的兩大超級強權之間，全心全意致力於提倡和平與合作。有些人不得不反覆對抗這樣的兩難。比方說，卡洛斯．德爾加多．查爾沃德就必須為自己參加了不只一次，而是兩次革命辯解——第一次革命是在委內瑞拉扶植民主，第二次則是再次推翻民主。瓦魯希烏．伊托蒂也必須進行二度轉向：第一次是從忠誠的英國軍人轉而反抗英國；第二次則是從反抗者轉為和平使者。

這些人幾乎個個表現出某種疏離——疏離於國家，疏離於家人或社群，甚至疏離於自我。同樣這些顯現於全球或國族層面的分裂，也展現於所有人最私密的層面。

全球、國族與個人之間的這種關聯，是本書最重要的部分。第二次世界大戰不僅改變了我們的世界，也改變了我們。它讓我們和某些自己最強烈的恐懼面對面，並以我們至今仍無法完全確認的方式帶給我們創傷；世界上某些地區始終無法從這樣的經驗恢復。但它也啟發了我們、教導了我們自由的真正價值，這不僅是政治與國族的自由、信仰與信念的自由，還有個人自由，以及自由施加於個人的巨大責任。

這正是我將個人故事置於這段歷史之核心的理由所在。這些故事不只是通往我們過去的窗口，也是理解我們今天行為方式的鑰匙。將歷史想像成進步力量、緩慢而肯定地帶領我們前往更好、更理性世界的人們，實則低估了人類非理性的能力。歷史受到我們的集體情緒驅動的程度，與受到任何通往「進步」的理性進程驅動的程度相等。我們的世界某些最強大的推動力，若不是生成於第二次世界大戰期間，就是產生於我們對二戰後果的反應。唯有理解這些集體情緒從何而來，我們才會有一絲希望防止自己被它們席捲而去。

但這並不容易。我們用厚厚的神話包裹住自己；我們唯有將這層神話剝除，才能觸及驅動著我們大量思維的恐懼、憤怒與自以為是的根源。再一次，個人故事能夠提供我們一把鑰匙。我在本書開頭說過李歐納．克里歐的故事，他欣然接受戰時獲頒的勳章，以及隨之而來的讚揚，後來才逐漸意識到自己其實並未做出任何英勇行為，只不過是採取了任何人在他的處境下都會採取的行動。「軍隊需要英雄，」他對我說，「因此才會給他們勳章。他們得讓這些懶鬼拿出最好的表現。」社會同樣需要英雄，它也樂意將他們標榜為我們所有人的榜樣，即使這意味著扭曲或隱匿實情。[2]

要是我們的「英雄」需要時間才能認知到過去真正發生的事，那麼，我們的「妖魔」也是一樣。湯淺謙歷經多年的靜默沉思，才明白自己在中國犯下的不只是罪行，更是暴行。當他在戰後終於返回日本，他詫異地發現，和他共同參與這些暴行的人們，沒有一個人認知到自己做過什麼錯事。記住更方便的事件版本，而非真實發生過的版本，有時就是更加容易。

國族也會採取這樣的行動。否則還能怎麼解釋英美等國至今仍避不承認它們在二戰期間，對自己擊敗的敵人和解放的人民同樣缺乏憐憫之心呢？或是日本的國族主義派系仍繼續否認全世界眾人皆知，由他們犯下的罪行呢？還有什麼其他理由，讓波蘭人或法國人投注這麼多心力記憶自己在戰時的「英勇」抵抗，卻幾乎不承認自己的怯懦或殘酷呢？所有國族都會屈從於這樣的傾向，一如所有個人，他們在進行今天的戰鬥時，應當自己記住這個事實。

產生於第二次世界大戰為害最烈的神話，恐怕是殉難者神話。我在本書中用了大量篇幅探討苦難，我相信對於每個國族而言，認知自身經歷過的創傷都是至關重要的，因為唯有哀悼損失，才能讓我們繼續向前。但受傷的國族往往喜歡將自己的創痛抬舉為某種神聖事物，因為這讓他們得以想像自身的苦難不干自己的事，完全是他人施加的。如此神聖的無辜既讓他們豁免了過往罪惡，更為日後的罪惡提供了正當理由。他們並不檢視自己的損失，以求逐漸接受損失，而是像抓住武器那樣緊抓著悲痛，將它轉化成了神聖的義憤。

正是一群意圖謀求自身利益的人們挑起了這些情緒，他們可能是肆無忌憚的政治人物、媒體巨頭、宗教煽動家，諸如此類。他們邀請我們在群眾的正義力量中迷失自我。回應他們召喚、任由自己被群體情緒席捲的人，能夠同時獲得意義感和歸屬感，但只在付出了放棄自由的代價之後。要是第二次世界大戰曾經教導過我們任何事，那就是自由一旦被放棄，就難得能夠輕易取回。

不幸的是，接納自由也並非容易的選項。真正的自由要求我們走出人群之外，有時甚至與群眾對立，無時無刻都盡可能自主思考。它強迫我們直接而誠實地面對損失，理解我們自己也犯過錯誤，在我們自己的苦難裡發揮了作用。自由人就是擔負責任與令人不適之真相的人。

再一次，戰爭生還者的個人故事，能夠提供我們這段孤獨之路該怎麼走的榜樣。本書以喬治娜・桑的故事開始，也應當以她的故事結束。身為來自奧地利的兒童難民，她被迫在英國自行建立新生活。十年內歷經反覆流離之後，她與丈夫終於在倫敦定居，但她知道這段時期的經驗傷害了她。「許多年來，我沒對任何人說過我的遭遇。我的子女從來不知道。只有在我年紀大了，孩子們長大成人之後，我才又想起來，但我不想談。太痛苦了。」她知道自己的婚姻未必總是幸福，丈夫有時對待她的方式，仍然一如對待兩人初次相見時的那個小女孩，她消極地聽任丈夫組織他們的人生，彷彿她還是跟戰時身為難民一樣無能為力。她也認知到自己對子女們犯了錯，將自己不堪承受的焦慮轉嫁到他們身上。而她已經接受了這個事實很久：不論她的人生有多長，她永遠都會是個局外人。「但我現在更平靜了。」她對我說，「我珍惜自己所得到的。這些經驗有時很痛苦。可是你看，或許它以某種方式塑造了我。」

本書中的所有這些人物，都被迫得出類似的結論。第二次世界大戰仍是他們所有人生命中的一個定點，但隨著他們周遭的世界變遷，他們每個人都逐漸明白，他們用來應對二戰的思維方式再也不能帶來助益。他們若想把握住嶄新的未來，就別無選擇，只能面對自己原有的恐懼與憎恨，並且盡其所能捨棄它們。

除非我們也能接受自己從二戰至今所經歷的創傷與失望，否則我們終將注定重蹈覆轍。倘若我們不能接納生命的豐富與複雜，無論那有多麼痛苦，我們就會轉而尋求令人寬慰的單一。我們會繼續對自己說不可能犯錯的英雄故事，以及怙惡不悛、邪惡化身的妖魔故事。我們會繼續把自己想像成殉難者，我們的苦難令我們神聖，成為我們一舉一動的正當理由，不論舉動是多麼邪惡。我們無疑也會繼續如同一九四五年至今那樣，使用第二次世界大戰的語言表述這些神話，彷彿我們與當年之間的數十年間隔不曾存在過。

謝詞

我要感謝本書寫作的五年間，我曾查閱過的眾多全球性、全國性及區域性檔案館與圖書館的全體館員，他們全都謙恭有禮又樂於助人，無一例外，有時甚至超出職責所需。這些機構中最重要的當屬大英圖書館，它的外語藏書舉世無雙，要是少了它，本書就不可能寫作。其他所有機構已在書末注釋中列出。

我也要感謝埃利歐．高登（Elio Gordon）、丹尼爾．克魯（Daniel Crewe）、麥可．弗拉米尼（Michael Flamini），以及我在世界其他地方的許多編輯們，對我和我的著作表達信心。不只是編輯，還有許多譯者、出版商、行銷企劃、銷售人員，以及其他參與本書製作的人們。身為前任編輯，我理解出版是群策群力，儘管作者與編輯始終獲得聲譽，但辛勞的工作多半仍由其他幕後人員完成。也一定要感謝我的經紀人西蒙．特雷溫（Simon Trewin）與傑伊．曼德爾（Jay Mandel），他們的協助與建議都很寶貴。

要是沒有許多不同的人們相助，為我翻譯文件、在某些外語研究過程中一路指引我、協助我取得無從以其他方式獲得的文件，本書也不可能寫成。我特別想要感謝班・格魯姆（Ben Groom）、戴夫・瑞克伍德（Dave Rickwood）、安德魯・沃克萊（Andrew Walkley）、麗莎・斯朱庫爾（Lisa Sjukur）、圖蒂・蘇維吉寧希（Tuti Suwidjiningsih），以及智子・斯密特—歐森（Tomoko Smidt-Olsen）。我也深深感激所有允許我使用他們故事的人，尤其是我曾採訪和通信過的人們：喬治娜・桑、李歐納・克里歐、奧圖・多夫・庫爾卡、班・費倫茨和他的兒子唐（Don）、加布瑞爾・巴赫（Gabriel Bach）、阿哈隆・阿佩菲爾德，以及迪特曼・孟德爾。書中若有任何錯誤或遺漏（想必為數不少），都是我一人的過錯。

最後，按照傳統，我要感謝我的妻子麗莎和我的孩子加布瑞爾與葛蕾絲，本書正是要獻給這兩個孩子。我這麼做不是因為傳統，而是出於巨大的個人虧欠感。五年來，他們忍受著我的一再缺席、忽略家庭職責，以及長期抽離我們的日常生活，進入一個至少在我的孩子們看來必定宛如上古史的世界。我希望有朝一日，他們會讀到這些內容，同時明白讓我如此頻繁地遠離他們的，並非對過去不健康的全神貫注，而是對現在的關懷，以及對於這個世界有朝一日能夠接受影響我們所有人的那些焦慮與創傷，所懷抱的一份期望。

注釋

引言

1. 二〇一五年九月十二日作者訪談。喬治娜・桑是我的受訪者選用的化名。
2. R. Ernest Dupuy and Trevor N. Dupuy, *The Harper Encyclopedia of Military History*, 4th edn (New York: HarperCollins, 1993), pp. 1083, 1309.
3. 穆巴迪韋的發言引自Marika Sherwood, "'There is No New Deal for the Blackman in San Francisco': African Attempts to Influence the Founding Conference of the United Nations, April–July 1945," *International Journal of African Historical Studies*, vol. 29, no. 1 (1996), p. 78。
4. 尼加拉瓜代表李奧納多・阿圭略・巴雷多（Leonardo Argüello Barreto）與巴拿馬代表羅伯托・希曼尼茲（Roberto Jimenez）在聯合國創立大會第八次全體會議上的發言，參看：*The United Nations Conference on International Organization: Selected Documents* (Washington, DC: US Government Printing Office, 1946), pp. 385, 388。
5. Wendell Willkie, *One World* (London: Cassell & Co., 1943), pp. 134, 140, 147, 169.
6. Erich Fromm, *The Fear of Freedom* (Oxford: Routledge, 2001), pp. ix & 118。另見S. H. Foulkes, *Introduction to*

Group-Analytic Psychotherapy (London: Heinemann, 1948)。關於這個主題的後續發展，參看Earl Hopper and Haim Weinberg (eds), *The Social Unconscious in Persons, Groups and Societies*, vol. 1: *Mainly Theory* (London: Karnac, 2011), pp.xxiii–lvi。譯者注：佛洛姆《逃避自由》中文版以美國版為原本，本書作者所引用的前言取自英國版。引文其他部分參看佛洛姆著、劉宗為譯，《逃避自由》（台北：木馬，二〇一五年），頁一六三至一六四，略有改動。

7. Jean-Paul Sartre, *Existentialism and Humanism*, trans. Philip Mairet (London: Methuen, 2007), pp. 32–3.

第一章

1. Toyofumi Ogura, Letters from the End of the World, trans. Kisaburo Murakami & Shigeru Fujii (Tokyo: Kodansha International, 2000), p. 16.
2. 前引書pp. 37, 54, 57, 105。
3. 前引書pp. 55, 162–3。
4. 轉引自Robert Jay Lifton, *Death in Life: Survivors in Hiroshima* (Harmondsworth: Pelican, 1971), pp. 22-3；另一英譯本參看Yoko Ota, "City of Corpses," in Richard H. Minear, ed., *Hiroshima: Three Witnesses* (Princeton University Press, 1990), p. 185；另見同書p. 211。
5. 例如，參看English Translation Group, *The Witness of Those Two Days: Hiroshima & Nagasaki August 6 & 9, 1945*, 2 vols. (Tokyo: Japan Confederation of A- and H-Bomb Sufferers Organization, 1989)，全書各處，尤其是vol. 1, p. 149；Takashi Nagai, *The Bells of Nagasaki*, trans. William Johnston (Tokyo: Kodansha International, 1984), pp. 13-14; Michihiko Hachiya, *Hiroshima Diary*, trans. Warner Wells (Chapel Hill: University of North Carolina Press, 1955), p. 54; Paul Ham, *Hiroshima Nagasaki* (London: Doubleday, 2012), p. 322; Arata Osada, ed., *Children of the A-Bomb* (New York: Putnam, 1963)，全書各處；Lifton, *Death in Life*, pp. 26-31。

6. 《羅馬觀察報》（*L'Osservatore Romano*），一九四五年八月七日，轉引自Paul Boyer, *By the Bomb's Early Light* (Chapel Hill: University of North Carolina Press, 1994), p. 15。
7. Ota, "City of Corpses," pp. 165-6.
8. Hans Erich Nossack, *Der Untergang* (Hamburg: Ernst Kabel Verlag, 1981), p. 68.
9. Frederick Taylor, *Dresden* (London: HarperCollins, 2004), p. 328; Victor Klemperer, *To the Bitter End: The Diaries of Victor Klemperer, 1942-1945*, trans. Martin Chambers (London: Weidenfeld & Nicolson, 1999), diary entry for 22 May 1945, p. 596；安德森將軍（Gen. Frederick L. Anderson）的評語，轉引自Richard Overy, *The Bombing War* (London: Allen Lane, 2013), p. 410。
10. Jörg Friedrich, *The Fire: The Bombing of Germany, 1940-1945* (New York: Columbia University Press, 2006), p. 344.
11. Anthony Beever, *Stalingrad* (London: Viking, 1998), pp. 406-17.
12. 語出克里斯多夫・札努西（Krzysztof Zanussi）與盧德維卡・札卡利亞切維奇（Ludwika Zachariasiewicz），引自Norman Davis, *Rising '44* (London: Pan, 2004), pp. 476, 492。
13. 參看http://philippinediaryproject.wordpress.com/1945/02/13，莉迪亞・古鐵雷茲（Lydia C. Gutierrez）日記，一九四五年二月十三日，星期二；刊載為"Liberation Diary: The Longest Wait," in *Sunday Times Magazine*, 23 April 1967。
14. Ota, "City of Corpses," p. 148; Nossack, *Der Untergang*, p. 67.
15. Cyrus Sulzberger, "Europe: The New Dark Continent," *New York Times Magazine*, 18 March 1945, p. SM3.
16. Sir Charles Webster and Noble Frankland, *The Strategic Air War Against Germany, 1939–1945* (London: HMSO, 1961), vol. 4, p. 484; John Dower, *Embracing Defeat: Japan in the Wake of World War II* (New York: W. W. Norton, 2000), p. 45; Norman Davies, *God's Playground* (Oxford University Press, 2005), vol. 2, p. 355; Tony Judt, *Postwar* (London: Pimlico, 2005), p. 17; Keith Lowe, *Savage Continent* (London: Viking, 2012), p. 10; Unesco Postwar Educational Survey, "The Philippines" (1948), p. 8。電子版文件位址：http://unesdoc.unesco.org/images/0015/001553/155396eb.pdf。

17. W. G. Sebald, *On the Natural History of Destruction* (Harmondsworth: Penguin, 2004), p. 3; R. Ernest Dupuy and Trevor N. Dupuy, *The Harper Encyclopedia of Military History*, 4th ed. (New York: HarperCollins, 1993), p. 1309; Lifton, *Death in Life*, p. 20.
18. Max Hastings, *All Hell Let Loose: The World at War, 1939–1945* (London: HarperPress, 2011), p. 669; Antony Beevor, *The Second World War* (London: Weidenfeld & Nicolson, 2012), p. 781. Dupuy and Dupuy, *Harper Encyclopedia of Military History*提出五千萬人死亡的數字（見該書p. 1309），但他們遠遠低估了中國人的死亡人數。
19. 對這個詞的反論，參看Michael Marrus, *The Holocaust in History* (New York: Penguin, 1989), pp. 3–4。
20. 關於其他同樣充斥著滅亡意味的詞語，Rick Atkinson, *The Guns at Last Light* (London: Little, Brown, 2013), pp. 631–2; Lucy Dawidowicz, *The War Against the Jews, 1939–1945* (Harmondsworth: Pelican, 1979), p. 18。
21. Max Hastings, *Armageddon: The Battle for Germany, 1944–45* (London: Macmillan, 2004).
22. 即丹尼爾．柯斯泰爾（Daniel Costelle）和伊莎貝拉．克拉克（Isabelle Clarke）製作的六集紀錄片*Apocalypse: la deuxieme Guerre mondiale* (CC&C, 2009)。
23. Atkinson, *The Guns at Last Light*, p. 640; Andrew Roberts, *The Storm of War* (London: Allen Lane, 2009), p. 579; Beevor, *The Second World War*, p. 781.
24. 普丁總統在歐戰勝利六十週年紀念日的演說，二〇〇五年五月九日，http://news.bbc.co.uk/1/hi/world/europe/4528999.stm.
25. 胡錦濤，〈在紀念抗日戰爭勝利六十週年大會上的講話〉，人民網，二〇〇五年九月三日，http://politics.people.com.cn/BIG5/1024/3665666.html。
26. 柯納特（Herbert Conert）的評估，轉引自Taylor, *Dresden*, p. 396。
27. Dawidowicz, *The War Against the Jews, 1933–1945*, p. 480; Sara E. Karesh & Mitchell M. Hurvitz, *Encyclopedia of Judaism* (New York: Facts on File, 2006), p. 216.
28. 日本人的統計數據，參看John W. Dower, *War Without Mercy: Race and Power in the Pacific War* (New York:

Pantheon, 1986), pp. 298–9;中國人的數據參看Roberts, *The Storm of War*, p. 267;法國人和德國人的數據參看Lowe, *Savage Continent*, pp. 13–16;美國人的數據參看Hastings, *All Hell Let Loose*, p. 670。全球總人口數據參看Angus Maddison, *The World Economy: Historical Statistics* (Paris; OECD, 2003),全書各處。

29. Sigmund Freud, "Beyond the Pleasure Principle" (1920),複印於Salman Akhtar and Mary Kay O'Neil, eds., *On Freud's "Beyond the Pleasure Principle"* (London: Karnac, 2011);以及Sigmund Freud, *Civilization and its Discontents* (Harmondsworth: Penguin, 2002), pp. 56–7。
30. 例如,參看Richard Bessel, *Nazism and War* (London: Weidenfeld & Nicolson, 2004), pp. 94–6;以及Lowe, *Savage Continent*, pp. 9–10。
31. Ham, *Hiroshima Nagasaki*, p. 225.
32. Nossack, *Der Untergang*, pp. 18–19.
33. 前引書p. 98;以及Keith Lowe, *Inferno* (London: Viking, 2007), p. 319。
34. Ogura, *Letters from the End of the World*, p. 16.
35. 前引書letter 9 (10 May 1946), p. 122。

第二章

1. 下文的故事取自二〇一五年八月十日和九月二十九日,與李歐納.克里歐的兩次個人訪談。
2. 李歐納.克里歐,授勳嘉獎詞。
3. 例如,參看*Stars and Stripes*, 26 and 28 August, 9 September 1944; *Life*, 4 September 1944; *Daily Express*, 28 August 1944。對類似圖像及故事的探討,參看Mary Louise Roberts, *What Soldiers Do: Sex and the American GI in WWII France* (Chicago University Press, 2013), pp. 59–73。
4. IWM Docs, 94/8/1, Captain I. B. Mackay, typescript memoir, p. 104.

5. IWM Docs, 06/126/1, Derek L. Henry, typescript memoir, p. 57.
6. 性欲描繪參看Roberts, *What Soldiers Do*，全書各處：Patrick Buisson, *1940–1945: Annees erotique* (Paris: Albin Michel, 2009)，全書各處：以及Ian Buruma, *Year Zero: A History of 1945* (London: Atlantic, 2013), p. 23。
7. "Paris – the Full Story," *Daily Express*, 28 August 1944; and Alan Moorehead, *Eclipse* (London: Granta, 2000), p. 153.
8. 語出瑪利亞·海恩，引自Buruma, *Year Zero*, p. 23。
9. 同前注。
10. P. R. Reid, *The Latter Days at Colditz* (London: Hodder and Stoughton, 1953), pp. 281–2.
11. 柯林頓總統在歐戰勝利紀念日的演說，一九九五年五月八日。線上版參看：www.presidency.ucsb.edu/ws/index.php?pid=51328&st=&st1；Studs Terkel, *The Good War: An Oral History of World WarTwo* (London: Hamish Hamilton, 1984); Tom Brokaw, *The Greatest Generation* (London: Pimlico, 2002), p. xxx。
12. Hanna Segal, "From Hiroshima to the Gulf War and After: A Psychoanalytic Perspective," in Anthony Elliott and Stephen Frosh (eds), *Psychoanalysis in Contexts: Paths Between Theory and Modern Culture* (London and New York: Routledge, 1995), p. 194.
13. 柯林頓總統在歐戰勝利紀念日的演說，一九九五年五月八日。另參看他的諾曼第登陸紀念日演說，一九九四年六月六日，線上版：www.presidency.ucsb.edu/ws/?pid=50300。
14. 席哈克總統演說，二〇〇四年六月六日，線上版：http://georgewbush-whitehouse.archives.gov/news/releases/2004/06/20040606.html。
15. Charles Glass, *Deserter* (London: HarperPress, 2013), pp. xiii, 228.
16. IWM Docs, 6839, Madame A. de Vigneral, typescript diary.
17. IWM Docs, 91/13/1, Major A. J. Forrest, typescript memoir, "Scenes from a Gunner's War," chapter 7, p. 7.
18. 參看Roberts, *What Soldiers Do*, p. 281, fn. 49：以及Peter Schrijvers, *Liberators: The Allies and Belgian Society,*

1944–1945 (Cambridge University Press, 2009), p. 243。

19. J. Robert Lilley, *Taken by Force: Rape and American GIs during World War II* (Basingstoke: Palgrave Macmillan, 2007), pp. 11–12。蘇聯紅軍在東歐強暴婦女的統計數據，參看Keith Lowe, *Savage Continent* (London: Viking, 2012), p. 55。
20. 語出南希．阿諾特．哈延（Nancy Arnot Harjan），引自Terkel, *The Good War*, p. 560。
21. 語出伊薇特．李維，引自William I. Hitchcock, *Liberation* (London: Faber & Faber, 2008), p. 307。
22. Aaron William Moore, *Writing War: Soldiers Record the Japanese Empire* (Cambridge, MA: Harvard University Press, 2013), pp. 200, 210–14.
23. Robert Ross Smith, *Triumph in the Philippines* (Washington, DC: Office of the Chief of Military History Department of the Army, 1963), pp. 306–7。十萬名菲律賓人死亡的數字或許過高，但確切傷亡人數從來不曾被確認；參看Jose Ma. Bonifacio M. Escoda, *Warsaw of Asia: The Rape of Manila* (Quezon City: Giraffe Books, 2000), p. 324。
24. 語出卡門．葛雷諾．納克比爾（Carmen Guerrero Nakpil），引自Alfonso J. Aluit, *By Sword and Fire: The Destruction of Manila in World War II, 3 February – 3 March 1945* (Manila: National Commission for Culture and the Arts, 1994), p. 397。
25. 例如，參看杜魯門總統在國會特別演說，一九五〇年七月十九日；他在廣播和電視上向全國人民報告，一九五〇年九月一日及同年十二月十五日；他在聯合國大會上的演說，一九五〇年十月二十四日；以及他的國情咨文演說，一九五一年一月八日；線上版全都收錄於「美國總統計畫」：www.presidency.ucsb.edu。
26. President John F. Kennedy, "The Vigor We Need," *Sports Illustrated* 16 July 1962；詹森總統向丹尼爾．費南德茲（Daniel Fernandez）追贈國會榮譽勳章的嘉獎詞，一九六七年四月六日，線上版：www.presidency.ucsb.edu/ws/?pid=28190。
27. Nataliya Danilova, *The Politics of War Commemoration in the UK and Russia* (Basingstoke: Palgrave Macmillan, 2015), pp. 20–21.

28. 雷根總統在諾曼第登陸四十週年紀念日的演說，線上版：www.presidency.ucsb.edu/ws/?pid=40018。
29. 小布希總統在聯合國大會上的演說，二〇〇一年十一月十日在紐約市，演說全文參看：www.presidency.ucsb.edu/ws/?pid=58802。
30. 小布希總統在珍珠港事件六十週年紀念儀式上的演說，二〇〇一年十二月七日在維吉尼亞州諾福克（Norfolk），演說全文參看：www.presidency.ucsb.edu/ws/?pid=63634。
31. 在墨西哥總統福克斯（Vincente Fox）晚宴上的演說，二〇〇二年三月二十二日在蒙特雷（Monterrey）；歡迎英國首相布萊爾（Tony Blair），二〇〇二年四月六日在德州克勞福（Crawford）；與普丁總統聯合記者會，二〇〇二年五月二十四日；在維吉尼亞軍校的演說，二〇〇二年四月十七日；關於「悲憫的保守主義」（compaasionate conservatism）演說，二〇〇二年四月三十日在加州聖荷西（San Jose）；以上演說的線上版本皆參看：www.presidency.ucsb.edu/ws/。
32. 陣亡將士紀念日演說，二〇〇二年五月二十七日在濱海科勒維爾（Colleville-sur-Mer），線上版參看：www.presidency.ucsb.edu/ws/?pid=73018。
33. 例如，參看普丁總統勝利紀念日演說，二〇〇五年五月九日，http://news.bbc.co.uk/1/hi/world/europe/4528999.stm。
34. 胡錦濤，〈在紀念抗日戰爭勝利六十週年大會上的講話〉，人民網，二〇〇五年九月三日，http://politics.people.com.cn/BIG5/1024/3665666.html。
35. Lowe, *Savage Continent*, pp. 61–3，以及全書各處。

第二章

1. Sigmund Freud, *Civilization and Its Discontents* (Harmondsworth: Penguin, 2002), p. 50。另參看Hanna Segal, "From Hiroshima to the Gulf War and After: A Psychoanalytic Perspective," in Anthony Elliott and Stephen Frosh (eds), *Psychoanalysis in Contexts: Paths Between Theory and Modern Culture* (London and New York: Routledge, 1995), p. 194。

2. Mark Bryant, *World War II in Cartoons* (London: Grub Street, 1989), pp. 77, 90, 83, 99, 83; John W. Dower, *War Without Mercy: Race and Power in the Pacific War* (New York: Pantheon, 1986), pp. 192, 196, 242; Roger Moorhouse, *Berlin at War* (London: Bodley Head, 2010), p. 371.
3. 「這就是敵人」圖像，複製於Sam Keen, *Faces of the Enemy: The Psychology of Enmity* (San Francisco: Harper & Row, 1986), pp. 33, 37; L. J. Jordaan, *Nachtmerrie over Nederland: Een herinneringsalbum door* (Amsterdam: De Groene Amsterdammer, 1945), n.p.; Dower, *War Without Mercy*, pp. 93, 113。
4. 參看納粹在比利時和法國的反猶宣傳海報：IWM PST 8359; IWM PST 6483; IWM PST 8358; IWM PST 3142。另參看David Low cartoons "Rendezvous" and "He must have been mad," *Evening Standard*, 20 September 1939 and 15 May 1941; Vicky cartoon "Sabotage in Nederland," *Vrij Nederland*, 24 August 1940; Arthur Szyk, *The New Order* (New York: G. P. Putnam's Sons, 1941)，全書各處：Bryant, *World War II in Cartoons*, pp. 43, 77, 98, 131收錄的德國宣傳明信片，以及蘇聯繪製的希特勒、希姆萊肖像：Keen, *Faces of the Enemy*, pp. 33, 74, 76, 77, 127。
5. Dower, *War Without Mercy*, pp. 192, 241; http://Chineseposters.net/posters/d25-201.php，「倭寇一日不除，奮鬥一日不停」：https://chineseposters.net/posters/pc-1938-005.php，「倭寇侵掠一日不止……」："Defeat Japanese imperialism" International Institute of Social History, Landsberger Collection D25/197。
6. Keith Lowe, *Savage Continent* (London: Viking, 2012), p. 118; Bryant, *World War II in Cartoons*, pp. 14, 26, 115; Jordaan, *Nachtmerrie over Nederland*, n.p.
7. 伊利亞・艾倫堡（Ilya Ehrenburg）在《紅星報》撰文，一九四二年八月十三日：轉引自Alexander Werth, *Russia at War* (London: Barrie & Rockliff, 1964), p. 414。
8. Dower, *War Without Mercy*, pp. 89–91, 242–3.
9. 蘇聯的九頭蛇海報，見IWM PST 5295：德國的飛行骷髏海報，IWM PST 3708：將德國人畫成有翅魔鬼的英國漫畫，*Punch*, 6 November 1939：德國作為機器人、狼人和天啟四騎士，參看Jordaan, *Nachtmerrie over Nederland*：

美國作為死神和科學怪人，參看Bryant, *World War II in Cartoons*, pp. 77, 124。另見Dower, *War Without Mercy*, pp. 244–61。

10. *Collier's* cover, 12 December 1942; *Manga* cover, February 1943.
11. Jordaan, *Nachtmerrie over Nederland*, n.p.; Bryant, *World War II in Cartoons*, p. 85。另見Keen, *Faces of the Enemy*, p. 45。
12. 例如，參看Dower, *War Without Mercy*, p. 73。
13. 語出羅伯．拉斯穆斯，引自Studs Terkel, *The Good War: An Oral History of World War Two* (London: Hamish Hamilton, 1984), pp. 44–5; 另見Keen, *Faces of the Enemy*, p. 26。
14. Dower, *War Without Mercy*, pp. 302–5；柯林頓總統歐戰勝利紀念日演說，一九九五年五月八日，線上版：www.presidency.ucsb.edu/ws/index.php?pid=51328&st=&st1。
15. 敵對行動過後的傳單，轉引自Eugene Davidson, *The Death and Life of Germany* (London: Jonathan Cape, 1959), p. 81。
16. Hans Frederik Dahl, "Dealing with the Past in Scandinavia," in Jon Elster (ed.), *Retribution and Reparation in the Transition to Democracy* (New York: Cambridge University Press, 2006), p. 151.
17. 戴高樂講話，一九四五年十月十三日，引自Davidson, *The Death and Life of Germany*, p. 82。
18. Lowe, *Savage Continent*, p. 131; Derek Sayer, *The Coasts of Bohemia* (Princeton University Press, 1998), p. 240; Tomáš Staněk, *Odsun Němců z Československa, 1945–1947* (Prague: Academia/Naše vojsko, 1991), p. 59.
19. Motoe Terami-Wada, *The Japanese in the Philippines 1880s – 1990s* (Manila: National Historical Commission of the Philippines, 2010), pp. 118–37。英語創作小說中的描繪稍微寬容一些，但也頻頻重提日本人在戰時的暴行。參看Ronald D. Klein, *The Other Empire: Literary Views of Japan from the Philippines, Singapore, and Malaysia* (Quezon City: University of the Philippines Press, 2008), pp. 10–15。
20. 語出湯川盛夫，引自Nakano Satoshi, "The Politics of Mourning," in Ikehata Setsuho and Lydia N. Yu Jose (eds.),

Philippines–Japan Relations (Quezon City: Ateneo de Manila University Press, 2003), p. 337。

21. Klein, *The Other Empire*, pp. 176–9.
22. Sung-Hwa Cheong, *The Politics of Anti-Japanese Sentiment in Korea* (Westport, CT: Greenwood Press, 1991), pp. 135–43; Kim Jinwung, *A History of Korea* (Bloomington: Indiana University Press, 2012), p. 449.
23. "Japan-Bashers Try to Turn a Trade War into a Race War," *Chicago Tribune*, 23 July 1989; "The Danger from Japan," *New York Times Magazine*, 28 July 1985; "Yellow Peril Reinfects America," *Wall Street Journal*, 7 April 1989。另見Dower, *War Without Mercy*, pp. 313–14。
24. Michael Berry, "Cinematic Representations of the Rape of Nanking," in Peter Li (ed.), *Japanese War Crimes* (New Brunswick, NJ: Transaction Books, 2009), p. 203; Shelley Kraicer, "A Matter of Life and Death:Lu Chuan and Post-zhuxuanlu Cinema," Cinema Scope, 41 (2009): https://cinema-scope.com/features/features-a-matter-of-life-and-death-lu-chuan-and-post-zhuxuanlu-cinema-by-shelly-kraicer/。另參看吳子牛導演，《南京一九三七》（一九九五年）、陸川導演，《南京！南京！》（二〇〇九年）及張藝謀導演刷新票房紀錄的《金陵十二釵》（二〇一一年）等電影。
25. 參看"China and Japan: Seven Decades of Bitterness," http://www.bbc.co.uk/news/magazine-25411700; "China Mulls Holidays Marking Japanese Defeat and Nanjing Massacre," http://www.bbc.co.uk/news/world-asia-26342884; "China ratifies national memorial day for Nanjing Massacre victims," http://english.peopledaily.com.cn/90785/8549181.html。
26. "Czech Poll Descends into Anti-German Insults," *Financial Times*, 25 January 2013; "Nationalistische Kampagne bringt Zeman auf die Burg," *Die Welt*, 26 January 2013; "Konjunktur für antideutsche Polemik in Europa," *Die Welt*, 27 January 2013.
27. *Dimokratia*, 9 February 2012.
28. *Il Giornale*, 3 August 2012.
29. Eric Frey, *Das Hitler Syndrom* (Frankfurt-am-Main: Eichborn, 2005), pp. 29, 54, 70, 80, 150，以及全書各處。

30. "Congress MP Compares Narendra Modi to Hitler and Pol Pot," *Times of India*, 7 June 2013; "Kevin's Sister Crusades Against Gays," *The Australian*, 14 July 2011.
31. "The New Furor," *Philadelphia Daily News*, 8 December 2015.
32. Michael Butter, *The Epitome of Evil: Hitler in American Fiction, 1939–2002* (New York: Palgrave Macmillan, 2009)，全書各處。
33. Christopher R. Browning, *Ordinary Men: Reserve Police Battalion 101 and the Final Solution* (New York: HarperCollins, 1992)。丹尼爾．戈德哈根（Daniel Goldhagen）的暢銷著作*Hitler's Willing Executioners: Ordinary Germans and the Holocaust* (New York: Little, Brown, 1996)，部分是為了回應布朗寧的論點而撰寫。
34. 例如，參看一九八〇年代德國歷史學家大爭論（historikerstreit），以及二〇〇八年《關於歐洲良知和譴責共產主義罪行布拉格宣言》的相關爭議：Anon., *Historikerstreit: Die Dokumentation der Kontroverse um die Einzigartigkeit der nationalsozialistischen Judenvernichtung* (Munich: Piper, 1991)，全書各處；Peter Novick, *The Holocaust in American Life* (New York: Mariner, 2000), pp. 9–10；以及Alvin H. Rosenfield, *Resurgent Antisemitism: Global Perspectives* (Bloomington: Indiana University Press, 2013), pp. 227–9。
35. Noda Masaaki, "One Army Surgeon's Account of Vivisection on Human Subjects in China," trans. Paul Schalow, in Li (ed.), *Japanese War Crimes*, pp. 142–4。譯者注：以下各處引文中譯，皆參看野田正彰著、朱春立譯，《戰爭與罪責》（北京：昆侖出版社，二〇〇四年），第一章，必要時略作改動。
36. 前引書pp. 150–51。
37. 前引書p. 148。
38. Laurence Rees, interview with Yuasa in his *Their Darkest Hour* (London: Ebury Press, 2008), p. 214.
39. Masaaki, "One Army Surgeon's Account," p. 156.
40. 前引書p. 160。譯者注：按照湯淺直接閱讀的漢文信件，這位母親是步行追趕卡車，而非本書作者原文所說的

「騎腳踏車」追趕，「我在車後拚命的追，但纏著足，當然追不上，很快就看不到車的蹤影了。」參看《戰爭與罪責》，頁二八至二九。

41. Masaaki, “One Army Surgeon’s Account,” p. 135。譯者注：此處參看《戰爭與罪責》，頁五。

42. Hannes Heer, *Hitler war’s: die Befreiung der Deutschen von ihrer Vergangenheit* (Berlin: Aufbau, 2008)，全書各處；Butter, *The Epitome of Evil*, p. 177。

43. 認為試圖「理解」加害者將使加害者得以脫罪的另一種觀點，參看 Arthur G. Miller, Amy M. Buddie and Jeffrey Kretschmar, “Explaining the Holocaust: Does Social Psychology Exonerate the Perpetrators?,” in Leonard S. Newman and Ralph Erber (eds), *Understanding Genocide* (New York: Oxford University Press, 2002), pp. 301–24。

44. 大量證據顯示暴行與看似正常的人們相關，參看 Olaf Jensen and Claus-Christian W. Szejnmann (eds), *Ordinary People as Mass Murderers* (Basingstoke: Palgrave Macmillan, 2008) 一書的生動介紹。

第四章

1. Otto Dov Kulka, *Landscapes of the Metropolis of Death* (London: Allen Lane, 2013)，全書各處。
2. 前引書 pp. 82–3。
3. 前引書 pp. 23, 77。
4. Robert Jay Lifton, *Death in Life: Survivors of Hiroshima* (Harmondsworth: Pelican, 1971)，特別是 pp. 505–11。
5. Kulka, *Landscapes of the Metropolis of Death*, p. 80.
6. Hasia R. Diner, *We Remember with Reverence and Love: American Jews and the Myth of Silence after the Holocaust, 1945–1962* (New York and London: New York University Press, 2009)，全書各處。
7. Anne Karpf, *The War After* (London: Minerva, 1997), p. 5.
8. 參看 Saul Friedländer, “West Germany and the Burden of the Past: The Ongoing Debate,” *Jerusalem Quarterly*, vol. 42

(1987), p. 16; Shlomo Sand, *The Invention of the Jewish People*, trans. Yael Lotan (London and New York: Verso, 2009), p. 285。

9. Keith Lowe, *Savage Continent* (London: Viking, 2012), pp. 13–16.
10. Andrew Roberts, *The Storm of War* (London: Allen Lane, 2009), p. 267; Diana Lary and Stephen MacKinnon, *Scars of War: The Impact of Warfare on Modern China* (Vancouver: University of British Columbia Press, 2001), p. 6; Antony Beevor, *The Second World War* (London: Weidenfeld & Nicolson, 2012), p. 780.
11. 柯林頓總統歐戰勝利紀念日演說，一九九五年五月八日，線上版：www.presidency.ucsb.edu/ws/index.php?pid=51328&st=&st1。
12. 艾爾．紐曼（Al Newman）在《新聞週刊》（*Newsweek*）的報導，以及美國陸軍對於布痕瓦德集中營的報告，轉引自William I. Hitchcock, *Liberation* (London: Faber & Faber, 2008), p. 299。
13. Letter from Lieutenant General Sir Frederick Morgan to the Foreign Office's Under Secretary of State, 14 September 1946, IWM Docs, 02/49/1；另參看Ben Shephard, *The Long Road Home: The Aftermath of the Second World War* (London: Bodley Head, 2010), pp. 295–9。
14. Lowe, *Savage Continent*, pp. 193–8.
15. Dienke Hondius, *Return: Holocaust Survivors and Dutch Anti-Semitism* (Westport, CT: Praeger, 2003)，全書各處；Hitchcock, *Liberation*, pp. 271–2; János Pelle, *Az utolso vevadak* (Budapest, Pelikán, 1995), pp. 228-9; Shephard, *The Long Road Home*, p. 393。
16. Peter Novick, *The Holocaust in American Life* (New York: Mariner, 2000), pp. 86–90.
17. 語出莉亞．戈德堡，引自Tom Segev, *1949: The First Israelis* (New York: Henry Holt, 1986), p. 138。
18. 語出大衛．本—古里昂，引自Tom Segev, *The Seventh Million* (New York: Hill & Wang, 1993), pp. 118–19。
19. Gideon Hausner, *Justice in Jerusalem* (London: Thomas Nelson, 1966), pp. 291–2.

20. Jean-Paul Sartre, *Anti-Semite and Jew*, trans. George J. Becker (New York: Schocken Books, 1948), pp. 83, 136; Evan Carton, "The Holocaust, French Poststructuralism, the American Literary Academy, and Jewish Identity Politics," in Peter C. Herman (ed.), *Historicizing Theory* (Albany: State University of New York Press, 2004), pp. 20–22.
21. Jean-Paul Bier, "The Holocaust, West Germany and Strategies of Oblivion, 1947–1979," in Anson Rabinbach and Jack Zipes, *Germans and Jews Since the Holocaust* (New York: Holmes & Meier, 1986), pp. 202–3; Alf Lüdtke, "'Coming to Terms with the Past': Illusions of Remembering, Ways of Forgetting Nazism in West Germany," *Journal of Modern History*, vol. 65, no. 3 (1993), pp. 544–6.
22. 語出菲利普・洛帕特（Phillip Lopate），引自Novick, *The Holocaust in American Life*, pp. 235–6。
23. 埃利・維瑟爾在第二十八屆聯合國大會特別會議的演說，轉引自UN Press Release GA/10330, 24 January 2005，參看www.un.org/News/Press/docs/2005/ga10330.doc.htm。
24. Hannah Arendt, *Eichmann in Jerusalem* (Harmondsworth: Penguin, 1994), pp. 282–5，反應參看Novick, *The Holocaust in American Life*, pp. 134–7。
25. John Sack, *An Eye for an Eye* (New York: Basic Books, 1993)，反應參看Lowe, *Savage Continent*, p. 182。
26. Christopher R. Browning, *Ordinary Men: Reserve Police Battalion 101 and the Final Solution in Poland* (New York: HarperCollins, 1992); Daniel Goldhagen, *Hitler's Willing Executioners: Ordinary Germans and the Holocaust* (New York: Little, Brown, 1996).
27. 例如，參看British Chief Rabbi Jonathan Sacks's speech on Holocaust Memorial Day 2013, http://www.hmd.org.uk/resources/podcast/chief-rabbi-lord-sacks-speech-uk-commemoration-event-holocaust-memorial-day-2013。
28. Alice Herz-Sommer obituary, *Telegraph*, 24 February 2014; Leon Weinstein obituary, *Los Angeles Times*, 4 January 2012; Sonia Weitz obituary, *Boston Globe*, 25 June 2010.
29. 以色列總統西蒙・裴瑞斯（Shimon Peres）演說，二〇一四年四月二十七日；教宗若望保祿二世演說，二〇〇〇年三月二十四日；以及美國總統歐巴馬（Barack Obama）演說，二〇一三年四月二十三日。參看http://mfa.gov.il/MFA/AboutIsrael/History/Holocaust/Pages/President-Peres-at-Holocaust-Remembrance-Day-ceremony-at-Yad-Vashem-27-Apr-2014.aspx; www.natcath.org/NCR_Online/documents/YadVashem.htm; www.presidency.ucsb.edu/ws/?pid=100689。

30. 語出里昂．維瑟蒂耶（Leon Wieseltier）、埃利．維瑟爾、小保羅．摩爾主教（Rt Revd Paul Moore, Jr）及夏米．巴爾摩（Shalmi Barmore），皆引自Novick, *The Holocaust in American Life*, pp. 201, 211, 236。

31. Zoe Waxman, "Testimonies as Sacred Texts: The Sanctification of Holocaust Writing," *Past and Present*, vol. 206, supplement 5 (2010), pp. 321–41; Novick, *The Holocaust in American Life*, pp. 201, 211; Michael Goldberg, *Why Should Jews Survive?* (New York: Oxford University Press, 1995), pp. 41–65.

32. 包括歐巴馬總統在內的多位美國高階政治人物，都提過美軍解放了奧許維茲集中營。儘管這個說法在事實層面上並不正確，但它完全符合了當今的神話思考：「美國」代表英雄，「奧許維茲」則是被英雄拯救的殉難者。

33. Novick, *The Holocaust in American Life*, p. 11.

34. Paul S. Fiddes, *Past Event and Present Salvation: The Christian Idea of Atonement* (London: Darton, Longman & Todd, 1989), p. 218; Jürgen Moltmann, *The Crucified God*, trans. R. A. Wilson and John Bowden (London: SCM Press, 1974), pp. 273–4; Cardinal Jean-Marie Lustiger, "The Absence of God? The Presence of God? A Meditation in Three Parts on *Night*," in Harold Bloom (ed.), *Elie Wiesel's Night* (New York: Infobase, 2010), pp. 27–37; Franklin H. Littell, *The Crucifixion of the Jews* (New York: Harper & Row, 1975)，全書各處；Gershon Greenberg, "Crucifixion and the Holocaust: The Views of Pius XII and the Jews," in Carol Rittner and John K. Roth (eds), *Pope Pius XII and the Holocaust* (London: Continuum, 2002), pp. 137–53。

35. 對大屠殺帶來的所謂教訓之分析，參看Novick, *The Holocaust in American Life*, pp. 239–63。

36. Kulka, *Landscapes of the Metropolis of Death*, p. 80.

37. Werner Weinberg, *Self-Portrait of a Holocaust Survivor* (Jefferson, NC: McFarland & Co., 1985), p. 152.
38. 對波蘭國族殉難神話的精采總結，參看Genevieve Zubrzycki, "Polish Mythology and the Traps of Messianic Martyrology," in Gérard Bouchard, *National Myths: Constructed Pasts, Contested Presents* (Oxford: Routledge, 2013), pp. 110–32。
39. 第二十八屆聯合國大會特別會議，轉引自UN Press Release GA/10330, 24 January 2005；參看www.un.org/News/Press/docs/2005/ga10330.doc.htm。
40. Thomas Kühne, "Europe Exploits the Holocaust to Spread Its Message of Tolerance," *Guardian*, 27 January 2011.
41. Edna Aizenberg, "Nation and Holocaust Narration: Uruguay's Memorial del Holocausto del Pueblo Judío," in Jeffrey Lesser and Raanan Rein (eds), *Rethinking Jewish-Latin Americans* (Albuquerque: University of New Mexico Press, 2008), pp. 207–30.
42. Locksley Edmondson, "Reparations: Pan-African and Jewish Experiences," in William F. S. Miles, *Third World View of the Holocaust: Summary of the International Symposium* (Boston, MA: Northeastern University, 2002), p. 4.
43. Novick, *The Holocaust in American Life*, p. 13.
44. Ruth Amir, *Who is Afraid of Historical Redress?* (Boston, MA: Academic Studies Press, 2012), p. 239.

第五章

1. Takashi Nagai, *The Bells of Nagasaki*, trans. William Johnston (Tokyo: Kodansha International, 1984), p. 82。譯者注：此段參看永井隆著、賴振南譯，《長崎和平鐘聲》（台北：上智，二〇〇三年），頁一〇六至一〇七，略有改動。
2. 前引書p. 101。譯者注：此段參看《長崎和平鐘聲》，頁一二八，略有改動。
3. 前引書pp. 48, 60。譯者注：此段參看《長崎和平鐘聲》，頁六二、七九，略有改動。
4. 永井在一九四〇及一九五〇年代日本的文化偶像地位，參看William Johnston's introduction to Nagai, *The Bells of*

Nagasaki, p. xx; Paul Glynn, *A Song for Nagasaki* (London: Fount Paperbacks, 1990), pp. 202–50；以及John Dower, *Embracing Defeat: Japan in the Wake of World War II* (New York: W. W. Norton, 2000), pp. 197–8。

5. Glynn, *A Song for Nagasaki*, pp. 188–90.
6. 戰後的東京大學總長南原繁向學生演說，轉引自Dower, *Embracing Defeat*, p. 488。
7. Dower, *Embracing Defeat*, pp. 497–500.
8. 前引書pp. 493–4。
9. "South Korean Court Tells Japanese Company to Pay for Forced Labor," *New York Times*, 30 July 2013; "Chinese Families Suing Japan Inc. for War Redress in Bigger Numbers," *Japan Times*, 13 May 2014; "Unfinished Business," *Foreign Policy*, 28 June 2010。另見also Dower, *Embracing Defeat*, pp. 531–4。
10. 辻政信的故事，參看Dower, *Embracing Defeat*, p. 513。另見該書pp. 464–5, 508–521。
11. Noda Masaaki, "One Army Surgeon's Account of Vivisection on Human Subjects in China," in Peter Li (ed.), *Japanese War Crimes* (New Brunswick, NJ: Transaction Books, 2003), pp. 135–8。對這個課題更詳細的闡述，參看野田正彰，《戰爭的罪責》（東京：岩波書店，一九九八年）。
12. 參看杜魯門第二六六〇號總統文告，〈東方的勝利〉（Victory in the East），一九四五年八月十六日，www.presidency.ucsb.edu/ws/index.php?pid=12388&st=&st1。
13. Graeme Gill, *Symbols and Legitimacy in Soviet Politics* (Cambridge University Press, 2011), pp. 198–200.
14. 古斯塔夫．胡薩克（Gustáv Husák）在「捷克斯洛伐克一九八五」（Czechoslovakia 1985）展覽開幕式的演說，一九八五年五月三十一日，轉引自Foreign Broadcast Information Service, *East Europe Report JPRS-EPS-85-070* (Arlington, VA: Joint Publications Research Service, 25 June 1985), p. 7；狄托宣布成立民主聯邦南斯拉夫，一九四五年三月九日，收入Fabijan Trgo (ed.), *The National Liberation War and Revolution in Yugoslavia (1941–1945): Selected Documents* (Belgrade: Military History Institute of the Yugoslav People's Army, 1982), p. 711; Kurt Hager,

"Der Sozialismus ist Unbesiegbar," *Einheit*, vol. 40, ncs 4–5 (1985), pp. 313–18。

15. 穆拉演說〈日常秩序〉（Order of the Day），一九八五年五月九日在地拉那（Tirana），轉引自Joint Publications Research Service, *East Europe Report JPRS-EPS-85-072* (Arlington, VA: Joint Publications Research Service, 1 July 1985), p. 1。

16. 實際上，東德官方阻止人民悼念。參看"Appeal on the 40th Anniversary of the Victory over Hitler Fascism and of the Liberation of the German People," in *Neues Deutschlcnd*, 11 January 1985, p. 1。

17. 尼赫魯的獨立決議，一九四六年十二月十三日，收入Mushirul Hasan (ed.), *Nehru's India: Select Speeches* (New Delhi: Oxford University Press, 2007), p. 32。

18. 蘇卡諾頒布建國五原則（Pantja Sila）的演說，一九四五年六月一日，收入Sukarno, *Toward Freedom and the Dignity of Man: A Collection of Five Speeches by President Sukarno of the Republic of Indonesia* (Jakarta: Department of Foreign Affairs, 1961), p. 20。

19. 尼赫魯關於印度在大英國協會員身分的演說，一九四九年五月十六日，收入Hasan (ed.), *Nehru's India*, p. 87。

20. 語出費爾哈特．阿巴斯（Ferhat Abbas），引自Benjamin Stora and Zakya Daoud, *Ferhat Abbas: une utopie algerienne* (Paris: Denoël, 1995), p. 133。

21. Keith Lowe, *Savage Continent* (London: Viking, 2012)，全書各處。

22. 例如，參看羅塞里尼（Roberto Rosselini）一九四八年的電影《德國零年》（*Germania, Anno Zero*）。

23. 歐盟執委會主席羅馬諾．普羅迪（Romano Prodi）演說〈新歐洲與日本〉（The New Europe and Japan），二〇〇〇年七月十九日在東京，http://europa.eu/rapid/press-release_SPEECH-00-277_en.doc。

24. 參看舒曼宣言（Schuman Declaration）：http://europa.eu/about-eu/basic-information/symbols/europe-day/schuman-declaration/index_en.htm。

25. 對美國參議院外交委員會聲明，一九五三年四月九日，收入Konrad Adenauer, *Journey to America: Collected*

Speeches, Statements, Press, Radio and TV Interviews* (Washington, DC: Press Office German Diplomatic Mission, 1953), p. 51；以及Konrad Adenauer, *World Indivisible: With Liberty and Justice for All*, trans. Richard and Clara Winston (New York: Harper & Bros, 1955), p. 6。

26. Vincenzo Della Sala, "Myth and the Postnational Polity: The Case of the European Union," in Gérard Bouchard (ed.), *National Myths* (Oxford: Routledge, 2013), p. 161.
27. 聯合國祕書長潘基文演說，二〇〇八年四月十日在莫斯科國立大學，https://www.un.org/sg/en/content/sg/statement/2008-04-10/secretary-generals-address-moscow-state-university；聯合國傳播及公眾信息事務副祕書長夏希・塔魯爾（Shashi Tharoor），轉引自*World Chronicle*, no. 980 (8 June 2005), p. 2；法國代表米歇爾・巴尼耶（Michel Barnier），荷蘭代表麥克斯・范・德・斯圖爾（Max van der Stoel），保加利亞代表斯特凡・塔夫羅夫（Stefan Tavrov）在第二十八屆聯合國大會特別會議的發言，轉引自UN Press Release GA/10330, 24 January 2005——參看www.un.org/News/Press/docs/2005/ga10330.doc.htm。
28. 尼赫魯在印度制憲會議上的演說，一九四九年五月十六日，收入Hasan (ed.), *Nehru's India*, p. 82。

第六章

1. 由其子撰寫的尤金・拉賓諾維奇小傳，參看Alexander Rabinowitch, "Founder and Father," *Bulletin of the Atomic Scientists*,vol. 61, no. 1 (2005), pp. 30–37。
2. 語出尤金・拉賓諾維奇，引自Robert Jungk, *Brighter Than a ThousandSuns*, trans. James Cleugh (London: Victor Gollancz, 1958), p. 183。
3. 法蘭克報告的全文，參看前引書pp. 335–46。
4. 轉引自Josh Schollmeyer, "Minority Report," *Bulletin of the Atomic Scientists*,vol. 61, no. 1 (2005), p. 39。
5. Rabinowitch, "Founder and Father," p. 36.

6. Eugene Rabinowitch, "Five Years After," *Bulletin of the Atomic Scientists*, vol.7, no. 1 (1951), p. 3.
7. Hans M. Kristensen and Robert S. Norris, "Global Nuclear WeaponsInventories, 1945–2013," *Bulletin of the Atomic Scientists*, vol. 69, no. 5 (2013),p. 75.
8. Eugene Rabinowitch, *The Dawn of a New Age* (University of Chicago Press, 1963), p. 183.
9. E. B. White, editorial, 18 August 1945，複印於E. B. White, *The Wild Flag* (Boston, MA: Houghton Mifflin, 1946), p. 108; "The Bomb," Time, 20 August 1945; William L. Laurence, *Dawn Over Zero* (London: Museum Press, 1947), p. 227。
10. *New York Times*, 29 September 1945.
11. *New York Times*, 26 September 1945.
12. 語出Raymond Gram Swing, *Coronet*及《紐約先驅論壇報》（*New York Herald Tribune*），皆轉引自Paul Boyer, *By the Bomb's Early Light* (Chapel Hill: University of North Carolina Press, 1985), pp. 33, 136 and 109。
13. Gerald Wendt, "What Happened in Science," in Jack Goodman (ed.), *While You Were Gone: A Report on Wartime Life in the United States* (New York: Simon & Schuster, 1946), pp. 253–4.
14. 轉引自Boyer, *By the Bomb's Early Light*, p. 143，另見pp. 145–9。
15. 參看Jean-Paul Sartre, "The Liberation of Paris: An Apocalyptic Week," in Ronald Aronson and Adrian van den Hoven, *We Have Only This Life to Live: The Selected Essays of Jean-Paul Sartre* (New York: New York Review of Books, 2013), p. 117; Albert Einstein, "A Reply to the Soviet Scientists," *Bulletin of the Atomic Scientists*, vol. 4, no. 2 (1948), p. 37; and "Gen. Spaatz on Atomic Warfare," *Life*, 16 August 1948, p. 104。
16. *Picture Post*, 25 August 1945.
17. 參看*Illustrated Weekly of India*, Autolycus, "As I See It," 19 August 1945; "Journey to the Moon: Atomic Power Might Make Idle Dreams Come True One Day!," 2 September 1945; "Atomic Power in Industry," 18 November 1945。
18. 參看多洛雷斯・奧古斯汀（Dolores L. Augustine）、迪克・凡・倫特（Dick van Lente）、內海博文及索妮婭・施密德（Sonja D. Schmid）等人的論文，收錄於Dick van Lente (ed.), *The Nuclear Age in Popular Media: A Transnational History, 1945–1965* (New York: Palgrave Macmillan, 2012)。

19. Roslynn D. Haynes, *From Faust to Strangelove: Representations of the Scientistin Western Literature* (Baltimore: Johns Hopkins University Press, 1994)，全書各處。

20. 參看二〇〇二年國際細菌戰犯罪專題討論（International Symposium on Crimes of Bacteriological Warfare）提供的數字，轉引自Brian J. Ford, *Secret Weapons: Technology, Science and the Race to Win World War II* (Oxford: Osprey, 2011), p. 173。

21. 前引書pp. 45–52, 115–61。

22. W. H. Helfand et al., "Wartime Industrial Development of Penicillin in theUnited States," in John Parascandola (ed.), *The History of Antibiotics: A Symposium* (Madison, WI: American Institute of the History of Pharmacy, 1980), pp. 40, 50–51.

23. *Straits Times* (Singapore), 20 September 1945 and 9 October 1945; Thomas R. Dunlap, *DDT: Scientists, Citizens, and Public Policy* (Princeton University Press, 1981), pp. 17, 60–63.

24. Ford, *Secret Weapons*, pp. 270–74.

25. 前引書pp. 250–58；Don Murray, "Percy Spencer and his Itch to Know," *Reader's Digest*, August 1958, p. 114。

26. "Harry Coover, Super Glue's Inventor, Dies at 91," *New York Times*, 27 March 2011.

27. Gary Chapman, "Hedy Lamarr's Invention Finally Comes of Age," *Los Angeles Times*, 31 January 2000.

28. 布加寧在蘇共中央委員會全體會議上的演說，一九五五年七月，轉引自David Holloway, *Stalin and the Bomb* (New Haven, CT: Yale University Press, 1994), p. 356。

29. Sonja D. Schmid, "Shaping the Soviet Experience of the Atomic Age: Nuclear Topics in *Ogonyok* ," in van Lente (ed.), *The Nuclear Age in Popular Media*, p. 41.

30. 蘇聯科學家的發言，轉引自*Illustrated Weekly of India*, 8 November 1959。

31. *Neue Berliner Illustrierte* and *Stern*，轉引自 Dolores L. Augustine, "Learning from War: Media Coverage of the Nuclear Age in the Two Germanies," in van Lente (ed.), *The Nuclear Age in Popular Media*, p. 89。
32. *Illustrated Weekly of India*, 19 August 1945, 14 July 1946, 3 October 1946.
33. Boyer, *By the Bomb's Early Light*, pp. 115–16; George Gamow, *Atomic Energy in Cosmic and Human Life* (New York: 1946), p. 153; O. R. Frisch, *Meet the Atom: A Popular Guide to Modern Physics* (New York: 1947), pp. 220–21.
34. Jungk, *Brighter Than a Thousand Suns*, pp. 217–18; Kai Bird and Martin J. Sherwin, *American Prometheus: Triumph and Tragedy of Robert Oppenheimer* (New York: Random House, 2005).
35. Joel Shurkin, *Broken Genius: The Rise and Fall of William Shockley, Creator of the Electronic Age* (Basingstoke: Macmillan, 2006), pp. 65, 95–9; J. Robert Oppenheimer, "Physics in the Contemporary World," *Bulletin of the Atomic Scientists*, vol. 4, no. 3 (1948), p. 65.
36. Eugene Rabinowitch, "The Labors of Sisyphus," *Bulletin of the Atomic Scientists*, vol. 7, no. 10 (1951), p. 291.
37. Ernst Chain, "A Short History of the Penicillin Discovery from Fleming's Early Observations in 1929 to the Present Time," in Parascandola (ed.), *The History of Antibiotics*, pp. 22–3.
38. 對這些課題的討論，特別參看 P. W. Bridgman, "Scientists and Social Responsibility," *Bulletin of the Atomic Scientists*, vol. 4, no. 3 (1948，後續討論參看 pp. 69–75，但這些課題在該刊的最初十年中一再重提。
39. Oppenheimer, "Physics in the Contemporary World," p. 66.
40. 語出西奧多・豪施克博士（Dr Theodor Hauschke），引自 Jungk, *Brighter Than a Thousand Suns*, p. 231。
41. 參看 Boyer, *By the Bomb's Early Light*, pp. 181–95。

第七章

1. Alan Milward, *War, Economy and Society, 1939-1945* (Berkeley and Los Angeles: University of California Press, 1977),

pp. 284–6.

2. Theodor Adorno, *Minima Moralia*, trans. E. F. N. Jephcott (London: Verso, 2005), p. 54.
3. 吉恩卡洛的生平主要參考Benedict Zucchi, *Giancarlo De Carlo* (Oxford: Butterworth Architecture, 1992), 尤其pp. 157–73，以及John McKean, *Giancarlo De Carlo: Layered Places* (Stuttgart and London: Edition Axel Menges, 2004), 尤其pp. 202–4。
4. McKean, *Giancarlo De Carlo*, p. 202.
5. 前引書p. 202。
6. 前引書p. 203。
7. Keith Lowe, *Savage Continent* (London: Viking, 2012), p. 10; UN Archives, UNRRA photos 1202, 1204, and S-0800-0016-01-17.
8. Tony Judt, *Postwar* (London: Pimlico, 2007), p. 17.
9. UK National Archives, CAB 21/2110; Lowe, *Savage Continent*, pp. 6–7, 400–401; Judt, *Postwar*, pp. 16–17; John W. Dower, *Embracing Defeat: Japan in the Wake of World War II* (New York: W. W. Norton, 2000), p. 47; Pankaj Mishra, "Land and Blood," *New Yorker*, 25 November 2013.
10. 一九四五至一九七〇年間，全世界人口增長了百分之五十左右，但全世界城市人口大約增長了兩倍；參看UN Department of Economic and Social Affairs, 'World Urbanization Prospects: The 2011 Revision', Working Paper no. ST/ESA/SER.A/322, p. 4。
11. Sigfried Giedion, *Space, Time & Architecture*, 5th edn. (Cambridge, MA: Harvard University Press, 2008), pp. 819, 822; Le Corbusier, *The Radiant City* (Faber & Faber, 1967), p. 96.
12. Paul Morand, "Nouveau style," *Voix Française*, 19 March 1943；引自Pierre Le Goïc, *Brest en reconstruction* (Presses Universitaires de Rennes, 2001), p. 129.

13. 施密特恩納引自 Jörn Düwel and Niels Gutschow, *A Blessing in Disguise* (Berlin: Dom, 2013), p. 163。古丘夫引自 Spiegel Online, "Out of the Ashes: A New Look at Germany's Postwar Reconstruction," https://www.spiegel.de/international/germany/out-of-the-ashes-a-new-look-at-germany-s-postwar-reconstruction-a-702856.html。另參看 Jeffry M. Diefendorf, *In the Wake of the War* (New York: Oxford University Press, 1993), pp. 188–9。
14. Stanislaw Jankowski, "Warsaw: Destruction, Secret Town Planning, 1939–1944, and Postwar Reconstruction," in Jeffry M. Diefendorf (ed.), *Rebuilding Europe's Bombed Cities* (Basingstoke: Macmillan, 1990), p. 81.
15. Julian Huxley, foreword to Flora Stephenson and Phoebe Pool, *A Plan for Town and Country* (London: The Pilot Press, 1944), p. 7。另參看 Patrick Abercrombie, *The Greater London Plan 1944* (London: HMSO, 1945), p. 1。
16. 語出內閣城鄉重建委員會（Cabinet Committee on the Reconstruction of Town and Country），引自 Anthony Sutcliffe and Roger Smith, *History of Birmingham, 1939–1970* (Birmingham City Council, 1974), p. 464; Frank H. Rushford, *City Beautiful: A Vision of Durham* (Durham County Advertiser, 1945); J. B. Morrell, *The City of Our Dreams* (London: St Anthony's Press, 1955)。
17. Thomas Sharp, *Exeter Phoenix* (London: Architectural Press, 1946), p. 134.
18. James Watson and Patrick Abercrombie, *A Plan for Plymouth* (Plymouth: Underhill, 1943), p. 11.
19. Catherine Bauer, "The County of London Plan – American Reactions: Planning is Politics – But are Planners Politicians?," *Architectural Review*, vol. 96, no. 573 (1944), p. 81.
20. Diefendorf, *In the Wake of the War*, p. 183.
21. 全國房地產協會一九四四年印行的小冊子，轉引自 Friedhelm Fischer, "German Reconstruction as an International Activity," in Diefendorf (ed.), *Rebuilding Europe's Bombed Cities*, pp. 133–4。
22. Le Corbusier, *The Athens Charter* (New York: Viking, 1973), p. 54.
23. José Luis Sert, *Can Our Cities Survive?* (Cambridge, MA: Harvard University Press, 1944), pp. 246–9.

24. Lewis Mumford, *The Culture of Cities* (London: Secker & Warburg, 1940), pp. 296, 298, 330.
25. Ebenezer Howard, *Tomorrow: A Peaceful Path to Real Reform* (London: Swan Sonnenschein, 1898), p. 10。對於霍華德遺緒的討論，參看Stephen V. Ward (ed.), *The Garden City* (London: E & FN Spon, 1992)，以及Stanley Buder, *Visionaries and Planners: The Garden City Movement and the Modern Community* (New York: Oxford University Press, 1990)。
26. Frank Lloyd Wright, *Modern Architecture: Being the Kahn Lectures for 1930* (Princeton University Press, 2008), p. 112.
27. Frank Lloyd Wright, *The Disappearing City* (New York: William Farquhar Payson, 1932), p. 17，另見Neil Levine's introduction to Wright's *Modern Architecture*, p. xlix。打散人口作為核戰防禦手段好處的相關爭論，參看*Bulletin of the Atomic Scientists*, vol. 7, no. 9 (1951), pp. 242–4。
28. Sert, *Can Our Cities Survive?*, p. 210.
29. Giedion, *Space, Time & Architecture*, p. 822.
30. Karl Marx and Friedrich Engels, *The Communist Manifesto* (Harmondsworth: Penguin, 1985), p. 105。另見Robert H. Kargon and Arthur P. Molella, *Invented Edens: Techno-Cities of the Twentieth Century* (Cambridge, MA: MIT Press, 2008), p. 27，以及Owen Hatherley, *Landscapes of Communism* (London: Allen Lane, 2015), pp. 11, 13。
31. Klaus von Beyme, "Reconstruction in the German Democratic Republic," in Diefendorf (ed.), *Rebuilding Europe's Bombed Cities*, p. 193.
32. Hatherley, *Landscapes of Communism*, p. 20.
33. Mumford, *The Culture of Cities*, p. 403; Le Corbusier, *The Athens Charter*, pp. 103–4.
34. Wright, *The Disappearing City*, pp. 28, 44.
35. 希爾庫斯的說法引自Katrin Steffen and Martin Kohlrausch, "The Limits and Merits of Internationalism: Experts, the State and the International Community in Poland in the First Half of the Twentieth Century," *European Review of History*, vol. 16, no. 5 (2009), p. 723。

36. Le Corbusier, *The Radiant City*, p. 118.
37. McKean, *Giancarlo De Carlo*, p. 203.
38. Zucchi, *Giancarlo De Carlo*, p. 158.
39. 吉恩卡洛・德卡羅一九五四年在《持續建築美》（*Casabella Continuita*）雜誌上的撰文，引自Zucchi, *Giancarlo De Carlo*, p. 15。
40. Zucchi, *Giancarlo De Carlo*, p. 161.
41. 前引書pp. 10, 13。
42. 前引書p. 10。
43. Jane Jacobs, *The Death and Life of Great American Cities* (New York: Jonathan Cape, 1962); Oscar Newman, *Defensible Space* (New York: Macmillan, 1972).
44. 參看Emrys Jones, "Aspects of Urbanization in Venezuela," *Ekistics*, vol. 18, no. 109 (1964), pp. 420–25; Alice Coleman, *Utopia on Trial* (London: Hilary Shipman, 1985), p. 17。
45. 語出路易斯・希爾金（Lewis Silkin），引自Buder, *Visionaries and Planners*, p. 186。
46. Michael Young and Peter Willmott, *Family and Kinship in East London* (Harmondsworth: Penguin, 2007), pp. 197–9; Buder, *Visionaries and Planners*, pp. 188–9.
47. 孟福的說法引自Buder, *Visionaries and Planners*, p. 203.
48. Zucchi, *Giancarlo De Carlo*, p. 169.
49. McKean, *Giancarlo De Carlo*, p. 204.
50. Judt, *Postwar*, pp. 70–71.
51. 語出日本外務省諮問委員會，轉引自Dower, *Embracing Defeat*, p. 539。另參看note 34 on p. 646。
52. 尼赫魯對全國發表廣播講話，一九五二年十二月三十一日，引自Mushirul Hasan (ed.), *Nehru's India: Selected*

Speeches (New Delhi: Oxford University Press, 2007), p. 160。

53. F. A. Hayek, *The Road to Serfdom* (London: Routledge, 1944).

54. R. M. Hartwell, *A History of the Mont Pelerin Society* (Indianapolis: Liberty Fund, 1995), pp. 18–19.

第八章

1. 弗朗索瓦絲・勒克萊爾的故事，參看一九七五年十一月二十三日她在法蘭西婦女聯盟大會上的演說，複本見於 Union des Femmes Françaises, *Les Femmes dans la Resistance* (Monaco: Éditions du Rocher, 1977), pp. 168–70。

2. 紀錄片 *2eme congres de l'Union des Femmes Francaises*，可見於 Cine Archives of the Parti Communiste Français Mouvement Ouvrieret Démocratique, http://www.cinearchives.org/Catalogue-d-exploitation-494-132-0-0.html。

3. 兒童救援組織（Organisation de Secours aux Enfants）的瑪德蓮・德雷福斯（Madeleine Dreyfus），以及移民難民協會（Cimade）的瑪德蓮・巴霍（Madeleine Barot）：參看 Caroline Moorehead, *Village of Secrets* (London: Chatto & Windus, 2014)，全書各處。

4. Siân Rees, *Lucie Aubrac* (London: Michael O'Mara, 2015), pp. 135–55; Mireille Albrecht, *Berty* (Paris: Robert Laffont, 1986), pp. 169–333；以及 Charlotte Delbo, *Convoy to Auschwitz: Women of the French Resistance* (Boston, MA: Northeastern University Press, 1997)，全書各處。

5. Jane Slaughter, *Women and the Italian Resistance, 1943–1945* (Denver: Arden Press, 1997), pp. 33, 58.

6. Jelena Batinić, *Women and Yugoslav Partisans* (New York: Cambridge University Press, 2015), pp. 260–62.

7. Vina A. Lanzona, *Amazons of the Huk Rebellion* (Madison: University of Wisconsin Press, 2009), pp. 72–5；關於印尼，參看下文第十六章。

8. Anna Krylova, *Soviet Women in Combat* (New York: Cambridge University Press, 2010), p. 145.

9. Genevieve Vailland, *Le Travail des Femmes* (Paris: Jeune Patron, 1947), p. 9; Hannah Diamond, *Women and the Second*

World War in France, 1939–48: Choices and Constraints (Harlow: Longman, 1999), p. 34.

10. Denise Breton, "La Résistance, étape importante dans l'évolution de la condition féminine," Union des Femmes Françaises, *Les Femmes dans la Resistance*, pp. 227, 228, 233–4：瑟夫—費律耶引言，參看p. 230。
11. Anon., *A Woman in Berlin* (London: Virago, 2006), p. 62.
12. Robert Gildea, *Fighters in the Shadows* (London: Faber & Faber, 2015), p. 131.
13. 參看Nadje Al-Ali, *Secularism, Gender and the State in the Middle East: The Egyptian Women's Movement* (Cambridge University Press, 2009), pp. 64, 73–4。
14. Saskia Wieringa, *Sexual Politics in Indonesia* (Basingstoke: Palgrave Macmillan, 2002), pp. 115–16, 252–5.
15. Francesca Miller, *Latin American Women and the Search for Social Justice* (Hanover, NH: University Press of New England, 1991), pp. 143.
16. 參看Jadwiga E. Pieper Mooney, "Fighting Fascism and Forging New Political Activism: The Women's International Democratic Federation in the Cold War," in Jadwiga E. Pieper Mooney and Fabio Lanza (eds), *De-Centering Cold War History* (Oxford: Routledge, 2013), pp. 52–3; and Francisca de Haan, "Hoffnungen auf eine bessere Welt: die frühen Jahre der Internationalen Demokratischen Frauenföderation (IDFF/WIDF) (1945–50)," *Feministische Studien*, vol. 27, no. 2 (2009), pp. 243–46。
17. René Cerf-Ferriere, *Le Chemin Clandestin* (Paris: Julliard, 1968), p. 189。另見Diamond, *Women and the Second World War in France, 1939–1948*, pp. 179–85，後者提供了另一種解讀。
18. Mary Zeiss Stange et al. (eds), *Encyclopedia of Women in Today's World*, vol. 1 (Los Angeles: Sage, 2011), pp. 1529–31.
19. Simone de Beauvoir, *The Second Sex*, trans. H. M. Parshley (London: Picador, 1988), pp. 737, 741。譯者注：此處參看西蒙・波娃著、邱瑞鑾譯，《第二性》（台北：貓頭鷹，二〇一三年），第二卷下，頁一一八三、一一八七。
20. Diamond, *Women and the Second World War in France, 1939–48*, p. 55; Claire Duchen, *Women's Rights and Women's*

Lives in France, 1944–1968* (London: Routledge, 1994), pp. 64–5; Sarah Fishman, "Waiting for the Captive Sons of France: Prisoner-of-War Wives, 1940–1945," in Margaret Higonnet et al. (eds), *Behind the Lines: Gender and the Two World Wars* (New Haven, CT: Yale University Press, 1987), p. 193.

21. Jeanne Bohec, *La plastiqueuse a bicyclette* (Paris: Mercure de France, 1975), p. 186.
22. Philip Morgan, *The Fall of Mussolini* (Oxford University Press, 2007), p. 193.
23. "Merci de nous écrire," *Elle*, 27 August 1946, p. 22; "L'aide aux meres de famille," *Pour la vie*, no. 34 (1950)：轉引自Duchen, *Women's Rights and Women's Lives in France, 1944–1968*, p. 67：富隆—勒弗朗夫人（Mme Foulon-Lefranc）的家事手冊《家庭主婦》（*Le Femme au Foyer*），引自前引書pp. 66, 68：另見pp. 65, 67, 101–2等處：Diamond, *Women and the Second World War in France, 1939–48*,pp. 162–3。
24. François Billoux, "A la Libération, une legislation sociale favourable aux femmes," Union des Femmes Françaises, *Les Femmes dans la Resistance*, p. 251; Diamond, *Women and the Second World War in France, 1939–1948*, pp. 175–6.
25. Sharon Elise Cline, "Femininité a la Française: Femininity, Social Change and French National Identity, 1945–1970," PhD Thesis, University of Wisconsin–Madison, 2008, p. 144.
26. Duchen, *Women's Rights and Women's Lives in France, 1944–1968*, p. 54.
27. Madeleine Vincent, *Femmes: quelle liberation?* (Paris: Éditions Socials, 1976), pp. 29–30, 37–8.
28. Al-Ali, *Secularism, Gender and the State in the Middle East*, pp. 73–4; Wieringa, *Sexual Politics in Indonesia*, pp. 115–16, 252–5; Miller, *Latin American Women and the Search for Social Justice*, p. 143.
29. 參看國際勞工組織網站，特別是：http://www.ilo.org/dyn/normlex/en/f?p=NORMLEXPUB:11300:0::NO::P11300_INSTRUMENT_ID:312245。
30. "Gender Pay Gap 'May Take 118 Years to Close' – World Economic Forum," BBC News, 19 November 2015, http://www.bbc.co.uk/news/world-europe-34842471.

31. Stange et al. (eds), *Encyclopedia of Women in Today's World*, vol. 1, pp. 1529–31; "Women in Saudi Arabia Vote for the First Time," *Washington Post*, 12 December 2015.
32. Toril Moi, "The Adulteress Wife," *London Review of Books*, vol. 32, no. 3 (11 February 2010), p. 4.
33. "My Day" column, 16 February 1962, in Eleanor Roosevelt, *My Day: The Best of Eleanor Roosevelt's Acclaimed Newspaper Columns, 1936–1962*, ed. David Emblidge (Boston, MA: Da Capo Press, 2001), p. 301.
34. Michella M. Marino, "Mothers, Spy Queens, and Subversives: Women in the McCarthy Era," in Caroline S. Emmons, *Cold War and McCarthy Era: People and Perspectives* (Santa Barbara, CA: ABC-Clio, 2010), p. 140.
35. 參看Mooney, "Fighting Fascism," pp. 52–3；以及de Haan, "Hoffnungen auf eine bessere Welt," pp. 243–6。
36. Lynne Attwood, *Creating the New Soviet Woman* (Basingstoke: Macmillan, 1999), pp. 114, 150–55, 167; David K. Willis, *Klass: How Russians Really Live* (New York: St Martin's Press, 1985), pp. 155–82; Susan Bridger, "Soviet Rural Women: Employment and Family Life," in Beatrice Farnsworth and Lynne Viola (eds), *Russian Peasant Women* (New York: Oxford University Press, 1992), pp. 271–93.
37. 語出瓦蓮京娜・帕甫洛芙娜・丘達葉娃（Valentina Pavlovna Chudayeva），引自Svetlana Alexiyevich, *War's Unwomanly Face*, trans. Keith Hammond and Lyudmila Lezhneva (Moscow: Progress, 1988), pp. 189, 244。
38. De Beauvoir, *The Second Sex*, pp. 15–16。譯者注：此處參看《第二性》，第一卷，頁四八至五〇。
39. 前引書p. 639。譯者注：此處參看《第二性》，第二卷下，頁一〇四四。
40. Moi, "The Adulteress Wife," pp. 3–6.
41. Sakiko Fukuda-Parr, Terra Lawson-Remer and Susan Randolph, *Fulfilling Social and Economic Rights* (New York: Oxford University Press, 2015), p. 146.
42. Jean-Paul Sartre, *Anti-Semite and Jew*, trans. George J. Becker (New York: Schocken Books, 1948)，法文初版一九四六年發行。

43. Anatole Broyard, "Portrait of the Inauthentic Negro," *Commentary*, vol. 10, no. 1 (1950), pp. 56–64; W. E. B. Du Bois, *The World and Africa/Color and Democracy* (New York: Oxford University Press, 2007), p. 13。《世界與非洲》一書初版於一九四七年發行。
44. De Beauvoir, *The Second Sex*, pp. 14, 18, 23, 159, 706–7, 723.
45. 前引書pp. 23–4。譯者注：此處參看《第二性》，第一卷，頁六〇。
46. Godfrey Hodgson, *America in Our Time* (Princeton University Press, 2005), p. 58.
47. Ronald Allen Goldberg, *America in the Forties* (Syracuse University Press, 2012), p. 103.
48. 引自前引書p. 103。
49. Leila J. Rupp, "The Persistence of Transnational Organizing: The Case of the Homophile Movement," *American Historical Review*, vol. 116, no. 4 (2011), p. 1019.
50. Alan Bérubé, *Coming Out Under Fire: The History of Gay Men and Women in World War II* (Chapel Hill: University of North Carolina Press, 2010), pp. 228, 244, 257.
51. Paul Ginsborg, "The Communist Party and the Agrarian Question in Southern Italy, 1943–1948," *History Workshop Journal*, vol. 17 (1984), p. 89; Ilario Ammendolia, *Occupazione delle Terre in Calabria, 1945–1949* (Rome: Gangemi, 1990), pp. 22–8.

第九章

1. 漢斯．畢哲浩特的故事出自三個不同來源：Gabriel Marcel (ed.), *Fresh Hope for the World* (London: Longmans, Green & Co., 1960), pp. 79–91；以及畢哲浩特撰寫的兩本小冊，"The Revolution for Our Time" & "Perche ho scelto il Riarmo morale," from the Archives Cantonales Vaudois in Switzerland, ref PP746/2.1/71 & PP746/2.1/72。
2. Daniel Sack, *Moral Re-Armament: The Reinventions of an American Religious Movement* (New York: Palgrave Macmillan,

2010), pp. 190, 192.

3. Max Weber, *The Protestant World Ethic and the Spirit of Capitalism* (New York: Oxford University Press, 2011), pp. 177–8.
4. Keith Lowe, *Savage Continent* (London: Viking, 2012).
5. Émile Durkheim, *The Elementary Forms of the Religious Life*, trans. Joseph Ward Swain (London: George Allen and Unwin, 1915), pp. 225–6.
6. R. Ernest Dupuy and Trevor N. Dupuy, *The Harper Encyclopedia of Military History*, 4th edn (New York: HarperCollins, 1993), pp. 1083, 1309.
7. 伊蓮娜・葛洛歇（Irena Grocher）日記提及華沙解放的內容，引自Michał Grynberg (ed.), *Words to Outlive Us: Eyewitness Accounts from the Warsaw Ghetto* (London: Granta, 2003), p. 404。
8. Major Corrie Halliday, IWM Sound 15620, Reel 32，以及空軍中尉法蘭克・齊格勒（Frank Ziegler）的證言，引自Max Arthur, *Forgotten Voices of the Second World War* (London: Ebury Press, 2004), p. 473。
9. Captain John MacAuslan, IWM Sound 8225, reel 4.
10. 卡札科維奇的故事引自Elena Zubkova, *Russia After the War*, trans. Hugh Ragsdale (Armonk, NY: M. E. Sharpe, 1998), p. 2。
11. Jean-Paul Sartre, "The Liberation of Paris: An Apocalyptic Week," in Ronald Aronson and Adrian van den Hoven (eds), *We Have Only This Life to Live: The Selected Essays of Jean Paul Sartre* (New York Review Books Classics, 2013), pp. 115–18，最初刊載於*Clarte*, 24 August 1945。
12. Jean-Paul Sartre, *Existentialism and Humanism*, trans. Philip Mairet (London: Methuen, 2007), pp. 30, 38.
13. Jean-Paul Sartre, "The Republic of Silence," in Aronson and van den Hoven (eds), *We Have Only This Life to Live*, p. 84，最初刊載於*Les Lettres francaises*, September 1944。
14. 對於沙特聲名鵲起且廣為風行的其他解讀，參看Patrick Baert, *The Existentialist Moment* (Cambridge: Polity Press,

2015), pp. 5–13, 135–49。

15. Erich Fromm, *The Fear of Freedom* (Oxford: Routledge Classics, 2001), p. 17.
16. 前引書p. 181。譯者注：此處參看埃里希・佛洛姆著、劉宗為譯，《逃避自由》（台北：木馬，二〇一五年），頁二三五。
17. 前引書pp. 90–91, 111, 218。
18. 前引書p. 232。
19. 前引書pp. 232–3；Sartre, 'The Liberation of Paris', p. 118。
20. 語出加布里埃爾・馬塞爾（Gabriel Marcel）、達馬西歐・卡多索（Damasio Cardoso）、路易吉・羅西（Luigi Rossi）及莫里斯・梅西耶（Maurice Mercier），轉引自Marcel (ed.), *Fresh Hope for the World*, pp. 15, 33, 79, 123。
21. Sack, *Moral Re-Armament*, p. 5.
22. Lowe, *Savage Continent*, p. 64; Mark Mazower, *No Enchanted Palace* (Princeton University Press, 2009), p. 61.
23. Patrick Johnstone, *The Future of the Global Church: History, Trends, Possibilities* (Downers Grove, IL: InterVarsity Press, 2011), p. 99.
24. "Einleitung der Herausgeber," in Joachim Köhler and Damian van Melis (eds), *Siegerin in Trummern: Die Rolle der katolischen Kirche in der deutschen Nachkriegsgesellschaft* (Stuttgart: Verlag W. Kohlhammer, 1998), p. 11; Benjamin Ziemann, *Encounters with Modernity: The Catholic Church in West Germany, 1945–1975*; trans. Andrew Evans (New York: Berghahn, 2014), pp. 10, 49.
25. Witold Zdaniewicz, *Kościól Katolicki w Polsce, 1945–1982* (Poznan: Pallottinum, 1983), pp. 47–50; Carlo Falconi, *La Chiesa e le organizzazioni cattoliche in Italia (1945–1955)* (Rome: Einaudi: 1956), p. 52.
26. Falconi, *La Chiesa e le organizzazioni cattoliche in Italia (1945–1955)*, p. 133.
27. 參看www.brin.ac.uk/figures/#ChangingBelief。

28. Anthony Curwen interview, IWM Sound 9810, Reel 9（另見下文第十五章）‥Lowe, *Savage Continent*, pp. 278, 336; Fernando Claudin, *The Communist Movement: From Comintern to Cominform* (Harmondsworth: Penguin, 1975), p. 309; Cynthia S. Kaplan, "The Impact of World War II on the Party," in Susan J. Linz (ed.), *The Impact of World War II on the Soviet Union* (Totowa, NJ: Rowman and Allanheld, 1985), p. 160。
29. Emmanuel Levinas, "Freedom of Speech," in Emmanuel Levinas, *Difficult Freedom*, trans. Seán Hand (Baltimore: Johns Hopkins University Press, 1990), p. 205.
30. 參看Leslie Bethell and Ian Roxborough (eds), *Latin America Between the Second World War and the Cold War, 1944–1948* (Cambridge University Press, 1992) 一書的編者引言，p. 13。
31. Jon Kraus, "Trade Unions, Democratization, and Economic Crises in Ghana," in Jon Kraus (ed.), *Trade Unions and the Coming of Democracy in Africa* (New York: Palgrave Macmillan, 2007), pp. 89–91。關於非洲其他國家工會成長的評述，參看該書其他論文‥以及David Killingray and Richard Rathbone (eds), *Africa and the Second World War* (Basingstoke: Macmillan, 1986), pp. 15 and 155。
32. Robert D. Putnam, *Bowling Alone: The Collapse and Revival of American Community* (New York: Simon & Schuster, 2000), pp. 71, 81, 84, 103, 112 and Appendix III; and quotes from pp. 54–5, 83.
33. 前引書pp. 54, 275–6, 283–4。針對普特南研究取徑的批判摘要，參看John Field, *Social Capital* (Oxford: Routledge, 2008), pp. 41–3。
34. Bjerkholt in Marcel (ed.), *Fresh Hope for the World*, p. 87.
35. Bjerkholt, "The Revolution for Our Time".
36. Tom Driberg, *The Mystery of Moral Re-Armament: A Study of Frank Buchman and His Movement* (London: Secker & Warburg, 1964), p. 299.
37. 語出聖公會杜倫主教亨斯利・亨森博士（Dr Hensley Henson）及高威主教布朗（Rt Revd M. J. Browne），引自前引書pp. 192–3。

38. Allan W. Eister, *Drawing Room Conversion: A Sociological Account of the Oxford Group Movement* (Durham, NC: Duke University Press, 1950), pp. 210–16.

39. Basil Entwistle, *Moral Re-Armament: What Is It?* (Los Angeles: Pace, 1967).

第十章

1. 齊塔普羅薩的說法，引自Prodyot Ghosh, *Chittaprosad: A Doyen of the Art-world* (Calcutta: Shilpayan Artists Society, 1995), pp. 3–4。
2. 前引書p. 7，Nikhil Sarkar, *A Matter of Conscience: Artists Bear Witness to the Great Bengal Famine of 1943*, trans. Satyabrata Dutta (Calcutta: Punascha, 1994), p. 28。
3. Ghosh, *Chittaprosad*, p. 7.
4. Amartya Sen, *Poverty and Famines: An Essay on Entitlement and Deprivation* (Oxford: Clarendon Press, 1981), pp. 55, 69; Srimanjari, *Through War and Famine: Bengal, 1939–45* (New Delhi: Orient Black Swan, 2009), pp. 158–9。蒙德是重量單位，一蒙德相當於八十二磅或三十七公斤。
5. Famine Inquiry Commission, *Report on Bengal* (New Delhi: Government of India, 1945), pp. 38–41, 63, 104–5.
6. 孟加拉在一九四二年，也就是饑荒開始當年，向錫蘭輸出十八萬五千噸米糧。參看Madhusree Mukerjee, *Churchill's Secret War* (New York: Basic Books, 2010), p. 67。
7. Famine Inquiry Commission, *Report on Bengal*, pp. 105–6; Lizzie Collingham, *The Taste of War* (London: Allen Lane, 2011), pp. 145, 152; Ian Stephens, *Monsoon Morning* (London: Ernest Benn, 1966), p. 179.
8. Freda Bedi, *Bengal Lamenting* (Lahore: The Lion Press, 1944), p. 105.
9. Collingham, *The Taste of War*, p. 151.

10. 參看齊塔普羅薩的報刊文章："Journey Through Midnapore – Den of Rice-Smuggling Mahajans," *People's War*, 16 July 1944, p. 4; "The Riches Piled Here: An Insult to Hungry Thousands Around," *People's War*, 6 August 1944, p. 4; "Life Behind the Front Lines," *People's War*, 24 September 1944。
11. Chittaprosad, *Hungry Bengal* (Bombay: no publisher, 1944), pp. 6, 8.
12. Ghosh, *Chittaprosad*, pp. 4–5。另參看他在一九七二年的電影《告白》（*Confession*）發表的類似言論，轉引自 Sanjoy Kumar Mallik (ed.), *Chittaprosad: A Retrospective*, 2 vols (New Delhi: Delhi Art Gallery, 2011), vol. 2, pp. 489–90。
13. Famine Inquiry Commission, *Report on Bengal*, p. 110; Sen, *Poverty and Famines*, p. 202; Paul R. Greenough, *Prosperity and Misery in Modern Bengal: The Famine of 1943–1944* (New York: Oxford University Press, 1982), p. 140; 但可另外參看 Arup Maharatna, *The Demography of Famines: An Indian Historical Perspective* (New Delhi: Oxford University Press, 1996), p. 147，他估計死亡人數介於一百八十萬到兩百四十萬人之間。死於傳染病的人數，參看 Srimanjari, *Through War and Famine*, p. 216。
14. Collingham, *The Taste of War*, p. 241; Sugata Bose, "Starvation Amidst Plenty: The Making of Famine in Bengal, Honan and Tonkin, 1942–45," *Modern Asian Studies*, vol. 24, no. 4 (1990), p. 699; Bui Minh Dung, "Japan's Role in the Vietnamese Starvation of 1944–45," *Modern Asian Studies*, vol. 29, no. 3 (1995), p. 576.
15. Keith Lowe, *Savage Continent* (London: Viking, 2012), pp. 34–40; Collingham, *The Taste of War*, p. 1.
16. 參看 Sen, *Poverty and Famines*，全書各處。對於森的分析提出異議的觀點，參看 Mark B. Tauger, "Entitlement, Shortage and the Bengal Famine of 1943: Another Look," *Journal of Peasant Studies*, vol. 31, no. 1 (2003), pp. 45–72。
17. Ian Friel, *Maritime History of Britain and Ireland* (London: British Museum Press, 2003), p. 245; UN Department of Economic Affairs, *Economic Report: Salient Features of the World Economic Situation, 1945–47* (Lake Success, NY: UN, 1948), p. 79.
18. Alan Milward, *War, Economy and Society, 1939–1945* (Berkeley and Los Angeles: University of California Press, 1977),

p. 247.

19. UN, *Salient Features of the World Economic Situation, 1945–4*, pp. 108, 113.
20. Milward, *War, Economy and Society, 1939–1945*, pp. 356–7.
21. 前引書p. 347：William Charles Chamberlin, *Economic Development of Iceland Through World War II* (New York: Columbia University Press, 1947), p. 96。
22. David Killingray, "Labour Mobilization in British Colonial Africa," in David Killingray and Richard Rathbone (eds), *Africa and the Second World War* (Basingstoke: Macmillan, 1986), pp. 70, 82–90. 另參看John Iliffe, *A Modern History of Tanganyika* (Cambridge University Press, 1979), pp. 351–4.
23. Nancy Ellen Lawler, *Soldiers of Misfortune: Ivoirien Tirailleurs of World War II* (Athens: Ohio University Press, 1992), pp. 208–18.
24. 附表資料來源：UN, *Salient Features of the World Economic Situation, 1945–47*, pp. 39, 43, 46 (America); 56 (Latin America), 68 (Australasia), 86 (Asia), 100 (Middle East), 116 (Africa), 160, 162, 165, 166 (Europe)。關於肯亞，參看Kenya Cost of Living Commission, *Cost of Living Commission Report* (Nairobi, 1950), p. 4。關於阿爾及利亞，參看Charles Issawi, *An Economic History of the Middle East and North Africa* (New York: Columbia University Press, 1982), p. 188。關於中國，參看Arthur N. Young, *China's Wartime Finance and Inflation, 1937–1945* (Cambridge, MA: Harvard University Press, 1965), table 52, p. 352。
25. UN, *Salient Features of the World Economic Situation, 1945–47*, pp. 160, 164.
26. 前引書pp. 160, 164。
27. Collingham, *The Taste of War*, p. 247; Diana Lary, *The Chinese People at War: Human Suffering and Social Transformation* (New York: Cambridge University Press, 2010), p. 122; Chang Kia-Ngau, *The Inflationary Spiral: The Experience in China, 1939–1950* (Cambridge, MA: Technology Press of the Massachusetts Institute of Technology,

1958), pp. 371–3.

28. Tomasz Pattantyus, "My Life as a 12-Year-Old Billionaire," *Santa Clarita Valley Signal*, 22 August 2009；線上版參看 http://www.signalscv.com/archives/17111/。

29. Pierre L. Siklos, *War Finance, Reconstruction, Hyperinflation and Stabilization in Hungary, 1938–48* (Basingstoke: Macmillan, 1991), p. 1.

30. Thomas Picketty, *Capital in the Twenty-First Century*, trans. Arthur Goldhammer (Cambridge, MA: The Belknap Press of Harvard University Press, 2014), pp. 107–9.

31. Freda Bedi, *Bengal Lamenting* (Lahore: The Lion Press, 1944), p. 102.

32. Lowe, *Savage Continent*, pp. 67–8, 157。深入的個案研究參看 Martin Conway, "Justice in Postwar Belgium: Popular Passions and Political Realities," in István Deák, Jan T. Gross and Tony Judt (eds), *The Politics of Retribution in Europe* (Princeton University Press, 2000), pp. 143–7。

33. Iliffe, *A Modern History of Tanganyika*, p. 375; W. M. Spellman, *A Concise History of the World Since 1945* (Basingstoke: Palgrave Macmillan, 2006), pp. 86–7；關於肯亞，參看第十七章。

34. Srimanjari, *Through War and Famine*, p. 222.

35. 但美國政府也認知到這只是暫時狀態，並務實地將該國在全世界國內生產總值（GDP）的長期占比定於百分之三十一；Kurt Schuler and Andrew Rosenberg (eds), *The Bretton Woods Transcripts* (New York: Center for Financial Stability, 2012), introduction, overview on Commission I。到了一九五〇年，美國在全世界國內生產總值的占比下降到百分之二十七左右。參看 Angus Maddison, *The World Economy: Historical Statistics* (Paris: OECD, 2003), pp. 85, 259。

36. UN, *Salient Features of the World Economic Situation, 1945–47*, p. 224.

37. Maddison, *The World Economy*, p. 88。艾倫・米爾沃德（Alan Milward）採用人均國民生產總值（GNP），而非

國內生產總值估算，得出較低的增長率，約為六成：*War, Economy and Society, 1939–1945*, p. 331。

38. UN, *Salient Features of the World Economic Situation, 1945–47*, pp. 45, 60, 110–11, 124; Maddison, *The World Economy*, pp. 51, 85.
39. UN, *Salient Features of the World Economic Situation, 1945–47*, pp. 46, 48, 110.
40. Chamberlin, *Economic Development in Iceland through World War II*, p. 99.
41. E. M. H. Lloyd, *Food and Inflation in the Middle East, 1945–50* (Stanford University Press, 1956), p. 190.
42. Milward, *War, Economy and Society, 1939–1945*, p. 349.
43. Mark Harrison, "The Economics of World War II: An Overview," in Mark Harrison (ed.), *The Economics of World War II* (Cambridge University Press, 1998), table 1.11; Tony Judt, *Postwar* (London: Pimlico, 2007), p. 17; Milward, *War, Economy and Society*, p. 270.
44. Maddison, *The World Economy*, pp. 50, 56, 172–4.
45. 前引書p. 50；Milward, *War, Economy and Society*, pp. 349–50; "Britain Pays Off Final Instalment of US Loan – After 61 Years," *Independent*, 29 December 2006。
46. 英國與美國的人均國民生產總值在一九三八年幾乎相同。但英國在戰後的水準已經落後美國百分之三十，此後也一直維持至今。Mark Harrison, "The Economics of World War II," table 1.10; and Maddison, *The World Economy*, pp. 63–5, 88–9。
47. Picketty, *Capital in the Twenty-First Century*, pp. 275, 397; Lowe, *Savage Continent*, pp. 66–8.
48. 懷特的演說引自Schuler and Rosenberg (eds), *The Bretton Woods Transcripts*, First meeting, Commission I, 3 July 1944, transcript p. 2。
49. Ed Conway, *The Summit* (London: Little, Brown, 2014), pp. 169–70.
50. 前引書pp. 210–11, 331。

51. 前引書 pp. 222, 224。
52. 羅斯福總統為布列敦森林協議向國會演說，一九四五年二月十二日。線上版參看 http://www.presidency.ucsb.edu/ws/?pid=16588。
53. 關稅暨貿易總協定最終在一九九四年由世界貿易組織取代。參看 1947 GATT agreement，取自 http://www.wto.org/english/docs_e/legal_e/gatt47_e.pdf。
54. 羅斯福總統為布列敦森林協議向國會演說，一九四五年二月十二日。
55. 語出萊昂內爾・羅賓斯，引自 Susan Howson and Donald Moggridge (eds), *The Wartime Diaries of Lionel Robbins and James Meade, 1943–45* (Basingstoke: Macmillan, 1990), p. 193。
56. 語出施羅夫（A. D. Shroff），引自 Schuler and Rosenberg (eds), *The Bretton Woods Transcripts*, Third meeting, Commission I, 10 July 1944, transcript pp. 4–7。
57. Conway, *The Summit*, pp. 356, 371。美國在創立之初的一項實驗中迫使英國讓英鎊可供全面兌換，結果成了災難，導致全球貨幣價值崩盤。
58. Joseph E. Stiglitz, *Globalization and its Discontents* (London: Allen Lane, 2002), pp. 42–4; Jeffrey Sachs, *The End of Poverty* (Harmondsworth: Penguin, 2005), p. 74; Godfrey Mwakikagile, *Africa is in a Mess: What Went Wrong and What Should be Done* (Dar es Salaam: New Africa Press, 2006), p. 27.
59. Conway, *The Summit*, pp. xix–xx.
60. Picketty, *Capital in the Twenty-First Century*, p. 573.
61. James A. Gillespie, "Europe, America and the Space of International Health," in Susan Gross Solomon et al. (eds), *Shifting Boundaries of Public Health: Europe in the Twentieth Century* (Rochester, NY: University of Rochester Press, 2008), p. 126.
62. Mallik, *Chittaprosad: A Retrospective*, vol. 1, pp. 45, 50.

63. Ghosh, *Chittaprosad*, pp. 3–4. Sarkar, *A Matter of Conscience*, p. 30。另見"An Artist, Possessed," *The Hindu*, 7 July 2011。

64. S. Guhan, "The World Bank's Lending in South Asia," in Davesh Kapur, John P. Lewis and Richard Webb (eds), *The World Bank: Its First Half Century* (Washington, DC: Brookings Institution Press, 1997), pp. 327, 337, 356–8, 380–83.

65. UN Conference on Trade and Development, *The Least Developed Countries Report, 2014* (Geneva: UNCTAD, 2014), pp. 23, 26‥線上版參看http://unctad.org/en/PublicationsLibrary/ldc2014_en.pdf。

第十一章

1. Garry Davis, personal blog, 10 November 2009, http://www.worldservice.org/2009_11_01_archive.html.
2. Garry Davis, personal blog, 22 January 2008, http://www.worldservice.org/2008_01_01_archive.html.
3. Garry Davis, *The World is My Country* (New York: G. P. Putnam, 1961), p. 21.
4. "Garry Davis, Gadfly and World Citizen No. 1, Dies at 91," *Washington Post*, 6 August 2013; Davis, *The World is My Country*, pp. 18–19.
5. Paul Gallico, "What Makes Americans Renounce Citizenship?," *St Petersburg Times*, 1 June 1948.
6. 語出《真理報》，轉引自Garry Davis, *The World is My Country*, p. 49。
7. Herbert V. Evatt, *The Task of Nations* (New York: Duell, Sloan & Pearce, 1949), pp. 223–5.
8. "The Drop-Outs," *Times of India*, 4 February 1975, p. 6; "World Citizen," *Manchester Guardian*, 10 December 1948 p. 4; "The First Citizen of the World," *The World's News*, 4 June 1949, p. 6‥《紐約客》引自Davis, *The World is My Country*, p. 49。
9. "Man of No Nation Saw One World of No War," obituary, *New York Times*, 28 July 2013; Davis, *The World is My Country*, pp. 18, 48–9; Garry Davis's blog http://blog.worldservice.org/2010/05/world-thought-corollary-to-world-action.html.

10. Davis, *The World is My Country*, p. 18.
11. 蓋瑞・戴維斯演說，一九五三年九月四日在緬因州艾爾斯沃斯（Ellsworth, Maine）市政廳，複製於前引書pp. 220–21。
12. Wendell Willkie, *One World* (London: Cassell, 1943), pp. 140, 165–6.
13. 前引書p. 165。
14. Thomas G. Weiss, *Global Governance: Why? What? Whither?* (Cambridge: Polity Press, 2013), p. 23.
15. Emery Reves, *The Anatomy of Peace* (London: George Allen & Unwin, 1946), p. v。里夫斯傳記及書籍銷售數字，參看Silvan S. Schweber, *Einstein and Oppenheimer: The Meaning of Genius* (Cambridge, MA: Harvard University Press, 2009), pp. 64–5 and 336, fn 85。
16. Reves, *The Anatomy of Peace*, pp. 107, 160.
17. 前引書pp. 165, 108。
18. "Open Letter to the American People," *New York Times*, 10 October 1945，另參看Schweber, *Einstein and Oppenheimer*, p. 66。
19. Committee to Frame a World Constitution, *The Preliminary Draft of a World Constitution* (University of Chicago Press, 1948).
20. "Voices in Parliament: A Brief Study of a Successful All-Party Parliamentary Group" http://www.oneworldtrust.org/publications/doc_view/195-appgwg-and-owt-history?tmpl=component&format=raw ; www.citoyensdumonde.fr/.
21. World Movement for World Federal Government (WMWFG), reply to UN questionnaire on non-governmental organizations, 25 October 1950: UN Archives, S-0441-0057-04 Part A。另參看該運動的「蒙特勒宣言」（Montreux Declaration），http://www.wfm-igp.org/our-movement/history。
22. 道德重整世界大會開幕致詞，一九四七年七月一五日在瑞士科城，轉引自Frank N. D. Buchman, *Remaking the*

World: The Speeches of Frank N. D. Buchman (London: Blandford, 1947), p. 157。

23. 史末資在聯合國舊金山會議第六次全體會議的演說，一九四五年，收入*The United Nations Conference on International Organization: Selected Documents* (Washington, DC: US Government Printing Office, 1946), p. 338。
24. 美國科學家聯盟（The Federation of American Scientists）所編纂，悲觀描述原子彈的文集，也是一九四六年《紐約時報》的暢銷書。參看Dexter Masters and Katharine Way (eds), *One World or None* (New York: McGraw-Hill, 1946)。另參看一九四六年的同名電影，可在線上觀看：http://publicdomainreview.org/collections/one-world-or-none-1946/。
25. 聯合國憲章全文，參看Paul Kennedy, *The Parliament of Man* (London: Allen Lane, 2006), pp. 313–41一書附錄。
26. Brian Urquhart, *A Life in Peace and War* (London: Weidenfeld & Nicolson, 1987), p. 93。另參看Jean Richardot, *Journeys for a Better World: A Personal Adventure in War and Peace* (Lanham, MD: University Press of America, 1994), pp. 85–6, 111–13。
27. 語出約瑟夫・保羅—邦庫爾（Joseph Paul-Boncour），引自*Gazette de Lausanne*, 27 June 1945, "La conference de San-Francisco," p. 6。
28. "A World Charter," *Times of India*, 28 June 1945, p. 4; *Straits Times*, 25 October 1945, p. 4.
29. 埃約・伊塔的發言引自"The Last Best Hope of Man on Earth," *West African Pilot*, 6 February 1945, p. 2。
30. *New York Times*, 27 June 1945, p. 10.
31. Senator Tom Connally, *Congressional Record* (Senate), 91 (23 July 1945), p. 7953; Congressman Charles A. Eaton, *Congressional Record* (House), 91 (6 July 1945), pp. 7299–7300，皆引自Thomas M. Franck, *Nation Against Nation: What Happened to the UN Dream and What the US Can Do About It* (New York: Oxford University Press, 1985), p. 9。
32. 前引書p. 8。
33. 聯合國官方網站：http://www.un.org/en/sections/history-united-nations-charter/1945-san-francisco-conference/index.

html。譯者注：中文版參看 https://www.un.org/zh/sections/history-united-nations-charter/1945-san-francisco-conference/index.html。

34. 歐巴馬第八七四〇號總統文告〈二〇一一年聯合國日〉，二〇一一年十月二十四日。線上版參看：http://www.presidency.ucsb.edu/ws/?pid=96946.
35. Mark Mazower, *No Enchanted Palace* (Princeton University Press, 2009), p. 6 and related fnn. on p. 206.
36. 參看 *The United Nations Conference on International Organization: Selected Documents*。
37. 阿爾韋托．耶拉斯．卡馬戈在舊金山會議第五次全體會議上的發言，參看前引書 p. 328。
38. 阿布德爾．哈米德．巴達威（Abdel Hamid Badawi）在舊金山會議第三次全體會議上的發言，參看前引書 p. 289。
39. 薩爾瓦多、希臘、菲律賓、哥倫比亞、厄瓜多、伊拉克、古巴及紐西蘭等國代表對於否決權的發言，參看前引書 pp. 301, 304, 306, 328, 333, 356, 363, 370 等處。另參看 New Zealand Department of External Affairs, *United Nations Conference on International Organization* (Wellington: Department of External Affairs, 1945), pp. 77–9；以及 Marika Sherwood, "'There is No New Deal for the Blackman in San Francisco': African Attempts to Influence the Founding Conference of the United Nations, April–July, 1945," *International Journal of African Historical Studies*, vol. 29, no. 1 (1996), p. 91。
40. 聯合國憲章第二條第七款。
41. Mazower, *No Enchanted Palace*, pp. 142–8.
42. Escott Reid, *On Duty: A Canadian at the Making of the United Nations, 1945–1946* (Kent, OH: Kent State University Press, 1983), p. 24.
43. Kennedy, *The Parliament of Man*, pp. 46–7.
44. "Towards a New World Order," *West African Pilot*, 20 August 1945.
45. Reves, *The Anatomy of Peace*, pp. 166, 177, 191.

46. "Oran Declaration"，引自Davis, *The World is My Country*, p. 216.
47. 對於安理會否決權行使直到一九九〇為止按照時序的分析，以及詳細的個案歷史，參看Anjali V. Patil, *The UN Veto in World Affairs, 1946–1990* (London: Mansell, 1992)。
48. 班傑明・費倫茨國際刑法講座，取自聯合國網站：http://legal.un.org/avl/ls/Ferencz_CLP_video_5.html。

第十二章

1. 班傑明・費倫茨的生平故事及本章引述的所有發言，皆取自二〇一五年六月他與作者的個人通信；費倫茨的個人網站：http://www.benferencz.org/stories.html，以及費倫茨講解國際法的一系列講座，取自聯合國網站：http://legal.un.org/avl/ls/Ferencz_CLP.html。還有一部傳記也很有幫助：Tom Hofmann, *Benjamin Ferencz: Nuremberg Prosecutor and Peace Advocate* (Jefferson, NC: McFarland, 2014)。
2. Keith Lowe, *Savage Continent* (London: Viking, 2012), pp. 135–41.
3. 前引書p. 150。
4. 語出亨利・羅沙（Henri Rochat），引自馬塞爾・歐佛斯（Marcel Ophüls）的紀錄片*Le Chagrin et la Pitie*, Part II: "Le Choix" (1969)。
5. Jozo Tomasevich, *War and Revolution in Yugoslavia* (Stanford University Press, 2001), p. 765; Lowe, *Savage Continent*, pp. 249–65.
6. R. M. Douglas, *Orderly and Humane: The Expulsion of the Germans After the Second World War* (New Haven, CT: Yale University Press, 2012), p. 1; Lowe, *Savage Continent*, pp. 234–42.
7. Lowe, *Savage Continent*, p. 131.
8. Philip Snow, *The Fall of Hong Kong* (New Haven, CT: Yale University Press, 2003), pp. 296–7.
9. Konrad Mitchell Lawson, "Wartime Atrocities and the Politics of Treason in the Ruins of the Japanese Empire, 1937–

1953," PhD thesis, Department of History, Harvard University (2012), p. 129; John W. Dower, *Embracing Defeat: Japan in the Wake of World War II* (New York: W. W. Norton, 1999), p. 449.

10. 語出哈只・布絨・阿迪（Haji Buyong Adil），引自Cheah Boon Kheng, *Red Star Over Malaya*, 3rd edn (Singapore University Press, 2003), p. 184。
11. *La Terre Vivaroise*, 29 October 1944，引自Philippe Bourdrel, *L'epuration sauvage* (Paris: Perrin, 2002), pp. 316–17。
12. 語出哈特利・蕭克羅斯爵士，引自International Military Tribunal, *Trials of the Major War Criminals Before the International Military Tribunal* (Nuremberg: International Military Tribunal, 1947–9), vol. 3, p. 144。
13. 山下奉文審判及其對國際刑法的後續影響，參看Allan A. Ryan, *Yamashita's Ghost* (Lawrence: University Press of Kansas, 2012), pp. xiv–xv, 250–341。
14. Alpheus Thomas Mason, *Harlan Fiske Stone: Pillar of the Law* (Hamden, CT: Archon Books, 1968), p. 716.
15. International Military Tribunal, *Trials of the Major War Criminals*, vol. 1: *Official Documents*, p. 186。線上版取自：http://www.loc.gov/rr/frd/Military_Law/pdf/NT_Vol-I.pdf。
16. William C. Chase, *Front Line General: The Commands of Maj Gen Wm C. Chase* (Houston: Pacesetter Press, 1975), p. 144.
17. B. V. A. Röling and C. F. Rüter (eds), *The Tokyo Judgment* (University Press Amsterdam, 1977), vol. 1, p. 496.
18. 傑克遜的發言引自Robert E. Conot, *Justice at Nuremberg* (London: Weidenfeld & Nicolson, 1983), p. 68。
19. http://benferencz.org/1946-1949.html.
20. International Military Tribunal, *Trials of the Major War Criminals*, vol. 4, pp. 30, 53。線上版參看：http://www.loc.gov/rr/frd/Military_Law/pdf/NT_war-criminals_Vol-IV.pdf。
21. 前引書p. 413。
22. 寄給作者的電子郵件，二〇一五年六月十八日。
23. http://benferencz.org/1943-1946.html.

24. James K. Pollock, James H. Meisel and Henry L. Bretton, *Germany Under Occupation: Illustrative Materials and Documents* (Ann Arbor: Edwards Brothers, 1947), p. 173.
25. Eugene Davidson, *The Death and Life of Germany* (London: Jonathan Cape, 1959), p. 128.
26. Lowe, *Savage Continent*, pp. 150, 153, 161.
27. Denis Deletant, *Communist Terror in Romania* (London: Hurst & Co., 1999), pp. 72–6; Peter Kenez, *Hungary from the Nazis to the Soviets* (New York: Cambridge University Press, 2006), p. 149; Tony Judt, *Postwar* (London: Pimlico, 2007), p. 60.
28. Dower, *Embracing Defeat*, p. 454.
29. Philip R. Piccigallo, *The Japanese on Trial* (Austin: University of Texas Press, 1979), pp. 263–5.
30. Dower, *Embracing Defeat*, pp. 525–6.
31. Konrad Mitchell Lawson, "Wartime Atrocities and the Politics of Treason in the Ruins of the Japanese Empire, 1937–1953," PhD thesis, Department of History, Harvard University (2012), pp. 43–94, 130–32.
32. 根據聯合國網站：https://treaties.un.org/Pages/ViewDetails.aspx?src=TREATY&mtdsg_no=IV-1&chapter=4&clang=_en。
33. 本段引文及後續引文，參看費倫茨的講座，取自聯合國網站：http://legal.un.org/avl/ls/Ferencz_CLP_video_5.html。

第十三章

1. Cord Meyer, *Facing Reality* (New York: Harper & Row, 1980), pp. 5–6。下文另參照pp. 1–33; "A Hidden Liberal," *New York Times*, 30 March 1967; Merle Miller, "One Man's Long Journey – from a One-World Crusade to the 'Department of Dirty Tricks'," *New York Times Magazine*, 7 January 1973; obituary, *New York Times*, 16 March 2001。
2. Cord Meyer, *Peace or Anarchy* (Boston, MA: Little, Brown, 1947), p. 5.
3. Meyer, *Facing Reality*, p. 39.

4. Meyer, *Peace or Anarchy*, pp. 209–10.
5. Meyer, *Facing Reality*, p. 50.
6. 前引書pp. 50, 56–7。
7. 前引書pp. 61–4。
8. "A Hidden Liberal," p. 30.另參看Miller, "One Man's Long Journey"; Godfrey Hodgson, "Cord Meyer: Superspook," *Sunday Times Magazine*, 15 June 1975.
9. Meyer, *Facing Reality*, p. xiv.
10. 范登堡在克里夫蘭的演說，一九四七年一月十一日，報導於*Washington Post*, 12 January 1947。
11. 杜魯門總統對美國人民廣播演說，一九四五年九月一日，線上版參看http://www.presidency.ucsb.edu/ws/?pid=12366；邱吉爾在下議院演說，一九四五年八月十六日，收入David Cannadine (ed.), *Blood Toil Tears and Sweat: Winston Churchill's Famous Speeches* (London: Cassell & Co., 1989), p. 282。
12. Charles E. Bohlen, *Witness to History* (New York: W. W. Norton, 1973), p. 215.
13. Wendell Willkie, *One World* (London: Cassell & Co., 1943), p. 72.
14. Stimson memorandum to Truman, 11 September 1945, US Department of State, *Foreign Relations of the United States* (Washington, DC: US Government Printing Office) (hereafter *FRUS*), *1945*, vol. 2, p. 42; http://digicoll.library.wisc.edu/cgi-bin/FRUS/FRUS-idx?type=turn&entity=FRUS.FRUS1945v02.p0052&id=FRUS.FRUS1945v02&isize=M.
15. Simon Sebag Montefiori, *Stalin: The Court of the Red Tsar* (London: Weidenfeld & Nicolson, 2003), p. 34; Gromyko obituary, *New York Times*, 4 July 1989.
16. Lucius D. Clay, *Decision in Germany* (London: William Heinemann, 1950), p. 26.
17. 消息來自共和黨參議員湯姆．康納利（Tom Connally），引自Edward R. Stettinius, *Roosevelt and the Russians* (Garden City, NY: Doubleday, 1949), p. 306。

18. Ed Conway, *The Summit* (London: Little, Brown, 2014), pp. 274, 275.
19. 例如，參看Lane to Secretary of State 13 November 1945, *FRUS 1945*, vol. 2, pp. 412–14，以及Arthur Bliss Lane, *I Saw Poland Betrayed* (New York: Bobbs-Merrill, 1948), pp. 193–6。
20. Memorandum of conversation by Charles E. Bohlen, *FRUS 1945*, vol. 5 (Washington, DC: US Government Printing Office, 1945), pp. 231–4; W. Averell Harriman and Elie Abel, *Special Envoy to Churchill and Stalin, 1941–1946* (London: Hutchinson, 1976), p. 448.
21. 參看Keith Lowe, *Savage Continent* (London: Viking, 2012), pp. 321–30; and Churchill's complaint to Stalin at Potsdam, 24 July 1945, *FRUS: Diplomatic Papers: The Conference at Berlin (the Potsdam Conference) 1945*, vol. 2, p. 362。
22. Crane to Truman, 3 May 1945, *FRUS 1945*, vol. 4, pp. 205–7.
23. Bohlen, *Witness to History*, p. 214.
24. Meyer, *Facing Reality*, p. 82.
25. 轉引自Albert Eugene Kahn, *High Treason: The Plot Against the People* (New York: Lear Publishers, 1950), p. 331。
26. 語出比爾·莫爾丁，引自Studs Terkel, *The Good War: An Oral History of World War Two* (London: Hamish Hamilton, 1984), p. 363。
27. Ted Morgan, *Reds: McCarthyism in Twentieth Century America* (New York: Random House, 2003), pp. 224–5.
28. Angus Maddison, *The World Economy: Historical Statistics* (Paris: OECD, 2003), pp. 174, 232.
29. Denis Brogan, "The Illusion of American Omnipotence," *Harper's Magazine*, December 1952, p. 205.
30. 語出威廉·詹納（William Jenner，印地安納州候選人）、喬治·施瓦貝（George B. Schwabe，奧克拉荷馬州候選人）、休伊·巴特勒（Hugh Butler，內布拉斯加州候選人）以及共和黨全國委員會，引自Morgan, *Reds*, pp. 301–2。
31. Howard Laski, "America – 1947," *Nation*, 13 December 1947, p. 641.
32. Robert Donovan, *Conflict and Crisis, 1945–48* (New York: W. W. Norton, 1977), pp. 163–76, 332–7; Robert Allen

Goldberg, *America in the Forties* (Syracuse University Press, 2012), p. 123.

33. Morgan, *Reds*, pp. 299–300.
34. Daniel Bell, *The End of Ideology* (New York: The Free Press, 1965), p. 123.
35. 參看Godfrey Hodgson, *America in Our Time* (Garden City, NY: Doubleday, 1976), p. 93; Hamilton Fish, *The Challenge of World Communism* (Milwaukee: Bruce Publishing Co., 1946), pp. 47, 109, 139, 144; Larry Ceplair, *Anti Communism in Twentieth Century America* (Santa Barbara, CA: Praeger, 2011), p. 119。
36. Letter to George H. Earl, 28 February 1947，轉引自Morgan, *Reds*, p. 304。
37. Karl H. Von Wiegand, “Red Tidal Wave Menaces Christian Civilization,” article for Hearst Newspapers, 12 May 1945，轉引自Fish, *The Challenge of World Communism*, p. 23。
38. J. Edgar Hoover, “Red Fascism in the United States Today,” *The American Magazine* (1947); “Communists Penetrate Wall Street,” *Commercial and Financial Chronicle*, 6 November 1947; Harry D. Gideonse, “The Reds Are After Your Child,” *The American Magazine* (1948).
39. 例如，參看”Red Fascism’s Goal,” in New York’s *Daily Mirror*, 15 February 1946; Hoover, “Red Fascism in the United States Today”; Jack B. Tenney, *Red Fascism* (Los Angeles: Federal Printing Co., 1947) 以及Norman Thomas, “Which Way America – Fascism, Communism, Socialism or Democracy?,” *Town Meeting Bulletin*, 16 March 1948, pp. 19–20。
40. 語出喬治・米尼與卡爾特伯恩，引自Les K. Adler and Thomas G. Paterson, “Red Fascism: The Merger of Nazi Germany and Soviet Russia in the American Image of Totalitarianism, 1930s–1950s,” in Walter L. Hixson (ed.), *The American Experience*, vol. 12: *The United States Transformed: The Lessons and Legacies of the Second World War* (London: Routledge, 2003), pp. 24, 28。
41. 語出連恩，引自Adler and Paterson, ‘Red Fascism’, p. 22。
42. 語出路易斯・惠曼（Louis C. Wyman），引自前引書p. 20。

43. 杜魯門記者會，一九五〇年三月三十日在基韋斯特（Key West），線上版取自：http://www.presidency.ucsb.edu/ws/?pid=13755。
44. Landon R. Y. Storrs, *The Second Red Scare and the Unmaking of the New Deal Left* (Princeton University Press, 2013), p. 2。不同時期的不同統計數據，也可參看Morgan, *Reds*, p. 305；以及Tim Weiner, *Enemies: A History of the FBI* (London: Allen Lane, 2012), p. 149。
45. Meyer, *Facing Reality*, p. 79.
46. 例如，參看湯瑪斯．布萊斯戴爾（Thomas Blaisdell）、埃絲特．布魯諾爾（Esther Brunauer）、里昂與瑪麗．凱塞林（Leon & Mary Keyserling）夫婦，以及許多其他人遭受的反覆調查，收入Storrs, *The Second Red Scare*, pp. 268–85。
47. Meyer, *Facing Reality*, pp. 70–81.
48. 語出柏妮絲．伯恩斯坦（Bernice Bernstein）及埃絲特．彼得森（Esther Peterson），引自Storrs, *The Second Red Scare*, p. 180。
49. 語出保莉．莫瑞（Pauli Murray），引自前引書p. 183。
50. Hodgson, *America in Our Time*, p. 45; Storrs, *The Second Red Scare*, pp. 1–7; Richard Hofstadter, *Anti-Intellectualism in American Life* (New York: Knopf, 1963), pp. 41–2; Michella M. Marino, "Mothers, Spy Queens, and Subversives: Women in the McCarthy Era," in Caroline S. Emmons (ed.), *Cold War and McCarthy Era: People and Perspectives* (Santa Barbara, CA: ABC-Clio, 2010), pp. 130, 141.
51. Hodgson, *America in Our Time*, p. 26.
52. 肯楠「長電報」的全文，複製於George Kennan, *Memoirs, 1925–1950* (Boston, MA: Little, Brown, 1967), p. 557。
53. Kennan, *Memoirs*, pp. 294–5.
54. 語出范登堡，引自James T. Patterson, *Grand Expectations: The United States, 1945–1974* (New York: Oxford

University Press, 1996), p. 128。

55. 杜魯門向國會演說，一九四七年三月十二日，線上版取自：http://www.presidency.ucsb.edu/ws/?pid=12846。
56. Kennan, *Memoirs*, pp. 319–20.
57. Michael Burleigh, *Small Wars, Far Away Places* (London: Macmillan, 2013), p. 64.
58. Hodgson, *America in Our Time*, p. 32; Walter LaFeber, *America, Russia and the Cold War, 1945–2002* (New York: McGraw-Hill, 2002), p. 1; Craig Calhoun, *Dictionary of the Social Sciences* (New York: Oxford University Press, 2002), p. 76.
59. 參看David Halberstam, *War in a Time of Peace: Bush, Clinton and the Generals* (London: Bloomsbury, 2003), p. 326; Robert Kagan, "Superpowers Don't Get to Retire," *The New Republic*, 26 May 2014。
60. A. M. Meerloo, *Aftermath of Peace: Psychological Essays* (New York: International Universities Press, 1946), pp. 163–4.
61. 關於國家敵人之用途的精神分析觀點，尤其是冷戰時期美國的例子，參看Hanna Segal, "From Hiroshima to the Gulf War and After: A Psychoanalytic Perspective," in Anthony Elliott and Stephen Frosh (eds), *Psychoanalysis in Contexts: Paths Between Theory and Modern Culture* (London and New York: Routledge, 1995), p. 194；以及Michael Rustin, "Why are We More Afraid Than Ever? the Politics of Anxiety After Nine Eleven," in Susan Levy and Alessandra Lemma (eds), *The Perversion of Loss: Psychoanalytic Perspectives on Trauma* (New York: Brunner-Routledge, 2004), pp. 21–36。

第十四章

1. Andrei Sakharov, *Memoirs* (London: Hutchinson, 1990), p. 40.
2. 前引書pp. 97, 111, 164, 204；另參看Jay Bergman, *Meeting the Demands of Reason: The Life and Thought of Andrei*

Sakharov (Ithaca: Cornell University Press, 2009), pp. 68–9。

3. Sakharov, *Memoirs*, pp. 36, 164, 225.
4. 前引書p. 288。
5. 轉引自Bergman, *Meeting the Demands of Reason*, pp. 71–7。另參看Andrei Sakharov, "I Tried to be on the Level of My Destiny," *Molodezh Estonii*, 11 October 1988，複印於Jonathan Eisen (ed.), *The Glasnost Reader* (New York: New American Library, 1990), pp. 330–31。
6. 語出鮑里斯．加林，引自Elena Zubkova, *Russia After the War*, trans. Hugh Ragsdale (Armonk, NY: M. E. Sharpe, 1998), p. 34。
7. 轉引自Sheila Fitzpatrick, "Postwar Soviet Society," in Susan J. Linz (ed.), *The Impact of World War II on the Soviet Union* (Totowa, NJ: Rowman & Allanheld, 1985), p. 130。
8. 前引書p. 137；Orlando Figes, *The Whisperers* (London: Allen Lane, 2007), p. 457; Sakharov, *Memoirs*, pp. 76–7。
9. Figes, *The Whisperers*, p. 456; Robert Service, *A History of Modern Russia* (Harmondsworth: Penguin, 2003), p. 295.
10. G. F. Krivosheev (ed.), *Soviet Casualties and Combat Losses in the Twentieth Century* (London: Greenhill Books, 1997), pp. 91, 97; Keith Lowe, *Savage Continent* (London: Viking 2012), p. 16; Figes, *The Whisperers*, p. 465; Zubkova, *Russia After the War*, p. 24.
11. Fitzpatrick, "Postwar Soviet Society," p. 130; Mark Spoerer, *Zwangsarbeit unter dem Hakenkreuz* (Stuttgart and Munich: Deutsche Verlags-Anhalt, 2001), p. 222.
12. 例如，參看莉麗婭．布特科（Lilia Budko）、娜塔莉亞．梅爾尼琴科（Natalia Melnichenko）、薇拉．奧丁內茨（Vera Odinets）、塔瑪拉．庫拉耶娃（Tamara Kuraeva）及塔瑪拉．烏姆尼亞金娜等人的證言，收入Svetlana Alexiyevich, *War's Unwomanly Face*, trans. Keith Hammond and Lyudmila Lezhneva (Moscow: Progress, 1988), pp. 195, 237, 238, 243。譯者注：參看斯維拉娜．亞歷塞維奇著、呂寧思譯，《戰爭沒有女人的臉》（台北：貓頭

鷹，二〇一六年），頁四〇五等處。但有些人物及其證詞似乎未見於中文版。

13. Zubkova, *Russia After the War*, p. 69.
14. Alexander Werth, *Russia at War* (London: Barrie & Rockliff, 1964), p. 1037.
15. Zubkova, *Russia After the War*, pp. 44, 84.
16. 莫洛托夫與楚耶夫（Felix Chuev）的訪談，一九七四年十一月二十八日，收入Albert Resis (ed.), *Molotov Remembers* (Chicago: Ivan R. Dee, 1993), p. 59。
17. Milovan Djilas, *Conversations with Stalin*, trans. Michael B. Petrovich (New York: Harcourt Brace Jovanovich, 1962), p. 114.
18. 這三份停火協議皆可參看線上版：http://avalon.law.yale.edu/subject_menus/wwii.asp。
19. Mark Mazower (ed.), *After the War Was Over* (Princeton University Press, 2000), p. 7; Leslie Bethell and Ian Roxborough (eds), *Latin America Between the Second World War and the Cold War, 1944–1948* (Cambridge University Press, 1992), p. 6; Lowe, *Savage Continent*, pp. 154–3, 291–2.
20. 參看UN, *The United Nations Conference on International Organization: Selected Documents* (Washington, DC: US Government Printing Office, 1946), p. 317; New Zealand Department of External Affairs, *United Nations Conference on International Organization* (Wellington: Department of External Affairs, 1945), p. 4; Anthony Gaglione, *The United Nations Under Trygve Lie, 1945–1953* (Lanham, MD: Scarecrow Press, 2001), p. 112。
21. 參看日丹諾夫在各國共產黨會議上的報告，一九四七年九月二十二日在什克拉爾斯卡—波倫巴（Szklarska Poręba）。該報告的俄文、德文、法文版參看：http://www.cvce.eu/obj/le_rapport_jdanov_22_septembre_1947-fr-914edbc9-abdf-48a6-9c4a-02f3c6627a24.html.
22. Nikita Khrushchev, *Khrushchev Remembers*, trans. and ed. Strobe Talbott (Boston, MA: Little, Brown, 1970), p. 362.
23. 莫洛托夫與楚耶夫的訪談，一九七九年七月一日，收入Resis (ed.), *Molotov Remembers*, p. 58。

24. Sir Archibald Clerk Kerr telegram to Ernest Bevin, 3 December 1945, *FRUS 1945*, vol. 2, p. 83.
25. W. Averell Harriman and Elie Abel, *Special Envoy to Churchill and Stalin, 1941–1946* (London: Hutchinson, 1976), p. 519; Khrushchev, *Khrushchev Remembers*, p. 225.　另參看David Holloway, *Stalin and the Bomb* (New Haven, CT: Yale University Press, 1994), p. 169.
26. 史達林答覆亞歷山大・沃斯，一九四六年九月二十四日。線上版參看：http://www.marxists.org/reference/archive/stalin/works/1946/09/24.htm。
27. Holloway, *Stalin and the Bomb*, pp. 148–9; Zubkova, *Russia After the War*, p. 86.
28. 語出西蒙諾夫，引自Zubkova, *Russia After the War*, p. 95; Sakharov, *Memoirs*, p. 41; Jerry F. Hough, "Debates about the Postwar World," in Susan J. Linz (ed.), *The Impact of World War II on the Soviet Union*, pp. 260–62, 268–70。
29. Zubkova, *Russia After the War*, p. 36.
30. 前引書p. 36；Figes, *The Whisperers*, pp. 458–9。
31. V. F. Zima, *Golod v SSSR, 1946–1947 godov: Proiskhozhdenie i posledstviia* (Moscow: Institut rossiiskoi istorii RAN, 1996), p. 11；另參看Nicholas Ganson, *The Soviet Famine of 1946–47 in Global and Historical Perspective* (Basingstoke: Palgrave Macmillan, 2009), pp. xv–xvi。
32. Zubkova, *Russia After the War*, p. 60.
33. Figes, *The Whisperers*, p. 459.
34. Alexander Statiev, *The Soviet Counterinsurgency in the Western Borderlands* (New York: Cambridge University Press, 2010), p. 106; Lowe, *Savage Continent*, pp. 344；愛沙尼亞武裝抵抗聯盟（Estonia Armed Resistance League）行動計畫，引自Mart Laar, *War in the Woods: Estonia's Struggle for Survival, 1944–1956*, trans. Tiina Ets (Washington, DC: The Compass Press, 1992), p. 108。
35. 史達林接受《真理報》專訪，一九四六年三月十三日；莫洛托夫發言轉引自Gerhard Wettig, *Stalin and the Cold*

War in Europe (Lanham, MD: Rowman & Littlefield, 2008), p. 139。維辛斯基在紐約外國記者協會演說，一九四七年十一月十一日，參看澳聯社報導，引自*The Cairns Post*, 13 November 1947。馬林科夫對莫斯科蘇維埃演說，一九四九年十一月六日，見*World News and Views*, vol. 29, no. 46 (1949)。

36. Anne Applebaum, *Gulag* (London: Allen Lane, 2003), pp. 395–6; Alexander Solzhenitsyn, *The Gulag Archipelago*, vol. 1 (London: Collins & Harvill, 1974), pp. 237–76.
37. Yuri Teplyakov, *Journal of Historical Review*, vol. 14, no. 4 (1994), p. 8; Zubkova, *Russia After the War*, p. 105.
38. Statiev, *The Soviet Counterinsurgency in the Western Borderlands*, pp. 176–7; Lowe, *Savage Continent*, pp. 354–8.
39. 史達林的說法引自Simon Sebag Montefiore, *Stalin: The Court of the Red Tsar* (London: Weidenfeld & Nicolson, 2003), p. 482。
40. Figes, *The Whisperers*, pp. 488–92; Jerry F. Hough, "Debates About the Postwar World," in Linz (ed.), *The Impact of World War II on the Soviet Union*, pp. 268–70.
41. Sakharov, *Memoirs*, p. 93.
42. Figes, *The Whisperers*, p. 488; Sakharov, *Memoirs*, p. 123.
43. Vladimir Shlapentokh, *A Normal Totalitarian Society* (Armonk, NY: M. E. Sharp, 2001), p. 159。另參看Frederick Charles Barghoorn, *Soviet Russian Nationalism* (New York: Oxford University Press, 1956)，全書各處。
44. Khrushchev, *Khrushchev Remembers*, p. 262; Figes, *The Whisperers*, p. 509.
45. Khrushchev, *Khrushchev Remembers*, p. 258.
46. Sakharov, *Memoirs*, p. 146.
47. Andrei Sakharov, *Progress, Coexistence and Intellectual Freedom*, ed. Harrison E. Salisbury (New York: W. W. Norton, 1968), p. 84。另參看Bergman, *Meeting the Demands of Reason*, pp. 135–49。
48. Sakharov, *Memoirs*, pp. 194–5.

第十五章

1. 日丹諾夫在共產情報局（Cominform）會議上的國際形勢報告，一九四七年九月二十二日在什克爾拉斯卡—波倫巴，線上版參看：http://www.cvce.eu/en/obj/le_rapport_jdanov_22_septembre_1947-fr-914edbc9-abdf-48a6-9c4a-02f3d6627a24.html。另參看歐洲各國共產黨在會後發表的共同聲明：http://www.cvce.eu/obj/declaration_sur_les_problemes_de_la_situation_internationale_septembre_1947-fr-e6e79de9-03b6-4632-ac96-53760cec8643.html。
2. George Kennan（筆名X）, "The Sources of Soviet Conduct," *Foreign Affairs*, vol. 25, no. 4 (1947), pp. 566–82。關於這篇文章遭受的各種誤讀，另見George Kennan, *Memoirs, 1925–1950* (Boston, MA: Little, Brown, 1967), pp. 354–67。
3. 參看A. W. Singham and Shirley Hune, *Non-Alignment in an Age of Alignments* (London: Zed Books, 1986), p. 68。
4. Anthony Curwen interview with the Imperial War Museum's Lyn Smith, May 1987, IWM Sound Archive 9810.
5. 瑞典參看Carl-Gustaf Scott, "The Swedish Midsummer Crisis of 1941: The Crisis that Never Was," *Journal of Contemporary History*, vol. 37, no. 3 (2002), pp. 371–94；葡萄牙參看Luís Rodrigues and Sergiy Glebov, *Military Bases: Historical Perspectives, Contemporary Challenges* (Amsterdam: IOS Press, 2009), p. 152；瑞士參看Independent Commission of Experts – Second World War, *Switzerland, National Socialism and the Second World War: Final Report*, trans. Rosamund Bandi et al. (Zürich: Pendo Verlag, 2002), p. 189，線上版：http://www.uek.ch/en/schlussbericht/synthesis/ueke.pdf。
6. 瑞典參看Heinrich August Winkler, *The Age of Catastrophe* (New Haven, CT: Yale University Press, 2015), p. 790；西班牙參看Stanley Payne, *Franco and Hitler* (New Haven, CT: Yale University Press, 2009)；梵諦岡參看Gerald Steinacher, *Nazis on the Run* (Oxford University Press, 2012), pp. 101–48。
7. 關於北約歷史的詳盡著述，參看Peter Duignan, *Nato: Its Past, Present, and Future* (Stanford: Hoover Institution Press, 2000)。

8. 關於拉丁美洲的整體情況，參看Leslie Bethell and Ian Roxborough (eds.), *Latin America Between the Second World War and the Cold War, 1944–1948* (Cambridge University Press, 1992) 一書的編者引言，pp. 1–32；關於古巴的專門敘述，參看Alex von Tunzelmann, *Red Heat* (London: Simon & Schuster, 2011), p. 256。
9. Marco Wyss, *Arms Transfers, Neutrality and Britain's Role in the Cold War* (Boston, MA: Brill, 2012), pp. 25–6; "Spy Plane Shot Down in Baltic Found," *Telegraph*, 20 June 2003.
10. 參看Jakob Tanner, "Switzerland and the Cold War: A Neutral Country Between the 'American Way of Life' and 'Geistige Landesverteidigung'," in Joy Charnley and Malcolm Pender (eds), *Switzerland and War* (Bern: Peter Lang, 1999), pp. 113–28; Wyss, *Arms Transfers*，全書各處；Daniel A. Neval, *Mit Atombomben bis nach Moskau: gegenseitige Warhnehmung der Schweiz und des Ostblocks im Kalten Krieg, 1945–1968* (Zürich: Chronos, 2003)，全書各處。
11. "Der gefrässige Staat," *Neue Zurcher Zeitung*, 22 November 2014; Dominique Grisard, "Female Terrorists and Vigilant Citizens: Gender, Citizenship and Cold War Direct-Democracy," in Jadwiga E. Pieper Mooney and Fabio Lanza, *De-Centering Cold War History* (Oxford: Routledge, 2013), pp. 123–44.
12. Paul Kennedy, *The Parliament of Man* (Harmondsworth: Penguin, 2007), pp. 54, 74.
13. 尼赫魯演說，一九四七年九月七日，引自H. M. Wajid Ali, *India and the Non-Aligned Movement* (New Delhi: Adam Publishers & Distributors, 2004), p. 12。
14. 尼赫魯向印度國會演說，一九五一年，引自Kristin S. Tassin, "'Lift up Your Head, My Brother': Nationalism and the Genesis of the Non-Aligned Movement," *Journal of Third World Studies*, vol. 23, no. 1 (2006), p. 148。
15. 例如，參看他在聯合國大會的演說，一九六〇年九月三十日，收入Sukarno, *Toward Freedom and the Dignity of Man: A Collection of Five Speeches...* (Jakarta: Department of Foreign Affairs, 1961), pp. 127–9；以及他在貝爾格勒會議的演說，一九六一年九月，複印於會議日誌*Belgrade Conference 1961*, no. 3, pp. 7–9。

16. 埃及總統納瑟的發言，引自Tassin, "'Lift up Your Head, My Brother'," p. 158；蘇丹總統易卜拉欣・阿布德（Ibrahim Abboud）在貝爾格勒會議的發言，一九六一年九月，複印於會議日誌*Belgrade Conference 1961*, no. 4, p. 5。
17. William Potter and Gaukhar Mukhatzhanova, *Nuclear Politics and the Non-Aligned Movement: Principles vs. Pragmatism* (London: Routledge, 2012), pp. 17–36.
18. 參看開羅預備會議通過的不結盟運動原則，一九六〇年六月五日至十八日，P. M. Bell, *The World Since 1945* (New York: Bloomsbury Academic, 2010), pp. 253–4。
19. Geir Lundestad, *East, West, North, South* (London: Sage, 2014), p. 274; Odd Arne Westad, *The Global Cold War* (Cambridge University Press, 2007), pp. 108–9.
20. Bell, *The World Since 1945*, p. 258.
21. Tanner, "Switzerland and the Cold War," pp. 113–26.
22. 曼利在第三世界基金會的講座，一九七九年十月二十九日在倫敦，*International Foundation for Development Alternatives Dossier*, vol. 16 (1980)；線上版參看http://www.burmalibrary.org/docs19/ifda_dossier-16.pdf。
23. 蘇卡諾演說參看*Belgrade Conference 1961*, no. 3, pp. 8, 9；另參看他在聯合國大會的類似演說，一九六〇年九月三十日，Sukarno, *Toward Freedom and the Dignity of Man*, p. 129。
24. 蘇卡諾聯合國演說的題目，一九六〇年九月三十日；前引書p. 121。
25. 布爾吉巴演說收入*Belgrade Conference 1961*, no. 4, p. 8。

第十六章

1. Adrian Vickers, *A History of Modern Indonesia* (New York: Cambridge University Press, 2013), pp. 1, 9, 14; Joseph H. Daves, *The Indonesian Army from Revolusi to Reformasi*, vol. 1: *The Struggle for Independence and the Sukarno Era*

(Self published: printed by CreateSpace, Charleston, 2013).

2. 轉引自S. K. Trimurti, *95 Tahun S. K. Trimurti: Pejuang Indonesia* (Jakarta: Yayasan Bung Karno, 2007), p. 15。特里穆蒂的故事由她自己的著作，及以下這部傳記編纂而成：I. N. Soebagijo, *S. K. Trimurti: Wanita Pengabdi Bangsa* (Jakarta: Gunung Agung, 1982)。
3. Trimurti, *95 Tahun*, p. 18.
4. 前引書p. 19。
5. 前引書p. 24。
6. Vickers, *A History of Modern Indonesia*, pp. 100, 106–7, 114; Daves, *The Indonesian Army*, vol. 1, pp. 42–4; Ian Buruma, *Year Zero: A History of 1945* (London: Atlantic, 2013), pp. 114–20; Anthony Reid, *The Indonesian National Revolution, 1945–1950* (Hawthorn: Longman Australia, 1974), pp. 115–16; Jan Ruff-O'Herne, *Fifty Years of Silence* (Sydney: Heinemann Australia, 2008), p. 135.
7. Benedict Anderson, *Java in a Time of Revolution: Occupation and Resistance, 1944–1946* (Ithaca: Cornell University Press, 1972), pp. 132–3; Buruma, *Year Zero*, p. 115.
8. John W. Dower, *War Without Mercy: Race and Power in the Pacific War* (New York: Pantheon Books, 1986), p. 296; Vickers, *A History of Modern Indonesia*, pp. 91–5; Saskia Wieringa, *Sexual Politics in Indonesia* (Basingstoke: Palgrave Macmillan, 2002), pp. 82, 95; Yuki Tanaka, "Comfort Women in the Dutch East Indies," in Margaret Stetz and Bonnie B. C. Oh (eds), *Legacies of the Comfort Women of World War II* (Armonk, NY: M. E. Sharp, 2001), pp. 63–4.
9. Daves, *The Indonesian Army*, vol. 1, pp. 40, 67。語出貝利蓋．班亨（Mbeligai Bangun），引自Mary Margaret Steedly, *Rifle Reports: A Story of Indonesian Independence* (Berkeley and Los Angeles: University of California Press, 2013), p. 43。
10. Anderson, *Java in a Time of Revolution*, p. 128.

11. 關於此事，以及後來對這場戰役的描述，參看Daves, *The Indonesian Army*, vol. 1, pp. 74–84; William H. Frederick, *Visions and Heat: The Making of the Indonesian Revolution* (Athens: Ohio University Press, 1989), pp. 197–202, 255–67, 278–80；以及Anderson, *Java in a Time of Revolution*, pp. 151–66。
12. 蘇托莫廣播講話，引自Frederick, *Visions and Heat*, p. 255，另參看蘇馬索諾（Sumarsono）的類似廣播講話：Anderson, *Java in a Time of Revolution*, p. 161; Buruma, *Year Zero*, p. 119。
13. Frederick, *Visions and Heat*, p. 279; Vickers, *A History of Modern Indonesia*, pp. 102–3.
14. Frederick, *Visions and Heat*, pp. 278–9; Daves, *The Indonesian Army*, vol. 1, p. 83.
15. Vickers, *A History of Modern Indonesia*, p. 103; Daves, *The Indonesian Army*, vol. 1, p. 73; Steedly, *Rifle Reports*, p. 231.
16. Reid, *The Indonesian National Revolution*, pp. 107–8 and 119, n.7; Vickers, *A History of Modern Indonesia*, p. 105.
17. Vickers, *A History of Modern Indonesia*, pp. 115–16; Michael Burleigh, *Small Wars, Far Away Places* (London: Macmillan, 2013), pp. 46–7.
18. D. R. SarDesai, *Southeast Asia: Past and Present* (Boulder, CO: Westview Press, 1997), pp. 200–203.
19. Ho Chi Minh, "Declaration of Independence of the Democratic Republic of Vietnam," in Gregory Allen Olson (ed.), *Landmark Speeches on the Vietnam War* (College Station: Texas A&M University Press, 2010), pp. 17–18.
20. Burleigh, *Small Wars, Far Away Places*, p. 243.
21. 前引書p. 243; P. M. H. Bell, *The World Since 1945* (London: Bloomsbury Academic, 2010), p. 298.
22. Bell, *The World Since 1945*, p. 298.
23. Vickers, *A History of Modern Indonesia*, p. 103; Daves, *The Indonesian Army*, vol. 1, p. 84.
24. SarDesai, *Southeast Asia: Past and Present*, p. 234; Cheah Boon Kheng, *Red Star Over Malaya*, 3rd edn (Singapore University Press, 2003), pp. 177–84, 232–9.
25. Ian Talbot and Gurharpal Singh, *The Partition of India* (Cambridge University Press, 2009), pp. 2–3, 154–75.

26. 語出伊本・海瑟（Eben Hezer）與西努拉雅（E. H. Sinuraya），引自Steedly, *Rifle Reports*, p. 259。
27. 蘇卡諾演說，一九四八年九月十九日，引自J. D. Legge, *Sukarno: A Political Biography* (London: Allen Lane, 1972), p. 231; Vickers, *A History of Modern Indonesia*, p. 114。
28. Daves, *The Indonesian Army*, vol. 1, pp. 233–68, 412; Vickers, *A History of Modern Indonesia*, pp. 123, 143; Cees van Dijk, *Rebellion Under the Banner of Islam: The Darul Islam in Indonesia* (The Hague: Martinus Nijhoff, 1981)，全書各處。
29. Daves, *The Indonesian Army*, vol. 1, pp. 338–9; Vickers, *A History of Modern Indonesia*, p. 148.
30. Daves, *The Indonesian Army*, vol. 1, pp. 357, 369, 388–95; Vickers, *A History of Modern Indonesia*, p. 144.
31. Wieringa, *Sexual Politics in Indonesia*, pp. 280–89; Joseph H. Daves, *The Indonesian Army from Revolusi to Reformasi*, vol. 2: *Soeharto and the New Order* (Self published: printed by CreateSpace, Charleston, 2013), pp. 72, 75, 149; Vickers, *A History of Modern Indonesia*, pp. 161–2.
32. Daves, *The Indonesian Army*, vol. 2, p. 156; Vickers, *A History of Modern Indonesia*, pp. 162, 172–3.

第十七章

1. 本章內容大部分取自瓦魯希烏・伊托蒂的回憶錄“*Mau Mau*” *General* (Nairobi: East African Publishing House, 1967)。補充一手史料則取自Myles Osborne (ed.), *The Life and Times of General China* (Princeton, NJ: Marcus Wiener Publishers, 2015)。
2. Itote, “*Mau Mau*” *General*, p. 14.
3. 前引書p. 13。
4. 前引書p. 27。
5. 前引書p. 39。

6. 前引書p. 40。
7. 前引書p. 45。
8. Henry Kahinga Wachanga, *The Swords of Kirinyaga* (Nairobi: East African Literature Bureau, 1975), p. 87; John Lonsdale, "The Moral Economy of Mau Mau: Wealth, Poverty and Civic Virtue in Kikuyu Political Thought," in Bruce Berman and John Lonsdale, *Unhappy Valley: Conflict in Kenya & Africa* (London: James Currey, 1992), p. 443.
9. Itote, "*Mau Mau*" *General*, pp. 216–17.
10. 不滿清單參看Wachanga, *The Swords of Kirinyaga*, p. xxv，但更多細節參看David Anderson, *Histories of the Hanged* (London: Weidenfeld & Nicolson, 2005), pp. 9–41，以及Lonsdale, "The Moral Economyof Mau Mau," pp. 315–468。
11. Anderson, *Histories of the Hanged*, p. 9.
12. 統計數據參看David Killingray, "African Civilians in the Era of the Second World War, c.1939–1950," in John Laband (ed.), *Daily Lives of Civilians in Wartime Africa* (Westport, CT: Greenwood Press, 2007), p. 146，以及Elizabeth Schmidt, "Popular Resistance and Anti-Colonial Mobilization: The War Effort in French Guinea," in Judith A. Byfield et al. (eds), *Africa and World War II* (New York: Cambridge University Press, 2015), p. 446。
13. John Iliffe, *A Modern History of Tanganyika* (Cambridge University Press, 1979), p. 370.
14. Geoffrey I. Nwaka, "Rebellion in Umuahia, 1950–1951: Ex-Servicemen and Anti-Colonial Protest in Eastern Nigeria," *Transafrican Journal of History*, vol. 16 (1987), pp. 47–62.
15. Adrienne M. Israel, "Ex-Servicemen at the Crossroads: Protest and Politics in Postwar Ghana," *Journal of Modern African Studies*, vol. 30, no. 2 (1992), pp. 359–68。這些事件的目擊證言，參看英國廣播公司國際頻道（BBC World Service）製作的 *Witness: Ghana Veterans and the 1948 Accra Riots* (2014)。
16. 語出安東・魯門加內索（Antoine Lumenganeso）與「卡魯比」（Kalubi），引自François Rychmans, *Memoires noires: Les Congolais racontent le Congo belge, 1940–1960* (Brussels: Editions Racine, 2010), pp. 24–6。

17. Schmidt, "Popular Resistance and Anti-Colonial Mobilization," pp. 454–7.
18. Nancy Ellen Lawler, *Soldiers of Misfortune: Ivoirien Tirailleurs of World War II* (Athens: Ohio University Press, 1992), pp. 15, 208–18.
19. Ashley Jackson, *Botswana, 1939–1945* (Oxford: Clarendon Press, 1999), pp. 237–55.
20. 關於二戰退伍軍人並未在獨立鬥爭中發揮重大實際作用的有力論證，參看Eugene Schleh, "Post-Service Careers of Ex-Servicemen in Ghana and Uganda," *Journal of Modern African Studies* (*JMAS*), vol. 6, no. 2 (1968), pp. 203–20; Gabriel Olusanya, "The Role of Ex-Servicemen in Nigerian Politics," ibid., pp. 221–32; David Killingray, "Soldiers, Ex-Servicemen and Politics in the Gold Coast, 1939–50," *JMAS*, vol. 21, no. 3 (1983), pp. 523–34。
21. Robert Kakembo, *An African Soldier Speaks* (London: Edinburgh House Press, 1946), pp. 9–10, 22.
22. Lawler, *Soldiers of Misfortune*, p. 220.
23. 語出南波．西魯埃（Namble Silué），引自前引書p. 15。
24. Lizzie Collingham, *The Taste of War* (Harmondsworth: Penguin, 2012), pp. 133–7; Lonsdale, "The Moral Economy of Mau Mau," pp. 315–468.
25. Collingham, *The Taste of War*, p. 133; Anderson, *Histories of the Hanged*, p. 26. 被詮釋為農民暴動的茅茅起義，參看Donald L. Barnett and Karari Njama, *Mau Mau from Within* (New York: Modern Reader Paperbacks, 1970)，以及Wunyabari O. Maloba, *Mau Mau and Kenya: Analysis of a Peasant Revolt* (Bloomington: Indiana University Press, 1993)。
26. John Lonsdale, "The Depression and the Second World War in the Transformation of Kenya," in David Killingray and Richard Rathbone (eds), *Africa and the Second World War* (Basingstoke: Macmillan, 1986), p. 128.
27. Anderson, *Histories of the Hanged*, pp. 181–90.
28. 參看David Hyde, "The Nairobi General Strike (1950): From Protest to Insurgency," in Andrew Burton (ed.), *The Urban*

Experience in Eastern Africa c.1750–2000* (Nairobi: British Institute in Eastern Africa, 2002), pp. 235–53；以及馬歇爾・克勞（Marshall S. Clough）敘述的肯亞馬克思主義者詮釋，參看他的 *Mau Mau Memoirs: History Memory and Politics* (Boulder, CO: Lynne Rienner, 1998), p. 243。

29. Nicholas Westcott, "The Impact of the Second World War on Tanganyika, 1939–49," in Killingray and Rathbone (eds), *Africa and the Second World War*, pp. 146–7.
30. Ashley Jackson, *The British Empire and the Second World War* (London: Hambledon Continuum, 2006), p. 45.
31. Carolyn A. Brown, "African Labor in the Making of World War II," in Byfield et al. (eds), *Africa and World War II*, p. 62.
32. Allen Isaacman, "Peasants and Rural Social Protests in Africa," *African Studies Review*, vol. 33, no. 2 (1990)，尤其 pp. 53–8。
33. 語出羅克福將軍（General Rocafort），引自Catherine Bogosian Ash, "Free to Coerce: Forced Labor During and After the Vichy Years in French West Africa," in Byfield et al. (eds), *Africa and World War II*, p. 123。
34. Hein Marais, *South Africa: Limits to Change* (London: Zed Books, 2001), pp. 12–13.
35. Brown, "African Labour in the Making of World War II," p. 67.
36. 語出「卡魯比」，引自Rychmans, *Memoires noires*, p. 25。
37. Caroline Elkins, *Britain's Gulag: The Brutal End of Empire in Kenya* (London: Bodley Head, 2014), pp. 38, 42–3; Anderson, *Histories of the Hanged*, pp. 88–95。魯克ㄧ家滅門血案的媒體報導範例，參看"Murder Raid in Kenya," *The Times*, 26 January 1953; "Family of Three Found Slashed to Death," *Daily Mirror*, 26 January 1953; "A Vile, Brutal Wickedness," *Illustrated London News*, 7 February 1953, pp. 190–91。
38. 魯克ㄧ家的喪禮，引自"A Vile, Brutal Wickedness," *Illustrated London News*, 7 February 1953, pp. 190–91; Itote, "*Mau Mau*" *General*, p. 277。
39. J. F. Lipscomb, *White Africans* (London: Faber & Faber, 1955), p. 142; Elkins, *Britain's Gulag*, pp. 43, 46–51.

40. Anderson, *Histories of the Hanged*, p. 4.
41. 前引書pp. 125–32; Elkins, *Britain's Gulag*, p. 45。這次屠殺事件的目擊證詞，參看Karigo Muchai, *The Hardcore* (Richmond, BC: LSM Information Center, 1973), pp. 23–4；以及Peter Evans, *Law and Disorder: Scenes from Life in Kenya* (London: Secker & Warburg, 1956), pp. 170–88。
42. 懲處英軍人員的事例，可見於英王非洲步槍團（King's African Rifles）葛瑞菲斯上尉（Captain G. S. L. Griffiths）的審判，收入Anderson, *Histories of the Hanged*, p. 259。拘留人數的統計數據，見前引書p. 5; Elkins, *Britain's Gulag*, p. xi。
43. 人數根據伊托蒂本人的說法，參看Osborne (ed.), *The Life and Times of General China*, p. 17。Anderson, *Histories of the Hanged*, p. 233則估計伊托蒂的作戰兵力有四千人。
44. Anderson, *Histories of the Hanged*, pp. 92, 232.
45. Itote, "*Mau Mau*" *General*, pp. 43, 129–38.
46. 伊托蒂的審訊過程，參看Osborne (ed.), *The Life and Times of General China*, pp. 145–99。
47. Itote, "*Mau Mau*" *General*, p. 40.
48. 約翰・諾丁罕（John Nottingham）獻給瓦魯希烏・伊托蒂的悼詞，收入Osborne (ed.), *The Life and Times of General China*, p. 251。
49. 第二次世界大戰期間的阿爾及利亞，參看Mohamed Khenouf and Michael Brett, "Algerian Nationalism and the Allied Military Strategy and Propaganda During the Second World War: The Background to Sétif," in Killingray and Rathbone (eds), *Africa and the Second World War*, pp. 258–74。塞提夫事件與阿爾及利亞戰時統計數字，參看Alistair Horne, *A Savage War of Peace* (London: Macmillan, 1977), pp. 26–8, 538。
50. Norrie MacQueen, *The Decolonization of Portuguese Africa* (Harlow: Longman, 1997), pp. 124–204, 223–31; W. James Martin III, *A Political History of the Civil War in Angola 1974–1990* (New Brunswick, NJ: Transaction Books, 2011),

pp. ix–x.

51. W. M. Spellman, *A Concise History of the World Since 1945* (Basingstoke: Palgrave Macmillan, 2006), p. 83.
52. P. M. Bell, *The World Since 1945* (London: Bloomsbury Academic, 2001), p. 447.
53. Mohamed Mathu, *The Urban Guerrilla* (Richmond, BC: LSM Information Center, 1974), p. 87.
54. Kwame Nkrumah, *Neo-Colonialism: The Last Stage of Imperialism* (London: Nelson, 1965).
55. "Opening the Secret Files on Lumumba's Murder," *Washington Post*, 21 July 2002; "Revealed: How Israel Helped Amin to Take Power," *Independent*, 16 August 2003.
56. Godfrey Mwakikagile, *Africa is in a Mess: What Went Wrong and What Should be Done* (Dar es Salaam: New Africa Press, 2006), pp. 22–5.
57. 前引書pp. 26–7。

第十八章

1. Ocarina Castillo D'Imperio, *Carlos Delgado Chalbaud* (Caracas: El Nacional, 2006), pp. 48, 65–7.
2. 前引書p. 56。
3. Robert J. Alexander, *Romulo Betancourt and the Transformation of Venezuela* (New Brunswick, NJ: Transaction Books, 1982), p. 214.
4. 公報內容見前引書pp. 217–18。
5. 前引書pp. 228–33, 236；Maleady to Secretary of State, 7 January 1947, US Department of State, *Foreign Relations of the United States* (Washington, DC: US Government Printing Office) (hereafter *FRUS*) *1947*, vol. 8, p. 1055。
6. Alexander, *Romulo Betancourt*, pp. 239–42; Angus Maddison, *The World Economy: Historical Statistics* (Paris: OECD, 2003), p. 122.

7. Alexander, *Romulo Betancourt*, pp. 258–65.
8. Muriel Emanuel (ed.), *Contemporary Architects* (Basingstoke: Macmillan, 1980), pp. 852–3; Miguel Tinker Salas, *Venezuela: What Everyone Needs to Know* (New York: Oxford University Press, 2015), pp. 73, 87.
9. Alexander, *Romulo Betancourt*, pp. 276–8.
10. Alexander, *Romulo Betancourt*, pp. 273–5; Sean M. Griffing et al., "Malaria Control and Elimination, in Venezuela, 1800s–1970s," *Emerging Infectious Diseases*, vol. 20, no. 10 (2014)，線上版：http://dx.doi.org/10.3201/eid2010.130917。
11. 德爾加多演說，一九四六年六月二十四日，引自Castillo D'Imperio, *Carlos Delgado Chalbaud*, p. 71；另見該書pp. 73–4。
12. Leslie Bethell and Ian Roxborough, "The Postwar Conjuncture in Latin America: Democracy, Labor, and the Left," in Leslie Bethell and Ian Roxborough (eds), *Latin America Between the Second World War and the Cold War, 1944–1948* (New York: Cambridge University Press, 1992), p. 14.
13. Castillo D'Imperio, *Carlos Delgado Chalbaud*, p. 83.
14. 前引書p. 84。
15. Alexander, *Romulo Betancourt*, pp. 296, 314–15.
16. Sheldon T. Mills, Chief of Division of North and West Coast Affairs, memo to Director of Office of American Republics Affairs, 22 November 1948, *FRUS 1948*, vol. 9, pp. 126–7.
17. Alexander, *Romulo Betancourt*, pp. 283–4.
18. Secretary of State Byrnes to Chargé d'Affaires in Venezuela, 7 January 1946, *FRUS 1946*, vol. 11, p. 1331.
19. Sheldon B. Liss, *Diplomacy and Dependency: Venezuela, the United States, and the Americas* (Salisbury, NC: Documentary, 1978), p. 134.
20. Acting Secretary of State Acheson to Secretary of War Patterson, 17 June 1946, *FRUS 1946*, vol. 11, p. 1346.

21. Castillo D'Imperio, *Carlos Delgado Chalbaud*, p. 90; Alexander, *Romulo Betancourt*, p. 296.
22. Confidential report of Acting Secretary of State Lovett, 3 December 1948, and Ambassador Donnelly to Secretary of State, 4 December 1948, *FRUS 1948*, vol. 9, pp. 133, 134; Alexander, *Romulo Betancourt*, pp. 314–15; Castillo D'Imperio, *Carlos Delgado Chalbaud*, pp. 82–90.
23. 德爾加多發布公報，一九四八年六月二十四日，引自Castillo D'Imperio, *Carlos Delgado Chalbaud*, p. 92。
24. Castillo D'Imperio, *Carlos Delgado Chalbaud*, pp. 84, 93, 97–8; Alexander, *Romulo Betancourt*, pp. 312–13.
25. 德爾加多接受（墨西哥）《寰宇報》（*El Universal*）記者岡薩洛・德・拉・帕拉（Gonzalo de la Parra）專訪，引自Venezuela, Junta Militar de Gobierno, *Saludo de la Junta Militar de Gobierno a los Venzolanos con Ocasion del Ano Nuevo* (Caracas: Oficina Nacional de Informacion y Publicaciones, 1950), p. 28。
26. 德爾加多發言引自Castillo D'Imperio, *Carlos Delgado Chalbaud*, p. 109；德爾加多接受（波哥大）《週六報》（*Sabado*）記者拉斐爾・戈梅茲・皮孔（Rafael Gómez Picón）專訪，引自Venezuela, *Saludo*, p. 14。
27. Bethell and Roxborough, "The Postwar Conjuncture," pp. 4–6; William Ebenstein, "Political and Social Thought in Latin America," in Arthur P. Whitaker (ed.), *Inter-American Affairs 1945* (New York: Columbia University Press, 1946), p. 137.
28. UN Department of Economic Affairs, *Economic Report: Salient Features of the World Economic Situation, 1945–47* (Lake Success, NY: UN, 1948), p. 18; Maddison, *The World Economy*, pp. 133, 135.
29. 參看萊斯利・貝瑟爾（Leslie Bethell）探討巴西，安德魯・巴納德（Andrew Barnard）探討智利，及奈傑爾・哈沃斯（Nigel Haworth）探討秘魯的專文，收入Bethell and Roxborough (eds), *Latin America Between the Second World War and the Cold War*, pp. 45, 70, 184；另見該書引言pp. 13–14。
30. Alexander, *Romulo Betancourt*, pp. 284–5; Liss, *Diplomacy and Dependency*, pp. 132, 136.
31. Bethell and Roxborough, "The Postwar Conjuncture," pp. 9–10.
32. US Department of State policy statement, 30 June 1950, *FRUS 1950*, vol. 2, pp. 1029–30.

33. Bethell and Roxborough, "The Postwar Conjuncture," pp. 18–19.
34. 布雷登發言引自Stephen G. Rabe, *Eisenhower and Latin America: The Foreign Policy of Anticommunism* (Chapel Hill: University of North Carolina Press, 1988), p. 14。
35. 事發當時的猜疑，參看US State Department press release, 13 December 1948, *FRUS 1948*, vol. 9, pp. 144–5；歷史學者的懷疑，參看Steve Ellner, "Venezuela," in Bethell and Roxborough (eds), *Latin America Between the Second World War and the Cold War*, p. 166；以及Miguel Tinker Salas, *Venezuela*, p. 85。
36. Tim Weiner, *Legacy of Ashes* (London: Allen Lane, 2007), pp. 93–104; Stephen Schlesinger and Stephen Kinzer, *Bitter Fruit: The Story of the American Coup in Guatemala* (Boston, MA: Harvard University Press, 2005), pp. 96–7; Nicholas Cullather, *Secret History: The CIA's Classified Account of Its Operations in Guatemala, 1952–1954* (Stanford University Press, 1999).
37. 例如在一九五四年，委內瑞拉獨裁者希門內斯即獲頒功績勳章；參看Operations Coordinating Board to National Security Council, 19 January 1955, "Progress Report on NSC 5432/1 United States Objectives and Courses of Action with Respect to Latin America," *FRUS 1952–54*, vol. 4, p. 95。
38. Francesca Miller, *Latin American Women and the Search for Social Justice* (Hanover, NH: University Press of New England, 1991), pp. 154, 185.
39. Weiner, *Legacy of Ashes*, pp. 380–81.
40. 參看《美洲國家組織憲章》第一條至第三條，一九四八年於波哥大簽署；http://www.oas.org/en/sla/dil/inter_american_treaties_A-41_charter_OAS.asp；以及聯合國憲章，尤其第二條第七款；http://www.un.org/en/charter-united-nations/。
41. Acting Secretary of State Lovett to Diplomatic Representatives in the American Republics, 28 December 1948, *FRUS 1948*, vol. 9, p. 150.

42. Castillo D'Imperio, *Carlos Delgado Chalbaud*, p. 112.
43. 德爾加多接受《週六報》訪問，引自Venezuela, *Saludo*, p. 15。
44. 德爾加多發言引自Castillo D'Imperio, *Carlos Delgado Chalbaud*, p. 109。
45. 前引書p. 111。
46. 德爾加多言論引自Ambassador Donnelly's report to Secretary of State, *FRUS 1948*, vol. 9, p. 130。

第十九章

1. 若無另行注記，本章引文皆出自阿佩菲爾德與作者的訪談，二〇一六年九月十三日。更多資料取自阿佩菲爾德本人的自傳，*The Story of a Life* (Harmondsworth: Penguin, 2006); *Table for One* (New Milford, CT: The Toby Press, 2007)；以及與亞瑞・沙維特（Ari Shavit）的訪談，收錄於沙維特的著作*My Promised Land* (London: Scribe, 2015)。
2. 引自Shavit, *My Promised Land*, pp. 140–41。譯者注：此處參看亞瑞・沙維特著、葉品岑譯，《我的應許地：以色列的榮耀與悲劇》（台北：八旗，二〇一八年），頁一八八，略有改動。
3. Appelfeld, *The Story of a Life*, pp. 114, 116.
4. 關於早期移民先驅的存在主義思想，參看隱哈錄（Ein Harod）吉布茨居民的日記，引自in Shavit, *My Promised Land*, pp. 36–7。
5. 例如，參看David Ben-Gurion, *Israel: A Personal History* (New York: Funk & Wagnalls, 1971), p. 135。
6. Tom Segev, *The Seventh Million* (New York: Hill & Wang, 1993), pp. 84–96.
7. 語出伊札克・格魯恩鮑姆（Yitzhak Gruenbaum），引自前引書p. 71。
8. 獨立宣言英文本，參看以色列外交部網站：http:// https://mfa.gov.il/mfa/foreignpolicy/peace/guide/pages/declaration%20of%20establishment%20of%20state%20of%20israel.aspx。

9. 本—古里昂發言引自Martin Gilbert, *Israel: A History* (London: Black Swan, 1999), p. 251。
10. 前引書p. 187。
11. Anita Shapira, *Israel: A History* (Waltham, MA: Brandeis University Press, 2012), pp. 212–15, 220; Gilbert, *Israel*, p. 267.
12. Shavit, *My Promised Land*, pp. 150–51; Gilbert, *Israel*, p. 267; Shapira, *Israel*, p. 212。另參看David Kroyanker, "Fifty Years of Israeli Architecture as Reflected in Jerusalem's Buildings," 26 May 1999, published on the Israeli Ministry of Foreign Affairs website, http://www.mfa.gov.il/mfa/abouttheministry/publications/pages/fifty%20years%20of%20israeli%20architecture%20as%20reflected%20i.aspx.
13. 以色列與西德的賠償協議，引自Gilbert, *Israel*, p. 283。
14. Shapira, *Israel*, pp. 212–15; Gilbert, *Israel*, p. 267.
15. 檢察總長辦公室的烏里・雅丁（Uri Yadin），一九四八年四月五日日記，引自Shapira, *Israel*, p. 180。
16. Shapira, *Israel*, p. 210; "Beersheba," *Canadian Jewish Chronicle*, 7 October 1955, p. 9.
17. 引自摩西・沙米爾（Moshe Shamir）小說名作*With His Own Hands* (Jerusalem: Israel Universities Press, 1970)著名的第一句話：「埃里克誕生於海中。」（Elik was born from the sea.）
18. 例如伊格爾・莫辛松（Yigal Mossinsohn）的*Way of a Man* (Tel Aviv: N. Tversky Publishers, 1953)；以及伊薩（S. Yizhar）一九四八年的短篇故事〈俘虜〉（The Prisoner），重刊於Robert Alter (ed.), *Modern Hebrew Literature* (West Orange, NJ: Behrman House, 1975)。
19. Shlomo Nitzan, *Togetherness* (Tel Aviv: Hakibbutz Hameuchad, 1956); Moshe Shamir, *He Walked Through the Fields* (Merhavia: Sifriat Poalim, 1947).
20. Shamir, *He Walked Through the Fields* ; Hanoch Bartov, *Each Had Six Wings* (Merhavia: Sifriat Poalim, 1954).
21. 研究這一時期以色列文學的論文，參看Bryan Cheyette, "Israel," in John Sturrock (ed.), *The Oxford Guide to Contemporary World Literature* (Oxford University Press, 1996), pp. 238–9; Gila Ramras-Rauch, *The Arab in Israeli*

Literature (London: I. B. Tauris, 1989), pp. 55–112; Avner Holtzman, "'They Are Different People': Holocaust Survivors as Reflected in the Fiction of the Generation of 1948," *Yad Vashem Studies*, vol. 30 (2002), pp. 337–68（本文英譯版可在線上取得：http://www.yadvashem.org/odot_pdf/Microsoft%20Word%20-%205424.pdf）。

22. Shapira, *Israel*, p. 208; Shavit, *My Promised Land*, p. 148; Gilbert, *Israel*, pp. 257, 275.
23. Arieh Geldblum, "Fundamental Problems of Immigrant Absorption," *Haaretz*, 28 September 1945, p. 3；另見Segev, *The Seventh Million*, p. 180。
24. 語出埃胡德・洛布（Ehud Loeb）、埃利澤・阿亞隆（Eliezer Ayalon）及華特・茲維・巴哈拉赫（Walter Zwi Bacharach），引自以色列猶太大屠殺紀念館網站： http://www.yadvashem.org/yv/en/education/interviews/road_ahead.asp；http://www.yadvashem.org/yv/en/education/interviews/ayalon.asp； http://www.yadvashem.org/yv/en/education/interviews/bacharach.asp。
25. 語出阿哈隆・巴拉克（Ahalon Barak），引自Shavit, *My Promised Land*, p. 145。譯者注：《我的應許地》，頁一九四，略有改動。
26. Segev, *The Seventh Million*, pp. 168–70; Appelfeld, *The Story of a Life*, pp. 111–12.
27. Segev, *The Seventh Million*, p. 180.
28. 前引書pp. 170, 172, 174。
29. Ben Shephard, *The Long Road Home: The Aftermath of the Second World War* (London: Bodley Head, 2010), p. 361; Segev, *The Seventh Million*, p. 177.
30. 語出本—古里昂，引自Hannah Starman, "Israel's Confrontation with the Holocaust: A Journey of Uncertain Identity," in C. J. A. Stewart et al. (eds), *The Politics of Contesting Identity* (Edinburgh: Politics, University of Edinburgh, 2003), p. 130。
31. 語出辛哈・羅泰姆（Simha Rotem），引自Segev, *The Seventh Million*, p. 160。

32. 這段說教的全文，以及對它的文化潛台詞之全面解讀，參看Idith Zertal, *From Catastrophe to Power: The Holocaust Survivors an the Emergence of Israel* (Berkeley and Los Angeles: University of California Press, 1998), pp. 264–9。
33. Segev, *The Seventh Million*, p. 120; Shapira, *Israel*, p. 230; Ronit Lentin, *Israel and the Daughters of the Shoah* (New York: Berghahn Books, 2000).
34. 耶胡迪・亨德爾在以色列電視紀錄片《驟雨》（*Cloudburst*）片中的訪談，一九八九年六月首次播放；參看Segev, *The Seventh Million*, p. 179。
35. 施姆爾・烏西什金（Shmuel Ussishkin）發言引自*Haboker*, 16 November 1951；埃利澤・利夫尼（Eliezer Livneh）發言引自*Davar*, 9 November 1951；本—古里昂發言引自Shapira, *Israel*, pp. 229–30。
36. Yoel Palgi, *Into the Inferno*, trans. Phyllis Palgi (New Brunswick, NJ: Rutgers University Press, 2003), p. 259; Segev, *The Seventh Million*, pp. 121, 183.
37. Palgi, *Into the Inferno*, pp. 258–9.
38. 例如，參看Lentin, *Israel and the Daughters of the Shoah*, pp. 176–212; Ruth Amir, *Who's Afraid of Historical Redress?* (Boston, MA: Academic Studies Press, 2012), pp. 245–9；以及Rafael Moses, "An Israeli View," in Rafael Moses (ed.), *Persistent Shadows of the Holocaust* (Madison, CT: International Universities Press, 1993), pp. 130–31。
39. 語出海克・格羅斯曼（Haike Grossman）與埃貢・羅特（Egon Rott），引自Segev, *The Seventh Million*, pp. 87–8。
40. Teddy Kollek, *For Jerusalem* (London: Weidenfeld & Nicolson, 1978), p. 46.
41. Dalia Ofer, *Escaping the Holocaust* (New York: Oxford University Press, 1990), pp. 317, 319; Segev, *The Seventh Million*, pp. 84–96.
42. 語出約瑟夫・羅森沙夫特（Josef Rosenshaft），引自Shephard, *The Long Road Home*, p. 363。
43. 例如關於是否接受德國賠償的激烈辯論，以及卡斯特納事件（Kastner affair）。
44. Shapira, *Israel*, p. 265.

45. Ben-Gurion, *Israel*, p. 599.
46. Anon., *The Seventh Day: Soldiers Talk About the Six-Day War* (London: André Deutsch, 1970), pp. 217–18.
47. 語出埃胡德・普拉佛上校（Col. Ehud Praver），引自Segev, *The Seventh Million*, pp. 394–5。
48. 與一九三〇年代的對照之例，參看Benny Morris, *Righteous Victims* (New York: Vintage, 2001), pp. 133, 136書中引用的伊札克・塔本金（Yitzhak Tabenkin）與阿拉伯評論者說法。
49. 本—古里昂演說，一九四七年七月四日，引自Gilbert, *Israel*, p. 146；夏隆在國會演說，二〇〇五年一月二十六日，引自*Haaretz*, 27 January 2005。
50. 本—古里昂說法引自Ilan Pappé, *The Ethnic Cleansing of Palestine* (London: Oneworld, 2007), p. 72; Segev, *The Seventh Million*, pp. 448–51。
51. "Without Intermediaries," *Maariv*, 5 November 1956, p. 4，引自Segev, *The Seventh Million*, p. 297。
52. 比金說法引自Shapira, *Israel*, p. 380。
53. Ronald J. Berger, *Holocaust, Religion and the Politics of Collective Memory* (New Brunswick, NJ: Transaction Books, 2013), p. 207.
54. 納坦雅胡在猶太社團聯合會（United Jewish Communities）大會上演說，引自Michael Marrus, *Lessons of the Holocaust* (University of Toronto Press, 2016), p. 109。
55. 例如一九四八年時的盧德軍政長官古特曼（Shmaryahu Gutman），引自Shavit, *My Promised Land*, pp. 118–27。
56. Shavit, *My Promised Land*, p. 114.
57. 代爾亞辛屠殺的可信記載，參看Morris, *Righteous Victims*, p. 208及該書相關注釋。關於這次屠殺諸多有爭議的統計數字，另見Gilbert, *Israel*, p. 169; and Pappé, *The Ethnic Cleansing of Palestine*, p. 91。
58. Pappé, *The Ethnic Cleansing of Palestine*, pp. 196–7.
59. 關於加西姆村屠殺，參看Amir, *Who's Afraid of Historical Redress?*, pp. 243–5。

60. 例如，參看 *The Seventh Day*, p. 90。
61. Shavit, *My Promised Land*, pp. 230–36。譯者注：《我的應許地》，頁二九三至三〇五。
62. "HRW: Israel committed war crimes in Gaza," *The Times of Israel*, 12 September 2014.
63. 例如，參看薩依德（Edward W. Said）、哈利迪（Rashid Khalidi）、芬克斯坦（Norman G. Finkelstein）、杭士基（Noam Chomsky）等學者探討以巴衝突的論著。
64. Pappé, *The Ethnic Cleansing of Palestine*, p. xvii.
65. "German Protesters Dare to Compare Israelis to Nazis," *The Week*, 6 January 2008.
66. 英國工黨內部調查反猶主義的查克拉巴蒂報告（Chakrabarti report），參看 http://www.labour.org.uk/page/-/party-documents/ChakrabartiInquiry.pdf。
67. 語出耶沙亞胡・萊博維茲（Yeshayahu Leibowitz），引自 Segev, *The Seventh Million*, p. 401；另參看該書 pp. 409–10。
68. Shavit, *My Promised Land*, p. 231。譯者注：此處參看《我的應許地》，頁二九八至二九九。
69. Appelfeld, *Table for One*, pp. 97, 105.
70. 這未必始終都是歐洲、美國和中東的問題：以色列在東南亞遭受的妖魔化，參看 Anthony Reid, *To Nation by Revolution: Indonesia in the Twentieth Century* (Singapore: NUS Press, 2011), pp. 262–4。
71. Keith Lowe, *Savage Continent* (London: Viking, 2012), pp. 222, 243, 248; Ian Talbot and Gurharpal Singh, *The Partition of India* (Cambridge University Press, 2009), pp. 2–3.

第二十章

1. 斯皮內利的故事，參看他的自傳：Altiero Spinelli, *Come ho tentato di diventare saggio*, 2 vols (Bologna: Societa editrice il Mulino, 1984 and 1987)。《文托泰內宣言》及其他著作，參看 Altiero Spinelli, *From Ventotene to the European Constitution*, ed. Augustín José Menéndez (Oslo: Centre for European Studies, 2007)。

2. Spinelli, "Ventotene Manifesto," in *From Ventotene to the European Constitution*, p. 18; *Come ho tentato di diventare saggio*, vol. 1, p. 308.
3. Spinelli, "Ventotene Manifesto," p. 23; *Come ho tentato di diventare saggio*, vol. 1, p. 309.
4. 諾貝爾和平獎授獎辭，二〇一二年十月十二日，奧斯陸諾貝爾和平中心展示。
5. 例如，參看「歷史學家為英國」（Historians for Britain）小組編纂的文集，*Peace-Makers or Credit-Takers?: The EU and Peace in Europe*，刊載於其網站：http://historiansforbritain.org/research。
6. "Euro Federalists Financed by US Spy Chiefs," *Telegraph*, 19 Sept 2000.另見"The European Union Always Was a CIA Project, as Brexiteers Discover," *Telegraph*, 27 April 2016.
7. 戴高樂發言引自Richard Mayne, *Postwar: The Dawn of Today's Europe* (London: Thames & Hudson, 1983), p. 314。
8. Nicholas Ridley's interview with Dominic Lawson in the *Spectator*, 14 July 1990.
9. Keith Lowe, *Savage Continent* (London: Viking, 2012), particularly pp. 187–268.
10. 克瓦希涅夫斯基演說，二〇〇三年四月十六日，刊登於波蘭總統網站：http://www.president.pl/en/archive/news-archive/news-2003/art,79,poland-has-signed-the-accession-treaty.html ; Evald Mikkel and Geoffrey Pridham, "Clinching the 'Return to Europe': The Referendums on EU Accession in Estonia and Latvia," in Aleks Szczerbiak and Paul Taggart (eds), *EU Enlargements and Referendums* (Abingdon: Routledge, 2005), p. 179。
11. 參看前引書pp. 123, 150, 178等各篇論文：*Wprost*, 11–17 January 2016。
12. 語出波蘭財政部長羅斯托夫斯基（Jastek Rostowski），引自"Germany and France: Eurozone Will Not Force Out Greece," *Telegraph*, 15 September 2011。
13. 卡麥隆在大英博物館演說，二〇一六年五月九日，天空新聞頻道（Sky News Channel）現場轉播。
14. Barack Obama, "'As your friend, I tell you that the EU makes Britain even greater'," *Telegraph*, 22 April 2016.
15. Penny Mordaunt writing in the *Telegraph*, 25 February 2016：奈傑・法拉吉（Nigel Farage）的主題曲，參看"Brexit

Debate Brings Out Britain's World War Two Fixation," *Daily Mail* (online edition), 3 June 2016。

16. *Telegraph*, 15 May 2016; *Daily Express*, 2 June 2016; "Boris Johnson's Abuse of Churchill," *History Today* website, 1 June 2016: http://www.historytoday.com/felix-klos/boris-johnsons-abuse-churchill.
17. 艾倫・斯克德（Alan Sked）發言，引自*Daily Express*, 9 June 2016；麥可・戈夫（Michael Gove）發言，引自*Daily Express*, 22 June 2016。
18. Boris Johnson interview, *Telegraph*, 15 May 2016.
19. "The Secret History of the EU," *Telegraph*, 27 August 2016.
20. "EU Referendum: The Claims that Won it for Brexit, Fact Checked," *Telegraph*, 29 June 2016.
21. 公開信全文刊載於http://www.historiansforbritainineurope.org，報導於*Guardian*, 25 May 2016。
22. 帕維爾・馬切維茲介紹博物館常設展時的發言，二〇一七年一月二十三日；"A Museum Becomes a Battlefield Over Poland's History," *New York Times*, 9 November 2016。

第二十一章

1. 崔明順的故事更詳細地敘述於Keith Howard (ed.), *True Stories of the Korean Comfort Women*, trans. Young Joo Lee (London:Cassell, 1995), pp. 168–76。
2. 對於創傷及其影響更詳細的敘述，參看Caroline Garland (ed.), *Understanding Trauma: A Psychoanalytical Approach* (London: Karnac Books, 2002)；以及Susan Levy and Alessandra Lemma (eds), *The Perversion of Loss: Psychoanalytic Perspectives on Trauma* (New York:Brunner-Routledge, 2004)。
3. Ustinia Dolgopol and Snehal Paranjape, *Comfort Women: An Unfinished Ordeal: Report of a Mission* (Geneva: International Commission of Jurists, 1994), pp. 23–4.
4. "Japanese Charge Russian Abuses," *New York Times*, 4 November 1945; Yoshimi Yoshiaki, *Comfort Women*, trans.

Suzanne O'Brien (New York: Columbia University Press, 2002), pp. 188–9; Sheila Miyoshi Jager, *Brothers at War: The Unending Conflict in Korea* (New York: W. W. Norton, 2013), p. 20。文必琪的發言引自Howard (ed.), *True Stories of the Korean Comfort Women*, p. 86。

5. 朴頭理的說法引自Joshua D. Pilzer, *Hearts of Pine: Songs in the Lives of Three Korean Survivors of the Japanese "Comfort Women"* (New York: Oxford University Press, 2012), p. 34。
6. Jager, *Brothers at War*, pp. 26–35, 489; H. Merrell Benninghoff to Secretary of State, 15 September 1945, US Department of State, *Foreign Relations of the United States* (Washington, DC: US Government Printing Office) (hereafter *FRUS*) *1945*, vol. 6, pp. 1049–53.
7. Jager, *Brothers at War*, pp. 39–41; Robert Scalapino and Chong-Sik Lee, *Communism in Korea* (Berkeley: University of California Press, 1972), pp. 338–40; Allan R. Millett, *The War For Korea, 1945–1950: A House Burning* (Lawrence: University of Kansas Press, 2005), p. 69; Andrei Lankov, *From Stalin to Kim Il Sung: The Formation of North Korea, 1945–1960* (London: Hurst & Co., 2002), pp. 23–4.
8. 統計數據參看"Double Problem Faced in Korea," *New York Times*, 6 December 1945，以及"Korean Population Soars," *New York Times*, 9 July 1947。
9. Paul Kennedy, *The Parliament of Man* (Harmondsworth: Penguin, 2007), pp. 56–7; Jager, *Brothers at War*, pp. 64, 124.
10. Bethany Lacina and Nils Petter Gleditsch, "Monitoring Trends in Global Combat: A New Dataset of Battle Deaths," *European Journal of Population*, vol. 21, nos 2–3 (2005), p. 154; Jager, *Brothers at War*, pp. 85–97; "Reds Kill 700 at a Korean 'Buchenwald'," and "82 Slain with Bamboo Spears as Reds Attack Loyal Koreans," *Washington Post*, 4 October 1950.
11. C. Sarah Soh, *The Comfort Women* (University of Chicago Press, 2008), pp. 193, 215–17.
12. 朴正熙與金日成的發言，引自Jager, *Brothers at War*, p. 341。
13. US Army Military Government in Korea, *Summation of the United States Military Government Activities in Korea*, no.

33 (Seoul: National Economic Board, 1948), p. 181; *Chosun Ilbo*, 9 June 1948; *Korean Independence*, 21 July 1948; *Chayu Sinmun*, 25 June 1948。另參看Sung-Hwa Cheong, *The Politics of Anti-Japanese Sentiment in Korea* (Westport, CT: Greenwood Press, 1992), pp. 6–8的摘要。

14. Dolgopol and Paranjape, *Comfort Women*, p. 138; Pilzer, *Hearts of Pine*, pp. 8, 116; Cheong, *The Politics of Anti-Japanese Sentiment in Korea*, p. 136; Jin-kyung Lee, *Service Economies: Militarism, Sex Work, and Migrant Labor in South Korea* (Minneapolis: University of Minnesota Press, 2010), pp. 25–6.
15. 截至二〇一六年為止的「慰安婦」議題歷史，參看Aniko Varga, "National Bodies: The 'Comfort Women' Discourse and Its Controversies in South Korea," *Studies in Ethnicity and Nationalism*, vol. 9, no. 2 (2009), pp. 287–303; Mikyoung Kim, "Memorializing Comfort Women: Memory and Human Rights in Korea–Japan Relations," *Asian Politics and Policy*, vol. 6, no. 1 (2014), pp. 83–96；以及Naoko Kumagai, "The Background to the Japan–Republic of Korea Agreement: Compromises Concerning the Understanding of the Comfort Women Issue," *Asia–Pacific Review*, vol. 23, no. 1 (2016), pp. 65–99。
16. Young-Hee Shim, *Sexual Violence and Feminism in Korea* (Seoul: Hanyang University Press, 2004), pp. 156–62, 177–82.
17. Lee, *Service Economies*, pp. 5–8, 25–6.
18. 慰安婦紀念碑與雕像已在數個國家豎立：至少有六座在美國，但也設置於中國、台灣、菲律賓和澳大利亞。

第二十二章

1. 葉甫根妮婭・季謝列娃的故事取自她的自傳，翻印於N. N. Kozlova and I. I. Sandomirskaia, *Ia tak khochu nazvat'kino: 'Naivnoe pis'mo'. Opyt lingvo-sotsiologicheskogo chteniia* (Moscow: Gnozis, 1996), p. 89。季謝列娃的「天真」文風幾乎無從翻譯：既然我在此只關注她的故事，我在這段引文及其後的引文中使用了正確的拼寫，並加上標點符號。對於這部回憶錄的出色指南，以及對作者獨特風格的討論，參看Irina Paperno, *Stories of the*

Soviet Experience: Memoirs, Diaries, Dreams (Ithaca, NY: Cornell University Press, 2009), pp. 118–58。

2. Kozlova and Sandomirskaia, *Ia tak khochu nazvat'kino*, pp. 91–4.
3. 前引書p. 104。
4. 前引書p. 122。
5. 前引書p. 145。
6. USSR Central Statistical Office, *Soviet Census 1959: Preliminary Results* (London: Soviet Booklets, 1959), p. 4。其他歷史學者及經濟學者將女性多於男性的人數估計得較低，約一千三百萬人；參看Keith Lowe, *Savage Continent* (London: Viking, 2012), p. 24的摘要。
7. IWM Docs, 06/126/1, Major A. G. Moon, typescript memoir.
8. On the other hand, many casualties, especially from the beginning of the war, went unreported。官方估計的負傷人數為一千五百二十萬五千五百九十二人，但由於重複計算的關係，真正的人數可能低得多。另一方面，許多傷亡人數並未被回報，尤其在戰爭初期。參看G. F. Krivosheev (ed.), *Soviet Casualties and Combat Losses in the Twentieth Century* (London: Greenhill Books, 1997), pp. 87–8。
9. Charles Glass, *Deserter* (London: HarperPress, 2013), pp. xiii, 228.
10. 對於越戰過後創傷後壓力症候群的研究顯示，百分之十五的退伍軍人過了十年後仍有症狀；參看Marc Pilisuk, *Who Benefits from Global Violence and War: Uncovering a Destructive System* (Westport, CT: Praeger Security International, 2008), pp. 12–15。
11. C. A. Merridale, report funded by the British Economic and Social Research Council on "Death, Mourning and Memory in Modern Russia: A Study in Large-Scale Trauma and Social Change" (2000).
12. Lowe, *Savage Continent*, pp. 16, 402.
13. Robert A. Lewis, Richard H. Rowland and Ralph S. Clem, *Nationality and Population Change in Russia and the USSR:*

An Evaluation of Census Data, 1897–1970* (New York: Praeger, 1976), p. 275.

14. Thérèse Brosse, *War-Handicapped Children* (Paris: UNESCO, 1950), p. 28.
15. Sergey Afontsev et al., "The Urban Household in Russia and the Soviet Union, 1900–2000: Patterns of Family Formation in a Turbulent Century," *History of the Family*, vol. 13, no. 2 (2008), pp. 187–8.
16. 美國的統計數據參看政府普查網頁：http://www.census.gov，尤其http://www.census.gov/prod/2014pubs/p25-1141.pdf 對嬰兒潮世代的調查。另參看Diane J. Macunovich, *Birth Quake: The Baby Boom and its Aftershocks* (University of Chicago Press, 2002)。
17. Lowe, *Savage Continent*, p. 16.
18. 更詳細的敘述，參看前引書pp. 212–19。克里米亞這時還不是烏克蘭的一部分，但一九五四年之後即是。
19. Alexander Statiev, *The Soviet Counterinsurgency in the Western Borderlands* (New York: Cambridge University Press, 2010), pp. 117, 178.

第二十三章

1. 馬蒂亞斯・孟德爾的故事，來自作者與其子迪特曼・孟德爾在二〇一五年五月的一連串對話，以及二〇一六年十一月的電子郵件通信。
2. Keith Lowe, *Savage Continent* (London: Viking, 2012), p. 27; Adam Tooze, *The Wages of Destruction* (Harmondsworth: Penguin, 2007), p. 672; Mark Wyman, *DPs: Europe's Displaced Persons, 1945–1951* (Ithaca: Cornell University Press, 1998), pp. 41–4.
3. Lowe, *Savage Continent*, p. 27。我寧可選擇保守估計；亞當・圖澤列出的估計數字更高得多。參看他的 *The Wages of Destruction*, p. 672。
4. Lowe, *Savage Continent*, pp. 231, 243.

5. 波茨坦宣言第十二條，一九四五年，線上版參看耶魯法學院網站，http://avalon.law.yale.edu/20th_century/decade17.asp。另參看Lowe, *Savage Continent*, pp. 125–44, 230–48; R. M. Douglas, *Orderly and Humane: The Expulsion of the Germans After the Second World War* (New Haven, CT: Yale University Press, 2012), p. 1。
6. Lowe, *Savage Continent*, pp. 247–8.
7. 前引書pp. 222, 224–29。
8. 前引書pp. 222, 248。
9. Raymond Pearson, *National Minorities in Eastern Europe, 1848–1945* (London: Macmillan, 1983), p. 229.
10. Lori Watt, *When Empire Comes Home: Repatriation and Reintegration in Postwar Japan* (Cambridge, MA: Harvard University Asia Center, 2009), pp. 2, 17–18; John W. Dower, *Embracing Defeat: Japan in the Wake of World War II* (New York: W. W. Norton, 1999), pp. 48–50.
11. Watt, *When Empire Comes Home*, pp. 205–7; Dower, *Embracing Defeat*, pp. 50–58.
12. Dower, *Embracing Defeat*, pp. 45–53.
13. 前引書pp. 54, 393–4；Sonia Ryang, *Koreans in Japan* (London: Routledge, 2000), p. 4; Watt, *When Empire Comes Home*, p. 196。
14. 根據普查報告，一九三一年居住在印度的英國臣民共有十五萬五千人；但在一九五一年，仍留在印度及巴基斯坦兩國的英國臣民不到三萬一千人。參看J. H. Hutton (ed.), *Census of India: Part I Report* (Delhi: Manager of Publications, 1933), p. 425; R. A. Gopalaswami (ed.), *Census of India, 1951* (Delhi: Government of India Press, 1955), vol. 1, Part II-A, pp. 308–23；以及E. H. Slade (ed.), *Census of Pakistan, 1951* (Karachi: Government of Pakistan, 1951), vol. 1, table 10。
15. Ceri Peach, "Postwar Migration to Europe: Reflux, Influx, Refuge," *Social Science Quarterly*, vol. 78, no. 2 (1997), pp. 271–2.

16. 前引書p. 271：Trudy T. M. Mooren, *The Impact of War: Studies in the Psychological Consequences of War and Migration* (Delft: Eburon, 2001), pp. 84, 91; Watt, *When Empire Comes Home*, p. 199。
17. Mooren, *The Impact of War*, pp. 84, 91; Peach, "Postwar Migration to Europe," pp. 271–2; Benjamin Stora, *Algeria, 1830–2000: A Short History*, trans. Jane Marie Todd (Ithaca: Cornell University Press, 2001), p. 8; Norrie MacQueen, *The Decolonization of Portuguese Africa* (Harlow: Longman, 1997), pp. 124–204, 223–31; Ricardo E. Ovalle-Bahamón, "The Wrinkles of Decolonization and Nationness: White Angolans as *Retornados* in Portugal," in Andrea L. Smith (ed.), *Europe's Invisible Migrants* (Amsterdam University Press, 2003), p. 158.
18. UN General Assembly resolution 319 (IV), 265th plenary meeting, 3 December 1949.
19. 關於聯合國難民署及其工作的有益介紹，參看他們的研究小冊*An Introduction to International Protection* (Geneva: UNHCR, 2005)，線上版：http://www.refworld.org/docid/4214cb4f2.html。
20. "UNHCR Global Trends: Forced Displacement in 2014"，線上版：http://www.unhcr.org/556725e69.html。
21. 《德意志聯邦共和國基本法》第十六條，日後修訂為第十六條之一，英文版：http://www.bundestag.de/blob/284870/ce0d03414872b427e57fccb703634dcd/basic_law-data.pdf。另參看Kay Hailbronner, "Asylum Law Reform in the German Constitution," *American University International Law Review*, vol. 9, no. 4 (1994), pp. 159–79。
22. Stephen Castles and Mark J. Miller, *The Age of Migration*, 3rd edn (New York: Palgrave Macmillan, 2003), pp. 201, 203; Friedrich Kern, *Osterreich: Offene Grenze der Menschlichkeit* (Vienna: Bundesministeriums für Inneres, 1959), p. 68; Anthony M. Messina, *The Logics and Politics of Post-WWII Migration to Western Europe* (New York: Cambridge University Press, 2007), pp. 43–4.
23. "Germany on Course to Accept One Million Refugees in 2015," *Guardian*, 8 December 2015; "One Year Ago, Angela Merkel Dared to Stand Up for Refugees in Europe. Who Else Even Tried?," *Telegraph*, 24 August 2016.
24. "Germany's Refugee Response Not Guilt-Driven, Says Wolfgang Schäuble," *Guardian*, 4 March 2016; "Orban Accuses

Germany of 'Moral Imperialism' on Migrants," *Wall Street Journal*, 23 September 2015.

25. 與作者的通信，二〇一六年十一月二十二日。

第二十四章

1. 訪談刊於疾風基金會網站：www.windrushfoundation.org/profiles/sam-king/sam-king/.33。
2. Samuel Beaver King interview, Imperial War Museums, IWM Sound 30021, reel 1；線上版：http://www.iwm.org.uk/collections/item/object/80028544。
3. IWM Sound 30021, reel 1; BBC interview, "Black Soldiers' Role in World War II 'should be taught in schools'," 11 November 2015; http://www.bbc.co.uk/newsbeat/article/34638038/black-soldiers-role-in-world-war-two-should-be-taught-in-schools.
4. IWM Sound 30021, reel 3.
5. Tracey Connolly, "Emigration from Ireland to Britain During the Second World War," in Andy Bielenberg (ed.), *The Irish Diaspora* (London: Pearson Education, 2000), p. 56.
6. 根據一九五一年普查，英國境內共有十六萬二千三百三十九名波蘭人，相較於一九三一年約四萬四千人有所增加。參看Colin Holmes, *John Bull's Island: Immigration and British Society* (Basingstoke: Macmillan, 1988), pp. 168, 211–12。
7. Edna Delaney, "Placing Irish Postwar Migration to Britain in a Comparative European Perspective, 1945–1981," in Bielenberg (ed.), *The Irish Diaspora*, p. 332; Ben Shephard, *The Long Road Home: The Aftermath of the Second World War* (London: Bodley Head, 2010), pp. 329–32.
8. Shephard, *The Long Road Home*, p. 332; Delaney, "Irish Postwar Migration to Britain," p. 333; Ceri Peach, "Postwar Migration to Europe: Reflux, Influx, Refuge," *Social Science Quarterly*, vol. 78, no. 2 (1997), p. 275.

9. 疾風基金會網頁刊載的訪談。
10. IWM Sound 30021, reel 2.
11. 根據一九七一年普查數字。參看Ceri Peach, "Patterns of Afro-Caribbean Migration and Settlement in Great Britain, 1945–1981," in Colin Brock (ed.), *The Caribbean in Europe* (London: Frank Cass, 1986), p. 64。
12. 一九七〇年的數字收入Stephen Castles and Mark J. Miller, *The Age of Migration*, 3rd edn (Basingstoke: Palgrave Macmillan, 2003), pp. 73–5。
13. David Lowenthal, "West Indian Emigrants Overseas," in Colin G. Clarke (ed.), *Caribbean Social Relations* (Liverpool: Centre for Latin American Studies, University of Liverpool, 1978), p. 84.
14. Castles and Miller, *The Age of Migration*, pp. 144–7; Miguel Tinker Salas, *Venezuela: What Everyone Needs to Know* (New York: Oxford University Press, 2015), p. 80.
15. Anthony M. Messina, *The Logics and Politics of Post-WWII Migration to Western Europe* (New York: Cambridge University Press, 2007), p. 27.
16. Hansard, 8 June 1948, col. 1851.
17. David Kynaston, *Austerity Britain, 1945–51* (London: Bloomsbury, 2007), pp. 274–5.
18. 取自前引書p. 275。
19. "Thames Welcome for West Indians: Start of 'Invasion'," *Daily Graphic and Daily Sketch*, 22 June 1948.
20. Shephard, *The Long Road Home*, pp. 329–32.
21. King, *Climbing Up the Rough Side of the Mountain*, pp. 64, 101, 114, 118, 127–9, 256; *Guardian* obituary, 30 June 2016.
22. King, *Climbing Up the Rough Side of the Mountain*, p. 156.
23. IWM Sound 30021, reel 2.
24. J. Enoch Powell, *Still to Decide* (London: B. T. Batsford, 1972), pp. 184–5; Gary P. Freeman, *Immigrant Labour and*

Racial Conflict in Industrial Societies: The French and British Experience, 1945–1975 (Princeton University Press, 2015), pp. 286–90.

25. National Front, *For a New Britain: The Manifesto of the National Front* (Croydon: National Front, 1974), p. 18.
26. Stan Taylor, *The National Front in English Politics* (London: Macmillan, 1982), pp. 130–40.
27. Messina, *The Logics and Politics of Post-WWII Migration to Western Europe*, pp. 60–61.
28. "Hungary Election: Concerns as Neo-Nazi Jobbik Party Wins 20% of Vote," *Independent*, 7 April 2014.
29. "Conservatives' EU Alliance in Turmoil as Michał Kamiński Leaves 'Far Right' Party," *Guardian*, 22 November 2010.
30. 寇威爾發言引自Shephard, *The Long Road Home*, p. 337；韓森在眾議院演說，一九九六年九月十日，線上版：http://australianpolitics.com/1996/09/10/pauline-hanson-maiden-speech.html ; "Australia Asylum: UN Criticises 'Cruel' Conditions on Nauru," http://www.bbc.co.uk/news/world-australia-38022204。
31. Messina, *The Logics and Politics of Post-WWII Migration to Western Europe*, pp. 76–7.
32. Powell, *Still to Decide*, pp. 185, 201.
33. Roland Wilson (ed.), *Census of the Commonwealth of Australia, 30 June, 1947* (Canberra: Commonwealth Government Printer, 1947), Part XII, pp. 642–3。二〇一五年的情況，參看Australian Bureau of Statistics, Media Release, 30 March 2016, Catalogue no. 3412.0, "Migration, Australia, 2014–15"，線上版：http://www.abs.gov.au/ausstats/abs@.nsf/mf/3412.0/。
34. 二〇一三年的數字，根據OECD (2016), "Foreign-Born Population (Indicator)" doi: 10.1787/5a368e1b-en。參看https://data.oecd.org/migration/foreign-born-population.htm。
35. 同前注。
36. 同前注。另見Arlie Russell Hochschild, *Strangers in Their Own Land* (New York: New Press, 2016)。
37. 二〇〇一年普查數字，報導於"Every Race, Colour, Nation and Religion on Earth," *Guardian*, 21 January 2005；二〇

一一年普查的族裔人口數字，取自Office of National Statistics website, table QS201 EW。強森的說法及其誤導之處（倫敦可能相當於法國第二十三大城市），參看http://www.bbc.co.uk/news/magazine-26823489。

38. *Independent*, 28 January 2016.
39. "Trump Reveals How He Would Force Mexico to Build Border Wall," *Washington Post*, 5 April, 2016; "Trump Vows to Stop Immigration from Nations 'Compromised' by Terrorism," *New York Times*, 22 July 2016.
40. 一名川普支持者甚至將這句口號做成一塊大型廣告牌，參看"'Make America White Again': A Politician's Billboard Ignites Uproar," *Washington Post*, 23 June 2016。
41. Hochschild, *Strangers in Their Own Land.*
42. "Hungary PM Predicts 'Parallel Muslim Society' Due to Migration," *Daily Express*, 27 September 2016; "The Netherlands' Most Popular Party Wants to Ban All Mosques," *Independent*, 28 August 2016.
43. Jean-Paul Sartre, *Anti-Semite and Jew*, trans. George J. Becker (New York: Schocken Books, 1948)，尤其第三、四章。沙特明確表示，他的論點對於黑人、阿拉伯人與猶太人同等適用（該書p. 146）。

結語

1. 艾德．蒙洛播報，一九四〇年九月十五日，引自James Owen and Guy Walters (eds), *The Voice of War* (London: Viking, 2004), p. 80。
2. 與作者的訪談，二〇一五年八月十日。

【Historia歷史學堂】MU0042

恐懼與自由：透過二十五位人物的故事，了解二次大戰如何改變人類的未來

The Fear and the Freedom: How The Second World War Changed Us

作　　者❖齊斯．洛韋（Keith Lowe）
譯　　者❖蔡耀緯
封面設計❖張　巖
排　　版❖張彩梅
校　　對❖魏秋綢
總 編 輯❖郭寶秀
責任編輯❖邱建智
行銷業務❖許芷瑀

發 行 人❖凃玉雲
出　　版❖馬可孛羅文化
104台北市中山區民生東路二段141號5樓
電話：02-25007696
發　　行❖英屬蓋曼群島商家庭傳媒股份有限公司城邦分公司
104台北市中山區民生東路二段141號11樓
客服服務專線：(886) 2-25007718；25007719
24小時傳真專線：(886) 2-25001990；25001991
服務時間：週一至週五9:00～12:00；13:00～17:00
劃撥帳號：19863813　戶名：書虫股份有限公司
讀者服務信箱：service@readingclub.com.tw
香港發行所❖城邦（香港）出版集團有限公司
香港灣仔駱克道193號東超商業中心1樓
電話：(852) 25086231　傳真：(852) 25789337
E-mail：hkcite@biznetvigator.com
馬新發行所❖城邦（馬新）出版集團 Cite (M) Sdn. Bhd.(458372U)
41, Jalan Radin Anum, Bandar Baru Seri Petaling,
57000 Kuala Lumpur, Malaysia
電話：(603) 90578822　傳真：(603) 90576622
E-mail：services@cite.com.my
輸出印刷❖中原造像股份有限公司
初版一刷❖2021年3月
定　　價❖680元

ISBN：978-986-5509-63-7

城邦讀書花園
www.cite.com.tw

國家圖書館出版品預行編目（CIP）資料

恐懼與自由：透過二十五位人物的故事，了解二次大戰如何改變人類的未來／齊斯．洛韋（Keith Lowe）著；蔡耀緯譯. -- 初版. -- 臺北市：馬可孛羅文化出版：英屬蓋曼群島商家庭傳媒股份有限公司城邦分公司發行，2021.03
面；　公分 --（Historia歷史學堂；MU0042）
譯自：The fear and the freedom: how the Second World War changed us
ISBN 978-986-5509-63-7（平裝）
1.第二次世界大戰　2.世界史
712.84　　110000918

The Fear and the Freedom: How The Second World War Changed Us
by Keith Lowe
Original English language edition first published by Penguin Books Ltd, London
through Andrew Nurnberg Associates International Limited.